좋은 정부

Fine Government

좋은 정부

철학과 과학으로 풀어 쓴 미래정부 이야기

Fine Government

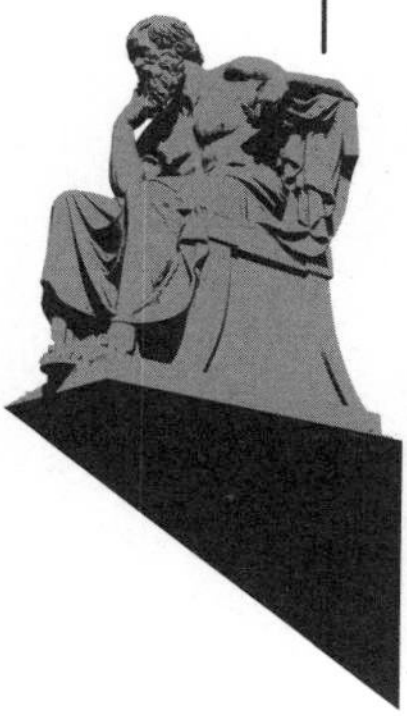

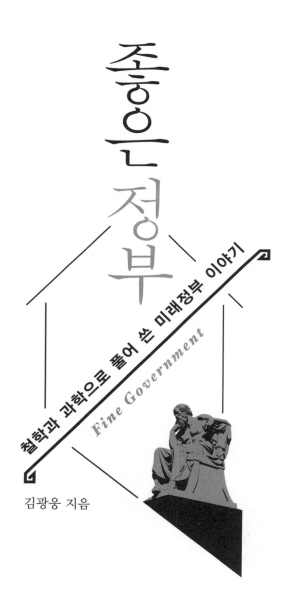

김광웅 지음

21세기북스

나에게는 평생 스승이 세 분 있다.

어머니, 은사, 그리고 제자들.

제자를 스승이라고 하는 이유는

이들에게서 배우고 느낀 것이 많기 때문이다.

여기에 평생 나라를 위해 헌신한

소중한 공직자들을 추가한다.

2017년 가을빛이 완연한 어느 날, 광화문 프레스센터 근처의 한 호프집. 몇 명이 모여 치맥을 먹으며 한창 대화를 나누고 있었다.

고위 공직자 매번 겪는 일이지만, 정부가 후원하는 세미나에 가보면 정말 답답해. 자칭 전문가라는 사람들이 딴에는 실타래(ana는 '실'이고 lysis는 '푼다'의 뜻)를 푼답시고 이런저런 말들을 하지만 사실은 매듭만 더 짓고 있단 말이지. 전문가들은 아는 척만 잘하지 현실을 몰라도 너무 몰라서 답답해.

대학교수 현실을 모르기는 위아래 할 것 없이 마찬가지야. 소위 정부의 윗자리에 앉은 사람들은 아랫사람이 무슨 일을 어떻게 하는지도 모르면서 큰소리만 치지. 심장만 뛰지 모세혈관은 막혀 있어. 심장은 부정맥을 앓고 있고, 두뇌는 인공지능과는 거리가 멀어도 한참 멀어. 봉건왕조라고 비난하는 조선시대에도 이렇지는 않았어. 그당시 신하들은 생사여탈권을 쥐고 있는 임금 앞에서도 자기 주장을 거리낌 없이 펼쳤는데, 지금 정부의 고위관료들은 최고 권위자 앞에서는 말 한마디 못하고 말씀 받아쓰기에만 급급하단 말이지. 세상에 머리 좋다는 사람들이 정부에 다 모였는데 난제만 쌓여가고, 입버릇처럼 부르짖는 개혁의 길은 멀기만 하니…….

언론인 우리는 어디서 와서^{origin} 어디로 가고 있는지^{destiny} 알지 못하는 것 같아. 『호모 사피엔스』, 『호모 데우스』, 『오리진』에서 말하는 미래의 신은 데이터라는데, 신의 직장이라는 정부 관료들은 철밥통이 고철이 되어가는 줄도 모르고 정보 감추기에만 급급하니, 정부의 존재 가치도 종교처럼 끝나가고 있는 건 아닌지…….

대기업 임원 그렇게 고차원적 얘기가 아니더라도, 정부는 규제의 신이어서 기업 못살게 구는 게 날로 심해가니 우리만 죽어나. 늘 재벌에 대해서 뭐라 나무라지만 공직자야말로 우리보다 돈도 더 많이 받고 있는 거 일반인들은 모르는 것 같아. 한마디 더하면, 정부가 힘쓰던 시대는 이미 지났어. 옛날에는 정부에서 부르기만 하면 한걸음에 달려갔지만 지금은 마지못해 응한다는 사실을 그들만 모르는 것 같아. 지금이 어떤 시대야? 권위의 상징이 운동선수, 가수, 탤런트로 옮겨가고 고위관료는 안중에도 없다는 것을 그들만 모르고 있으니 불쌍하지.

대학교수 정부 관료들은 머리 좋다는 것만 자랑하지. 그러니 현직에 있을 때 은밀하게 주고받다가 자리를 떠나면 앞에서 끌고 뒤에서 밀어주어 정부 때와는 비교도 안 되는 억대의 연봉을 받으며 버젓이 로비스트로 나서니, 나라의 주인은 공직자일 수밖에.

고위 공직자 기자들은 반은 소설가라니까. 지어내서 기사 쓰는 데는 도가 통한 사람들이지. 결국 모든 게 정보 싸움인데, 돈이 되는 정보를 그리 쉽게 줄 리가 없지.

대기업 임원 우리는 정부에 대해서 모르는 것이 너무 많아. 카프카의 소설 『성城』에 나오는 소외된 주인공 같은 것이 공무원인지, 아니면 그들이 왜 영혼이 없다는 건지 잘 몰라. 그래도 우리는 신 같은 정부를 믿고 사랑해야 공존할 수 있다는 지혜를 쌓고 싶어. 기왕 시작했으니 가끔 만나 이런 이야기를 나눠보는 것이 어떤가? 밥은 내가 살 테니까.

언론인 그래, 나도 궁금한 게 많아. 정부가 보모 역할을 하는 것은 이해하지만 언제까지 그래야 하는 걸까? 이젠 정부보다 시장이 훨씬 앞서가지 않나? 지금까지 아무리 개혁해도 정부의 역할은 그 한계가 뚜렷해. 내일을 보는 눈이 없어 맨날 구판old paradigm에서 헤매니까. 정부란 상상의 실재인데, 정작 공직자들은 실천지實踐知, phronesis는 제쳐두고 관료적 권위주의에 찌들어 명령 내리기에 급급하니 국민과 소통이 안 되는 것이 당연하지 않나? 이런 모순이 또 어디 있나!

대학교수 사실 말하기가 좀 꺼림칙하지만, 정부는 신이고 관료주의는 종교나 다름없어. 이런 정부와 종교가 과학에 밀리는 시대에 어떻게 대처하는 것이 현명한지 궁금해. 말로만 이렇다 저렇다 할 게 아니고 정부에서 몸담고 있는 고위관료에서부터 하급관리에 이르기까지 일대 정신적인 혁명이 일어나야 해. 나도 정부 이야기를 하면서 해답을 찾을 수 있었으면 좋겠어. 결국 정부가 잘못하면 국민이 매를 들고, 또 국민이 잘못하면 정부가 야단치는 사랑의 징검다리가 놓이길 바라지 않는 사람이 누가 있겠어.

일행이 자리를 파하려는데 옆자리에 앉았던 손님이 거든다.

시민 우린 소시민이지만 정부 관계자 분들이나 여기 계신 누구보다도 우리가 세상을 더 많이, 더 잘 알고 있습니다. 정부가 잘하고 못하고는 그때그때 실감하며 살지요. 정부는 잘못을 시인할 줄 알아야 합니다. 힘에 부치니 국민들더러 도와달라고 겸손하게 요청해야 하지 않을까요? 제발 우리 서민들의 이야기를 귀담아듣고 정책을 결정했으면 좋겠어요.

PART 2 내일의 정부

— 이 책에서는 정부와 정권이라는 용어를 혼용했다. 엄밀히 말하면, 정권이라고 해야 할 때 정
  부라는 말을 주로 썼다. 책은 정부는 하나이지 둘이 아니고, 정권은 색깔을 달리하며 정부를
  맡는다는 입장이다.

— 관료, 관리자, 공무원, 공직자 용어를 혼용했다. '관료'라고 쓴 부분은 관료주의를 염두에 둔
  표현이다. 중립 언어는 공무원과 공직자가 무난하다.

— 현직에서 고생하는 공직자들의 의견, 고통, 호소를 조사했지만 실명은 적지 않았다. 이들이
  정부란 무엇인지를 실감나게 밝혀주어 연구에 큰 도움이 되었다.

— 관료주의와 관료적 권위주의를 혼용했다.

오늘, '좋은 정부'는 어떤 모습일까?

정부는 상황 따라 다양한 얼굴을 보여준다. 표정이 밝으면 국민은 마음을 놓는다. 반대로 표정이 어두우면 이내 마음이 불안해진다. 정부가 무슨 생각을 하고 있는지 궁금할 때가 많지만 겉만 보고는 알 수 없다. 정부의 페르소나persona를 벗겨봐야 잘 알게 될까.

정부처럼 공공기관의 관료도 여러 얼굴을 한다. 어느 땐 기계인지 인격체인지 분간하기 어려울 정도다. 유능한 인격체 같다가도 관료적 권위주의라는 집단 마법에 빠지는 순간 선인지 악인지 구분이 안 될 정도로 정상적인 인격체에서 멀어지기도 한다.

정부는 미지의 세계다. 제대로 된 실체를 알기가 어렵고 사랑하기는 더욱 어렵다. 정부를 믿고 의지하려 해도 애증이 교차한다. 정부는 국민을, 국민은 정부를 잘 모른다. 더 좋은 정부가 되려면 정부와 국민의 사랑이 하나가 되어야 한다. 사랑하고 아름다운 관계를 맺기 위해 서로가 더 잘 알아야 한다. 이해관계를 떨쳐버려야 아름다워진다는 칸트, 라이프니츠, 버크의 말들이 생각난다. 요구와 욕구를 넘어 서로에게 편한 마음을 가져야 한다.

　정부에 관련된 문헌이나 그 실재를 알 수 있는 자료가 아주 없는 것은 아니지만 상대적으로 부족하고, 더욱이 고리타분한 옛 사고방식이 담긴 것들이 오늘에 그다지 도움이 되지 않는 것도 사실이다. 정부를 사랑하기 위해서는 정부의 실체에 대해 좀 더 적극적으로 파고들어야 한다. 소묘까진 아니어도 스케치 정도는 해봐야 조금은 객관적으로 이해할 수 있지 않을까.

　하나의 물체나 현상을 그린다는 것은 단순한 초상화가 아니라 삶이 교직된 진실을 드러내는 특별한 수단이라고 영국의 저명한 미술평론가 로라 커밍은 말한다. 자화상은 자랑스러운 표정보다는 자신이 겪은 고통을 그린 경우가 많다. 그러한 의미에서 정부의 자화상은 어떤 모습일지, 진실이 얼마나 묻어나올지 사뭇 궁금하다.

　모두 알다시피 국가는 국민, 영토, 주권의 세 요소로 구성된다. 정부는 나라를 지키는 공적 운영체이다. 국가가 없으면 정부는 필요치 않다. 국가의 역사적 정통성과 정부의 운영 방식이 반드시 일치하지는 않는다. 정부의 이미지는 국민을 포근히 감싸 안는 마리아 같을 수도 있고, 혹은 국민을 한없이 기만하는 억세고 거친 오브라이언(조지 오웰의 소설 『1984』에 나오는 인물) 같을 수도 있다.

　민주주의에 기반을 둔 이상적 정부라 해도 실제 그 속내를 들여다보면 국민을 향해 억압을 다반사로 하는 정부가 꽤 있다. 정부가 국가를 독점하는 시대는 이미 지났다. 국민에게 비치는 우리 정부의 인상은 어떨까? 온화할까, 무뚝뚝할까? 편할까, 거북할까?

어떤 인상을 갖고 있든, 사실 정부와 가장 접촉이 없는 사람이 제일 행복할 듯하다. 간섭과 통제에서 벗어나 편하게 지내는 것이 최고 아닌가. 민원을 들고 관청에 드나든 경험이 있는 사람은 답답하고 억울하다고 느낀 적이 많았을 것이다. 정부에 의존하면 할수록 행복은커녕 불행하다는 느낌이 들기도 할 것이다. 프랑스의 의사 프레데리크 살드만이 환자는 병원과 약을 멀리할수록 좋다고 했듯이,[1] 정부를 멀리하는 것이 상책일 수도 있다. 의학이든, 약학이든, 정부학이든, 주체와 객체가 서로 도와야 병을 고치고 상생할 수 있다. 한쪽의 생각과 힘만으로는 문제가 풀리지 않는다. 서로 사랑해야 상생한다.

정부가 신神이 된 지는 오래다(이는 정부가 신의 직장이어서가 아니다). 정부는 국민이 신처럼 믿고 기대며 뭔가를 바라는 대상이다. 이념적 색깔에 따라 정부는 절대적 존재가 되기도 하고 상대적 존재가 되기도 한다. 국민이 정부를 믿고 따르지 않으면 정부는 상대적 존재가 되는 것이다. 종교를 믿는 신도들을 보자. 그들은 자신의 심리적 기대에 어긋나면 신을 멀리한다.

신이라 불리는 오늘의 정부가 영원할지에 대해서는 의견이 나뉜다. 종교의 시대가 가고 과학의 시대가 오면서 신이라는 존재에 의구심이 생기듯 정부에 대한 감정도 이와 비슷하다. 심지어 모든 인간이 신이 되어간다는 마당이니 신조차 유일한 존재는 아닌 세상인 것이다.

전쟁사를 연구한 이스라엘의 역사학자 유발 하라리가 말하듯 국가, 신, 법, 화폐는 '상상의 산물imagined realities'이다.[2] 그럼에도 우리에게 없어서는 안 되는 존재이기 때문에 이들 실재 아닌 실재들을 신인 듯 받들고 있다. 상상의 실재는 '모델/개념 의존적 실재model/concept-dependent realities'라는 스티븐 호킹의 말과 통한다. 세상, 특히 학문의 세계는 개념이나 모델만 있고 손에 잡히는 실재가 없어 이해와 소통이 힘들다. 민주주의의 냄새를 맡고 정의를 만져보았다는 사람은 한 명도 없다. 정부나 정치권이나 대학이나 하나같이 개념이 어떻다며 말씨름만 하고 있을 뿐, 실재를 제대로 알지 못하니 문제가 풀릴 리 없다.[3]

같은 시각은 아니지만, 참고로 프랑스의 정신의학자 자크 라캉Jacque Lacan은 실재계를 상징계의 의미화 작용이 실패하는 지점이라고 말한다. 개인의 상상계가 인식할 수 있는 장소에 실재계가 서 있다는 해석이다. 그러나 실제로 그 지점이 거기인지 아닌지에 관해서는 슬라보예 지젝과 생각이 갈린다.

그럼에도 세상을 실제로 지배한 것은 여섯 가지 힘센 개념들이었다. 역사학자 니얼 퍼거슨Niall Ferguson은 15세기 이후 서양을 우뚝 서게 한 이념적 가치를 경쟁competition, 과학science, 법의 지배rule of law, 현대의학modern medicine, 소비주의consumerism, 직업윤리work ethic라고 말한다.[4]

정부가 법과 제도, 그리고 정책을 만들어 국민의 요구나 욕망을 충족시키려고 하는 것은 당연하다. 이 지점에서 우리는 욕망에 대한 깊은 뜻부터 이해할 필요가 있다. 특히 나보다는 타자의 욕망부터 알아야 한다.

라캉의 말대로 인간의 욕망은 결핍에서 비롯된다. 욕망은 개인의 상상계라는 이미지의 세계에서 벗어나 불완전하고 결핍으로 가득 찬 상징계(사회)로 내쫓기다시피 한다. 이때 욕망의 대상인 팔루스phallus는 실제 아무것도 아닌데 우리는 여기에 온갖 환상을 그려 넣으며 살아간다. 그 환상이 실현된다고 착각함으로써 우리는 꿈, 몽상, 소망, 염원 등을 향유하며 쾌락에 빠진다. 하지만 향유는 상상하는 객체일 뿐 타자에 종속된 주체로서 충족과는 거리가 멀고, 그저 죽음과 마찬가지라고 라캉은 말한다. 공공정책으로 국민을 만족시킨다는 정책 논리가 참고하고 재고해야 할 이유다.

인간의 욕망이란 타자의 욕망으로, 타자가 욕망하는 것에 따라 자신이 무엇을 욕망해야 하는지를 알게 된다(man's desire is the desire of Other).[5] 내가 아니라 남이 먼저다. 정부가 아니라 국민이 먼저다. 더 나아가서, 욕망에 관해 인간은 그 누구도 주인이 될 수 없다. 자신의 생각이라고 믿고 있는 것은 대부분 살면서 타인에게서 빌려온 것들이다. 뭐든 실체를 제대로 알기란 쉽지 않다. 정부가 자신이 하는 일들이 타자인 국민으로부터 비롯된다고 믿을 때 비로소 실마리가 풀릴 것이다.

손에 잡히지 않는 것으로 치면 신은 여럿이다. 『우리는 신이 아니다』(1994)[6]라는 책도 있지만, 신은 우리의 가슴에도 있다. 예수, 마리아, 붓다, 마호메트, 브라흐마뿐만 아니라 어머니도 우리 마음속 깊숙이 있어 걱정과 기쁨을 나누며 기댄다. 월간조선사에서 『어머니, 내 안에 당신이 있습니다』(2004)라는 책을 펴낸 적이 있다. 문인과 평론가 43명이 기고를 했다. "지금도 아침에 집을 나설 때면/당신의 사진 앞에 인사를 하고 나옵니다/저녁에 대취해서 돌아와도/반드시 당신 앞에 조아려 당신을 부릅니다/당신은 참 좋은 나의 사랑입니다"라는 애절한 글(김광웅)이 함께 실려 있다. '신이 모든 곳에 있을 수 없어 어머니를 보내셨다'가 책의 카피였다. 신의 대리인, 신 같은 어머니다. 김용화 감독이 만든 영화 〈신과 함께〉(2017)에서도 어머니는 신의 다른 이름이라고 말하는 부분이 나온다. 누구나 가슴 한편에 담고 있는 어머니는 신만큼 귀한 존재가 아닐 수 없다. 하지만 아직까지 인간이 신이 아닌 것은 분명하다.

정부에 대한 우리의 인식도 이와 비슷하다. 신은 우리가 늘 기대고 열망하는 존재다. 정부도 우리에게 없어서는 안 되는 존재다. 어찌 보면 하늘 같은 정부를 국민 모두가 편하게 받아들이게 하려면 정부가 어떤 변화를 모색해야 할까? 종교에도 쓰디쓴 맛이 있듯이 정부에도 불편한 구석이 한두 군데가 아니다. 크게 고치면 편해진다. 어떻게 고치고 변해야 하는가를 밝히기에 조금 때늦은 감은 있지만, 지금이라도 오늘의 정부를 잘 파헤쳐 좀 더 국민에게 가까이 다가갈 수 있는 내일의 정부를 준비하자는 의미에서 이 책이 사랑의 씨앗이 됐으면 좋겠다.

그러나 시간이 과거에서 현재로, 그리고 현재에서 미래로 흐르지 않고 함께 공존해 있다는 호킹의 말은 이러한 의욕에 찬물을 끼얹는다. 지금도 계속 흐르고 있는 형이상학적 절대시간이 있지만, 그 반대 방향으로도 진행된다는 물리적 시간도 거역할 수 없기 때문에, 시간에 관한 한 영겁과 찰나를 어떻게 받아들여야 하는가는 큰 숙제로 남는다.

인간의 몸은 스스로 병을 고칠 수 있는 힘이 있다. 이것이 자생 치유력이다. 의사와 약을 멀리하고 생활습관만 바꾸어도 면역 체계가 균형을 유지해 몸이 좋아진다. 그 시작은 덜 먹고 운동하면서 체중부터 줄이는 일이다. 몸이 무거우면 그만큼 운신의 폭이 줄어들고, 움직임이 덜하면 몸은 망가지게 되어 있다.

이와 마찬가지로 정부도 스스로의 잘못을 고치고 부족함을 채우려는 힘이 있다. 하지만 고치려고 애를 쓰지만 결과는 늘 도돌이표다. 밖에서 전문가라는 사람들이 아무리 뭐라고 해도 정부의 질병은 치유되지 않는다. 전문지식도 한계가 있다. 전문가들이 아무리 연구해도 코끼리 같은 정부의 몸체를 속속들이 알지 못하기 때문에 그에 걸맞은 처방전이 나올 리가 없다. 스스로 고쳐야 하는데, 무생물인 듯 생물인 듯한 정부에게 자정 능력이 얼마나 있는지는 의심스럽다.

정부 안에서 일하는 사람들이 자가 면역을 키울 수만 있다면 문제 해결이 가능하다. 길은 얼마든지 있다. 체중 줄이듯 사람 덜 뽑고, 돈도 덜 걷고 덜 쓰면 된다. 나보다 바깥 사람 중심으로 생각하고, 내 몸의 짐을 덜어 남을 주면 나는 홀가분해지고 제정신으로 바른 일을 해낼 수 있다. 그렇게만 해준다면 정부의 자생 치유력에 기대를 걸어도 괜찮을 것이다.

그러나 정부가 무엇인지 제대로 알지 못하면 고칠 길이 없다. 안과 밖, 어디에서건 정부를 고치려면 정부에 대해 제대로 알아야 한다. 나 자신이 누구인지 모르듯, 정부에 몸담고 있으면서도 정부가 무엇인지 모르는 사람들 때문에 치유에 한계가 있다.

우리 국민은 정부를 너무 모르고 산다. 장차 관료가 되겠다는 공시생공무원 시험 준비생들은 조금 알지도 모르겠지만, 시험에 합격해 관료가 된 후에는 플라톤의 동굴에 들어가 있듯 정부를 제대로 보지 못한다. 세상은 더더욱 모른다. 나라를 책임진 대통령도, 정부에서 일하는 관료들도, 정부를 공부하는 학생들도 정부를 제각각 다르게 인식하기 때문에 공통점을 찾기가 매우 어렵다. 생각이 다른 만큼 서로 부딪히면 깨지기만 한다.

우리가 질병을 온전히 이해하기 힘들듯[7], 정부는 조직이 안고 있는 고질병이 뭔지 모르거나, 알고도 고치지 않는 습성이 있다. 우리는 암세포가 비타민 C를 그렇게 좋아한다는 것을 모르고 매일 먹는다. 정부가 홍보만 잘하면 국민이 따를 거라고 착각하는 것과 비슷하다. 어떤 식품이나 약이 몸에 유익한지 해로운지에 대한 이론이 분분한 경우가 많다. 노벨상 역사에서 나중에 가장 많이 틀렸다고 판명되는 분야가 생리의학상이다.

지식이나 정보가 오히려 우리를 미지의 늪으로 몰아갈 수도 있다. 란자Robert Lanza의 말대로라면, 교과서의 지식은 모두 틀렸다. 여러 개의 정답이 있는데도 하나라고 우기다 보니 문제가 풀린 줄 안다. 사람을 훈련시키는 학습도 효과가 의심스럽다. 아무리 해봤자 달라지거나 나아지지 않는다. 왜 벽치기만 할까. 프로그램을 만들면 재미 보는 사람은 따로 있다. 결과야 어떻게 되든 나만 일하면 그만이라는 습관이 관리자의 몸에 배어 있다.

과학자는 결코 확신하지 않는다는 노벨 물리학 수상자 리처드 파인만의 말도 마음에 걸린다. 자신이 아는 것을 버리고 지울 수 있어야 한다는 선현들의 직관은 무엇을 뜻할까? 고질병을 앓고 있는 대학을 버려야 하듯 정부도 아는 것, 가진 것을 버려야 나라가 살지 않을까?

국가를 운영하는 주체이자 책임자가 부실하면 안 된다. 뭘 제대로 알고 움직여야 한다. 정부가 국민에게 신과 같은 존재라는 것은 그만큼 믿을 수 있는 존재라는 말이다. 이는 우리나라가 변함없이 내려오는 중앙집권적 관료국가라서 특히 더 그렇다. 신처럼 추앙을 받고 싶으면 신뢰의 존재가 되거나, 주인인 국민을 제쳐놓고 주인 행세를 하지 말고 겸손해야 할 텐데 주제 파악을 못하고 있어 걱정이다.

좋은 정부는 국가를 바르게 이끈다. 정부 밖에 있는 사람이나, 정부 안에서 일하는 사람이나, 정부를 공부하는 사람이나 좋은 정부를 열망하기는 마찬가지다. 모두가 건강한 정부를 원하지만 생각과 기대에 미치지 못하는 것이 현실이다. 정부에 대한 인식과 이해가 서로 다르기 때문이다. 정부를 잘 모르면 국민은 물론 공직자 자신들도 매우 불편하다. 반면에 정부를 잘 알면 좋은 정부의 길이 열리고 국민 개개인도 만족한다. 우리나라에서는 특히 그렇다. 정부가 현실적으로 국가의 모든 자원을 독점하고 있기 때문이다.

신처럼 군림하는 정부를 그래도 좀 더 좋게 만들려면 법과 제도적 틀의 한계를 인정하고 새로운 처방을 해야 한다. 판을 크게 바꾸자는 이야기다. 전혀 다른 종species으로 다시 태어나자는 말이다.

우리는 어디에서 와서origin 어디로 가고 있는가destiny?

종교의 시대가 가고 과학의 시대가 오면서 이제 정부라는 신을 그대로 존중해야 하는가라는 의문에 답을 찾아야 할 때가 되었다. 이를 뒷받침하는 논거가 호킹에게 있다. "우주가 지속되도록 하기 위해 반드시 신의 권능에 호소할 필요는 없습니다. 자발적인 창조는 무無 이상의 것이 존재하는 이유입니다."

이제 현실세계에서, 또 현장에서 정부에 대해 품고 있는 이런저런 궁금증을 정리해 하나씩 풀어보도록 하자.

- 정부는 왜 국민으로부터 신뢰받지 못하는가? 신처럼 군림하기 때문인가, 규제의 화신이 되어서인가? 틀린 것을 고치려고 개혁에 개혁을 거듭해도 왜 제자리걸음인가?
- 정부엔 머리 좋은 인재가 가득한데 왜 정부 행정의 효율성은 날로 떨어지고 신뢰를 잃는가? 이 나라 정부 관료는 왜 2,500년 전 철기시대만도 못한 관료 문화를 고수하고 있는가? 행정을 맡은 관

료들은 언어도 모르고 그 의미도 분간 못하면서 말만 앞서고, 사고력이 따르지 않다 보니 정신이란 게 없다. 그들이 국민에게 일방적으로 통보만 할 뿐 쌍방향 소통을 못하는 이유를 아는 사람은 많지 않다. 이성적인 머리에서 도구적 논리만 쓸 줄 알 뿐 상상력은 발휘할 줄 모르고, 자유는 배제한 채 명령만 내리기 때문이다. 그렇다면 "머리가 없고headless 영혼이 없다soulless"는 막스 베버의 말이 타당하지 않은가?

■ 유발 하라리의 말대로라면 실체가 없는 상상의 실재에 불과한데, 법과 제도는 어떻게 힘을 쓸 수 있는 것일까?

■ 정부가 법과 제도를 만들기만 하면 만사가 풀리는가? 취업, 육아, 교육, 복지 등 수없이 많은 정책을 펴도 문제가 풀리지 않는 이유는 뭘까? 교도소라는 제도 때문에 수인囚人이 생긴다는 미셸 푸코의 말을 믿어도 되는 것인가? 국가가 폭력이고 사기라는 말은 무슨 뜻일까?

■ 공권력을 행사하는 정부는 얼마나 정의로운가? 정부가 마구잡이로 권력을 행사해 국민의 인권과 사생활을 짓밟으며 정당한 민중봉기조차 봉쇄하는 것이 정의로운가? 마이클 샌델이 말하는 정의는 어디에서 찾을 수 있을까? 정의란 게 분명 있는 건가? 정의는 내가 가진 것을 포기하는 것이라는 파울로 코엘료Paulo Coelho의 말이 맞는가?

■ 정부는 돈이 많아 마치 재벌 같다. 그런데 능률로만 보면 정부는 재벌을 따라가지 못한다. 재벌 행세를 하는 정부가 나을 게 하나

도 없는데도 재벌보다 우위에 서는 것은 공권력으로 국가의 모든 자원을 장악했기 때문이다. 이집트 다나오스의 딸들이 받은 형벌처럼 밑 빠진 독에 한없이 물을 붓기만 해서는 안 되지 않는가?

■ 정부와 시장의 경계가 애매한데 왜 그런가? 누가 더 잘났는가? 짐을 조금이라도 나누어 지면 큰일이라도 나는가?

■ 정부의 질병이 심각한 것은 단지 부정부패 때문인가? 정부의 배가 산으로 가지 않고 순항해야 하지 않겠는가?

■ 정부의 관료 문화란 무엇인가? 종교나 다름없는 관료주의란 무엇인가? 관료주의는 척추같이 중추로 순서와 등급이 매겨져 있다. 관료들은 여러 계단을 거쳐 올라가는 것에 목숨을 건다. 끈질기게 올라가려 하고 좋은 자리를 탐한다. 정치인이 표에, 기업인이 돈에 눈이 멀었다면 공무원은 인사에 눈이 멀었다. 계급주의의 DNA를 바꿀 방법이 없다. 이들은 위로 올라갈수록 현장을 모르고, 결정된 정책이 제대로 집행되는 줄만 아는 바보가 된다.

■ 이 나라는 장長만 되면 많은 걸 누린다. 정부, 기업, 은행, 협회, 대학 등 사회·집단 할 것 없이 위로만 올라서면 으스대고 뻐긴다. 큰 관직을 지낸 것이 그대로 사회 서열이 된다. 대학에서도 학문적 업적보다 자리를 먼저 따진다. 물론 장이 능력과 경험으로 국가와 사회를 위해 희생과 봉사한다면 이야기는 달라진다. 하지만 현실은 그렇지 않다. 적폐만 쌓아가면서 기득권 지키기에 여념이 없다. 서열의 위와 아래를 뒤바꾸는 일은 불가능할까? 문제풀이의 절차와 방법을 최적으로 만드는 알고리즘이 답이 될 것이다.

■ 정부에 희망을 걸어도 될까? 과학기술이 초양자를 넘어 초생물의 시대로 들어가면 인간과 사회는 상상조차 힘든 변화를 맞아야 할 텐데, 그렇다면 정부는 어떻게 될까? 로보robo 공무원이 주역이 되는 미래정부는 어떤 모습일까? 정부가 다시 새롭게 신으로 태어나지는 않을까?

정부를 더 알고, 내 자리를 확인하고, 세상을 의미 있게 하기 위해 이제부터 함께 정부의 숲으로 들어가보자. 인문·과학·미래의 시각으로 깊이를 더 파고 폭을 넓히되 고답적 담론에만 머물지 않았으면 좋겠다.

'통치론' 또는 '시민정부론'으로 불리는 존 로크John Locke의 *The Treatises of Government*는 1689년의 작품으로, 왕권신수설을 부정하고 명예혁명을 촉발시킨 공화정부의 뿌리였다.

인간은 유약하고 잘못을 저지를 수 있지만 이성과 지성의 힘으로 고쳐갈 수 있다는 전제로, 권력을 정부에 신탁하고 정부를 견제하며 저항도 할 수 있다고 말하면서 재산과 노동의 가치를 존중했다. 지금 생각하면 순진하기 이를 데 없다.

4세기가 지난 지금, 그리고 앞으로 공화정부의 이상이 면면히 이어지기를 기대하지만, 과학기술의 발달로 급격한 사회 변화가 전개되어 정부에 대한 인식이 달라질 것에 대비해 어떤 준비를 해야 하는지 답을 찾아야 한다. 알고리즘이 운영 체계가 되어가는 미래에 정부는 판만 깔면 되는 플랫폼platform 정부가 되어어야 하는지, 서로 함께 나누어 일하는 공유정부를 지향해야 하는지, 그 방향을 분명히 정해야 한다.

인간이 신이 되고 기록과 자료, 데이터가 신이 되면 이를 관리하는 관료는 어떤 위상으로 변할지 궁금하다. 새롭게 신이 되는 정부가 신이 되는 국민을 설득하고 하나가 될 수 있는 길을 모색해야 할 것이다.

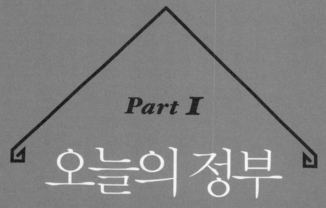

Part I

오늘의 정부

Fine Government

1

신이 된 정부

Synopsis

■ 신이 항상 옳거나 편한 것은 아니다. 때로 신의 박해가 심할 때도 있다. 신의 잘못을 감히 응징할 수는 없다 해도, 이를 비판할 자유와 권리는 누구에게나 있다.

■ 사람은 체질적으로 간섭을 싫어한다. 정부가 두 얼굴을 하고 있듯이 신의 얼굴도 둘이다. 얼굴이 환할 때가 많지만 때로 흉측할 때도 있다. 특히 겉으로는 그럴싸한 복음주의를 내세우면서 속은 기만으로 가득 찰 때가 그렇다. 온몸이 위선으로 둘러싸여 위악보다 더 나쁘다고 하는 사람(신영복)도 있다. 그래도

연약한 인간은 믿는 구석을 찾는다. 기복祈福하며 신에게 기대 듯 정부에도 다가간다.

■ 정부가 신神과 같은 존재라면 누가 믿을까? 정부가 신처럼 국민의 희로애락을 좌지우지해서 자신을 신처럼 생각하는 것은 아닐까? 국민은 힘들 때 특히 정부에 기댄다. 어려울 때 정부에 대놓고 살려달라고 외친다. 정부는 공기와 같다. 사람이 숨을 쉬어야 살듯 정부가 없으면 살기 힘들기 때문이다. 정부는 국민이 태어나고 죽을 때까지 온갖 편익을 제공한다. 필수품이라 할 만큼 소중하다. 그러나 사람이 매순간 숨을 쉬게 해주는 공기의 소중함을 잊고 살듯 우리는 정부의 소중함을 곧잘 잊고 지낸다. 그런 정부의 실체는 과연 무엇인가? 정부의 겉과 속은 같은가, 다른가? 과연 두 얼굴을 가진 정부는 믿을 만한가?

■ 정부는 나라를 지킨다. 외교와 안보로 외적을 막고 국가가 세계 열강이 되도록 힘쓴다. 경제를 일으키고 사회간접자본을 확대하여 국민의 생활을 편하게 한다. 국민에게 온갖 혜택을 마련한다. 노인과 어린이 등 연령층을 구분하여 기초생활비나 연금을 지급한다. 교육으로 국가의 내일을 기약하고, 근로

자가 당면한 어려운 현실적 여건을 개선한다. 환경을 개선해 지구 살리기에 한몫을 하고, 법과 질서를 바로잡아 국민의 안전을 보장한다. 이런 정부의 역할은 모두 국민을 위하는 것이고, 국민 또한 정부에 원하는 바이다. 이에 보답이라도 하듯 국민은 소득에 따라 세금을 납부한다. 이를 토대로 정부는 한 해 예산을 약 400조 원 정도로 계상한다. 국민이 지켜야 할 의무는 헌법에 규정한 대로 근로, 교육, 국방, 납세 등이다. 국민의 의무만큼 정부의 책무 또한 크다. 법을 지켜 국민의 생명과 재산을 보호해 국민이 삶의 보람을 느끼게 한다.

■ 정부의 역할을 뒷받침하는 힘은 법과 제도에서 나온다. 국민의 총의를 받든 국회가 법과 제도를 만들지 않으면 정부가 움직이지 못한다. 행정부와 입법부의 역할 분담이 잘 이루어져야 한다. 근세는 권력이 사법부로 이동하는 추세이기에 사법부도 법의 틀 속에 갇히지 말고 세상에 대한 인식을 바르고 넓게 세워야 한다.

■ 정부가 신이라는 긍정적 이해의 반대편에는 신의 박해처럼 규제의 신이 자리한다. 질서 유지라는 명분은 그럴듯하지만 국민은 이로 인해 원치 않는 간섭을 받는다. 지나친 간섭은

경제·사회활동에 커다란 지장을 초래한다.

- 정부가 신의 자리를 차지할 수 있는 것은 관료주의 때문이다. 관료주의는 종교와 다름없다. 관료주의에 대한 믿음이 만물에 끼치는 영향은 무한하다.

- 정부가 신이라는 또 다른 이유는 공직을 신의 직장이라고 할 정도로 관료들이 많은 특권을 누리기 때문이다.

- 신의 이름으로 정부는 온 국민을 다스리고 벌을 내린다. 법과 제도의 힘이다. 그러나 신이 정치에 얽매이기도 한다. 소인정치를 하면 그렇다.

- 종교의 시대가 가고 과학의 시대가 오면 정부라는 신의 위상은 어떻게 변할까? 깊은 논의를 하면 답이 나올까?

- 공복公僕이어야 할 유능한 공직자가 왜 국민을 괴롭힐까? '스탠퍼드 교도소 실험Lucifer Effect'으로 알려진 흥미로운 연구가 있다. 대학생 집단을 간수와 죄수로 나누어 역할 실험을 했더니 일부 간수가 죄수를 지나치게 학대했다. 완장을 차면 사람

이 달라진다는 실험 효과로 미루어 볼 때 공직에 앉으면 규제의 근육이 강해지나 보다.

■ 규제의 힘은 어디에서 나오는가? 바로 법, 제도, 정책에서이다. 법 지키기의 최후 보루인 법은 정의로워야 한다. 그러나 재판을 정치라고 말하는 어느 현직 판사의 주장도 법의 존재를 의심하게 한다. 효과는 둘째다. 진정 법이 전부인가라는 의문이 커지면 신이라는 정부의 신뢰는 땅으로 떨어진다. 여기에 법원행정처 출신 판사와 일반 판사들 간의 간극은 법의 신뢰를 깊은 나락으로 떨어뜨린다. 입에 담지 못할 언어로 상대방을 폄하하니 정치 세계와 다를 것이 하나도 없다. 아무리 인권이 유린되어도, 또 인사에 대한 불만이 아무리 쌓여도 이를 극복할 유일한 기준인 법을 경쟁의 도구로 전락시키면 모두가 자멸하게 된다.

■ 신의 마당에 사람들이 득실거린다. 정부 관리들이다. 사제복, 승려복, 평복을 입은 사람들이다. 보살처럼 보이는 사람들도 있다. 이들이 좋은 신처럼 많은 사람을 구원할 수 있을까?

정부의 뿌리

정부의 뿌리는 국가이고, 정부는 이 뿌리에서 자란 줄기이다. 신을 찬양하는 열정의 열매passion fruits가 주렁주렁 매달린다. 열매의 겉껍질은 빨갛고, 속은 범벅이 된 과육에 녹색의 씨가 알알이 박혀 있으며, 맛은 단 듯 시다.

모든 현상에는 근거가 있다. 물리현상의 근거는 핵과 원자이고, 식물은 뿌리다. 국가라는 뿌리는 국민과 영토와 주권이다. 여기에서 정부와 시장이라는 줄기가 자란다. 나무의 뿌리가 튼튼하고 줄기도 튼실해야 아름다운 꽃과 맛있는 열매가 열린다. 이념과 사상의 잎도 펼쳐지고 기대와 희망이 쏟아진다. 시간이 지나 계절이 바뀌면 꽃은 지고 열매도 떨어진다. 뿌리나 줄기가 시원찮으면 꽃은 피다가 지고 열매도 열리는 듯 낙과落果가 된다. 이런 자연현상은 지속적으로 반복된다.

이승만 정부의 뿌리는 땅속으로 잘 내려앉지 못했다. 귀속재산이나 적산가옥은 일제 관료나 미 군정청 출신 고관들의 먹잇감이었다. 시장을 돕는다는 명분을 앞세운 산업은행 같은 곳은 불법 대출을 예사로 했고, 그 돈이 정치 자금으로 둔갑하는 행태는 지금도 계속된다. 꽃과 열매가 맺었다가 이내 시들고 떨어진다. 좋고 나쁜 일, 옳고 그른 일들이 지속적으로 반복된다.

지난 70년 동안 열매가 실한 적도 있지만, 열매조차 맺지 못한 때도 많았다. 실한 열매는 다음 정부에서 마치 제 것인 양 서로 따

먹으려 애쓴다. 열매가 잘 열리지 않으면 그 원인을 찾아 비료를 주며 잘 자라도록 힘써야 한다. 그때그때 어떤 열매를 누가 키웠고 누가 따 먹는지는 역사의 우연이라고 할 수밖에 없다. 세상을 지배하는 자연의 법칙은 하나지만 변형은 얼마든지 가능하다.

나무가 잘 자라려면 거름을 주고 햇볕과 바람이 도와야 한다. 최선을 다하는 사람의 일과 하늘이 도와주는 자연의 힘이 합쳐져야 한다. 자연의 힘은 운이다. 그래도 사람의 정성으로 얼마나 열심히 했느냐에 따라 수명이 정해진다. 정부라는 줄기는 하나이지 둘이 아니다. 역사가 거듭되며 전全정부성은 굳어간다. 그 과정에서 잘잘못은 언제라도 있는 법이다.

세상의 일이란 때로는 같게, 때로는 다르게 보이며 그렇게 진행되는 법이다. 어느 정부의 일은 옳고 어느 정부의 일은 그르다고 할수 없다. 어느 정부든 크고 작은 잘못을 저지르고, 또 크고 작은 일들을 해내며 일관된 연속 속에서 작은 패턴들이 반복된다. 이것이 전정부성 패턴이다.

나무가 자라는 힘의 원천을 자연과 사람이라고 한다면, 그 비율은 때때로 변한다. 그런데 그 원리는 누가 더 열심히 키우느냐인데, 사람의 힘이라는 것이 자연에 비해 옹졸하기 짝이 없다. 삽과 괭이로 흙을 파고 비료를 주며 품종을 개량하더라도 자연재해로 인한 낙과를 막지 못한다. 계속 열매 맺고 떨어진다. 법과 제도라는 인공의 장치로는 더 나아지지 않는다.

인간이 보는 자연현상이나 사회현상은 어항 속의 금붕어가 바깔 세상을 보는 것과 같다. 어항의 굴곡이 곧 왜곡이다. 4차원(상, 하, 좌, 우, 과거와 현재) 지구에 사는 인간을 5차원의 세계(우주)에서 보면 어항 속의 금붕어와 다를 게 없고, 모든 것이 제 것처럼 보이지 않는다. 스티븐 호킹이 한 말이다.[8]

패턴이 반복되는 것이 역사이다. 패턴을 볼 수 있는 프랙털 이론 fractal theory에서 말하듯 하나로 여럿을 저울질할 수 있다. 한 뼘의 호랑이 가죽, 그 패턴만 보아도 호랑이 전체를 알게 된다. 그러나 거기까지. 패턴만으로는 새로운 것을 만들어내지 못한다. 패턴에는 한정된 정보만 있을 뿐이다. 나무에서 새순이 돋는 것은 코드다. 수학의 공식이나 음악의 악보가 그렇다. 정부에서 윤리강령 같은 것을 만드는 것도 코드다. 정부가 기왕에 코드 인사를 하려면 새로운 아이디어, 새로운 혁신을 주도할 수 있는 인물들과 같이 해야 한다. 현실을 잘못 이해하고 있는 코드에 안주하면 나아지는 것이 하나도 없다.

정부는 신이다

정부는 우리에게 신과 같은 존재다. 정부는 국민이 원하는 것을 채워주는 상상의 존재에 불과하지만 우리의 내일을 여는 데 큰 도움이 된다. 한계 인간이 신에 기대듯 국민은 정부를 믿고 따르며 도움을 받는다. 정부가 신이듯 정치도 신의 경지에 있다. 정치가 가치를 통제하고 배분하는 일로 국민의 구원을 약속하기에 그렇다. 대학 강의에서 귀 따갑게 듣던 헌법의 대가 칼 슈미트Carl Schmitt가 정치 신학에서 한 말도 이런 뜻이다.

사람들은 흔히 정부를 '신의 직장'이라고 말한다. 신처럼 의지하고 지원을 바라는 의미도 있지만, 그 바탕에는 많은 것을 누린다는 빈정거림이 깔려 있다. 정부에 들어가기만 하면 시간이 갈수록 위로 올라간다. 내려가는 법이 없다. 신분이 보장되어 보신이 철벽같다. 올라갈수록 힘이 커진다. 고생에 비해 얻는 대가가 훨씬 크다.

신이라는 정부의 정점은 대통령이다. 국가의 모든 자원을 한 손에 틀어쥐고 힘을 과시하니 신이라는 말을 들을 만하다. 신이라고 해서 호의호식하는 편한 자리가 아니다. 힘든 일로 대가를 톡톡히 치르기도 한다. 국사란 게 여간 어려운 일이 아니다. 매일 터지는 사건 사고, 위급한 안보 상황, 기초 수혜자 지원, 내일을 준비하는 교육 등등 중요한 이슈가 한둘이 아니다. 노무현 대통령이 오죽했으면 "대통령 못해먹겠다"고 했겠는가. 그렇게 힘든데도 정치인 누구나 대통령직에 오르는 꿈을 꾼다. '권력'이란 신의 유혹을 뿌리치지 못한다.

대통령이 아니라 장관 정도만 되어도 누리는 것이 많다. 누가 그랬다. 장관이 좋은 건 해봐야 안다고. 장관은 부처 내의 예산권과 인사권을 움켜쥐고 강한 권력을 행사한다. 민간 부문에 끼치는 규제력과 정책력의 힘은 끝도 없다. 장관직을 한 번이 아니라 두세 번 하는 사람도 있다.

미국은 장관(로버트 맥나마라 국방장관)이 비 오는 날 우산 들고 워싱턴 D.C.의 지하철로 출근하는데, 우리는 전용차는 물론이고 운전기사와 수행비서가 따른다. 차가 서면 앞자리에 웅크리고 앉았던 수행비서가 먼저 내려 차 문을 연다. 손을 못 쓰는 것도 아닌데…. '말 타면 경마 잡히고 싶다'는 속담이 틀린 말이 아니다. 한 국립대학 총장에게 그런 것 좀 정부 따라하지 말라고 이야기한 적이 있는데 아직도 고쳐지지 않는다. 손도 못 쓰는 장관과 총장들이 막강한 힘을 쓰니 신기하다.

으스대는 공직자들

공직자는 박봉에 시달린다고 한다. 옛날에는 그랬다. 지금은 생애소득이 기업보다 낫다는 것을 모르고 하는 말이다.

정부의 높은 자리에 있는 사람들만 아니라 일반직 공무원들도 정부를 신의 직장이라고 생각한다. 인생을 걸 정도로 기를 쓰고 정부에 들어가려고 하는 것은 보수만 아니라 누리는 것이 많기 때문이다. 사회에 미치는 영향력이 이만저만 아니라서 더욱 그렇다.

공직자들이 얻는 생애소득이란 퇴임 후에 받는 연금을 포함한 액수이다. 실제로 공무원이 대기업 아닌 일반 기업을 기준으로 최고 7억 8,000만 원을 더 번다. 소기업과 비교하면 8억 원, 중견기업보다는 4억 8,000만 원을 더 받고, 대기업보다는 7,000만 원이 적다. 김대중 정부 때 박봉의 공직자 사기를 높이기 위해 100인 중견

기업만큼 공무원 월급과 수당을 올리기로 결정했다. 요즘에도 해마다 보수가 인상된다. 2017년 공무원 평균 월급(기준소득월액)은 510만 원이다. 높은 보수에다 신분까지 보장되니 안정된 직장 중의 으뜸이다. 일반 기업에서 느끼는 퇴직 불안감을 정부에서는 느끼지 않는다. 그뿐 아니다. 퇴직 후에도 고위직 출신은 억대 연봉을 받는 직장에서 만년을 누린다.

공무원은 임금 인상률(연평균 약 7%)이 다른 기업보다 높고 근무 기간 역시 길어, 50대면 떠나야 하는 사기업과는 달리 60대까지 일하니 신의 직장이라고 할 만하다.

'신의 직장'은 퇴직 후에도 연봉이 높은 자리로 이어지니, 이쯤 되면 신보다 덜하진 않을 듯하다. 고위 공직자들은 퇴임 후 일정 기간 동안 대학에서 강의를 하거나 재취업을 할 수 있는 기회가 많다. 산하 기관의 감사나 이사장으로 취임하여 현직보다 더 많은 월급을 받고 기사가 딸린 자동차를 탄다. 이들은 대접을 받는 만큼 조직에 플러스가 되는 일을 해야 한다. 정부를 설득하는 로비스트 역할을 하는 것이다. 그러나 간혹은 속 빈 강정일 때도 있다. 해운조합의 경우, 해운사 대표가 실권을 쥐고 관료 출신 이사장은 허울뿐이라는 것이다. 이들은 '악어와 악어새'로 공생관계를 유지한다.

정부가 퇴임하는 고위 공직자를 취직시키기 위해 애쓰는 것은 관행이다. 현직들을 내보내며 유관기관에 자리를 요청하는 것이 상례다. 아랫사람의 승진을 위해 자리를 비워야 하니까 그렇다. 이 산하기관이나 공사는 정부보다 돈도 많고 이를 방만하게 써도 뒤탈이 없다. 해운사 조합의 간부들이 흥청망청 돈을 쓰고도 퇴임 때 100돈짜리 순금 패를 받는다니, 그러고 보면 신의 직장은 정부만이 아니다.

공직자는 매사에 신중한 편이다. 두루 살펴 공정한 판단을 하려고 애쓴다. 그러나 그 속내를 들여다보면 문제를 풀기보다 말썽이 일어나지 않도록 몸을 사리고 있는 것에 지나지 않는다.

철둥지 속의 종합선물 세트

정부의 공직자는 철둥지 속에서 온갖 혜택을 누린다. 마치 백화점의 종합선물 세트 같다고나 할까.

한 연구에 의하면, 공무원의 평균 재임 기간을 28년으로 볼 때, 지출되는 예산이 연 1억 8,000만 원이고, 입사에서 퇴직할 때까지 1인당 총 30억 원이 든다고 한다. 물론 이 수치는 고위직과 판·검사 등 특수직이 받는 고액의 연봉이 합쳐져 계산된 것이다.

공직자가 받는 혜택은 금전적인 것 이외에 더 큰 것이 있다. 한번 시험을 치르고 임용되면 좀처럼 쫓겨나지 않는다. 아주 특별한 비위를 저지르지 않는 한 잘못에 대한 책임도 지지 않는다. 여기서 끝이 아니다. 재직 기간 동안 해외연수라는 명목으로 해외에 나가 공부하는 혜택까지 누린다. 그 기간은 보통 1년이지만, 한 해를 휴직해 2년 동안 학위 과정까지 마치는 공무원들도 많다.

공무원을 해외에 파견하는 본래 취지는 그 나라 공직이 어떻게 운영되는지 견문을 넓히고 돌아와 정부 운영에 도움이 되도록 하자는 것이다. 박사학위를 따라는 것이 아니다. 일본 공무원은 이런 취지를 백분 살리는 것으로 알려져 있다. 그 나라 정부 사람들을 만나고 지역 사정을 파악해 본국에 알린다.

반면 우리나라 공직자들은 해외연수 기간에 골프 치고 여행하며 그야말로 휴가처럼 보내는 이들이 다수다. 귀국 후에는 부지런히 연마한 골프 핸디를 자랑하고, 미국 대륙의 동서를 자동차로 횡단했다는 무용담만 늘어놓는다. 여기에 자식들 언어 교육까지 챙기니 혜택이 일석삼조는 된다.

해외연수 이외에도 공로연수라는 제도가 있다. 퇴임이 임박하면 사회 적응이라는 명분으로 일은 시키지 않으면서 월급을 준다. 2012~16년 사이에 공로연수를 받은 공무원이 국가직 1,725명, 지방직 3,658명이나 된다. 이들에게 월급으로 지급된 국가 예산이 총 2,500억 원에 이른다. 한 사람당 4,626만 원꼴로 받은 셈이다.[9] 공로연수로 사회 적응을 돕는다는 본래 취지는 희석되고 '무노동·무임금' 원칙에 어긋난다는 비판이 나온다. 정부가 이런 제도를 운영하는 취지는 인사 적체를 해소하기 위해서인데, 세금이 이렇게 쓰인다는 것을 알면 누가 공무원 수를 늘리라고 하겠는가? 수는 늘려놓고, 올리긴 해야 하고, 그러다 감당하기 어려우니 전임자들을 내쫓는다. 쫓으면서도 타 기관에 자리를 마련해준다.

공무원 숫자를 늘리면 안 되는 이유가 또 있다. 공무원은 재직 기간 동안 특별한 범법행위를 하기 전에는 정년이 보장되고, 퇴직 후 사망할 때까지 연금을 받는다. 고위직일수록 매월 받는 연금 액수가 높다. 본인 사망 이후엔 배우자에게 연금 수령권이 주어진다. 결론적으로 한 번 공무원으로 채용되면 죽을 때까지 국가가 먹여 살려야 하는 것이다.

공무원은 한마디로 돈 먹는 하마다. 철등지 속은 매우 안온하다. 무슨 일이 벌어져도 책임을 물을 수 없어 자리는 접착제로 단단히 붙여놓은 것 같다. 정책 실패나 행정 서비스에 문제가 생겨도 누구의 책임이라고 딱히 밝히기가 어려워 어물쩍 넘어가는 것이 일상이다. 동시에 성과를 가늠하기가 쉽지 않은 것도 자리 지키기의 도우미가 된다.

공직자의 능력과 조직 기여도를 가릴 목적으로 근무 성적을 평가해서 상응하는 보상을 하게 되어 있다. 공직의 성과를 올리기 위해 등급을 매기는 제도로서, 하위급 10%에 해당하는 자는 퇴출하도록 되어 있다. 그러나 지켜지지 않는다. 평가를 해놓고 책상 서랍 속에 처박아둔다. 또 2진 아웃제를 도입해 퇴출을 시도하지만, 퇴출된 고위직은 한 명도 없다. 성과 평가는 명목일 뿐 무용지물이다.

대기업 인사 담당자의 말을 빌리자면, 회사가 공직 사회처럼 인사를 하면 모두 망한다고 할 정도로 공직 평가는 언어의 유희이자 속 빈 강정이다. 지방직은 노조의 반대가 너무 심해 퇴출이 거의 불가능하다. 계급별로 정년이 법으로 정해져 있는 경찰, 군인, 소방관들과 달리 일반직 공무원은 계급별 정년이라는 제도도 관행도 없으니 난공불락이다.

책상에 편하게 앉아 일하고, 받을 것 다 받고도 잘잘못에 대한 평가를 받지 않으니 공직자는 철둥지 속에 있는 것과 다르지 않다. 그런데 평가가 엉뚱한 데서 이루어지기도 한다. 예산을 절약하거나 숨은 세금을 찾아내는 일은 공직자의 의무이고 책임인데, 여기에 억대 단위의 성과금을 주기도 한다. 나쁜 평가는 묻어두고 좋은 평가에 보상을 하는 것이 공정하지 않다는 것은 세상 사람들이 아는 진리인데 그들만 애써 외면하고 있다.

틀 속에 갇힌 자아

공직자들은 자기들이 만든 틀 속에 국민만 가둘 줄 알았지 정작 자신도 틀 속에 갇혀 있다는 것을 모른다. 그들이 만들어놓은 틀이 추운 날의 겨울옷 같으면 좋으련만 여름에도 옷을 잔뜩 껴입고 있다. 옷은 1차적으로 인간을 보호하는 가림막이다. 인간은 자신들이 만든 질서를 지켜야 하기 때문에 불가피하게 옷을 걸치게 된다. 앞에서도 이야기했지만, 존 로크가 자유와 평등을 저울질하면서 직접과 간접, 다수결 민주주의를 논하고 정부의 역할과 대권의 필요성을 역설했던 것도 공공선을 실현하기 위한 틀의 구상이었다.[10]

세상일에는 반드시 틀이 필요하다. 틀은 법이 경계를 짓는다. 대표적인 것이 영화 〈매트릭스〉와 〈트루먼 쇼〉다. 문제는 이러한 스튜디오 같은 틀 속에서 벗어나도 그 바깥 역시 틀이라는 점이다. 제도로서의 대표적인 틀이 감옥이다. 감옥 안의 악과 감옥 밖의 선이 그리 다르지 않다는 것을 일반인들은 잘 모른다. 법을 집행하는 사람조차 자신이 틀 속에 갇혀 있다는 사실을 모른다.

사형수들에게 삶의 참된 의미를 깨닫게 하기 위해 평생을 바친 삼중三中 스님은 "나보다 자기 관리를 더 잘하는 그들이 때론 성직자 같다"고 했다. 또한 자신은 50년 승복을 입고 살았지만 사형수를 만날 때면 부끄러울 때가 많다고도 했다. 사형수의 마지막 참회가 어설픈 성직자보다 낫다는 뜻이다. 〈검사외전〉이라는 영화를 보면 감옥 안의 사람들이 바깥의 사람들보다 더 정직할 수 있다는 것을 알게 된다.

감옥을 학교나 대학이라고 표현하는 사람들이 꽤 있다. 삼중 스님이 그랬고, 옛날 유고슬라비아의 정치인이자 작가인 밀로반 질라스Milovan Djilas도 감옥은 자유롭게 상상할 수 있는 이상적 학교라고 했다. 신영복, 백태웅 교수도 감옥에서 많은 것을 배우고 깨우쳤다고 당당히 말한다.

법을 어긴 사람들만 감옥에 갇히는 것이 아니다. 아이들의 우상인 아이돌이 되려면 먹는 것, 입는 것, 자는 것, 화장실 가는 것, 외부와의 통신 등 모든 것이 통제된 채 일상생활에서 지옥 같은 훈련을 견뎌야 한다. 통제의 틀은 어디와 비교해도 심하기 이를 데 없다. 무엇을 위한 극기일까? 이들의 건강, 명예, 부를 통제하여 분명 이득을 보는 사람이 있을 것이다.

감옥에 관해서는 미셸 푸코와 유발 하라리도 한 마디씩 했다. 교도소라는 제도 때문에 죄인이 생겼다는 것이 푸코의 말이고,[11] 교도소 담장을 넘으면 거기에 더 큰 운동장 같은 감옥이 있다는 것은 하라리의 말이다.[12] 푸코는 또 감옥을 두고 자신은 갇히지 않았다고 착각하는 정치적 공간이라고 말하기도 한다. 세상이 온통 원형감옥 panopticon이라는 것이다. 법과 제도에 묻히는 것은 똑같고, 안에 있건 밖에 있건 차이가 없다는 것이다.

감옥이 대학이라고 한 만큼 역으로 대학이 감옥이라고 할 수 있는 것이 현실이다. 제도라는 틀 속에 갇히기는 마찬가지여서인가? 대학도 감옥이라는 것은 대학이 거짓 상품 같은 가짜 학문만 팔아서가 아니다. 학생과 학문을 돈 버는 수단으로 생각하기에 그렇다.

대학에 도둑이 득실거린다면 의아해할 것이다. 어떤 대학이 보직자와 교수와 교수의 로드 매니저, 이렇게 3자가 엉터리 계약서를 쓰고 교수가 출연하는 연속극 자막에 학교 홍보를 한답시고 정가의 4배에 달하는 1억 8,000만 원을 지불했다면 이것은 범죄행위가 아닌가. 이를 위해 회계 처리에서 가짜 영수증을 첨부하는 것은 다반사다. 있지도 않은 음식점에서 수천만 원짜리 영수증을 가져다 허위 장부를 만든다. 같은 영수증을 몇 번씩 붙여가며 눈가림을 한다. 입시 때가 되면 대행업체가 1,000만 원대의 뇌물을 가져오는 예가 허다하다. 용역에서 리베이트는 상례다. 인정되지도 않는 외국 대학 복수 학위를 명분으로 수년간 수십억 원을 학생에게 거두어 브로커에게 바친다. 브로커는 되지도 않은 엉터리 브로큰 잉글리시로 외국 대학 총장을 가장해 한국 대학 총장에게 감사의 편지를 보낸다.

대학교수들은 학교 주변을 맴도는 브로커의 먹잇감이 되기 일쑤다. 서울대와 연세대를 비롯한 대학의 1,300명이 넘는 교수들이 있지도 않은 가짜 국제대회에 공금을 들여 다녀와서 실적을 올렸다고 하는 것이 오늘날 대학의 일그러진 자화상이다.

돈뿐만 아니다. 억대의 학교 실험 실습 기기를 집으로 가져간다. 담당교수가 학생들에게는 시가의 3배가 넘는 실습 기기를 구입하라고 권하고, 그것도 모자라 심지어는 시험 문제를 유출시켜 성적까지 조작한다. 법인 감사는 왜 이런 일을 묵과하는지 이유가 너무나 명백하다. 재단 이사장이며 법인이 학교의 예산을 가져다 쓰고 심지어 뇌물까지 받기 때문이다. 남의 물건만 훔치지 않는 날강도다. 시정잡배만도 못한 조작, 음모, 모략으로 대학 구성원 헐뜯기는 예사이고, 거짓 지식을 파는 것은 일상이다. 지식인이기를 거부하며 수치스러운 수준을 넘어 범죄 행위가 자행되는 대학, 참을 수 없는 수치와 부끄러움으로 고등 학문이 팔려나가는 대학이 있다면 그곳이 바로 감옥이다.

이런 대학이 존재하는 것이 현실이다. 겉으로는 학문과 인류 구원을 위한 복음을 내세우지만 속은 속물보다 못한 위선에 빠져 있다. 감옥 같은 대학의 부정과 비리를 개혁해보겠다고 애쓰는 사람에게 사악하기 이를 데 없는 복음주의의 덫을 씌운다.[13]

복음주의를 빙자한 거짓으로 추악한 모습을 보이기도 하지만 아름다운 신의 자태가 훼손될 수는 없다. 영화 〈핵소 고지〉의 주인 공 도스 일병은 생명의 소중함을 일깨우는 선구자다. 대동아전쟁 때 일본 오키나와의 한 고지를 점령하는 과정에서 안식교도로 총을 쥐기를 거부하면서도 의무병으로 동료들을 구하는 마음이 신으로 부터 비롯되었음을 입증한다.

제도 속에서 참과 거짓을 가리기는 쉽지 않다. 틀에서 벗어나면 불편부당함이 조금은 더 보일 것이다. 나는 너와 다르다. 나는 옳고 너는 그르다. 내 뒤에 있는 법이 사악한 위선의 고리로 세상을 걸면 누가 편할까? 감옥에는 신의 가호와 정의가 가쁜 숨을 몰아쉰다.

태어날 때부터 정부의 틀 속에 얽매인다고 해서 세상을 온통 감 옥이라고 확대해석하는 것은 금물이다. 어린아이가 태어나면 출생 신고를 한다. 공식으로 한 나라의 국민이 되는 첫 걸음이다. 성년이 되면 주민등록번호를 받는다. 그로부터 일생 동안 국민 개인의 신 분은 정부에 기록되어 정부의 틀에서 벗어나지 못한다. 헌법에 규 정된 국민의 의무를 이행하기 위해 정부가 명하는 대로 하지 않으 면 안 된다. 또 해외에 나가려면 별도의 허락(여권)을 받아야 한다. 사업을 하는 기업인은 정부의 인·허가를 받아야 한다. 시민단체를 만들거나 사단법인, 재단법인을 만들 때도 정부의 규정에 따라 절 차를 밟는다.

정부와 일이 있을 때마다 정해진 절차대로 온갖 문서(주민등록증, 인감증명서 등)를 내야 한다. 정부뿐만 아니 개인 간의 행위에서도 공

문서를 요구한다. 이 문서는 모두 정부에 보관된다. 미국에서는 사회보장번호social security number 하나만으로 내가 누구인지 입증되고 더 이상 무슨 서류를 내라고 하지 않는다. 국민을 번거롭고 구차스럽게 하지 않는 것이다. 하지만 우리는 어떤가. 관료제라는 것이 원래 문서 위주일 수밖에 없으니 이해는 가지만 지나친 것은 사실이다. 이 모든 것이 우리를 지배했던 일본이 남긴 잔재다. 일본은 서점 한구석에 정부에 내야 할 각종 문서가 서랍마다 그득하다. 해방된 지 오랜 시간이 지났는데도 우리 주변엔 아직까지도 일본의 관료주의 잔재가 수두룩하다.

일상생활에서도 교통법규를 지키지 않으면 범칙금을 내는 등 불이익을 받는다. 세금 납부가 늦어도 마찬가지다. 남자는 국방의 의무가 있으니 적령이 되면 군에 입대해야 한다. 제대 후에도 일정 기간 동안 예비군 훈련을 받아야 한다. 이는 국가를 지키고 사회 질서를 유지하기 위해 필요한 기본 의무이다.

이런 틀을 만들고 지키는 것이 정부이니, 정부는 규제의 화신이 되었다. 그 안에서 일하는 공무원은 호랑이처럼 군림하며 호가호위狐假虎威한다. 행정부의 규제의 칼이 대법원보다 위에 있다는 말도 있다.[14] 한 기업이 서울의 대학로에 호텔을 지으려고 했는데 교육 관청의 반대로 허가가 나지 않았다. 아이들의 교육에 악영향을 끼친다는 논리였지만 법원은 기업의 손을 들어주었다. 하지만 법원의 판결은 행정청에서 휘두른 규제의 칼에 베이고 말았다. 법원은 행정관청의 불허가 처분을 취소시킬 수는 있어도 직접 허가를 내주라고 판결할 수는 없기 때문에 그렇다. 규제는 중앙정부에 1만 4,000개, 지방정부에 4만 9,000개가 된다. 도처가 국민의 자유를 옭아매고 규제를 강화하는 지뢰밭이다.

규제의 뿌리는 깊고 강하다. 겉으로는 대통령이 규제개혁위원회를 소집해 개발제한지역에 체육시설을 짓게 하는 규제 철폐는 그야말로 조족지혈鳥足之血이다. 그것도 찔끔찔끔 푼다. 그 이유는 정부가 지침, 고시, 가이드라인 같은 하위 행정명령을 층층이 또 겹겹이 만들어놓고 계속 규제의 칼을 휘두르기 때문이다. 법이 통과되고 시행령을 만들면 다 되는 줄 알지만 이는 오산이다. 이를 시행하기 위해 정부의 각 부서가 가이드라인이나 예규例規를 자기 편의에 따라 만들어 규제의 벽을 높이 쌓는다.

실제로 법을 고치지 않아도 되는 규제를 정부가 시민단체와 저항 세력의 눈치를 보며 해제하지 못하는 일이 많다. 외국 병원을 설립할 경우, 병원장과 의사 10%는 외국 의사로 한다는 규제를 철폐해놓고도 정부가 영리법인을 허가한다는 반대 여론을 의식해 시행하지 못하고 있다. 원격진료 규제만 풀어도 5년 동안 135만여 자리가 늘어나 고용의 청신호가 울린다.

2002년 투자개방형 의료시설을 법으로 허용했지만 아직까지 성과를 내지 못하고 있는 주된 원인은 복지부가 적극적인 지원을 하지 않기 때문이다. 의료 서비스는 만인을 위한 복지의 기초이기 때문에 품질의 고하가 있어서는 안 된다는 인식이 일반 국민에게 각인되어 있다. 우리나라의 의료기술이야말로 세계적인 수준이어서 얼마든지 고가의 영업 이익을 창출할 수 있음에도 한 걸음도 나아가지 못하고 있다. 우리나라 의료기술 수준은 오래 전부터 미국 하버드 의과대학 학생들이 연세대에 와서 외과수술 인턴을 할 정도다.

외국법률사무소의 개설도 비슷한 처지에 놓여 있다. 국립공원에 케이블카를 설치하지 못하고 있는 것도 환경단체의 반발을 의식해서 정부가 결단을 내리지 못하는 사례 중 하나다. 설악산도 이제 겨우 풀린다. 통영 등지에는 해상으로 케이블카가 설치돼 관광객이 아름다운 풍광을 누리고 있다. 통영에 해상 케이블카가 운영되어 자연풍광을 훼손했다는 소리는 들어보지 못했다. 외국은 관광지에 케이블카가 없는 곳이 거의 없다. 관광지에 케이블카를 설치하는 것이 왜 환경 파괴인지 이해 못하는 사람들이 많다. 환경 지키기와 활용하기의 경계가 애매하다. 환경론자들의 주장에 따르면, 환경을 지키는 것이 우선이지 수익을 먼저 생각하면 안 된다는 것이다. 환경을 누릴 수 있는 권리가 어디까지여야 하는지 애매한 것 또한 분명한 사실이다.

그밖에도 대학이 영어 어학캠프를 개설하고 싶어도 정부가 못하게 하거나, 기업이 국제테마파크를 유치하고 싶어 해도 이를 막거나, 1인 외국인에게 콘도를 분양하지 못하게 하는 것 등등 수없이 많은 규제가 아직도 끈을 풀지 않고 있다. 따져보면 법을 고치지 않아도 될 수 있는 문제인데, 공무원들이 손 놓고 그냥 앉아만 있어 시행이 안 되는 과제가 100건도 넘는다.

정부는 이제 겨우 인터넷 은행(카카오뱅크, 케이뱅크 등)을 긍정적으로 수용해 은산분리 정책을 완화하겠다고 발표했다. 또한 최근 의료기기며 빅데이터를 활용하기 위한 개인정보 보호 분야, 드론과 자율주행 자동차 등에 관한 규제를 풀겠다는 발표가 있었다.

신 같은 정부는 규제만 하지는 않는다. 국민에게 베푸는 것 또한 적지 않다. 그중 가장 큰 것이 국민으로부터 걷은 세금으로 사회간접자본SOC을 투자해 생활의 편익을 지켜주는 일이다. 국민건강보험도 제대로만 운영된다면 훌륭한 제도다. 사회에서 소외된 어려운 계층을 위해 복지정책을 펴는 것도 정부의 큰 몫 중 하나다. 노년을 위해 국민연금 같은 것을 확보하는 것도 큰 혜택이다.

일상생활에서도 국민은 많은 도움을 받는다. 교통사고가 나면 경찰의 도움이 절대적이다. 화재가 나면 소방관이 뛰어들어 목숨 걸고 진화한다. 지진을 비롯해 자연재난 사고가 발생하면 정부의 도움이 절대적이다. 국민의 생명과 재산을 안전하게 보전하는 것, 나라를 지키고 국위를 선양하는 일이 정부가 존재하는 가장 큰 의무이며 책임이다.

정부가 이렇게 유용하고 훌륭한 일도 많이 하지만, 국민들이 일생을 살면서 겪는 불편과 억압을 정부가 모른 척한다는 것이 문제다. 또한 모든 일을 정부가 해결해주기를 기대하는 국민도 문제이긴 마찬가지다.

정부는 국민만 옥죄지 않는다. 정부 조직 내에서도 상위기관이 산하기관을 옥죈다. 청와대는 장관을 꼼짝 못하게 한다. 장관의 일일 활동 사항은 청와대에 보고된다. 장관은 자기 뜻대로 일을 하지 못한다. 반드시 청와대의 의견을 들어야 한다. 작은 일에도 장관은 자율적으로 움직이지 못한다. 장관이 해외여행을 가려면 일주일을 넘겨서는 안 된다. 두 나라 이상을 다니려면 10일 이내로 여행 계획을 조정해야 한다. 이를 어기면 대통령 비서실장이 장관에게 전화를 걸어 여행 일정을 줄이라고 한다. 그야말로 꼼짝달싹하지 못하는 것이다.[15] 정부의 권력은 청와대에 다 모여 있다고 해도 과언이 아니다. 뒤에서도 말하겠지만, 청와대가 권력을 수평이 아니라 수직적으로 분산하고 창의적으로 일에 몰두하면 정부 기능이 훨씬 유연해질 텐데 아직까진 그렇지 못하다.

"우리는 광막한 공간과 영겁의 시간 속에서 행성 하나와 찰나의 순간을 공유할 수 있을 뿐이다."

『코스모스』에서 칼 세이건은 그래도 사랑하는 이와 극히 짧은 순간을 공유할 수 있어 기쁘다고 말한다.[16] 지구에 갇혀 있는 인간끼리 공유할 수 있는 시간과 공간은 얼마나 될까. 이런저런 규제의 틀을 거두어야 자아와 자존의 의미가 조금은 살아나지 않을까.

관료주의적 해결 방식

정부를 비롯한 사회의 여러 분야에서 관료가 없으면 조직은 마비된다. 이것도 뒤에서 다루겠지만, 알고리즘algorism으로 운영 주체가 필요 없는 세상이 되어가고 있긴 하다. 하지만 현재 국가와 사회

구조나 체제상 관료의 존재를 무시할 수는 없다. 그럼에도 관료제 도라는 것이 없으면 더 편하다는 것, 없어야 범법자나 피해자가 생기지 않는다는 역설을 이반 일리히Ivan Illich가 규명한다.[17]

일리히의 주장은 탈제도, 탈정부 같은 생각이 고개를 들게 한다. 그는 가치가 제도화됐다는 것을 끈질기게 비판한다.[18] 도구가 일상을 지배하는 현대사회에서 각 분야는 각기 단일 특징으로 자리매김했다는 것이다. 이를테면 병원은 건강을, 학교는 공부를, 경찰은 안전을, 교회는 신앙을, 언론은 소통을 구하는 도구가 되었다는 뜻이다.

우리의 인사청문회를 예로 들어보자. 총리나 장관의 인사청문회는 이들이 공직에 취임했을 때 일을 잘할 수 있는지를 검증해야 하는데 전혀 그렇지 못하다. 직무수행 능력을 검증하는 본령은 제쳐두고 개인적인 사생활을 들춰내 망신을 주기 일쑤다. 그런 제도라면 차라리 없느니만 못하다. 아무리 좋은 제도라도 본래의 취지를 살리지 못하면 무용지물이다. 좋은 제도가 편법 또는 사심으로 운영되면 사회의 여러 가치들이 오염, 양극화, 무능, 무질서에 휘말려 국가와 정부가 목적했던 제도가 시행되지 못함은 물론이고 오히려 심각한 부작용을 낳을 것이다.

정부의 힘은 제도의 틀 속에서 관료주의적으로 문제를 해결하는 방식에서 나온다. '신'의 박해를 피하려면 관료주의에서 해방되는 것밖에는 다른 방법이 없다.

경제적 자유주의와 민주주의가 승리하려면 국민을 가두고 있는 관료체제에서 해방되는 길밖에 없다고 말한 기 소르망Guy Sorman은 국민들이 만든 정부가 식민 지배의 수동성을 극복해야 한다고 했다.[19] 소르망은 또 2018년 여름 대한민국 국회가 주최한 제헌 70주년 행사에서 한국 대통령제를 '선출된 독재'라고 했다. 대통령의 막강한 권한 때문에 그렇게 본 것이다. 제도 자체가 권력 남용으로 유도할 여지가 충분하기 때문에 견제 장치가 필요하다는 주장이다. 그가 제시한 대안으로는 국회에서 총리를 선출해 국정을 담당케 하고, 대통령은 국가 주권을 수호하는 역할만 하면 된다는 것이다. 소르망은 권혁주가 말하는 정부의 행정권 행사가 대통령에게만 있지 않고 정부 자체에 있다는 해석을 뒷받침한다.

서기와 회계사를 비롯한 모든 관료들은 인간이 아닌 방식으로 생각한다. 이는 뒤에 말하는 험멜의 주장과 상통한다. 그들은 파일을 캐비닛에 분류하듯이 사고한다. 점점 쌓이는 자료를 효율적으로 찾아내기 힘들어지면 국민의 기대에 반하게 된다.

인간이 세계를 생각하는 방식과 세계를 보는 방식이 점차 바뀌면서, 자유연상과 전체론적 사고는 칸막이와 관료제에 자리를 내주었다고 주장한 사람이 하라리다.[20] 세기가 바뀌면서 숫자로 자료를 처리하는 관료주의적 방식은 인간의 자연스러운 사고에서 더욱 멀어지고, 한편 더욱더 중요해졌다는 이야기도 했다. 관료는 가치는 묻어두고 숫자로 말한다. 빈곤, 행복, 정직 같은 개념조차도 숫자로 결정하려고 한다. 쓰기가 인간의 의식을 돕는 도구로 시작해서 점점 더 우리의 주인이 되어가고 있다는 것이다. 영화 〈매트릭스〉나

〈터미네이터〉가 이진 부호로 인간이 쓴 굴레를 벗어나려고 하는 것
도 마찬가지이다. 만만찮은 반작용이 따르는 것은 당연하다.

정부의 힘인 법과 제도, 그로 인한 결정력과 집행력이 관료주의
로 무장되어 있다는 것은 부인하지 못한다. 이 힘이 바로 헌법이 보
장한 관료권이다.

정부 안에도 등급이 있다

공직은 본질적으로 세 등급으로 나뉜다. 1등급은 국가와 국민을
위해 멸사봉공한다. 2등급은 정부를 위해 일하는 생활인 같은 직업
집단이다. 3등급은 정권을 위해 일한다. 어느 등급이 많아야 좋은
정부인지는 답이 분명하다.

정부 안에서도 부처끼리, 또 계급끼리 등급이 있다. 조직, 인사,
예산을 담당하는 부처는 힘을 쓴다. 법을 관장하는 법무부와 법제
처도 예외가 아니다. 기획재정부는 예산과 세제를 관장하고 있어
무소불위의 권력을 행사한다. 기획재정부는 옛날 경제기획원과 재
무부가 합친 기능으로, 그간 여러 정부를 거치면서 이름이 바뀌었
다. 이 부서의 관리들은 나라 전체를 조망하는 능력을 지니고 있다
고 자만한다. 내일의 한국 경제를 이끈다는 엘리트의 자부심이 이
만저만 아니다.[21]

이런 전통은 박정희 시대부터 비롯됐다. 경제 입국에 사활을 건

당시 이승만 정부 때부터 경제 입국을 도모한 이들 부처는 박정희 대통령이 보호막을 단단히 쳐서 정치인들이 얼씬도 못하게 했다. 이 부처를 담당했던 역대 장관들도 독립심이 강하여 주문을 달리하는 정치권에 맞설 수 있는 기개가 있었다. 그때의 전통이 지금까지 이어지고 있다. 그러나 그들에게는 나랏일을 경제로만 보려고 하는 한계가 있었다. 경제가 성장하면 국민의 삶은 자연적으로 안정되고 행복해진다는 지극히 1차원적 인식에서 벗어나지 못한다.

정부의 힘이라고 다 같지는 않다. 군부, 검찰, 경찰, 감사, 조사 등의 기능을 수행하는 권력기관에 힘이 더 있다는 것은 누구나 안다.

힘의 차이는 정부 기능에서만 아니라 계급으로도 갈린다. 계급이 같은 과장인데 예산 담당 과장은 다른 부처의 과장을 직접 만나주지 않는다. 하급자를 거쳐서 오라고 한다. 해마다 예산을 편성하는 시기가 되면 예산부처 복도에 주저앉아 2~3시간 기다리는 것이 보통이다. 공무원이 국회 복도에 진을 치고 앉아서 장관의 답변거리를 준비하고 있는 장면을 흔히 본다. 행정부 공무원이 측은해 보이면서도 품격과 거리가 먼 행태를 보면 눈살이 찌푸려진다.

신이 정치에 밀리면

고리타분한 법과 제도 덕분에 정부는 신의 행세를 한다. 법이 센가? 아니면 정치가 더 센가? 어느 쪽이든 법의 판단과 집행이 정치적이라면 법이 정치에 예속되는 결과를 낳는다. 불행하게도 정치가 법보다 더 믿을 수 없다면 어떻게 되는가? 부박浮薄하기 이를 데 없는 정치인들, 그들의 행동거지에서 권위와 품위라고는 찾아볼 수 없다면 어떻게 될 것인가? 철학은 간데없고 말꼬리 잡고 비틀기만 하며 언어 희롱이나 일삼는 이들에게 국가를 맡기고 있다는 것은 큰 수치다. 정치가 바로 서야 법이 살고, 법이 살아야 공정한 삶이 보장되어 국민의 분노가 사라진다.

대승적 차원에서 정치인 대통령이 법을 넘어 국민을 편하고 행복하게 할 여지는 얼마든지 있다. 정부가 국민을 편하게 하는 길이 여럿 있겠지만, 가장 바르고 정확한 것은 나라의 수장인 대통령에게 달려 있다. 법의 차원을 넘는다는 것은 위험 요소를 안고 있다. 어느 기관이나 법대로 일을 처리하면 결국 국민은 편익을 얻는다. 그러나 법만으로 만사가 해결되지는 않는다는 점을 알아야 한다.

훌륭한 리더는 정치권력에 집착하지 않고 오로지 국민을 위한다. 이 나라에도 지금과 같은 소인정치가 아닌 대인정치를 했던 인물들이 많았다. 김구, 신익희, 이시영, 조병옥, 조봉암 같은 인물들이 그렇다. 이들의 공통점은 현직 대통령을 정면으로 비판하는 글을 올린 기개 있는 정치인이라는 것이다.

베트남의 호찌민胡志明, Ho Chi Minh 주석도 같은 반열에 있다고 생각한다. 사회주의 국가의 위대한 인물로 추앙받는 호찌민의 소박한 사상은 민족주의와 사회주의를 동시에 추구하는 전통적 공산주의와 달리 지식인, 중산층, 쁘띠 부르주아지, 의식이 뚜렷한 자본가들을 망라하는 세력이 바탕이다. 1930년 2월 홍콩에서 베트남 공산당을 결성한 그는 학문보다는 남을 이롭게 돕겠다는 생각으로 외세(식민치하와 전쟁의 암흑)를 막고 1945년 9월 2일 독립을 선언한 불세출의 인물이다. 민족자결을 선언한 미국의 윌슨 대통령에게 베트남 독립을 요구하는 편지를 보낸 것은 독립에 목마른 이승만의 대미 활동과 다르지 않다. 하노이 호찌민 성묘聖廟는 온 국민의 통합의 상징이다.

호찌민의 옥중시 '장기를 배우며 2'를 여기에 옮겨본다.

마땅히 시야는 넓게,
생각은 치밀하게,
때때로 공격은 단호해야 한다
길 잘못 들면 쌍차雙車도 무용지물이다.
때를 만나면 졸卒 하나로도 성공한다.

국가 원수가 자신이 속한 정당의 이해관계와 이념에 집착하면 그것이 곧 박해의 신이 되는 길이다.

세종대왕과 이순신 장군은 나라를 지키고 격을 높인 최고의 지도자다. 그들을 호찌민 같은 역할과 견준다면 어떤 해석이 가능할까? 역사상 유명한 지도자들의 동상 하나 길거리에 제대로 건립하지 못하는 나라가 정상일까? 크고 작은 공과가 있더라도 역사의 유산은 긍정적으로 해석할 필요가 있다. 세종만 해도 한글을 창제한 영특한 지도자로 손색이 없지만 수신제가修身齊家를 썩 잘하지는 못했다. 애써 간택한 규수(문종비 휘빈 김씨)를 강제로 이혼시킨 잔혹사의 주인공이라는 다른 면모가 있기 때문이다. 역사적 인물치고 완벽한 지도자는 없다. 그래도 역사는 버릴 수 없는 유산이다. 나라의 격을 높이는 길은 선조들의 공과를 분명히 하되 과오를 너그럽게 받아들이는 데서 시작한다. 민족의 자아, 의식, 그리고 염원이 담긴 총체적 가치로서의 역사는 폄훼의 대상이 되면 안 된다.

대통령 선거 때만 되면 대통령 임기 1년이 지나면서부터 다음 후보자에 대한 인지도가 언론을 장식한다. 언론의 생리겠지만, 다음 대선 후보자를 들먹이며 누가 앞서니 뒤서니 일찍부터 여론몰이를 한다. 유권자의 성향에 따라 후보자에 대한 선호가 다르겠지만, 인물은 여론으로 판별될 수 없다. 인기가 높지 않아도 나라의 명운을 짊어지기에 부족함이 없는 큰 정치인은 따로 있다. 보통 정치인들은 거리에서 불끈 쥔 주먹으로 유권자에게 다가가려 하지만, 이런 정치인은 아무리 뽑아봤자 우리의 미래는커녕 현재도 나아진다는 보장이 없다.

법을 정치에 맡기려면 내가 고생해도 좋으니 나라의 기본을 찾고 미래를 기약하겠다는 믿음직한 인물이어야 한다. 콘서트 같은 것으로 대중적인 인지도를 쉽게 쌓는 인물이 아니라 만델라 같은 존경스러운 인물이라야 정치 분위기를 바꿀 수 있다. 만델라는 백인과의 경쟁에서 이기기 위해 백인이 좋아하는 럭비 경기를 배워야 한다고 했다. 민중의 지도자가 되려면 친구를 가까이 하되 경쟁자를 더 가까이 해야 한다고 주장한 만델라는 용서와 화해로 인종 갈등을 극복하고 남아공을 바로 세운 인물이다. 그러나 만델라도 흑백 갈등, 부족 갈등을 온전히 해소하지 못했고, 1인당 국민소득 5,000달러에 머물고 있는 조국을 더 이상 어찌하지 못했다.

위대한 인물만으로 나라의 모든 문제가 저절로 풀리는 것은 아니다. 국민성만큼 시민성도 뒷받침되어야 한다. 시민성은 국민성과 또 다른 차원으로, 국민이 얼마나 문명화되었느냐를 가르는 기준이다. 즉, 자신의 본분을 지키고 절제할 것을 수행하는 성정을 말한다. 국민에게 주어진 4대 의무(국방, 근로, 교육, 납세)에 더해 국가에 필요한 일을 돕고, 정부의 잘못을 비판도 하지만 충정을 이해하려고 노력하는 것도 나라에 큰 힘이 된다. 특히 납세를 하지 않는 국민(근로자 중 면세를 받는 수가 43.6%, 774만 명에 이른다)일수록 정부를 돕는 일에 앞장서는 것이 시민성의 징표다.

나라마다 위대한 인물이 있다고 국론이 분열되지 않는 건 아니다. 제2차 세계대전을 이끈 미국의 루스벨트나 영국의 처칠은 위대한 인물이고, 중국의 마오쩌뚱도 큰 인물이다. 큰 인물에 대한 평가는 전쟁 등 인류가 극심한 곤경에 빠졌을 때 나라를 구한 공로로 높이 평가된다. 링컨이 위대한 인물인 것도 남북전쟁을 치렀기 때문이다. 그는 국민의 호오好惡를 하나하나 이끌어내기보다는 크게 생각하고 양보하는 이미지로 대중을 사로잡았다. 이것만 봐도 무생물인 법이 살아 있는 정치의 이미지를 앞설 수 없다.

고난의 대장정 못지않았던 해방 정치공간에서 활약한 김구, 안재홍, 송진우, 장덕수, 여운형, 박헌영, 김단야, 주세죽, 허정숙 등 사상과 이념은 달랐어도 해방과 독립, 그리고 민생을 위해 노력한 인물들도 국가 지도자의 표상이다. 이승만도 위대한 인물이지만 극명하게 평가가 갈리는 지점은 3선 개헌 때문이며, 부정선거 등 시대의 흐름을 역행한 과오 때문이다. 참모들을 잘못 쓴 것도 오점으로 남는다.

그 후 김영삼, 김대중은 이철승과 같이 40대 기수론을 내세워 민주투쟁으로 독재시대의 종언을 고했다. 제1공화국 이후로 김재순, 강영훈, 이만섭 같은 인물이 있었다. 이들은 올바른 생각을 가진 직지향直志向과 바른 말을 하는 사지향斜志向적 사고를 하는 인물들이었다. 큰 인물임에도 직접 정부를 맡으면 엇갈린 평가를 받게 마련이다. 철학적·사상적·이념적 주장만으로 큰 인물이 되는 것과는 다르다. 명암이 있게 마련이지만 '정치'가 격이 있고 올발라야 나라가 지탱된다.

박근혜 대통령에 대한 평가가 갈리는 것은 당연하다. 어떤 평가라도 큰 리더는 원리원칙을 지키는 것이 우선이다. 물론 유연성도 있어야 하지만 이사야 벌린Isaiah Berlin의 『고슴도치와 여우』에 등장하는, 상황 따라 말 바꾸는 여우여서는 곤란하다.

서로 도우며 살아도 부족한 판에 허공에 대고 삿대질이나 하고 언어 희롱을 일삼으며, 팻말이나 들고 거리 정치에 급급하며 포폄褒貶만 일삼을 뿐, 진정 공존의 지혜를 짜는 큰 인물이 없으니 나라가 수렁에 빠진다. 더욱이 자기 생각만 옳고 집단의 이익이나 추구하며 큰 흐름을 볼 줄 모르는 인물들, 즉 바른 자리에 서는 중정中正이나 지혜의 극치인 시중時中을 모르는 인물이 TV 토론에 능하고 인지도가 높아서 대통령이 된다고 법과 정의가 살아나지는 않는다. 더욱이 왜곡된 댓글이나 달고, 여론을 조작해 국민을 우롱하면 정치는 나락으로 떨어져 구제할 길이 없어진다.

정치가 허덕이는 이유는 그 뿌리인 정당에 있다. 정부 수립 이후 명멸한 정당의 수가 얼마나 되는지 아는가? 2018년 1월 현재 선관위에 등록된 정당이 37개나 된다면 믿겠는가? 국회에 입성한 정당은 더불어민주당, 자유한국당, 바른미래당, 민주평화당, 그리고 정의당이다. 정부 수립 이후 지금까지 명멸한 정당 수는 141개다.

나라를 지탱하는 힘이 인물에서 나오는지, 집단(정당)에서 나오는지, 하늘의 운인지, 시대 상황에 따라 다르다고 한 주장은 흘려버리기 힘들다. 헤겔의 이야기다. 이성Vernunft은 자신의 자유의지를 역사 속에서 실현시키기 위해 자신을 공물로 삼지 않고 정열Leidenschaft과 야망Interesse을 지닌 개인을 활용한다. 그들은 때가 지나면 용도 폐기되어 가차 없이 버려진다. 알렉산더, 시저, 나폴레옹도 결국 역사의 하수인이 되었다는 것이 헤겔이 주장하는 지도자의 운명이다. 아무리 훌륭한 역사적 인물이라도 시대에 따라 평가가 엇갈리고 운명이 뒤바뀐다.

민주주의는 원래 수많은 사람들의 각기 다른 삶의 표현을 포용하는 제도이기 때문에 살기 편한 체제는 아니다. 우리나라의 사회 갈등 지수가 세계에서 4번째로 높다는 사실만 봐도 사회 분위기가 얼마나 황폐한가를 어림할 수 있다. 민주정치는 순탄하게 굴러간다 해도 사회 갈등을 떠안기보다 때로 갈등을 조장하기도 하고, 순탄치 못해도 정부의 권력을 통제하기가 쉽지 않다. 그래도 민주주의는 공동체의 창의성을 존중한다. 창의성을 유지하려다 보니 많은 에너지가 필요하고, 이를 막으려는 세력 또한 만만치 않다. 그러다 보니 편 가르기, 뒤 봐주기, 이기주의, 냉소주의, 무관심, 조용한 삶 등의 꼬임에 빠져들기 십상이다. 로저 오스본Roger Osborne의 말이다. 이를 이끄는 집단 또한 사익에 몰두해 공익을 뒷전에 둔다. 우리가 기필코 극복해야 할 유혹이다.[22]

민주제도가 안고 있는 근본 문제는 무엇이 정답인지 확실치 않다는 데 있다. 당선자들 말고 다른 사람이 뽑혔을 때 더 나은 민주정치를 할 수 있다는 보장이 없다. 이 나라 의회정치와 정당정치를 누가 어떻게 바꾸면 향상시킬 수 있다는 답을 정치인이면 누구나 알고 있지만 현실적으로는 불가능하기 때문에 문제만 꼬인다.

여기서 분명히 할 것이 있다. 한국 정부의 최대 약점은 거죽만 건드리고 본질을 천착하지 못한다는 데 있다. 수없이 되풀이되는 각종 사건과 사고들을 사전에 예방하겠다고 아무리 애를 써도 허사인 것은, 사건 사고의 본질을 알고 원인을 깊이 있게 파헤치는 것이 아니라, 변죽만 울리고 임시방편인 미봉책을 쓰기 때문이다. 제도를 바꾸고 예산만 투입한다고 될 일이 아닌데도 정부는 끝없이 같은 일만 반복한다.

문제는 항상 내재해 있고, 풀리기는커녕 더 쌓인다는 사실을 인정해야 한다. 세상의 이치를 정치인들이 직시할 줄 몰라서 문제다. 우리가 안고 있는 문제의 본질—이를테면 학교 폭력을 예방하기 위해 CCTV 몇 개 더 설치한다고 문제가 해결되지 않는다는 사실을 아는 사람은 다 알듯이—은 외면하고 겉치레 처방전만 내리려고 애쓰기 때문이다. 문제는 갈피 잡기 힘든 인간의 욕망에 있고, 타자의 욕망이 내 욕망을 앞서야 한다는 것을 모른다는 데 있다.

아르헨티나의 작가 호르헤 루이스 보르헤스Jorge Luis Borges는 우주 혹은 현실의 질서를 지배하는 법칙을 감지할 수 없는 무력함 때문에 인간은 자신이 정리한 법칙에 따라 '현실'을 고안해냈다고 말한다.[23] 현실적 문제가 먼저가 아니다. 우리는 실재보다는 허상을 보고 문제에 접근하며, 허상조차 만지지 못하고 냄새도 맡지 못하면서 실재가 어떻다느니 하며 강론을 편다. 우주의 섭리도 모르면서 법과 제도만 잘 만들면 문제가 풀린다고 착각하는 것부터 고쳐야 하지 않을까?

문명국의 정치는 모든 것이 권력화되어가는 과정에서 권력을 줄이고 도구를 선용할 수 있는가에 초점을 모아야 한다. 어떻게 하면 국민을 편하게 할 수 있는가? 보통은 기초연금이나 노동자의 시급을 올리는 쪽으로 접근한다. 그러나 정부가 아무리 돈과 시간을 투입해도 원천적인 문제가 내재한다. 여기서 벗어나려면 정치나 정부가 국민을 간섭하지 않아야 하고, 얄팍한 잣대로 국민을 함부로 재단하는 일이 없어야 하며, 위정자들 스스로가 현실의 나ego를 버리고 초월적 나^{self}를 찾는 것이 중요하다. 그런 정치인은 어디에 있을까?

고대 아테네는 인류 역사를 통틀어 가장 고도로 발달한 민주주의를 실천했다. 민주주의는 오히려 근래에 들어서면서 몰락과 정체, 부흥이라는 영고성쇠^{榮枯盛衰}를 거듭한다. 민주주의는 비록 불완전하지만 인간 삶의 커다란 딜레마, 즉 어떻게 해야 공동체의 일원으로 존재하는 인간이 개인적으로도 번성할 수 있는가 하는 문제를 해결하려는 좋은 제도다.

이 나라 민주주의 역사는 단기간에 일어났던 현상이다. 민주국가와 그들이 주도하는 세계에서 평생을 산 사람들은 운 좋은 소수에 불과하다. 민주주의는 살기 불편한 체제인 것이 사실이다. 순탄하게 굴러간다 해도 민주정치는 사회 갈등을 떠안아야 하고, 순탄치 못하다면 정부의 권력을 통제하는 데 실패했다는 뜻이기 때문이다.

오늘날 민주주의 정부들이 범한 가장 큰 실책은 단기적인 번영을 대가로 국제금융 시스템에 권력을 넘겨준 것인지도 모른다.

민주주의 역사가 어느 정도 길라잡이가 되어줄 수는 있지만 두 가지 진리 말고는 간단한 해법을 찾기 어렵다. 첫째, 민주주의 국가는 끊임없이 변하는 적응력을 길러야 하고, 인간과 사회가 너무도 빠르게 변하는 세상에서 살아남기 위해 부당한 간섭을 뿌리치고 독자적인 구조와 관행을 도출해야 한다. 지난 한 세기 동안 상상을 초월한 잔인성을 경험하며 배우게 된 두 번째 진리는, 민주주의를 포기하면 우리 삶은 처절하게 위축된다는 사실이다.

문명은 한 계단 두 계단 차분히 발전하기도 하지만 어느 순간 갑자기 큰 변화를 맞기도 한다. 마치 과학기술이 어느 날 갑자기 비약하는 것Paradigm shift과 같이 말이다. 신이 된 정부는 경제적 선진국만 아니라 문명국과 문자국의 기초를 새롭게 닦는 숙명을 거역하면 안 된다.

정치의 가치를 폄하해서는 안 되지만, 숭고한 신처럼 되어야 할 행정부가 바로 서는 길은 예나 지금이나 늘 가파르다.

2

철기시대만도 못한
관료 문화

Synopsis

■ 관료의 생각과 언어, 그리고 상상력의 수준에 따라 국민과의
심리적 거리가 좌우된다. 관료의 정신세계야말로 중요한 정
책 결정을 내리는 요람이다.

■ 21세기 관료 문화가 철기시대만도 못하다면 누가 믿을까?
2,500년 전 철기시대는 전쟁 무기와 생산 수단을 철기로 바
꾸며 큰 역사적 전기를 이루었다. 문자가 생기고 지혜를 갖
춘 서양의 소피스트와 동양의 선현들이 중심 역할을 했다. 물
질문명과 더불어 정신문명의 기초가 만들어지기 시작한 것도

이즈음이다.

■ 그러나 언제부터인가 관료주의 또는 관료적 권위주의가 굳어
지면서 정신문명의 기반이 무너져내렸고, 관료 문화는 온통
경제로 도배되었다. 문자를 넘어서 동영상과 홀로그램이 텍
스트를 대신하는 새로운 과학기술 문명이 눈앞에 펼쳐지는데
도 정부의 관료주의라는 신은 꿈쩍하지 않는다.

■ 해자垓子로 둘러싸인 철옹성은 안팎이 완전히 차단되어 있다.
카프카의 소설『성城』에 있는 사람처럼 밖에 있는 사람이나 안
에 있는 사람이나 소외자인 것을 모르고 있는 것과 같다. 지
혜의 그릇은 버린 채 철밥통이나 철둥지를 절대 놓지 않고 있
으니 그렇다고 볼 수 있다. 쇳덩어리 속에 들어 있으니 기계
의 부품 같다. 정부라는 큰 기계 속에 들어 있는 부품들이 관
료들이다. 그렇다 보니 내부는 물론이고 바깥세상과는 더더
욱이나 언어 소통이 안 된다. 기계처럼 움직이는 것이 마치
군사 문화가 그대로 존속하는 느낌이다. 무슨 일만 생기면 습
관적으로 걸치고 나서는 노란 점퍼가 문제를 해결하는 것을
보지 못했다.

- 관료권의 본질은 주인의식의 고정관념에서 벗어나지 못하고 일방적이고 획일적이며 단편적이다. 복잡 다양한 사고와는 거리가 멀고, 창의력이 부족하며, 변화에 대해 거부 반응을 일으킨다. 관료는 상상력은 제쳐두고 도구적 논리만 앞세워 소통보다 명령만 내린다. 정부 관료들은 이사야 벌린의 표현[24]을 빌리면 편집증이 강하고, 대니얼 카너먼Daniel Kahneman의 표현대로[25] 빠른 사고만 하다 보니 많은 것을 놓친다. 오죽했으면 철기시대만도 못한 관료 문화가 지속된다고 하겠는가. 과학이 발달하고 시대가 변해도 관료의 철옹지는 요지부동이다.

- 정부 관료는 변명하기, 몸집 늘리기, 자리 차지하기, 자리 올라가기에 목숨을 건다. 이런 습성이 늘 몸에 찌들어 있다.

- 관료 문화란 무엇인가? 정부를 알려면 관료의 생리, 관료주의 내지는 관료적 권위주의의 본질부터 알아야 한다.

- 관료의 DNA는 권력이다. 본질적으로 세를 키워야 하니 조직도 키우고, 자리도 만들고, 인력도 늘리고, 승진 계단 올라가기에 여념이 없다. 암벽 타는 선수들은 스포츠 정신으로 무장

되어 있지만, '승진 암벽'을 타고 오르는 관료들은 추락할 위험을 모르고 매진한다. 그 결과 최고 관직에 오른 인물을 비롯해 제각각 높은 자리에 오른 인물의 말로까지 알아볼 필요는 없다. 한 번 오르면 내려오려 하지 않고, 계속 오르다 변을 당한다. 그들이 모든 것은 사라진다는 『법구경』 한 구절이라도 읽었으면 좋겠다.

■ 정부 조직은 한없이 커진다. 부지런히 몸집 부풀리기에 힘을 쏟기 때문이다. 1957년의 파킨슨의 법칙(업무량 증가와 공무원 수의 증가는 아무 연관이 없으며, 공무 수는 일의 분량과 관계없이 증가함을 통계학적으로 증명한 법칙)이 아직도 통하고 있으니, 정부 조직은 여전히 비만이 진리인 듯하다.

■ 관료제란 계급이 기초가 되어 위계질서가 정연하게 얽혀 있는 체계다. 군과 경찰, 그리고 검찰 같은 권력기관은 상명하복上命下服의 규율을 엄격히 지킨다. 그렇지 않으면 존속하기 어렵다. 그런데 공사기관들은 예외 없이 계급이 둥지를 틀고 일사불란하게 움직이는 분위기를 만들고 있다. 병원에서 일어나는 교수의 초년 의사 폭행 사건 같은 것도 계급에서 비롯된 비극이다. 이들의 공통점은 생명을 다루고 지킨다는 데

있다. 대학이나 연구소에 왜 그런 조직과 계급이 있어야 하는지 의문을 갖는 사람이 많진 않지만, 그런 조직일수록 무계급의 평등한, 그래서 나이나 선임 여부와 상관없이 성과와 능력으로 평가하는 것이 정도正道가 아닌가 싶다.

■ 역사의 핵심은 마르크스의 말대로 계급 투쟁이다. 계급이 우선하면 헤겔이 말하는 공동체적 존재를 이해하지 못한다. 상호작용이 전제되어야 하는데, 계급은 상호가 아니라 위계로 높낮이를 가리니 서로 존중할 리가 없다. 사회 질서를 유지하는 법과 제도가 서로 이해하는 대등한 관계에서 싹이 터야 하는데, 이들 역시 지배 계급의 본질에서 벗어나지 못하면 자유, 평등, 정의는 저만치 멀어져간다.

■ 앞으로 뷰로크라시bureaucracy, 관료주의는 홀라크라시holacracy라는 평등조직으로 변해간다는 의견이 나온 지 오래다. 21세기는 운영 주체가 따로 없이 알고리즘이 문제를 해결하기 때문에 누가 높고 누가 낮으며, 누가 갑이고 누가 을이라는 기존 인식의 대변환이 이루어지는 시대다. 이런 변화의 과정에서 정부가 어떻게 바뀌어야 국가와 국민이 편해지는가를 묻는다. 미래정부를 새 패러다임에서 설계하지 않을 수 없다.

- 정치인은 표, 재벌은 돈, 공무원은 인사에 눈이 먼다는 말은 공무원이 얼마나 위를 향해 계단을 오르고 싶어 하는가를 단적으로 보여준다. 표나 돈이나 계단 오르기나, 공통분모는 권력이다. 누구나 권력을 탐한다. 권력은 공기와 같아서 마시지 않으면 죽는다. 탐욕은 정도의 차이만 있을 뿐 누구나 멀리하지 않는다. 물론 성자라면 다를 것이다. 권력도 먹으면 체증이 심해 탈이 난다. 그것도 아주 크게 날 수 있다.

- 관료의 세계는 머리 좋은 사람들이 한데 모인 집단이다. "관료들의 최대 목표는 승진이고 그 다음은 좋은 보직을 받는 일이다. 시스템 자체가 집단 어리석음이 나타나도록 아둔하게 고안됐는데, 모두가 독선 바이러스에 감염돼 있는 줄 모른다. 독선 공직자부터 걷어내야 한다."[26]

- 공직자의 무엇을 보고 어떻게 뽑아야 진정한 공복의 역할을 할 수 있는지도 알아야 한다. 행동경제학에서처럼 행동행정학에서도 실험으로 공복 적성검사부터 해야 한다. 시험 잘 치고 공부만 잘해선 안 된다. 공부가 부족한 사람은 자신이 바보라는 것을 잘 모른다. 공부는 하면 할수록 자신이 얼마나 부족한지를 알게 된다. 공직자가 입문할 때까지는 공부를 잘

했겠지만, 임명 후엔 책 읽는 시간이 전혀 없어 나날이 공부가 부족해지는 것을 막을 길이 없다. 모르니까 자신만 옳다고 우긴다. 자신이 있는 사람일수록 스스로를 의심해야 한다. 그렇지 않으면 근본주의자가 된다. 이런 공복이 이념 투쟁이나 노동운동 하는 사람을 탓해서야 되겠는가. 어느 쪽이나 다 같이 한쪽만 바라본다.

- 인간은 바이러스를 공유하고 있는 '타자의 집합체'인데, 자기만 잘났다는 착각으로 타자를 지배하려 든다. 그래도 신이라 할 수 있나? 모순이 덕지덕지 붙어 있다.

경제 일변도의 관료 문화

관료 문화를 이해하기 위해 현대 관료제의 특징부터 알아보기로 한다. 초점은 관료제의 중심에 가치를 묻어버리는 경제가 자리 잡고 있다는 것이다.

현대 관료제의 특징은 다음과 같다.

1. 관료제는 공식 관할권을 갖는다. 관료는 공식적·지속적 의무 official duties를 진다. 권위는 안정된 방법으로 배분된다.
2. 관료제는 상하가 분명한 계서階序, hierarchy를 원칙으로 운영된다.
3. 관료제에서 관리는 문서에 기초한다.
4. 관료제의 관리는 완벽하고 전문적인 훈련을 요한다.
5. 관료제는 전력투구하는 작업 능력을 요한다.
6. 관료제는 일반 규칙general rules을 따른다.

미셸 푸코Michel Foucault는 관료제의 중심에 경제적 문화Economic Culture of Bureaucracy가 자리를 잡았다고 힐난한다.

푸코의 유명한 연구가 있다.[27] 경제 일변도의 수단과 방법이 목적을 훼손한다는 것이다. 그는 교도소, 정신병원, 군대 같은 조직의 제도로서의 권한ordering power이 본질을 얼마나 망가뜨리는지를 밝혔다. 정부는 늘 국민의 안전과 행복을 위해 노력한다고 하지만, 자유와 이성(판단력)이 명령에 의해 뒤집히는 것이 현실이다. 교도소 때문에 수인囚人이, 병원 때문에 환자가, 군대 때문에 장병이 생긴다는 논리다. 교조적이거나 충실함이 아니라, 끊임없는 비판의 태도가 제도를 살린다. 가치가 수단으로 전락한다는 이반 일리히의 말이 상기된다.

오직 하나로 모두를 해결한다는 관료적 가치One-size-fits-all culture of bureaucratic values가 아직도 우리를 지배하고 있다. 여기서 벗어나는 것은 거의 불가능하다. 그러나 자유와 아름다움을 찾으려고 노력하면 조금은 나아질 것이라고 푸코는 말한다. 뒤에 소개하는 험멜도 같은 말을 한다. 논리에만 급급한 도구적 이성instrumental reason을 극복하고 상상력과 창조력을 키워야 한다고 말한다. 나아가 자신과 사회에 제대로 들어맞는 올바른 진리가 무엇인지 찾아내야 한다고 설파한다. 창조적 과학과 명령법만으로는 안 된다. 역설paradox을 인정하고 자연스럽게 정상화하는 것, 이것이 길이다.

이런 인식의 변화를 파악하고 관료제 속으로 들어가보자. 문제는 현재 이 나라 행정학자들 대부분이 막스 베버를 준거하고 정통 관리행정의 시각에서 교조적으로 정부를 보기 때문에 정부의 본질과는 거리가 멀고, 문제 해결 접근법도 매우 지엽적이라는 점이다. 60년의 역사를 쌓아온 행정학이 이론적으로 뒷받침하고 있는 정부가 아직도 문제 속에 파묻혀 있다는 현실을 반성해야 한다. 오늘을 직시하고 내일의 좋은 정부를 준비하기 위해서는 이런 정통에서 벗어나는 일이 시급하다.

파킨슨이 웃는다

1957년에 나온 파킨슨 법칙이 아직도 건재하니, 파킨슨은 죽어서도 미소를 지을 것이다. 정부가 여전히 몸집 불리기를 하고 있기 때문이다. 파킨슨 법칙은 1950년대 영국의 사례를 토대로 정부의 일은 줄어도 공무원 수는 계속 증가한다고 주장한 법칙으로, 오랜 시간이 지난 지금에도 여전히 유효하다. '부하 배증의 법칙'은 상사는 일을 하지 않고 대신 부하의 수를 늘려 자신의 지위를 유지한다는 것이다. '업무 배증의 법칙'도 있다. 새로운 일거리가 자꾸 늘어난다. 일이 많아서 사람이 필요한 것이 아니라 사람이 많아져서 일이 필요하게 된다는 논리이다.

당시 영국의 해군 병력과 식민성에 근무하는 직원의 숫자를 비교해보니, 전쟁이 끝나고 인도 통치를 끝냈는데도 공무원 수는 5배가 더 늘었다. 이 법칙에는 20인 이상이 회의를 하면 끄트머리에 앉은 사람들은 딴전을 부린다는 것도 들어 있다. 잘 살펴보면 무능력자와 권모술수가 판치는 조직에 대한 날카로운 풍자가 곳곳에 숨어 있다.[28]

관료에게도 이타적 유전자가 있을까? 리처드 도킨스가 말하는 이타적 유전자는, 적어도 관료에게는 없어 보인다.

정부 관료는 제 몸집 불리기가 우선이다. 기업에서는 상상하기 힘든 일이다. 자리를 만들어 올라가려 하는 것도 정부 관료의 속성이다. 정부가 바뀌면 유사 부처끼리 합친다. 필요 없는 부서를 없애는 일은 거의 하지 않는다.

김영삼 대통령 정부 때 대부처주의를 지향한 적이 있었다. 이때 경제기획원과 재무부를 합쳤다. 그전의 노태우 정부 때는 부처에 손대기보다 차관 수를 늘리는 식으로 속살을 찌웠다. 정부가 적극적으로 조직 개편에 나선 것이 김대중 정부와 노무현 정부 때다. 김대중 정부 때는 IMF 금융 위기로 정부의 몸집을 줄여야 했다. 역대 정부에서 조금씩 정부 부서를 손봐온 것도 사실이다. 당시 공무원들의 철밥통을 깨겠다고 차관보를 없애려고 했지만 허사였다. 일의 효율에 따라 차등 지급하는 성과급은 성공했지만, 이것이 문재인 정부에 와서 없어지는 것을 보면, 같은 뿌리라고 생각과 행동이 모두 같을 수는 없는 모양이다.

기회만 되면 정부는 몸집을 불리거나 올라갈 자리를 만들어 속살을 찌운다. 겉모습을 보면 건강 관리하듯 체중을 줄이고 다이어트도 하는 것 같지만 결국은 살이 불어난다. 마치 요요현상 같다. 남이 쓰던 집 내부를 수리하고 방을 크게 만드는 것을 탓할 수는 없다. 옷이 맞지 않으면 수선해야 한다. 그러나 아무리 고쳐도 소용없는 정부의 조직 개편은 다시 생각해야 할 과제다. 대개는 행정 전문가들이 선거 때 공을 세워 부채질하는데 성과는 미미하다. 학자마다 생각이 달라 이랬다저랬다 하다가 결국 옷을 꿰매지도 못한다.

높은 자리에서 으스대는 정부 관료는 '책상 관료' 혹은 '개념 관료'에 불과하다. 개념 관료는 호킹의 말에 덧붙여 쓴 표현이다. 이들은 현장을 모른다는 뜻이다. 흔히 쓰는 책상 관료란 말은 소설가 권정현이 자신의 책에서 쓴 표현이다.[29] 현장은 모르고 책상머리에만 앉아서 큰소리친다는 뜻이다. 머리만 좋아서 될 일이 아니다. 손발이 움직여야 한다. 아인슈타인은 비행기와 자전거가 움직이지 않으면 넘어지듯이 사람도 움직여야 한다고 했다. 책상 앞에만 앉아 있으면 건강을 해치고 머리도 아둔해진다. 현장을 모르는 것이 큰 탈이다. 몰라도 너무 모른다.

이런 사정을 가장 적절히 표현한 말이 있다. 어느 신문에서 "장관님 말처럼 세상일 쉽게 안 돼요"라는 제목이 1면 톱기사로 실린 적이 있다. 2018년 1월 김영록 농림축산식품부 장관과 홍장표 청와대 경제수석이 최저임금 인상에 따른 정부 지원 대책을 홍보하러 신당동에 있는 한 설렁탕집을 찾았다가 식당 주인에게 된통 훈계만 들었다고 한다.

정부의 최저임금 대책에 응하면 1인당 13만 원을 지원하겠다는 높은 어른들의 말이 떨어지기가 무섭게 주인은 "4대 보험에 들어야 지원을 받는다는데, 정작 내가 데리고 있는 직원들이 가입하지 않겠다고 하니 지원이 무슨 소용이 있습니까?" 하더란다.

또 있다. 미세먼지 대책을 세우는 시민단체 회원들이 김은경 환경부 장관과 만났다. 장관은 미세먼지 WHO세계보건기구의 실내 기준이 없다고 했다. 또 교실 공기를 시범 삼아 측정해본다고 했다. 학부모들은 기준도 있고 측정도 이미 하고 있다고 했다. 장관이 실정을 모르는 대표적 사례. 높은 사람만 실정을 모르고 있는 줄 알았는데 실은 부하 직원들도 몰라서 장관에게 거짓 보고를 했음이 분명하다.

또 기준이 있어도 엉터리다. 사람 키를 고려해 2m에서 측정해야 하는데, 미세먼지를 20m에서 측정하면 안 된다고 하니까 19.5m에서 한다. 위와 아래, 안과 밖의 소통이 제로다. 관료들이 부서에서 하는 일은 현장과 동떨어진 문서나 꾸미고 보고하는 일이 전부다. 그것도 구태의연한 양식에 알맹이도 없는 내용으로 겉치레만 그럴듯하게 꾸미고, 장관이 바뀌어도 똑같은 행위를 반복한다. 긴급 상황에 대처해 신중하게 해석하고 현실에 부합되는 답을 찾아야 하는데 그런 능력이나 습관이 몸에 배어 있지 않다. 장관 역시 폭넓게 듣고 신중하게 판단해야 하는데 그러질 못해 망신을 당한다. 높은 사람들은 대개 남의 말 듣기를 싫어하고 자기 말만 늘어놓는다. 내가 제일 잘 안다는 투다.

정부의 고위층만이 아니라 석학들이 갖는 최대의 약점이 바로 현장을 모른다는 것이다. 실재를 잘 모르면서 이론으로 주장을 펴면 사변적이고 현학적이라는 비판을 면치 못한다. 600년 전 남명南冥 조식曺植(1501~1572)은 당대의 현학들을 비판하며, 마당에 떨어진 쓰레기를 치우는 비질도 제대로 못하면서 이치를 깨달아 진리에 통달하려 애쓴다고 했다. 『논어』「헌문」편의 어귀를 인용해 '下學而上達하학이상달 知我者其天乎지아자기천호(아래에서 배워서 위로 통달하였으니 나를 알아주는 것은 아마도 하늘뿐)'라고 했다. 어느 해 최구식 한국선비문화연구원장의 후의로 산청에 있는 남명기념관 등 문화재를 탐방할 기회가 있어 선현의 숭고한 해학을 헤아리며 크게 뉘우친

적이 있다. 진정한 선비의 상징인 예禮와 의義다운 나라를 되찾길 기원하기도 했다.

머리가 좋아도 귀를 막으면 아무리 좋은 의견도 들리지 않는다. 언론이 그렇게 고치라고 비판하고, 시민단체가 아무리 사리에 맞는 건의를 해도 오불관언吾不關焉이다. 면피용 연구 보고서는 책장에서 잠잔다.

정부는 외부 의견에 반응하지 않는다. 자신들이 발주한 연구 용역의 결과만, 그것도 자기네들에게 유리한 것에만 귀를 연다. 이런 관료들은 더 이상 뽑지 말아야 하고, 현실 감각에 둔한 관료들은 재교육을 시켜야 한다. 나아가 신규로 뽑는 관료는 선발 과정에서 공복의 자질을 갖췄는지 여부를 확인해야 한다. 공직 분위기는 조직의 관행을 바꾸는 전제다. 도킨스가 말하는 이타적 유전자가 있는가를 가릴 수 있으면 훨씬 좋다. 공직이란 남을 돕는 자리이지 군림하는 자리가 아니라는 인식을 갖췄는지 여부를 가릴 수 있어야 할 것이다.

이런 일은 우리뿐만 아니라 전 세계 모든 정부 조직의 공통된 현상이다. 2010년 그리스가 대표적이다. 인구 1,100만 명 중 공무원이 자그마치 85만 명으로, 이들에게 나가는 급여만 국민총생산의 53%를 차지한다. 정부 재정이 파탄 나 재정 차관으로 메우려고 야단법석이다. 프랑스도 젊은 대통령이 공무원 줄이기에 발 벗고 나섰다.

문재인 정부는 청년 실업을 줄이기 위해 공무원 수를 81만 명 늘리겠다고 공약했다. 우선 17만 명부터 늘리겠다고 하는데, 이들의 월급만 327조 원이고 연금은 92조 원에 이른다. 정부의 몸집은 한번 늘리면 좀처럼 줄이기 힘들다. 이런 일이 정부의 부채 증가와 맞물린다는 것은 3장에서 자세히 알아보도록 한다.

기관별로 기능을 조정한다고 될 일이 아니다. 2018년 초 정부가 발표한 검찰개혁안이 그렇다. 무소불위無所不爲 역대 검찰의 권력을 견제하기 위해 경찰에게 수사권 일부를 넘기고, 이에 더해 고위공무원비리수사처공수처를 대통령 직속으로 만들겠다는 안이다. 국가정보원에 있던 수사 기능도 경찰로 넘긴다. 경찰은 일반 경찰과 수사 경찰로 나뉘고, 지방자치단체에 자치경찰을 맡기는 안이다.

검찰과 경찰의 조직 체계가 정립되는 듯 보이지만, 몇 가지 문제를 간과하면 안 된다.

첫째, 이렇게 조직이 정비되면 과연 수사가 잘 될 것인가이다. 조직만 늘고 관료주의 행태 그대로 수사를 한다면 무엇이 더 나아질까? 기관이 늘면 경쟁과 견제가 일상이 된다. 기관은 정보를 공유하려 하지 않는다. 다른 사람들은 그물로 고기를 잡고 있는데 기관들은 아직도 미끼로 낚시할 생각만 하고 있는 격이다. 조직 개편은 그럴듯해 보이지만, 고루한 행태에 턱시도를 입힌 꼴이다.

둘째, 검찰의 권력을 견제하기 위해 공수처를 만들겠다고 하지만 이 역시 거대 권력기관이 된다. 이 나라 행정의 가장 큰 단점이 민주행정의 이름으로 견제와 균형을 잡고자 애쓰는 듯하지만 실은 권력을 키워 견제와 불균형이 계속된다는 것이다.

관련 기관 간의 권력 싸움에 국민만 멍든다. 다시금 조직이 사건을 불러온다는 역리逆理를 되새겨야 할 것이다. 권력 분산이라는 명분은 괜찮은 듯하지만, 권력은 분산에 그치지 않고 더 자라기 마련이어서 '작아지고 있는 권력'의 세계적 추이에 역행한다.

개혁의 환상

잘하는 일과 못하는 일, 고쳐도 고쳐도 한이 없다. 정부가 새로 바뀌어 부품을 갈아끼워도 기존의 시스템에 적응하려면 조율할 시간이 필요하다. 효과가 금세 나타나지는 않는다.

정부 개혁도 마찬가지다. 아무리 좋은 이론이 있고 훌륭한 전문가가 있어도 정부 개혁은 늘 제자리걸음이다. 비용만 들 뿐 나아지는 것이 없다. 변하지 않는 진리라면, 정부 조직은 자꾸 커지고, 정부 서비스는 효율이 나빠지며, 국민은 정부를 믿지 못하게 된다는 것이다. 이런 논의는 몸과 정부를 치유하는 경우에만 해당되는 것이 아니다. 인간과 사회, 나아가 자연에 대한 처방 모두가 불완전하다.

개혁이 환상이었던 것은 20여 년 전 어느 글에서 밝혀진 대로다.[30] 지금껏 변치 않는 사실이 있다면, 개혁의 주체는 그대로인 채 객체만 바꾸려 한다는 점이다. 이런 상황에 각종 오류까지 범했으니 나아질 리가 없다.

오류들을 살펴보자. (1)문제의 원인을 하나밖에 보지 못하는 '결과 긍정의 오류', (2)민주화라는 껍질 속에 권위주의가 살아 숨 쉬고 있는데도 아니라고 호도하는 '선언적 긍정의 오류', (3)감정에만 호소하는 '심리적 오류', (4)부분을 전체라고 일반화하는 '자료의 오류', (5)수사학을 동원해 애매한 용어를 쓰고, 정의에 따라 실재를 강요하며 범주를 뒤섞는 '언어적 오류' 등이다.

20년이 지난 지금도 같은 오류를 반복하고 있는 것이 현실이다. 개혁이 도돌이표와 다름없는 것은 정부만 아니라 대학, 연구기관, 학술단체들의 행태에서도 나타난다. 논문을 평가하는 편집위원들이 관련 문헌을 읽기는커녕 그 분야에 대한 지식도 없으면서 체계적이지도, 논리적이지도 않다는 평가를 내린다. 임의적·추상적·상상적이라는 애매모호한 표현도 마구 쓴다. 과학적 연구가 직관과 상상력의 산물임을 모르고 실증주의에 젖어 있으니 학문이 나아질 리 없고, 관료적 권위주의에서 벗어나지 못하니 개혁이 허공에 떠돌기만 할 뿐이다. 이런 행태가 지속되면 아무리 세월이 흘러도 학문이든 정부든 나아질 리 만무하다.

이 나라 관료 문화의 가장 큰 맹점은 윗사람이 틀린 지시를 내렸는데도 거역하지 못하는 의식구조에 있다. 대통령의 말, 장관의 말, 국장의 말을 그 아랫사람이 꼼짝 못하고 따라야 하는 비극은 좀체 사라지지 않는다. 공무원에게 영혼이 없다는 이야기가 그래서 나온다.

개혁을 선도하는 우수한 엘리트의 한계는 내가 본 것, 내가 생각하는 것만 옳지 다른 것은 보지도 않은 채 중요한 결정을 내린다는 것이다. 그 결과는 뻔하다. 실패의 연속이고, 휴지만 쌓인다. 똑똑할수록 자기 기만에 빠지기 쉽다. 고위 정책가들은 합리적 결정보다, 설령 맞지 않는다 해도 자신의 생각에 부합하는 결정을 내리는 인지부조화 상태에 빠져 있다.[31]

고치면 나아질 것이라고 믿는 개혁의 환상에 빠져 있는 것도 문제다. 공부한 사람들은 호기심과 탐구욕으로 뭔가 해보려고 부단히 애쓰지만 노력은 늘 도돌이표로 그친다. 왜일까? 오염된 인간과 사회는 어떤 백신으로도 고칠 수 없기 때문일까? 암세포를 없애기 위해 아무리 항암제를 개발해도 병을 극복하기 어렵다. 면역세포를 키워 암세포의 관문을 어떻게 억제하면 좋을지에 관해서도 의견이 엇갈린다. 의학과 약학이 만병통치의 기대를 저버리기 때문일까?[32]

치료가 해가 될 수도 있다는 이야기를, 과학이 늘 진보만은 아니라는 이야기를, 도나 해러웨이Dona J. Haraway는 자연과학이 여성을 해방시키는 게 아니라 지배하기 위해 쓰여왔다는 사실을 여성들은 잘 안다고 말했다.

백신을 아무리 써도 낫지 않는 병이 있다. 백신 자체도 위험하다는 연구와 경험이 수없이 많다. 질병에 맞는 처방을 내려 병을 고쳐야겠지만 부작용이 만만치 않고, 또 완치된다는 보장도 없다. 과학이 지배의 욕심을 숨기고 선녀의 옷을 입지만 않아도 그나마 좀 낫다고 하겠다.

과거에는 사람의 몸에 병이 생기는 것이 바이러스가 외부에서 침입해 일어나는 것이라고 알았다. 한참 세월이 지나고서야 외부뿐만 아니라 내부의 면역 체계가 균형을 잃어도 발병한다는 사실을 알게 되었다. 정부 안에서도 면역 체계의 균형이 깨지면 병들 수밖에 없다. 정부의 면역세포를 죽이는 건 독선과 부정부패지만, 부처 간의 지나친 견제도 한몫을 한다. 정부의 세포들은 보완관계가 아니라 견제관계이다.

정부가 개혁을 외면하는 데에는 근본적인 이유가 있다. 정부의 업무는 다른 곳에서는 손 댈 엄두도 못 낼 정도로 철저히 분리되어 있다. 민물에서 사고가 나면 이는 소방당국의 소관이고, 바다에서 사고가 나면 해양경찰의 소관이 된다. 2014년 봄 세월호 사건 때 일이다. 시신을 보려면 보건복지부, 사고조사는 경찰과 검찰, DNA 채취는 해양경찰과 경찰, 채취한 DNA 검사는 국립과학수사연구원 소관이다.

일의 성격상 분할 관리는 불가피한 일이다. 그러나 누군가 총괄하는 자가 있어야 민원인은 답답하지 않다. 이권이 있는 자신의 업무는 끝까지 지키면서, 책임지고 불편한 일은 어딜 가나 "우리 소관이 아니라서……" 하며 회피하거나 책임을 전가하는 일이 허다하다. 책임은 나 몰라라 하고 상황 설명은 앵무새처럼 응대하는 공무원이 미더울 리 없다.

이런 일이 반복되는 데는 윗사람의 책임이 크다. 윗사람들은 무엇이 좋은 것인지를 알면서도 자신보다 더 윗사람의 눈치를 살피며 입을 열지 않는다. 결국 같은 일만 끝없이 반복될 뿐 문제 해결의 길은 더욱 요원해진다. 위급 상황일 때 종합 판단을 내리겠다고 나서는 중간 책임자라도 있다면, 비록 규정에 어긋날지라도 일단 문제부터 풀고, 문제가 해결된 뒤에 면책될 수 있는 유연한 정부 운영이 소망스럽다.

따분한 사고의 놀이터

모순이 문화의 엔진이라면 누가 믿겠는가? 서로 다른 음들이 동시에 연주되어 음악 작품이 탄생하듯 우리의 생각과 아이디어와 가치는 부딪히면 불협화음을 내게 되어 있다. 그래서 우리는 늘 생각하고, 재평가하고, 비판하는 것이다. 관료주의의 일관성은 체계 있는 듯하지만 사실은 따분한 사고의 놀이터일 뿐이라고 하라리는 말한다.[33] 관료들은 체질적으로 다른 생각은 잘 하지 않는다. 즉, 다양성과는 담을 쌓고 산다. 거기에 관료의 전형적 습성인 즉답 회피는 따분함을 부추긴다. 아무리 급한 민원이라도 즉답을 하지 않는다. 자신이 취한 말과 행동에 무거운 책임이 따르기에 선뜻 반응하지 않는다. 조직의 상부나 조직 밖의 힘센 사람이 부탁하면 그제야 겨우 움직이는 척한다.

온갖 어려운 시험(사법고시, 행정고시, 입법고시)을 거쳐 정부에 들어온 사람들은 우수한 머리를 가진 인재들이다. 그에 비해 생각이 넓고 깊지는 못하다. 칼 포퍼Karl Popper의 비판적 합리주의는커녕 미래지향적 사고도 부족하다. 사람을 골라야 하니 부득불 시험으로 가릴 수밖에 없고 결국 머리 좋은 사람이 들어오게 마련이다. 우리는 이 방식부터 바꿔야 한다. 20년 전에 만들었던 공직적격성 테스트 키트를 현실을 반영해 새롭게 만들어야 한다.

정부와 기업의 명운이 여기서 갈린다. 기업은 총명한 인재를 뽑아 부단히 갈고 닦는다. 정부는 머리 좋은 사람을 뽑아놓고도 능력을 잘 활용하지 못한다. 정부가 인재를 활용할 줄 모르는 것은 산에 가서 고기를 잡으려는 것과 같다(綠木求魚). 명문대학에 입학한 학생들이 바보가 되어 졸업한다는 것은 정부에 들어간 인재가 그렇게 되는 것과 다르지 않다. 왜 이렇게 되는 것일까?

엘리트 교육이 사람을 망치기 때문이다. 흔히 엘리트들은 좋은 대학에서 훌륭한 교수의 강의를 듣고 열심히 공부하며 자신을 연마한다. 이런 제도는 머리가 나쁜 사람, 혹은 시험을 쳐서 상대적으로 능력이 부족한 사람이 따라갈 수 없게 하는 제도다. 그런 교육을 받은 인재들이 졸업 후 사회활동에 능동적으로 적응하지 못하는 이유는 간단하다. 엘리트 교육의 맹점 때문이다.

엘리트 교육의 맹점을 요약하면 다음과 같다.

첫째, 소통 능력이 부족하다는 것이다. 미국 프린스턴대학의 월

리엄 데레저위츠$^{William\ Deresiewicz}$가[34] 어느 날 집의 하수구가 막혀 배관공을 불렀는데, 5분 동안 아무 말도 못하고 있다가 그냥 보냈다고 한다. 그는 자신이 배우고 가르친 것이 다문화, 다언어 등을 익혀 널리 소통해야 한다는 것이었는데 정작 자신은 그렇게 하지 못했다며 자책했다.

둘째, 엘리트 교육을 받은 이들이 자신의 가치$^{self-worth}$를 잘 모른다는 것이다. 자신은 대단히 어려운 공부를 해서 내 값이 엄청날 것이라고 착각한다. 사람을 값으로 자리매김하기는 주저되지만 배우의 경우 출연료와 광고료, 운동선수는 연봉 등으로 몸값을 매긴다. 2002년 뉴욕 월드 트레이드 센터가 무너졌을 때, 희생된 사람 중에 한 금융 전문가가 받은 보험금이 700억 원이고, 유명한 셰프가 받은 돈은 2억 원이었다. 후자는 불법 이민자였기 때문이다.

이렇듯 사람의 몸값에 대한 값어치를 보험금으로 환산하는 경우도 있지만, 나 자신을 교환가치로 치면 얼마나 될 것인가를 판단하기는 쉽지 않다. 흔히들 나는 우수하니까 무슨 일이든 맡을 수 있다고 생각한다. 이진지인^{易進之人}이라는 말이 있듯, 누구나 정부의 관료 등 어느 자리에서도 일을 잘할 수 있다고 쉽게 생각하는 것이 문제다. 많은 사람들이 저마다 자신이 잘났다며 아상^{我相}에 젖지만, 정작 갖추어야 할 것은 진상^{眞相}, 진아^{眞我}다.

셋째, 엘리트들은 아이디어에 대한 열정이 크지 않다는 것이다.

작은 것은 엄격히 따지며 잘 기억한다. 언어나 논리에도 강하다. 좌뇌가 발달했기 때문이다. 좌뇌는 원형이나 맥락과 거리가 먼 선형linear으로, 부분들을 조각내거나 이를 하나씩 조립하는 기계적 구조다. 전면적 통제를 추구하고, 기술적 충동에 따르는 관료주의적 성향이 짙다. 토크빌의 표현대로 "소소하고 복잡한 규칙들의 그물망", 즉 법률을 만드는 것을 능사로 여긴다. 다만 거기에 자신이 묶인다는 것은 모른다. 작은 규칙 하나가 일생을 좌우할 정도로 엄중하다는 것은 영화 〈비포 앤 애프터Before and After〉에서 적나라하게 밝혀진다. 좌뇌를 앞세우면 자연세계를 파괴하고 기존 문화를 잠식해간다는 것을 그들은 알지 못한다.[35]

좌뇌가 발달한 그들은 정답을 골라내는 머리는 좋지만 큰 그림, 깊은 생각, 멀리 보는 여유 등의 혜안은 상대적으로 결핍되어 있다. 정부에서 일하는 공직자들은 대개 판에 박힌 생각과 행동을 한다. 규칙과 규정대로만 움직이고, 중립을 지키려고 한다. 그러나 옳고 그름의 다툼에서 중립을 지킨다면 이는 공복으로서의 임무를 성실히 수행하지 않는 것이다. 대개 다툼이 팽팽하면 쌍방이 해결해오라고 한다. 재판에서도 그렇다.

엘리트들은 작은 일에 집착한다. 모든 공직자들은 물론이고, 특히 고위 공직자들은 크게 생각하고 진위를 제대로 가릴 줄 알며, 자신이 손해를 보더라도 국민과 국가와 정부를 위해 희생할 수 있는 자세가 되어 있어야 하는데 실상은 그렇지 못하다. 그들은 자신이 손해 보는 일은 절대로 하지 않는다. 행동경제학에서 말하는 손실

회피loss aversion 원칙 그대로다.

관료, 유기체인가 무기물인가?

현행 관료제도가 부정적인 요소 못지않게 긍정적 요소도 있다는 점을 부인할 순 없다. 근대화는 국왕이 대권을 행사하거나 사적 집단crony이 앞장서서 이루어진 것이 아니라 전문 관료 집단이 이끌어서 가능했다. "대한민국은 왜 선진국 문턱을 넘지 못할까"를 쓴 선우정이 이를 잘 설명한다.[36]

그럼에도 불구하고 직언을 하지 못하는 전문가 집단이라서 그런지 비선 실세에 유린당해 정부 행정이 엉망이 되기도 하는 무기력한 체제라는 점 또한 부인할 수 없다.

그래도 정부, 제도, 정책 등을 말하면서 관료제의 현실과 필요성을 외면할 수는 없기에, 이들이 얼마나 정직하고 국민을 위해 봉사하며 책임 있는 행동을 하느냐에 관심을 갖게 된다. 행정administration의 어원에 라틴어로 봉사ministratio라는 뜻이 담겨 있다는 것을 깊이 새겨야 한다.

공직자 개개인은 우수하고 또 정직하다. 암기력은 가히 세계 수준이다. 국가를 위해 누구보다 열심히 일한다. 그래서 복잡한 나라 일을 아무에게나 맡기지 못한다. '법으로 음식을 만드는 요리사로서' 나랏돈을 허투루 쓰지 않고 공공의 이익이 무엇인지 판단해야 하니 보통 실력으로는 어림도 없다. 최민호는 바른 공의식共意識, public sense과 지식을 가진 공직자의 에피소드를 근거로 설득력 있는 공직상을 제시하고 있다.[37]

이런 행위가 관료 세계의 단면이긴 하지만, 그렇다고 전부는 아니다. 평생을 나보다 남을 위해, 가족보다 국가를 위해 헌신하는 공직자도 많다.

이들이 없으면 사회 질서는 엉망이 된다. 공직자들이 하는 일, 해야 할 일은 사회 질서를 유지하는 것이다. 안전을 챙겨주는 게시판부터 수많은 시설물을 설치해 사회의 질서와 안전을 돕는다. 밤거리의 CCTV도 그중 하나다.

군인, 경찰, 소방을 비롯해 산림, 환경, 위생에 종사하는 공무원들은 사건 사고를 막기 위해 밤을 지새운다. 공무원이 없으면 나라가 지탱하기 어렵다는 명제는 진실이다.

정부 관료들은 계급에 따라 역할이 다르다. 행정관료 계급이 국장이면 정부위원이다. 정무위원인 장·차관보다 계급은 아래지만 권한은 부서의 장이자 부처의 핵심이다. 과장이면 창조적 소수라고 할 정도로 과 이상 기관 운영의 중심이 된다. 이는 중앙부서의 인력에 관한 이야기이고, 일선 행정기관으로 가면 경찰서장, 세무서장, 교육청장들이 중앙부처의 과장급으로 그 위세가 대단하다. 일선에서 민원을 직접 담당하기 때문에 희비의 쌍곡선을 경험하는 정점에 있다. 이에 못지않은 자리가 금융을 감독하는 기관이다. 이들이 거인이라면 은행 같은 일선 기관은 피터 팬에 불과하다.

중앙행정 관료의 사무관은 정책 만드는 일을 도맡아 한다. 나이가 젊고 최신 지식을 습득하고 있어 믿음직스럽고 활동력 역시 강하다. 그만큼 정책 아이디어를 짜내는 데 밤낮없이 몰두하는데, 일의 무게가 아래로만 내려오는 관료 행정의 특성 때문에 하중을 견디지 못한다. 그 아래 실무급들은 이들을 보좌하고 정책 집행을 선도한다. 주무관(저자가 지은 명칭) 역시 실권을 거머쥐고 어떤 태도로 어떻게 일을 처리하느냐에 따라 민원인이 편하거나 불편해지고, 이에 따라 정부의 신뢰도가 크게 엇갈린다. 정부 부서의 각 계급은 높낮이 없이 모두가 나름대로 중책을 맡고 있다고 해도 무방하다.

주요 정책일수록 책임도 그만큼 무겁다. 정권이 바뀔 때마다 에너지나 토목공사를 벌인다. 큰 규모다. 정책이 실패하면 엄청난 시간과 예산이 날아가고 다시 돌이킬 수가 없다. 이런 것도 적폐인데 책임을 지울 길이 없다. 적법 절차에 의한 정책 수행은 비록 실패했다 하더라도 그 책임을 물을 수 없기 때문이다.

관료제는 기원전 3,000년경 숫자와 상형문자로 기록을 남기고, 이를 토대로 세금을 거두어들이면서 시작됐다. 세상에서 가장 오래된 직업은 샤머니즘이고, 그 다음이 관료라는 말이 있다. 기록한다는 것은 또한 새 종교가 될 '데이터이즘'의 기초가 된다. 기록하고 분류하는 것이 그렇게 중요하다는 얘기다. 기록이라는 자료가 사물인터넷IoT으로 연결되어 새로운 정보가 된다. 요리 실력이 좋을수록, 레시피가 좋을수록 필요한 정보가 된다. 새로운 정보는 또 다른 기록이 되어 관리된다. 이들이 반복되며 빅데이터가 되고 관료의 손에서 요리된다. 빅데이터가 커질수록 더 탁월한 관리가 필요하다. 결국 데이터는 인간이 그대로 따를 수밖에 없는 새로운 세상의 신흥 종교 같은 지위를 누리게 된다. 이것이 관료의 손에 맡겨짐으로써 정부가 새로운 신이 될 가능성이 농후해진 것이다.

계급이 본질인 관료는 인간이 진화하면서 자리를 굳혔고, 법과 제도를 만들어 권력을 손아귀에 넣었다. 앞서 말한 대로 자유연상과 전체론적 사고가 칸막이 관료들에게 자리를 내주어 인간은 스스로 자신을 옥죄는 틀 속에 갇히고 말았다.

서류 뭉치로 뒤덮였던 세기 전의 사무실 풍속도가 잘못이라고는 조금도 생각지 않는 관료 조직의 원칙은 예나 지금이나 크게 다르지 않다. 그들은 모든 것을 계산하고 계획해서 합리성과 효율성만 높이면 된다고 생각한다. 예상치 못해 일어난 실수를 인정하지 않는 관료의 속성은 자신이 무용지물이라는 것도 모른 채 여전히 현재진행형이다.

자신의 행동이 옳은지, 무슨 의미가 있는지에 대한 성찰도 없는 이들을 보면 유기체가 아니라 꼭 무기물 같다. 정권이 바뀌면, 공직자는 같은 자리에 앉아 이전에 펴던 정책과는 전혀 상반된 논리를 편다. 정부 공직자들에게 진정 영혼은 없는 것인가? 누가 그들의 영혼을 앗아갔는가? 관료의 본질 자체가 영혼이 필요 없고, 정치가 이를 가속했다는 말도 있다. 정권이 바뀌어도 관료는 적응하기 마련이다. 정치인과 달리 색깔이 다른 이념의 옷만 갈아입으면 되기 때문이다. 직책이 그러니 어쩔 수 없다. 아니면 사직해야 한다.

관료에게 영혼이 없다는 말은 지위 고하를 막론한다. 하위직 관료만 영혼이 없는 것이 아니라 고위직도 마찬가지다. 고위직보다 더 높은 정무직 인사들은 정권이 바뀌어도 자리는 영원하다. 그 정권이 군사독재 정부라도 그렇다. 이승만 정부 때의 인사가 박정희 정부에서 높은 자리에 앉았고, 전두환 정부 때도 마찬가지였다. 육법회라고 해서 육군사관학교 출신과 서울대학교 법과대학 출신들이 함께 손을 잡고 봉직했다. 이들도 영혼이 없다고 해야 할까?

유발 하라리가 『호모 데우스』에서 한 말에 따르면,[38] 영혼과 진화론은 맞지 않는다고 한다. 진화는 변화를 뜻하며, 영원히 지속되는 실체를 생산하지 못한다. 인간의 본질에 가장 가까운 것은 유전자이다. 유전자는 영원히 존재하는 것이 아니라 돌연변이의 운반체에 불과하다. 영혼을 포기할까? 진화론을 믿을까? 쉽게 답할 수 있는 문제는 아니다.

영혼靈魂이 있다, 없다를 함부로 말할 수는 없다. 영혼을 육체에 깃들어 마음을 움직이고 생명을 불어넣는 비물질적 실체이자 창조적 원리가 되는 정신이라고 본다면, 공무원의 영혼은 어떻게 이해해야 할까? 적어도 무기물은 아니지 않은가?

영혼이란 해마에서 만들어지는 기억, 전두엽에서 만들어지는 성격, 뇌의 편도체에서 만들어지는 감정, 이 모든 것의 합집합이라는 견해도 있다.[39] 영혼은 죽은 사람의 넋을 일컫기도 하지만, 육체에 깃들어 마음을 움직이고 생명을 생기 있게 만드는 비물질적 실체이기도 하다. 히브리어로는 네페시nephesh, 즉 '호흡하는 생물'이고, 그리스어로는 프시케psyche로 '살아 있는 존재', 즉 모든 생물을 뜻한다. 영어로는 '사이키'라고 발음한다. 공직자에게 '영혼이 없다'는 표현은 실제 영혼이 없다기보다는, 규칙과 규정에 묶이고 상사의 명령대로만 움직여서 자신의 의사는 전혀 나타낼 수 없음을 빗댄 말이다. 공직자에게 영혼이 없다기보다는, 조사를 해보니 겨우 숨만 쉰다고 답해 성스러운 영혼 이야기를 함부로 꺼내는 것이 꺼려지기도 한다.

막스 베버가 말한, 머리가 없고 가슴이 없다는 관료의 영혼 이야기는 뒤에 험멜의 해석과 더불어 계속 이어진다. 관료는 생리적으로 규정 뒤에 숨고, 정의를 외면하며, 영혼이 없다. 영혼 이야기는 두고두고 뒤에서도 언급할 것이다. 관료는 가감승제加減乘除만 알면 족하다고 한 레닌의 말은 단순히 관료가 하는 일이 그 정도면 된다는 뜻인가? 아니면 똑똑할수록 국민을 괴롭힐 소지가 많아 이를 폄하한 말인가?

관료는 그렇다 치고 제도로서 관료제의 본질인 법도와 규칙이 없으면 인간의 삶은 매우 황폐해질 것이다. 서로 도와 품앗이로 사는 단순한 세상이 아니기 때문이다. 물론 그 옛날 수렵과 채집 시대에도 관료제는 있었다. 자원을 관리하고 더불어 살아야 했기 때문이다. 로마시대에 와서 전쟁을 치르며 관료제도는 크게 발전했다. 여럿이 함께 문제를 풀면 좀 더 쉬워진다는 것을 체험으로 알았기 때문이다. 그 과정에서 계급이 발생하는 것은 불가피하다. 우두머리가 있고 졸개가 있다. 위로 갈수록 군림하게 되는 건 당연한 이치다.

조직에는 으레 일탈자deviants가 있게 마련이다. 정상 분포를 가정해 95~99%의 신뢰 구간에 들지 못하는 일탈은 어디나 있다. 100명의 조직이면 많게는 5명의 일탈자가 있을 수 있다. 일탈은 분포의 양측에 자리한다. 일탈자 중에는 빼어난 인물도 있다. 다만 섞이지 못할 뿐이다.

이들이 조직 꼭대기로 가서 중책을 맡으면 바른 리더십을 발휘한다는 보장도 없다. 조직 아래에 있으면서도 못되게 구는 사람이 있다. 왼쪽이 오른쪽으로 이동해 또 다른 일탈자가 되면 그야말로 속수무책이다. 9급 공무원 중에 간혹 1급이 되고 장·차관이 되는 훌륭한 인재도 있지만, 구태의연한 사고와 습관에 젖어 민원인을 업신여기는 공무원들도 한둘이 아니다. 교육부에 특히 많다. 이들은 규정을 교묘히 비틀어 민원인을 골탕 먹이기도 한다. 타인은 생각하지 않고 늘 자기 앞가림만 신경 쓴다. 이들은 간혹 통계학에서 말하는 오류error II를 범한다. 하지 말아야 할 것을 하는 것이다. 이들 소수의 일탈자가 국가에 맹세하고 장에게 충성해도 바깥 사람을 무시하면 조직은 망가지고 정부의 존재 이유가 사라진다.

권력의 중심에 서면 이기적 유전자가 발동해 마음과 생각이 자기중심적으로 변한다. 남보다 나를 먼저 생각하게 된다. 자칫 주어진 힘을 잘못 행사해 탈을 낸다. 한 색깔의 관료 규범과 관료의식에 사로잡힌 관료제의 근원적 한계가 여기에 있다. 힘이 있는 것이 죄일까? 아예 무기물이 나았을지도 모른다.

정부 관료의 고질병

한국 관료에 대한 구조적 모순을 지적하는 여러 주장들이 있다. 여기서 살펴보자.

- 정부 관료는 본질적으로 공리주의에 빠져 평균치만 염두에 두는 한계인이다. 겉으로는 누구에게나 공평하게 대한다. 민원인의 능력이나 상황 차이를 인정하지 않는다. 국민총생산 같은 물리적 개념과 수치를 내세워 정부가 잘하고 있다고 강변하는 것이 몸에 배어 있다. 국민총만족gross national satisfaction 같은 심리적 차원에는 관심이 없다. 감성적 차원을 도외시하지 않는다고 해도 쾌락주의에 빠져 현시적 효과에 급급한 나머지 본질을 비켜가기 일쑤다. 그러니 국가는 자신의 이익을 추구하는 개인의 합리적 차원을 넘는 도덕적 실체를 망각하게 된다.

- 한국 관료의 정신적 성숙도 의심스럽다. "성년 문화는 몸뿐만 아니라 정신까지도 어른스러워진 세대의 문화이다. 그것은 현상보다는 본질을 중시하는 문화이며, 시작보다는 마무리를, 삶보다는 죽음을 향해 가는 문화이다. 대립보다는 조화의 원리 위에 서고, 역동성과 변화보다는 균형과 안정을 우선하는 정신 체계다."[40] 소설가 이문열의 묘사를 저자가 1994년 한국경제신문이 펴낸 『한국의 경제 관료』 책 말미에 '경제 관료에게 바란다'는 제목으로 인용한 내용이다. 그때 임채민은 이미 문민시대, 세계화 시대에 정부

는 기업과 파트너가 되어 거시적 관점으로 정부의 역할을 변혁해야 한다고 보았다.[41] 그는 그 후 장관직을 지냈다. 다만 역동성과 변화를 외면하는 듯한 언사에는 동의하지 않는다. 성년 문화이니 차분해야겠지만 나이와 상관없이 정체되면 안 된다는 의미이다.

■ 정부 관료는 소신 없이 사가私家의 몸종 비슷한 행태를 보인다. 상관은 부하 직원에게 별것을 다 시킨다. 스마트폰에 문자를 입력해 달라고 하거나 문서에 그림 파일을 넣어달라고 한다. 문자 메시지나 파일을 첨부할 줄 모르는 고위직이 많다. 시대에 뒤떨어진 행동을 하면 사고의 세계와 수준이 어떻다는 건 묻지 않아도 안다.

■ 공직사회의 세대 갈등은 이렇게 나타난다. 고위직들의 책상에 놓여 있는 컴퓨터가 켜진 것을 보기 쉽지 않다. 유능한 하급자는 생각이나 태도가 요새 젊은이와 다르지 않아 새로운 아이디어가 넘치는데, 아무리 좋은 의견을 내도 소용없다고 불평한다. 설상가상으로 하찮은 일이나 시키니 한숨만 나온다고 푸념이다. 물론 부처에 따라 차이는 있다. 경제부처는 좀 다르다.

■ 상급자 중에는 해야 할 공무는 제쳐놓고 대학원 학위 논문에 몰두하는 사람이 있다. 이 나라 공직 세계에서는 상급자가 아이디어도 부족하고 업무에도 열중하지 않으면서 학위만 따려는 것이 문제다. 많은 걸 다 갖추고도 뭐가 또 아쉬운지 남의 글을 표절하며 학위를 딴다. 이런 게 바로 계급의식의 발로다. 보신주의와 온정주의는 이들의 대명사가 되다시피 했다. 그리고 한 과에서 일하는 동료는 갓 승진한 과장과 팀장, 그리고 말단 사무관 정도라는

것도 문제다. 나머지는 있어도 되고 없어도 된다. 그 많은 공무원이 어디서 숨 쉬고 있는지 보기가 쉽지 않다. 사정이 이런데도 정부는 청년 취업을 염려해 공무원 수를·늘리려고만 한다. 비만증에 걸렸는데도 건강 음료만 찾는 격이다.

- 공무원들이 각 부처에서 핵심 업무를 맡으려 하지 않는 새로운 현상이 벌어진다. 그저 월급 받고 출퇴근하다가 10~15년 정도 지나면 자신도 상사처럼 아랫사람 부리면 된다는 안이한 생각에 빠진다. 라인보다 스태프 쪽을 선호하는 것도 전에는 없던 세태다. 주요 업무보다는 감사관실같이 일은 적고 힘은 쓰는 부서를 좋아한다. 각 부처별로 선호하는 자리는 국고, 양정, 수자원, 무역 등으로, 이들 자리로 다투어 가려고 한다. 열심히 일해봤자 알아주는 사람도 없고 보람을 찾기도 어렵다는 것이 한직을 찾는 이유다.

- 공직에서 승진은 유일한 목적적 가치라고 해도 과언이 아니다. 위로 올라가면 편해지고, 책임은 아래로 미루면 되고, 다음 자리로 올라가는 데만 집중하면 된다. 『어둠의 심연』[42]에서 콩고 강을 거슬러 올라가는 주인공 말로의 말처럼 기름 기둥을 붙잡고 미끄러지지 않고 올라가려고 애쓰는 표현이 연상된다. 이런 과정에서 경쟁자를 이기려고 온갖 일을 벌이는 데 널리 쓰이는 수단이 청탁과 투서다. 고향이나 대학의 선배 국회의원, 친인척 기업인을 동원하는 일이 다반사다. 있는 일 없는 일 다 들추며 상대를 모함하는 것이 예사로 벌어지니, 음해 먼지로 공기가 심하게 탁하다.

- 자리는 그래서 늘 탈이 많다. 자리가 전부가 아닌데도 평생을 집

착한다. 관료제의 최대 약점은 평생 동안 사다리를 올라가려 애쓰며 '자리'를 탐하는 것이다. 높은 자리로 올라가는 승진이 인생의 가장 큰 목표 중 하나다. 사람이 '의자'에 앉고 싶어 하는 것은 권력 욕망 외에도 생리적인 이유가 있다. 직립 인간Homo Erectus이 수렵 채집 시대부터 현대에 이르기까지 온갖 활동을 하다가 쉬려고 의자에 앉는다. 앉으면 편하다. 그러나 자리에 앉는다는 것이 큰 해악인 줄 모른다. 요즘은 도서관에서 서서 공부하는 사람을 간혹 보게 된다. "이 책을 읽고 있는 순간, 일어나라!"고 명하는 건강 관련 책이 있다.[43] 앉으면 장기가 눌려 몸에 해롭기 때문이란다. 현장에서 멀어지는 '자리'에 오래 앉아 있으면 자신의 몸이 망가진다는 것을 그들은 모른다. 모르니까 자리에 더 앉고 싶고 연임하려 든다. 권력을 쥔 자리가 결국 건강을 해친다는 것을 아주 뒤늦게야 깨닫는다.

■ 아무리 유능하더라도 정부의 고위직에는 아무나 올라가지 못한다. 국장이나 1급까지 올라가기도 힘들다. 차관으로 올라갔다면 직업 공무원으로는 크게 성공한 사례다. 장관은 차관과 같이 정무적이라기보다 정치적이라고 해야 맞다. 인사철만 되면 수단 방법을 가리지 않고 좋은 자리, 높은 자리로 가려고 안간힘을 쏟는데, 그 모습을 보면 치사하기 이를 데 없다. 이런 실상은 정부에 있는 사람들은 다 안다. 세속에서의 성공의 잣대가 공직의 승진이라는 잘못된 인식이 지금껏 수백 년 이어져 내려왔다.

자리에 연연하다 보니 본말이 전도돼 정작 업무는 뒷전으로 밀린다. 일처리 행태가 바뀌지 않아서다. 위에서 일처리를 닦달하니 저녁이 없는 삶은 새벽까지 계속된다. 거기에 편견과 선입견까지 끼어든다. 대통령과 장관에게 충성을 바치는 것 이외엔 관심이 없다. 2012년 초 문화체육관광부가 발간하는 잡지에서 원고 청탁을 의뢰받은 일이 있었다. 리더십 훈련을 위해 제작한 뮤지컬 〈대통령이 사라졌다〉의 제작 과정을 그린 "그것도 강의야"라는 제목의 글을 보냈더니 담당 과장이 싣지 못하겠다고 했다. 대통령이 사라졌다는 제목이 걸렸던 모양이다. 이런 수준의 판단을 하고 있으니 공직자에게 영혼이 있느냐고 묻지 않을 수 없다.

또 있다. 우정본부에서 오래전에 계획했던 박정희 대통령 탄생 기념우표 발행을 취소했다. 위만 쳐다보고 충성해야 하는 한국 공무원의 슬픈 초상이다. 사정은 일본 관료라고 다르지 않다. 재무성 관리가 사학 스캔들과 무관하다는 아베 총리를 위해 문서를 위조한 것을 '손타쿠そんたく(忖度. 촌탁)'라고 한다. 아랫사람이 알아서 해결한다는 뜻이다.

제발 그러지 않았으면 좋겠다. 산에 오르는 일도 꼭대기만 향해 가면 재미가 없다. 주변 경관도 살피고 천천히 깊은 숨을 쉬며 올라가면 여유가 생긴다. 지리산에서 진정한 나를 마주한다는 내용의 책[44]을 공직자들이 읽으면 얼마나 좋을까. 요즘 육아휴직이나 유학휴직을 하는 인재들이 이런 편에 속한다.

■ 인사 시스템이 엉망인데도 눈은 늘 높은 곳만 쳐다본다. 계급구조로 일관해 같은 직급에서도 갈가리 나뉜다. 서기관에도 비공식

이지만 7등급이 있다는 것을 민간인은 알지 못한다. (1)총무과장과 정책과장, (2)서기관 승진 7년이 넘은 부이사관 대우 보직과장, (3)7년짜리 미만 과장, (4)담당관, (5)외부에 근무하는 인공위성 서기관, (6)보직 없는 '앉은뱅이', (7)7년 넘었지만 말로만 서기관이라고 불리는 '장외 서기관' 등이 이들이다. 부처에 따라 등급이 일정치 않고 승진이 빠른 부처, 느린 부처가 있다. 엘리트가 가장 많다는 기획재정부의 승진이 제일 느리다.

- 정년이 없다. 인·허가권을 쥐고 있는 경제부처 관리들은 YB현직만큼 OB퇴직 생활을 누린다. 뒤에는 '보이지 않는 얼굴'이 늘 따라다닌다. 현직이나 퇴직이나 별반 차이가 없다. 현직에서 차관이나 1급 정도를 지낸 사람은 은행, 증권, 투자회사, 협회에 자리를 옮겨 계속해서 장튽 자리를 누린다. 경제 산업 관련 부처에는 산하기관이 많다. 이들 기관에도 가는 서열이 있다. 장·차관, 실장, 국장들이 가는 기관과 자리가 정해져 있다. 이를테면 산업자원부에는 차관이나 1급 출신들이 가는 기관이 5개 정도 있다. 공정거래위원회에서 적발된 인사 행태로 관과 기업 간의 프렌치 커넥션이 적나라하게 밝혀져 세상을 놀라게 했다. 공정위는 4급 이상 퇴직 간부를 재취업시키기 위해 아예 기준을 정해놓았다. 고시 출신은 연봉 2억 5,000, 비고시는 1억 5,000으로 근로 조건까지 통보하며 16개 대기업에 18명의 퇴직 간부를 내리꽂아 넣었다. 정부가 기업을 먹잇감으로 여기는 전형적 사례가 아닐 수 없다.

이런 구조는 한쪽만 선호하지 않는다. 정부의 하부 기관들은 전직

고위층이 오는 것을 반기는 편이다. 대정부 업무에 도움이 되기 때문이다. 이런 관행은 일본 전통을 답습하는 듯하다. 하늘에서 내려온다고 해서 아마구다리ぁまくだり라는 용어가 있다. 전직에게 기회를 주는데, 단 두 번에 그친다. 형태는 다르지만 50년 넘게 네트워크가 이어져 세미나 명목으로 전직 고위직의 편의를 도모하기도 한다. 경제 관련 부처와 하와이대학, 그리고 East-West Center 간의 관계가 그렇다. 현역 때 힘쓰는 부처에 있었더라도 퇴임 후 갈 곳이 마땅치 않은 관료들도 있다. 행정안전부나 인사부처 출신 공직자들은 퇴임 후에도 공덕公德을 지키는 편에 속한다.

이런 혜택 말고도 각 부처·청별로 결성된 교우회가 사업을 하면서 OB들의 사랑방 구실을 한다. 대표적인 곳이 세우회, 관우회 같은 단체다. 세우회는 세무공무원, 관우회는 관세공무원들의 사랑방이다. 단순히 교류만 하는 것이 아니라 사업을 해서 돈도 번다. 세우회는 주류업계, 관우회는 운송업계와 연결되어 있다. 그 과정에서 정부의 비호를 받는다. 정부가 이런 단체에서 운영하는 상조회의 수익 사업을 금한 적이 있다. 그러나 얼마든지 변형이 가능하다는 것을 아는 사람은 다 안다.

그뿐 아니라 일정 기간 정부에서 근무하면 자격증을 받는다. 세무사, 관세사, 행정관리사 등으로, 퇴임 후에도 현직의 경험을 평생 활용한다. 건설, 노동, 조달 분야도 다양한 업무에 따라 예외 없이 혜택을 누린다. 타이틀이 있어야 한다. 변호사, 회계사, 변리사처럼 견장을 달아야 행세한다는 계급의식이 사라지지 않는다.

■ 관료 사회의 업무가 효율적이지 못한 이유 중 하나가 윗사람 누구에게 잘 보이면 승진하고 힘쓰는 자리에 가며, 못 보여도 장관 임기가 기껏해야 2년 정도니 참고 기다리면 된다는 의식이 밑바탕에 깔려 있기 때문이다.

■ 장관은 허수아비나 꿔다놓은 보릿자루가 되기 일쑤다. 장관은 외부에서 영입하고 차관은 청와대와 선이 닿아 실세가 되면 올라갈 수 있다. 부하 직원들은 이런 차관을 돋보이게 하려고 언론에 나가는 사진까지 챙긴다. 열쇠를 쥐고 있는 청와대가 문을 열어줘야 연명하는 구조이기 때문이다. 허수아비를 모면하려면 장관이 차관, 기획관리실장, 주요 국장, 총무과장을 자기 사람으로 쓸 수 있어야 하는데 그렇지 못한 구조니 잠시 들렀다 가는 식객이 될 수밖에 없다.

이렇게 하지 않으려면 청와대부터 바뀌어야 한다. 대통령은 물론 호가호위하는 수석비서관부터 부처 간섭을 줄여야 한다. 하지만 이들은 말고삐를 놓지 않고 계속 한쪽으로 몰아가려고 한다. 전 부처가 이런 지경에 놓여 있다. 원장이 산하기관의 사외이사 하나를 뽑지 못하는 것이 현실이다. 사정이 이런데 누가 정부가 제대로 움직이고 있다고 믿겠는가? 의견을 많이 개진하고 들을수록 좋은 안이 나오는데 단 몇 명만 머리를 맞대면 배가 순항하는지, 산으로 가는지 알지 못한다.

■ 정부 인력이 남아도는 현실과 계급주의의 실제는 장·차관들에게

딸린 식구가 서너 명이 된다는 데 있다. 이런 사정은 군대가 더 심하다. 장군 한 사람에 딸린 부관이 자그마치 6명이다. 비서실장, 전속부관, 운전병, 당번병, 공관병, 조리사가 그들이다.

세류가 모이면 큰 물길을 이룰 법한데 그렇지 않다. 어느 장관이 관용차 앞자리에 앉아 자신을 수행하는 사무관더러 중요한 일을 배워야지 맨날 차만 타고 다니면 어떻게 하느냐며 내부 근무를 명한 적이 있다. 당사자는 지금 국장이 되어 중책을 맡고 있다. 왜 이런 개선이 부처별로 이루어지지 않는가?

■ 관료 세계의 가장 큰 골칫거리는 머리 따로 손발 따로 움직이는 행태다. 이를 심장과 모세혈관에 비유한다. 심장이 아무리 튼튼해 잘 뛰어도 모세혈관까지 이르려면 9개월이 걸린다는 말이 있다. 갖은 고생 다 하며 일선의 폐단(수산물 검사에서 뒷돈 챙기기·보건·위생·건설·세무 비리 등)을 알려도 불이익만 따라오고, 어쩌다 중앙감사반에 호소할 기회나 있어야 겨우 반영된다. 위에서 아무리 닦달해도 요지부동이다. 이는 모세혈관의 감각이 마비된 것이나 다름없다. 조금씩 나아지고 있다고는 하지만, 일선의 생계형 비리가 끊이지 않는 것도 위가 아래를 모르기 때문이다.

■ 한국 관료의 고질병은 물가 잡기 같은 목표를 설정해놓고 이를 달성하기 위해 숫자를 나열해 오너를 만족시키려고 하는 일이다. 여기서 숫자의 마법을 제대로 알아야 하는데, 높은 사람들은 일단 숫자만 보면 믿는다. 물가상승률을 3% 이내로 잡는다고 할 때 눈에 보이지 않는 비용은 도외시한다. 3%든 4%든 차이가 크지 않

고, 오히려 무리를 해서 오는 손실을 가늠하지 않는다. 세금 낭비를 막을 길이 없다. OECD나 WEF가 발표하는 여러 분야별 지수들(효율성, 투명성, 행복감……)을 정부가 다시 검토해 바로잡아야 한다. 이룰 수 없는 등위를 언젠가는 반드시 끌어올리겠다고 하는 정부의 허언에 국민은 일희일비하지 말아야 한다.

- 정부 관료 중 가장 나쁜 사람이 퇴임 후 산하기관에 자리를 틀고 앉아 비리를 일삼는 자들이다. 대표적 기관이 교육부다. 이 나라에서 부끄럽기 그지없는 곳이 대학답지 않은 대학이다. 교육부의 평가에 따라 장학금을 비롯한 재정 보조가 좌우되니 대학 운영에 사활을 건다. 이를 빌미로 사악한 학교 법인은 교육부 퇴역들을 총장, 부총장, 사무국장 같은 높은 자리에 앉혀 끈을 잇고 비리를 부채질한다. 교육부, 학교 법인, 대학, 이 세 군데가 이른바 골든 트라이앵글golden triangle(범죄 집단)이라는 지식 집단의 전형적 구조가 되었다. 이 이야기는 나중에 또 하기로 한다.

- 정부 일의 큰 걸림돌은 전례 답습이다. 앞에서 한 일을 그대로 따라하면 탈이 나지 않는다. 유능한 공직자가 하는 일은 정책 수립, 협상, 법 개정 등 최고의 지식을 필요로 하는데, 대개 전례를 답습하면 되는 일들이다. 굳이 새 지식을 동원해 새로운 일을 하고 싶어도 벽에 부딪힌다. 문제가 될 것 같은 일은 피하는 게 상책이라고 생각한다. 공무원들은 전문지식을 쌓을 생각은 하지 않고 연구 용역을 주어 정책의 이론적 근거만 찾으려고 한다. 이론적 근거는 정설이기보다 가설 수준이 많다. 예산만 있으면 연구 용역 맡기기

에 급급하고, 교수들은 용역 따는 일이 강의보다 우선한다. 연구 결과가 우수하더라도 담당 공무원이 고급 지식을 활용하지 않고, 자신의 논리를 뒷받침하는 것만 받아들이는 것이 큰 문제다. 이를 편협하기 짝이 없는 '관료적 전문성'이라고 해도 좋다. 필요한 것만 택하고, 아무리 좋아도 자신의 뜻과 맞지 않으면 버린다.

■ 공직자들의 능력이 딸리는 분야는 협상력이다. 협상은 상대의 의견을 부분적으로 수용하면서 설득해야 하는데, 일방적 업무 추진 습관에 젖어 그럴 여유가 없다. 고지를 점령하는 것이 최상의 목표이기 때문에 중화가 없는 비현실적 전략만 짠다. 협상이란 주고받는 것인데, 얻는 것이 없으면 상사에게 혼쭐이 나니 받기만 하려 든다.

협상은 기업하고만 하는 게 아니라 정부의 부처끼리도 한다. 서로 자신들의 입장만 고수하려 하니 몇 번씩 만나도 시간만 허비한다. 협상의 끝이 없다. 그러다가 고위자끼리 만나야 겨우 숨통이 트인다. 외국과의 협상도 전문인의 도움을 받긴 하지만, 영어 실력이 부족해 협상 분위기 전체를 조감하지 못한다.

상하 부처 간에도 손발이 맞지 않는 일이 비일비재하다. 상급기관인 기획재정부에서 국세청의 정책 건의를 들어주지 않는다. 싸움은 이론이냐 현장이냐의 갈등이다. 정책 이론을 고수하면 현장을 일일이 감안하기 어렵다. 상위 부처에서는 하위 부처가 집행 편의만 좇는다고 하고, 하위 부처에서는 상위 부처가 현실과 동떨어진 착상만 한다고 불평이다. 본부의 고압적 자세는 여전하다. 누가 이길지는 불 보듯 뻔하다. 상위 부처가 지는 적은 없다. 이런 사정으로 부처끼리 의견이 엇갈리며 갈등을 빚는다. 조정하며 타협해야 할 일이 많은데 끝까지 버티다가 결국 이기는 쪽은 조직, 인사, 예산을 집행하는 부처들이다.

- 정부의 일은 허공을 가르는 일이 대부분인데도 국민들은 잘 모르고 믿으려고 한다. 부처들이 큰 정책을 발표할 때나 중요 사안이 국무회의를 통과해도 이에 따르는 법 개정과 예산 책정은 국회의 몫이어서 야당이 반대하면 빛 좋은 개살구가 된다. 국회를 통과하는 법률안의 비율을 보면, 정부안은 19대 국회에서 35%가 본회의를 통과했다. 의원 발의(14%)보다 앞서는 편이지만, 정부의 법안이나 정책 약속이 10 중 3.5 정도만 성안되는 것이어서 나머지는 허공을 가르는 것과 같다.

국민들은 국무회의를 통과한 법 제정이나 개정이 곧 시행되는 줄 알지만 그렇지 않다. 정책이 성안되면 좋은 줄 알지만, 근본 문제는 인과율이 확률율로 바뀌어 정책이 원인으로서의 기능을 하지 못한다는 것이다. 정책 효과도 쉽게 나오지 않는다. 청년 일자리, 저출산, 부동산 등등 수많은 정책에다 예산만 쏟아붓고 국민을 상대로 실험하듯 한다. 드문 경우지만, 정책 효과가 우연히 이루어지기도 하므로 정책이 반드시 원인이 되지 않기도 한다.

의학의 예와 비교하면 실감이 날 것이다. 예를 들어 낙농 제품, 쇠고기, 닭, 계란, 생선, 감자, 콩, 곡물 등에 존재하는 몸에 좋은 아스파라긴이 오히려 암의 전이를 돕는다는 실험 결과가 과학저널

〈네이처〉 지에 발표되었다면 사람들은 어떤 반응을 보일까? 음식이나 의약품이 사람을 질병으로부터 보호한다고 100% 장담할 수 없는 것이 실재다. 정책 또한 아무리 시도해도 그 효과를 가늠하기란 쉽지 않다.

좋은 정책일수록 관련자들이 들뜨게 되지만 대부분 속 빈 강정이다. 이는 제약회사가 신약 실험 결과를 발표하는 것과 비슷하다. 모든 병이 고쳐지고 수명이 연장된다고 하는 것과 다르지 않다. 상용화가 되려면 5~10년 이상이 걸린다. 그것도 그때 가봐야 안다.

- 정부 관료들이 옴짝달싹하지 않고 엎드려 있는 복지부동伏地不動은 감사에서 지적되면 불이익을 받기 때문에 새로운 일을 하지 않으려는 행태에서 나타나는 현상이다. 내 소관 사항이 아니면 거들떠보지 않고 '모르는 게 상책이다'라는 입장을 고수한다. 잘못하다가는 화를 당하기 십상이라는 것이다. 문제가 생겼는데도 아무도 꼼짝하지 않는다고 장관이 담당 국장이나 과장을 질책하지 못하는 이유는 책임을 자인하는 꼴이 되기 때문이다. 되도록이면 가만히 있는 게 상책이다. 대통령이 지역 균형발전 명목이나 지방 보조금 증액 같은 사안을 언급해도 기획재정부는 행정안전부의 일에 선뜻 끼어들지 않는다.

- 공무원들이 불만을 가장 많이 토로하는 것이 감사다. 감사원 감사를 비롯해 청와대, 총리실 감사에 국회 국정감사, 그리고 정기감사와 수시감사까지 합치면 1년에 1/3은 감사에 시달린다. 감사에는 회계감사와 정책감사가 있는데, 회계감사는 그렇다 치고 정책

감사는 해당 부처보다 감사원이 내용을 더 잘 알 수가 없다. 감사를 하는 감사원 직원들의 고압적 태도 역시 참기 어렵다. 감사팀이 나오면 해당 부서의 직원들이 줄줄이 찾아가 인사하는 것도 불편한 장면이다.

그렇다고 감사가 필요 없는 것은 아니다. 각 정부기관이 늘 일을 잘하고 있는 것이 아니기 때문이다. 다만 감사를 한다 해도 목표를 세워놓고 이를 달성해야 한다는 관행과 강박관념에 사로잡혀 몇 건을 꼭 적발해내야 한다고 무리를 하는 일은 없어야 서로 믿는 정부가 될 것이다.

감사원의 로커스locus에 관해서도 의견이 갈린다. 정치권에서는 개헌 논의를 할 때마다 감사권을 국회가 가져가야 한다고 주장한다. 감사원이 대통령의 영향을 받기 때문이다. 감사원장 국회인준 청문회를 보면 독립성을 지키겠다고 약속하지만 현실과는 매우 동떨어진 답변이다. 감사원장은 임기가 끝날 때가 되어야 자기 목소리를 낸다. 감사 사안이 전 정부와 관련이 있으면 감사가 정치적이지 않을 수 없다. 정권이 바뀌면 감사원은 전 정권의 비리를 그제야 들춰내기 시작한다.

정부 관료의 민낯

- 관료는 얼굴이 없다. 표정이 없고 영혼도 없다. 물혼物魂만 있다. 우리가 흔히 쓰는 "관료는 영혼이 없다"라는 말은 일찍이 막스 베버가 했고, 응용현상학자인 랄프 험멜Ralph P. Hummel도[45] 체계적으로 논증했다. 관료의 영혼에 관해 현직과 전직의 의견을 조사한 것이 있다. 간추린 내용은 뒤에 밝힌다.

  관료는 자유, 평등, 정의 같은 정신적 가치를 생각하기보다 눈에 보이는 단기적 목적 달성을 위한 계산에만 몰두한다. 머리는 똑똑한데 뜨거운 가슴과 현장을 누비는 다리가 없는 것이 탈이다. 저자가 늘 부르짖는 "실천 없이 머리 없다"라는 말의 뜻을 그들은 이해하지 못한다. 현장은 모르고 사무실에서 서류 쌓기에 바쁠 뿐이다. 말 그대로 '책상 관료'다.

- 관료는 절차적 정당성을 과장하고 규제 일변도이다. 규제를 철폐하면 존재 가치가 없어진다고 생각한다. 대통령이 청년 창업이며 벤처를 아무리 강조해도 '헤이딜러' 같은 중고자동차 인터넷 매개업도 규정을 바꾸어 하루아침에 문 닫게 한다. 모처럼 허용한 푸드 트럭이 지정 장소를 위반했다는 이유로 타이어의 공기를 빼놓는다. 지금은 그래도 좀 느슨해지고 나아졌다. 관료들의 말과 행동이 그렇게 다르니 과연 신뢰할 수 있는 집단인지 의문스럽다.[46]

  관료는 창의력뿐만 아니라 공의식도 약하다. 계산 가능한 것을 토대로 효율 높이기에 급급할 뿐 예상치 못한 것에는 손도 대지 못한다. 공의식은 남을 먼저 생각하는 정情의식, 이타적 유전자로 공유정부의 바탕이다.

- 관료는 생리적으로 비판을 싫어하고 자화자찬을 일삼는다. 잘했다는 자기 홍보에만 주력한다. 정책을 잘못했다는 말은 절대 하지 않는다. 비판과 비난을 구분할 줄 모른다. 고위직일수록 비난(욕)은 절대 금기다. 출셋길이 막히기 때문이다. 욕먹지 않으려면 정보를 꽁꽁 숨겨야 한다. 기자들의 시각이 달라서 원하는 보도가 나가지 않기 때문에 공직자와 기자는 정보를 두고 숨바꼭질을 한다. 관료들이 문을 활짝 열고 정부 업무의 고충을 토로하며 당당하게 토론하고 비판받을 준비가 되어 있어야 한다. 정답만 맞히려는 바로 보기直志向보다 객관적 사실을 확인하려면 오히려 비껴 보기斜志向를 해야 한다.

관료는 가설을 입증된 정답으로 착각한다. 뭔지 모르니 그렇게 된다. 답이 틀릴 수도 있다는 것을 모르는 것은 그만큼 거짓 지식과 의식으로 무장되어 있다는 뜻이다. 해마다 대학수학능력 시험을 치르고 몇 번 문제가 틀렸다는 다툼을 보고 있으면 가슴이 답답하다. 학교라는 제도를 그렇게 묶어버리면 안 된다.

- 관료는 손에 쥔 권력을 놓지 않으려고 한다. 박근혜 전 대통령은 규제를 바다에 빠뜨려야 한다고 했다. 이에 대해 〈조선일보〉 조형래 기자는, 바다에 빠뜨릴 건 규제가 아니라 관료여야 한다고 했다.[47] 야마구치 노부오 전 일본 상공회의소 회장은 "규제 개혁을 하려면 대장성大藏省 관료의 절반을 태평양에 빠뜨려야 한다"고 했

다. 일본 또한 공공행정이 안고 있는 폐단과 한계가 우리와 크게 다르지 않아 개혁에 대해 늘 고민한다. 일본 민주당 대표를 지낸 오자와 이치로小沢一朗는 일본 정부가 규제로부터의 자유, 그리고 '관리형 행정에서 규정형 행정管理型行政からルール型行政へ'으로 바꾸어 자립하는 민주행정이 되어야 한다고 주창했다.[48]

■ 관료는 편견과 선입견도 바로잡지 못한다. 검사는 학교나 전후 사정을 알지 못하면서 교비를 변호사 비용으로 썼다는 이유로 다짜고짜 배임과 횡령죄를 범했다고 단정부터 한다. 자신이 생각하는 것을 숙고할 여유가 없다. 교수도 자신이 세운 가설을 입증verification하기 위해 연구 자료를 조작한다. 반증falsification도 연구라는 칼 포퍼의 말을 이해하지 못한다. 고지 점령에 사활을 걸면서 자신도 틀 속에 갇히고 있다는 것을 모른다. 자기 확신에 차면 악의惡意가 될 수 있다는 셰익스피어의 작품『오셀로』의 이아고를 생각했으면 좋겠다.

■ 관료는 정의가 뭔지 모른다. 이들에게 있어 도덕은 한번 세계 흔들면 날아가버리는 '누더기'나 바람에 날리는 가벼운 '왕겨'일 뿐이다.『어둠의 심연』에서 주인공 말로가 한 말이다. 책임윤리만 지켰어도 400억 원을 7,000억 원으로 뻥튀기한 박근혜 정부의 문화융성창조센터 예산에 대해 입 다물고 눈 감지는 않았을 것이다. 공직자의 본분을 망각하고 나아가서는 인간이기를 거부한 무책임한 관료가 가련하기까지 하다. 무책임한 관료를 표현한 무거운 말이 있다. "온갖 사건 사고, 정책 실패에 책임을 지지 않는 관료 집

단을 이대로 두면 다음 대통령도 잠금장치가 풀린 시한폭탄을 안고 시간을 보내야 한다."[49]

■ 관료는 그들만의 언어를 쓰고, 민원인을 사례case로 취급하며 동정이라고는 전혀 느끼지 않는다. 그래야 일처리가 가능하기 때문이다. 민원마다 사정이 다르고 상황 맥락이 다른데도 전혀 아랑곳하지 않고 천편일률적으로 일을 처리한다. 이러한 일처리는 일일이 다 열거할 수가 없다. 전자앱 등 업종별 특성을 반영하지 않고 근로시간을 주 68시간에서 52시간으로 일률적으로 적용한 것이 대표적인 정책 사례다. 전자상품은 기획부터 디자인, 기능 확정, 개발, 양산까지 주기가 6개월인데 탄력근로제를 모두 3개월로 묶으니 기업이 줄줄이 해외로 나가게 되었다. 힘 있는 자가 압박할 때만 '사례'가 '사람'으로 바뀔 뿐이다.

■ 관료의 몸에 밴 관료주의는 개인과 집단이 지니고 있는 DNA이자 온 몸에 흐르는 피와 같다. 피가 혈관으로 흘러 생명을 지탱하듯이 관료와 관료주의는 조직 어디에든 파고들며 순기능과 역기능을 동시에 수행한다. 유감스럽게도 패권자의 피는 탁하다. 생명이 위태로운데도 계속해서 뛰기만 한다. 이들의 몸이 산화되면 국민은 도탄에 빠지고 나라는 사멸한다. 이런 상태로 신의 자리를 지킨다면 큰일이다. 과학의 진화처럼 정부도 새롭게 태어나야 한다.

관료적 사고의 본질

관료가 쓰는 언어language는 의미meaning가 없는 말speech뿐이어서 일방적으로 통지하는 정보information일 뿐 가치value가 담겨 있지 않다. 당연히 쌍방향 소통communication이 될 리 없다. 국민은 정부의 간섭이 배제된 자유를 생각하는 반면, 정부는 질서를 전제로 한 자유를 말하고 있으니 소통이 안 된다. 정부와 국민뿐만 아니라 정부 부처끼리, 또 정부 내의 상하도 막혀 있다. 그렇다고 소통의 노력을 저버릴 수는 없는 노릇이다.

지금 정부의 소통 수준을 보면 300년 전 왕조시대만도 못하다. 당시엔 과학기술의 발달이 지금과는 비교할 수 없을 정도로 뒤떨어졌고, 논리도 데카르트 수준에 이르지 않았다. 그럼에도 나라님은 왕권을 내려놓고 나력裸力으로 백성을 설득시키려고 애썼다.

『승정원일기』는 당대의 왕이 행한 국정 운영을 비서실에서 있는 그대로 적어 후세에 남긴 공개 정치의 표상이다. 이를 보면 당시 왕과 관리들이 소통을 위해 얼마나 노력했는지 엿볼 수 있다. 왕 옆에서 당후관이라고 불리는 주서는 영명하고 정직하기 이를 데 없어 한 해 정도가 지나면 6품으로 승격해 지방 수령으로 나가는 것이 관례였다. 궁궐의 안과 밖은 비록 높은 담장으로 막혀 있었어도 소프트웨어는 지배자와 피지배자 간에 물처럼 흘렀다.

영조 이후 300여 년이 지난 지금, 청와대 기록이-언젠가는 밝혀지겠지만-분장을 거친 채 홍보되는 행태를 보면 옛날 왕조시대

때 행한 것처럼 믿음직한 구석을 찾기 힘들다.

기록은 말과 달라 낱말로 남겨진다. 낱말인 기의記意, signified는 소리 내 말하는 기표記標, signifier가 아니다. 말하는 것과 쓰는 단어는 들어서 이해하기와 보고 해석하기에 따라 얼마든지 달라질 수 있다. 어떤 기록이나 어떤 말도 정확히 전달된다는 보장은 없다. 라캉은 독일어의 '떨어지다'와 '아이를 가졌다'가 발음이 비슷해 듣기에 따라 전혀 다르게 전달된다는 예를 든다.

요즘 정부 발표나 정치인의 언사는 물론 대학과 학회 등 여러 기관의 평가와 발표를 접하면, 구사하는 낱말도, 발음도, 내용도 일방적 명령 같아서 소통하고는 거리가 한참 멀다는 생각이 든다. 관료적 권위주의라는 것이 바로 이런 것인데, 갑인 기관은 자신이 말하는 내용이 을인 청자에게 잘 전달된다고 생각한다. 두뇌의 상상력은 저만치 밀어내고 도구적 합리주의에 휩싸여 일방으로 명령만 발하고 있는 것을 전혀 깨닫지 못한다. 정부 관료건, 대학이나 학회 등 기관에서 일하는 학자건, 자신이 펴는 논리가 뭐가 틀렸는지도 모른다는 것을 '영혼이 없는 관료'라고 말한 사람이 응용현상학자인 랄프 험멜이다. 이를 그림으로 표시하면 오른쪽과 같다.

정부 관료의 뇌는 고정관념에 빠진 소뇌만 발달한 듯하다. 상상력만 부족한 게 아니라 실천적 지혜phronesis 역시 약하다. 그러니 일방적 통보에 명령만 내린다. 자유하고는 거리가 너무 멀다.

그렇다면 거룩하신 갑님들은 어떻게 해야 할까?

먼저 소통은 애초에 불가능하다는 것부터 인식해야 한다. 내가

정부 관료의 뇌

도구적 이성 ——————— 뇌 ——————— 상상력 imagination
instrumental reason   실천지 phronesis

통보
명령   자유

갖고 있는 자료와 지식이 편협하고, 논리도 자가당착이며, 역설도, 내가 자리한 시공간의 의미도 모른다. 더욱이 내일을 보는 눈도 없어 편견 덩어리라는 것을 인정해야 한다. 경쟁에 이긴 승자의 논리를 레토릭rhetoric이라고 하는 것은 익히 알고 있다. 그런데 패자가 되었다고 논리heresthetics가 승자의 그것만 못한 것은 아니다. 오히려 진실에 더 가까울 수도 있음을 알아야 한다.

비트겐슈타인Wittgenstein은 우리가 관료와 소통하기 힘든 이유에 대해, 커뮤니케이션을 하는 것이 아니라 정보만 교환하기 때문이라고 말했다.[50] 그들의 언어는 우리가 쓰는 언어가 아니라는 것이다. 생활양식forms of life, Lebensformen을 공유하지 않아서다. 미국의 철학자 존 서얼John R. Searle은 화자의 언어가 의도하는 바와 동떨어질 수 없는데, 우리가 화자의 의도를 잘 알아듣지 못하는 것이 문제라고 했다.[51] 언어를 사용한다는 것은 듣는 사람이 화자의 의도를 알아차리게 하는 것인데, 그렇지 않다면 언어는 무용한 것이 된다. 비유하면, 골프를 칠 때 선수가 공을 보내놓고 해저드hazard에 빠지지 말라고 "set, set" 하거나, 갤러리들이 공이 핀에 들어가라고 "in, in" 하며 응원해봤자 말하는 자와 듣는 자(공)가 소통될 리가 없는 것과 같다. 학자들 간의 대화도 그렇다.

자크 데리다Jacques Derrida는 모든 것을 완벽하게 통제할 수 있는 언어는 없다고 조롱한다.[52] 정부의 행위(명령 또는 메시지)가 국민에게 제대로 전달되느냐에 언어의 중요성이 있는데, 그가 말하는 Postcard The Post Card: From Socrates to Freud and Beyond가 하나의 시스템으로서 결정적이냐에 대해서는 의문을 남긴다. 정부 대변인의 말을 알아듣는 사람은 언론사 기자 정도지만, 이들 간에도 어떤 의도인지에 대한 해석이 일치하지 않는다.

피에르 부르디외Pierre Bourdieu의 생각은 좀 다르다.[53] 꼭 필요한 언어language imperatives가 특히 명확할수록 생각과 말을 지배한다고 한다. 결과적으로 감각과 판단이 억압당한다. 단어가 행위보다 우월하다는 것을 각인시키려는 것이다. 사고와 언어가 우리가 실제로 행하는 감각 이상으로 중요하다는 뜻이다.

이제는 노하우를 알아야 할 때가 되었다. 언어는 맥락이나 상황에서만 의미가 있다. 믿음 체계가 아니다. 우리가 실천을 공유하면 의미가 있다. 하이데거Martin Heidegger는 또 이렇게 말했다.[54] "이성과

감성 간의 제3의 힘을 상상이라고 규정하고 여기에 힘을 실어야
한다."

관료는 이렇게 애매모호한 의미의 언어로 사고한다. 이성으로
명령만 내리면 어떤 것도 만들어낼 수 있다고 믿는다. 어떤 것이라
고 규정 내지는 규제하면 된다고 생각한다. 이성이 실재reality를 결
정하지 못한다는 것을 모른다. 200년 전 근대에 들어서 칸트가 생
각했던 것이 바로 이것이다. 에드문트 후설Edmund Husserl도 관료제는
과학처럼 실생활과 거리가 떨어져 있다고 생각했다.[55] 데리다는 관
료제가 실재를 만들어낼 수 있고, 이들은 목적보다 절차procedure에
생각이 쏠려 있다(선입견)고 했다.[56] 그는 근대에는 이성이 모든 사고
를 감싸 안는 우산이라고 생각했다. 이성은 논리로 움직이면 된다
고 믿었다. 그 결과는 영혼이 없는 전문가, 가슴이 없는 전문가만을
양산했을 뿐이다.

데리다 생각의 기저에서는 이성 자체가 역설paradox이다. 생각에
는 모순이 내포되어 있다. 이성은 결과를 상상할 수 있고 동시에 수
단을 결과의 산물로 계산한다고 하지만, 인간의 운명을 계산하고
논리로 처리할 수 있다고 굳게 믿었다. 결국 이성은 논리와 상상력
간에 긴장만 쌓을 뿐, 전문가 혹은 논리가 기초인 조직(관료제와 컴퓨
터)에 맡기면 상상의 가치를 잃는다는 것을 모르는 듯하다.

관료제의 진면목이 무엇인지, 어떤 언어를 구사하는지, 이성은 있
는지 여러 문헌과 경험으로 알 수 있지만, 험멜의 *The Bureaucratic
Experience: The Post-Modern Challenge*(Routledge, 2015)를 살펴보

면 이해가 훨씬 쉬워진다.

- 관료제bureaucracy의 기원은 그리스에서는 권력kratos이었고, 프랑스에서는 사무실office의 국局에서 비롯됐다. 사람들은 오피스가 지배한다는 생각을 하게 되었고, 리더에 의해서가 아니라 아이디어에 의해 방향을 찾게 된다고 믿었다. 그로부터 아이디어는 법이 되었고, 스스로 만든 법이 정당성을 가지게 되었다.
- 이성, 즉 판단할 수 있는 사고reason는 합리화시키는 힘이고, 현대화를 이끌어 오늘을 창조했다.

다음의 표는 험멜이 펴낸 책의 내용을 요약한 것이다.

관료에 대한 오해와 이해

	오해	이해
사회적으로	사람을 다룬다.	사례를 다룬다.
문화적으로	정의, 자유, 죽음, 승리, 사랑 같은 단어에 익숙하다.	정의는 바람에 날리는 왕겨 같다고 생각하고 통제와 능률밖에 모른다.
심리적으로	우리와 같은 사람이다.	머리와 영혼이 없는 새로운 유형의 인격체다.
언어적으로	우리와 같은 언어를 쓰고 생각해 소통이 된다.	틀을 짜고 알려주기만 한다.
인지적으로	논리적·감각적이다.	컴퓨터가 하듯 논리밖에 모른다.
정치적으로	봉사기관으로 사회에 책임을 지고, 정치와 정부에 의해 지배된다.	사회, 정치, 정부를 지속적으로 지배하는 통제기구다.

*Ralph P. Hummel, *The Bureaucratic Experience: The Post-Modern Challenge*, Routledge, 2015. 9.

우리는 관료제가 무엇인지 알기도 하고, 어떤 면에서는 잘 모르기도 한다. 험멜이 정리했던 것을 한 번 더 요약한다.

1. 사회적 차원에서, 관료는 사람이 아니라 사례^{case}를 다룬다.
2. 문화적 차원에서, 관료는 정의, 자유, 승리, 사랑 같은 이상을 추구하는 것이 아니라 오로지 합리주의를 내세워 통제와 능률만 목표로 삼는다.
3. 심리적 차원에서, 관료는 우리와 같은 사람이 아니라 머리와 영혼이 없는 전혀 새로운 인격이다.
4. 언어의 차원에서, 관료는 우리와 같은 언어를 사용해 소통이 되는 줄 알지만 커뮤니케이션보다는 내용을 짜내어 통보할 뿐이다.
5. 인지적 차원에서, 관료는 우리가 하듯이 논리적이고 감각적이지 않고, 컴퓨터가 생각하듯 논리밖에 모른다.
6. 정치적 차원에서, 관료제란 사회에 책임을 지고 정치와 정부에 의해 지배되는 서비스 기관이 아니라 통제기관으로 사회, 정치, 정부를 지배한다.

- 조직이 정한 작업^{work}이 모든 것을 결정한다는 것이 관료적 사고의 본질이다. 절차가 실체^{substance}를 대체한다. 조직의 정체성만 소중하고 정신이나 마음은 외부의 요인으로 삼는다. 위계질서의 도구로만 사용되는 언어는 뜻이 없는 기계적 언어일 뿐이다. 정치는 행정으로 대체되고, 매니저가 정치인을 대체하고, 기능인이 시

민을 대체한다. 관료제란 조직은 개인의 정신뿐만 아니라 느낌과 감정까지도 몰아낸다. 지식과 판단의 심리학적 기능이 조직에 흡수된다. 관료제가 바로 새로운 심리학psychology이다. 사이키psyche 는 영혼soul의 옛말이다. 내면적 사고인 로고스logos, 이성와 같은 뜻 이다.

- 포스트모던 시대에 접어들면, 자아self는 원자로 분열되고 사회적 유대는 상실된다. 경제가 되어버린 문화는 보편적 가치를 잃고, 상대적이며, 권력으로 환원된다.[57] 마음과 정신은 분산되어 중심 에서 떠난다.[58] 언어를 통제할 수 없게 된다.[59] 주체는 죽고, 아는 자는 지식과 권력의 기능이 된다. 개인은 권력의 결과이고 집단적 으로 기능할 뿐이다.[60]

- 관료제는 감각, 감정, 목표지향적 상상력보다 목표가 없는 이성 쪽에 치우친다. 이성이 마치 병들어 있는 것과 같다. 베버의 말이 다. 이를 극복하려면 더 이성적이어야 한다고 하지만 쉽지 않다. 라캉은 욕망이 중심이 아닌 중심de-centered center에 자리 잡고 있다 고 한다. 욕망은 비어 있는 중심이다. 만족할 줄 모르는 욕구의 빈 공간과 영혼의 필요를 말한다.

- 관료제란 사회적 행동을 합리적 조직의 행동으로 전환하는 수단 이라는 것도 관료적 사고의 기반이다(베버). 권력 기제를 장악하는 사람이 관료기구를 맡는다. 정보가 내용을 집어삼키고, 소통과 사 회도 같은 처지가 된다(장 보드리야르).[61]

- 조직에서 업무가 수행될 때 통상 매니저가 위에 있고 일꾼들이 아

래에 포진하는 조직도를 많이 보았지만, 이들 조직도를 거꾸로 하면 일꾼들이 위로 가고 아래에는 일work이 자리매김한다. 관료제는 어디까지나 합리적으로 조직된 행위인데, 모든 것이 위로부터의 구도다. 그만큼 자유재량의 여지가 줄어드는 형태다.

■ 관료제가 사회를 대체한다. 심지어 문화까지도 대체한다. 험멜은 사회의 발전 단계를 현대사회에서 관료화된 사회를 거쳐 후기 현대사회로 진행된다고 본다. 그 안에서 나는 다른 이와 상호 연관되는 관계로 규정되지 않고 조직의 설계자가 내린 일방적 규정으로 자리매김된다. 베버는 관료제의 가치를 (1)안정, (2)연마, (3)의지, (4)결과를 계산할 수 있는 것, (5)형식적 합리성, (6)형식적 몰인격, (7)형식적 평등 대접 등으로 보았다. 반면 하버마스 Jurgen Habermas는 사회의 가치를 (1)정의, (2)자유, (3)폭력, (4)억압, (5)희열, (6)빈곤, (7)질병, (8)애증, (9)구원과 저주, (10)승리와 패배 등으로 보았다.[62]

결국 관료는,

1. 자신의 정당성에 관한 감각 없이 존재한다.
2. 자아를 느끼지 못하고 사회적 정체성만 고집한다.
3. 영혼이 없는 심리 상태다.
4. 의미를 모르고 언어를 쓴다.
5. 목적 없이 사고한다.
6. 상상은 제쳐놓고 정치를 생각한다.

관료는 영혼을 감추고 소신만 말한다

앞의 석학들의 관료관은 그렇고, 이제 관료의 영혼에 관해 현직 공무원들은 어떻게 생각하는지 확인해보기로 한다.

2018년 4월 9일 서울대학교 행정대학원이 정부 수립 70주년을 기념해 개최한 학술대회에서 발표한 내용을 보면, 정부 관료의 실상이 사진 찍히듯 그대로 드러났다.

임동욱과 김광웅은 2018년 3월 12일~4월 10일 동안 51명의 현직들(30대~50대, 청와대를 비롯한 각 부처 골고루, 그러나 표본의 대표성은 없다)에게 몇 가지 질문을 던져 익명으로 주관식 답을 얻었다. A4 용지로 길고 자세하게 답한 응답자가 많았다. 여기서는 살아 있는 현장의 목소리만 요약해서 소개한다.

뒤에서는 관료의 고충을 정리했고, 영혼에 대한 의견만 추렸다. 영혼이 있다면 반론을 펴보라는 질문이었다. 모두가 아는 듯하지만, 그래도 이렇게 현직의 의견을 적나라하게 듣기는 처음이다.

— 공직은 반론하기 어려운 결정 과정이다. 반대 의견을 개진하지만 결국 위의 결정에 따르게 된다. 이런 반응과 연관된 희화적 에피소드가 있다. 정치인이 선거 때 유권자에게 강에 다리를 놓아주겠다고 공약한다. 그런데 막상 그곳에는 강이 흐르지 않는다. 그럼에도 공무원은 정치인의 공약에 따라 다리를 놓는다는 우스갯소리가 있을 정도로 아무 반론을 펴지 못하는 것이 현실이다.

- 정치적 합리성과 행정적 합리성이 부딪히면 행정이 물러날 수밖에 없다. 대통령의 공약을 충실히 이행하는 것이 공직자의 의무다.
- 정권이 바뀔 때마다 다른 이념지향적 정책을 제시해야 하니 일관성 없이 우왕좌왕하는 모습이다. 그럼에도 공직자는 지시를 따르는 것이 책무다.
- 국민이 선출한 대통령이 추진하는 정책을 실현하는 것이 공무원의 의무이고, 그래야 승진, 성과 평가와 같은 보상을 획득하므로 영혼 없는 공무원의 전형이 나타난다.
- 공무원이 자기의 소신과 다른 결정을 해야 하더라도 대통령이나 국회의 적법한 지시를 충실히 따르는 것은 공무원 본연의 자세다. 오히려 공직자들은 영혼이 없기로는 민간 기업 직원이 더할 것이라고 말한다.
- 명령 복종이 올바른 공직의 자세다. 법과 제도에 따라 중립적으로 업무를 처리해 재량권이 크지 않다. 법과 제도에 대한 회의는 애초에 없는 듯하다.
- 목적적 타당성에 따라 일을 처리하고, 국정 방향에 따라 정책을 내세우는 것은 영혼과 관계가 없다.
- 영혼은 소신이다. 공직자는 소신 있게 일한다. 영혼은 없어도 양심은 있다. 중심을 잡고 잘하고 있다. 만일 영혼이 없다면 그 이유는 이념 대립 때문이다.
- 관료가 개인적 소신 등을 이유로 국정 운영 방향에 대해 반대하는 것은 오히려 관료제의 근간과 선출된 권력의 정당성을 부정하는 결과를 낳을 수 있다. 다름을 허용하지 않는 문화 때문에 자신의 의견과 소신

을 밀어붙이기 쉽지 않은 것 같다.

– 영혼이 없지는 않다. 영혼을 감추는 것뿐이다. 보일 때는 보인다.

– 법과 규정을 어기며 하는 것과 영혼이 없는 것은 같다.

– 정치적 중립 의무 준수의 다른 표현이다.

– 지금 이 시간에도 작은 민원 하나라도 고민하고 자신을 희생하며 공익을 구현하려고 노력하는 공직자가 많다. 직언을 마다하지 않는 공직자도 많다. 영혼이 없다고 오해하지 않았으면 한다.

– 영혼이 없는 사람이 과연 공직을 맡을 수 있을까?

– 공무원은 다양한 목표와 가치들 사이에서 존재하기 때문에 영혼이 없기가 어렵다.

– 공무원이 영혼이 없다는 말은 가치 판단과 목표 설정은 국민, 국회, 이익단체, 정당 등이 할 테니 공무원은 집행만 충실히 하면 되고, 스스로 가치 판단을 하거나 그에 따라 정책을 집행해서는 안 된다는 얘기라고 생각한다. 물론 예전에는 공무원, 관료가 실체적 진실을 스스로 판단하고, 목표를 정하고 이끌어가는 일이 흔했다. 개발시대에 특히 그랬다. 그러나 실체적 진실은 존재하지 않고 과정적 진실만 존재하기 때문에 절차적 정당성이 부여된 상황에서 국민이나 이해 관계자들이 조정해놓은 것이 진실이고, 공무원은 이것을 단순히 집행해야 한다고 하는 것에 동의하기 어렵다. 절차적 정당성과 진실이 100% 인정받기에는 그 과정에 있는 사람과 환경이 완벽하지 않기 때문이다. 국민 모두가 투표하여 100% 합의가 나오는 일이 얼마나 있을까?

– 모든 일에는 가치 판단이 있을 수밖에 없다. 다만 작거나 누구나 동의

할 수 있는 있는 기계적인 일이라 생각되는 부분에서는 영혼이 없어도 될 듯하다. 그러나 민원센터 공무원이 에어컨이 고장 난 사무실에서 대기표 순서와 관계없이 금방이라도 쓰러질 듯한 90세 할아버지부터 민원 사항을 응대해주었다면 과연 잘못된 일인가? 그럼 60대 할아버지는? 매 순간 우리는 가치 판단을 한다. 특히 공무원은 다양한 목표와 가치들 사이에서 존재하기 때문에 영혼이 없을 수 없다.

- 하위직이 하는 대부분의 일들은 가치 판단이 크게 필요하지 않다. 그래서 영혼이 없어도 될 듯하지만, 정책 결정을 담당하는 고위 공직자들에게 영혼이 없다면 큰 문제가 될 것이다. 다만 이것이 국회, 청와대 등이 자기 철학에 맞지 않는다고 반대해야 한다는 얘기는 아니다. 크게 보면 집권 세력, 야권 세력, 시민단체, 관료들이 서로의 영혼을 가지고 이해하고 조정해가면서 국가와 국민을 위해 일하는 것이 더 바람직한 모습일 것이다.

- 현행 국가공무원법상 공무원은 상사의 복종 의무만을 규정하고 있을 뿐 복종의 한계는 적시되어 있지 않다. 최근 정부나 국회에서 명백히 위법한 상사의 지시에는 이행을 거부할 수 있고 이에 따른 불이익 조치를 금지하는 법 개정안이 발의되는 등 개선의 움직임이 있다.

- 국민들이 바라볼 때 이해하기 힘든, 위법한 지시에 따르는 공무원 행태의 가장 큰 원인은 법률상 복종 의무보다 인사권이라 생각한다. 지시에 따르지 않은 직원에 대한 인사 조치나 승진상 불이익이 가능한 환경에서 상급자의 지시에 따르지 않는 직원은 거의 없다.

- 내부적으로 직업 공무원의 실적주의 원칙을 견고하게 하고 상사의 인

사권을 적절하게 견제할 수 있는 방안들에 대한 검토가 이뤄져야 한다.

– 관료는 축소지향적·내부지향적 사고를 갖는 경향이 강하다. 따라서 관료 집단이 소신껏 일할 수 있도록 정책 환경을 조성하고, 국회 등 권력 기관은 관여의 정도를 최소화해야 한다.

정부 관료에게 영혼이 없다는 것은 부분적 관찰일 뿐이다. 똑똑한 사람들이 대개 그렇다. 하버드 같은 좋은 대학에서 공부를 잘한 학생들도 영혼이 없기는 마찬가지다. 학교에서 가르치는 틀 속에서 순한 양처럼 자라서 진리를 향하고 자아를 찾기 위한 노력을 스스로 하지 못한다. 대학은 다시 태어나야 할 새로운 세상인지 모르고 1등만 하려고 했으니, 그들은 정부는 물론 세상을 알지 못한다.

"사회 정의란 다른 사람들이 더 많이 가질 수 있도록 자신이 가지고 있는 무엇인가를 포기한다는 뜻이다"라는 것을 엘리트들은 배우지 못했다. 미국 웨스트포인트에서 한 리더십 강의를 바탕으로 엘리트 교육의 맹점을 지적한 데레저위츠의 말이다.[63]

"모든 사람들이 아픔을, 희생을 추구하고 있소. 그 덕분에 그들은 스스로 정당하다고, 깨끗하다고, 자식, 배우자, 이웃, 그리고 신으로부터 존중받을 만하다고 느끼는 거요…… 세상을 움직이는 것은 쾌락의 추구가 아니라 중요한 모든 것에 대한 포기라는 사실만 알아둬요……."[64] 파울로 코엘료의 말이다. 하지 말아야 할 일을 했을 때 "난 영혼을 담고 있는 육체가 아니다"라고 변명하기도 한다. "나는 '육체'라 불리는, 눈에 보이는 부분을 가진 영혼이다"라고도 한다. "요 며칠 동안 나는 그 영혼을 아주 뚜렷이 느낄 수 있었다. 그 영혼은 아무 말도 하지 않았다. 날 비판하지도, 불쌍히 여기지도 않았다. 그냥 날 바라보기만 했다."[65] 몸과 영혼 간의 무관심과 갈등이 존재하면 인간은 자기변명에 급급하게 마련인가?

관료가 살 길, 문화와 규범부터 깨야

정부 개혁은 정권마다 시도하지만 나아지는 것은 거의 없다. 개혁은 물거품 같다. 그래도 작은 것부터 점진적으로 고쳐보자는 의도까지 포기할 수는 없다.

정부가 믿음을 잃고, 같은 일을 반복하고, 나아지는 것이 없다는 점을 인정해야 한다. 정부의 비효율만 해도 그렇다. 관료주의 때문이라는 것을 다 안다. 부처 이기주의도 그중 하나다. 관료의 본성이자 근성 때문에 남이 알아듣지 못하는 내 말만 하고, 내 것은 조금도 나누거나 손해 보지 않으려 하면서 규정대로 일처리를 한다는 명분으로 민원인을 괴롭히는 결과를 낳는다.

정부가 하는 일이 효율적이 못한 이유는 비용을 부담하는 사람과 혜택을 입는 사람이 일치하기 않기 때문이고, 또 정부가 하는 일이 어떤 성과를 거둘지 예상하기가 쉽지 않기 때문이다. 김태일이 한 말이다.[66]

조직에서 일하는 사람들은 모두 관료다. 정부에만 관료가 있는 것이 아니고 대학, 병원, 언론사, 종교단체 등 기관이 있는 도처에 관료가 있다. 그 관료들의 생각과 정신적 기반인 관료주의 문화는 집합으로 자리를 굳히고 영원하다. 개인이 어떻게 할 수 있는 대상이 아니다. 집단이 살기 위해 탄생해 모든 것을 지배한다.

관료주의는 지배 양식으로 보면 민주주의와 대립된다. 생산 양식으로는 자본주의 대 공산주의인 것과 구별된다. 대부분 관료주의를 민주주의와 대립된다고 생각하지는 않는다. 민주주의의 적은 공산주의라고 생각하는 경향이 있다. 그러나 많은 사람들의 의견을 존중하고 대변하는 민주주의에 비해 자신의 이익, 즉 관료 이해에 충실한 관료주의의 기세를 꺾어야 한다고 생각하지만 말처럼 쉽지 않다. 모두가 자신의 일이기도 하기 때문에 현실을 회피할 수가 없다.

한편 노벨 경제학상을 받은 제임스 뷰캐넌James Buchanan은 "세상에 공익은 없다"라고 단언한다. 오로지 사익만 있다는 것이다. 이는 관료주의가 나쁘지 않다는 말도 된다. 그러나 국민을 위한 봉사 집단인 정부 관료는 그렇게 해서는 안 된다. 눈앞에 이익이 보여도 국민이 먼저라는 공복의식이 발동해야 한다. 시민성에 문제가 있고 반감이 있어도 끝까지 참아야 한다. 엘리트의 산실인 일본 송하정 경숙松下政經塾의 모토는 대인大忍, 크게 참으라는 것이다. 뷰캐넌은 그럼에도 민주주의를 통해 사익 간의 이해를 절충해 공익에 접근해야 한다고 주장한다.[67] 요지는 민주주의와 관료주의가 사라질 수 없으니, 이들이 얼마나 조화를 이루느냐에 따라 나라의 명운이 갈린다는 것이다.

고루하기 이를 데 없는 관료 문화의 규범을 깨려면 계급의식부터 극복해야 한다는 이야기는 여러 번 했다. 운영의 주체가 없어지는 홀라크라시가 대안이다. 이는 뒤에서 또 설명한다.

뽑고 들어가는 문부터 고쳐야

공무원이 되려면 시험을 치러야 한다. 시험은 객관식과 주관식으로 구분되다가 행정시험(5급 공무원 공개경쟁 채용시험)은 2001년 당시 중앙인사위원회가 학회의 거센 반대를 무릅쓰고 객관식을 공직적격성 테스트PSAT로 바꾸었다. 기존의 객관식 4지선다형으로 마구 찍어 행운을 거머쥘 수도 있었던 방식에서, 공직에서 얼마나 일을 잘할 수 있느냐를 기준으로 검증하려는 것이다. 물론 국민의 생각과 거리가 먼 행정 서비스를 제공한다면 아무리 유능한 인재를 바뀐 방식으로 엄격히 뽑아도 결과는 달라지지 않을 거라는 염려는 여전하다.

공직적격성 테스트의 목적은 첫째, 지문을 주고 이해 능력을 보려는 것이다. 법이나 경제에 한정되지 않고 역사·문학·미술·음악·과학기술 등 여러 주제의 지문을 읽고 이해의 정도를 보려는 것이다. 둘째, 관료는 산더미같이 쌓인 업무 자료를 처리해야 하기 때문에 자료를 제대로 해석할 줄 아는 능력이 있어야 한다. 그 능력을 확인하기 위함이다. 통계자료 같은 것을 제시하고, 의미를 파악하고, 해석과 예측을 제대로 하도록 하는 것이다. 셋째, 문제 해결 능력이 얼마나 되는지 확인하려는 것이다. 문제를 어떻게 이해하고, 또 문제 푸는 방법을 어떻게 강구할 것이냐는 공직자라면 매일 당면하는 문제다. 따라서 공직에 진출하려는 사람들이 문제 해결 능력을 갖추는 것은 필수다.

바뀐 객관식 시험에 이어 주관식은 주로 사회과학 분야에 관한 지식을 테스트한다(기술직은 좀 다르다). 3차 면접 시험은 무자료로 한다. 성별만 구분될 뿐 대학, 필기시험 성적 등을 전혀 알지 못한 상태에서 공무원, 기업인, 교수가 수험생의 공직 능력을 테스트하는 것이다. 개별 면접은 물론 집단 면접으로 토론하는 내용을 듣고 주장이 뚜렷하고 상대를 설득시킬 수 있는지를 본다.

'Part 2. 내일의 정부'에서 말하겠지만, 앞으로는 시대의 변화를 깨달아 알고리즘 조직을 이해하고, 상상력을 검증해 정부와 국민이 어떻게 하면 하나가 될 수 있는가에 대한 대안을 낼 수 있어야 바람직한 공직적격 테스트가 된다. 미국의 바이오 기업이나 소프트웨어 업체는 이미 AI를 활용해 입사 때는 물론 근무 때 관련되는 모든 자료를 미리 분석해 입사시키기에 적합한 인재인지를 확인하고, 또 일에 얼마나 몰입하는지, 동료나 상하 관계가 원만한지도 분석한다. 응모자가 넘친다고 AI가 시험관이 되어 기계적으로 처리되는 면접을 하자는 차원이 아니다.

현재의 방법으로 공직 후보자를 적절히 가릴 수 있는지는 여전히 의문이다. 저자는 오래전부터 추천 제도를 활성화하자고 주장했다. 지도교수가 추천한 학생이 공직이나 기업에 진출할 수 있도록 하자는 것이다. 단, 전제는 정직하고 정확하게 평가한 결과를 알리는 것이다. 외국에서는 일반적인 관행인데, 우리는 자기 제자가 잘 되게 하려고 과장된 추천서를 보낼 여지가 많다는 것이 문제다.

추천은 실력이 탁월하거나 사회적으로 명망 있는 교수가 해야 할 것이다. 한때 삼성에서, 그것도 학교별로 쿼터를 주어 총장으로 하여금 추천하도록 했다가 여론에 밀려 취소한 적이 있다. 기관의 장이니까 추천권 행사가 당연한 듯 보이지만, 이는 처음부터 발상이 잘못된 것이다. 관료주의적 방식 그대로 기관의 장에게 권한을 주게 되지만, 과연 총장이 청탁이나 압력을 이겨내고 공평하게 추천하는 게 가능할까? 그보다도 추천 과정이 지극히 관료적이라는 것을 우선 염두에 두었어야 했다. 결국 판에 박힌 인재나 골라낼 것이다.

의사와 변호사 등 자격증을 가진 직업처럼 정기적인 교육과 시험을 치르게 하는 것을 하나의 방안으로 생각해볼 만하다. 공무원은 승진 심사 때가 되어야 교육 훈련을 받는데, 강의 내용이 그저 그렇다는 점은 더 말하지 않겠다.

공직 입문이며 교육 훈련의 내용 또한 문제라는 것을 지적하지 않을 수 없다. 우리의 교육 방식은 여전히 암기식, 주입식이다. 현장과는 거리가 멀다. 그러니 국민이 얼마나 만족하고 어떻게 하면 행복을 느낄 수 있는지 알지 못한다. 이렇게 해서는 행정 서비스의 질이 나아질 리 만무하다. 감각을 키우고 상상력을 발휘할 수 있도록 해야 하는데 그런 것엔 아예 관심조차 없다.

지난 정부에서 대한민국의 국가 브랜드로 'Creative Korea'라는 것을 수십억 원 들여 만들었지만, 프랑스에 이미 있는 기치였고 디자인 또한 모방이었다. 미적 감각과는 거리가 먼 문화체육관광부 공무원이 이를 구분하기는 힘들었을 것이다. 전문가가 만들어 오니까, 그것도 청와대 실세가 추진하니까 만들어낼 뿐이다. 야당과 시민의 질타가 이어지는 것이 당연하다.

공무원은 인간이 무엇이고 삶은 무엇인지에 대한 고민은 아예 외면하고 일한다. 조직과 윤리가 뭐라고 하는 막스 베버는 알아야겠지만, 더 나아가 세상을 아름답게 꾸미고 국민을 행복하게 하려면 심리학, 인지심리학 차원에서 꾸미는 힘, 디지그노designo를 알아야 한다. 상황 맥락을 좀 더 잘 파악하고, 기미器味가 음식의 맛을 더한다는 것쯤은 알아야 한다. 그래야 공감과 이타심이 생긴다. 환경 친화적이고 윤리적인 마음을 지녀야 하고, 천천히 생각할 줄 알아야 한다.

2017년부터 5급 공채를 공직자와 민간인으로 반반씩 나누어 채용하겠다는 계획이 발표되었다. 세월호 사태로 공직자의 신뢰가 땅에 떨어지면서, 지금과 같은 관료 규범과 문화, 관행으로는 사회 어느 분야든 안전은커녕 사소한 사고조차 막기 힘든 것을 통감하고 차제에 관료의 구태를 버리고 신뢰받는 정부를 만들기 위한 고육책으로 나온 계획이다.

어느 조직이든 새로운 피가 수혈되면 조직에 활력이 넘친다. 그러나 민간인으로 반을 채운다는 것은 5급 직책을 말하는 듯한데, 문제는 이질적 요소가 동화하는 데는 오랜 시간이 걸린다는 사실이다. 공채에 합격한 학생들과 민간에서 들어오는 공직자는 우선 나이부터 큰 차이가 난다. 경험이 다르니 사물과 현상을 보는 시각이 다를 것이다. 문제 해결 방안과 도정도 다를 것이다. 이물질이 잘 용해되면 조직이 활력을 얻겠지만, 그렇지 않으면 불협화음만 나온다. 지금은 아무도 장담하지 못한다. 다만 긍정적으로 본다면, 담당 부서나 직책을 달리해 일의 내용과 처리 방식을 다양하게 인정하는 계기가 되어 새로운 창조의 길이 열릴 소지는 있다.

생각에 생각을 거듭 보탤 일이 갈수록 늘어난다. 사회가 변화되는 속도가 그만큼 빨라졌기 때문이다. 우리는 지금까지 고수했던 생각들을 모두 버리고 다시 설계해야 한다는 엄연한 역사의 변화를 직시하지 못하고 있다. 축구 선수의 기초가 공간지능이듯, 이제 공직 선발의 기준은 타인의 욕망을 이해하는 감성지능 수준이 되어야 한다.

앞으로 행정학도의 시대적 사명은 기존의 방식과는 전혀 다른 선발 기준과 방법(실험)으로 어떤 사람이 어떤 능력이 있는지를 가려내는 일이다. 참고로, 롯데는 신입사원을 뽑을 때 이미 AI를 활용하고 있다. 업무를 잘하는 인재의 공통적 자질이 무엇인지를 가려 자질, 열정과 책임감, 창의성, 사회성, 고객 중심적 사고 등의 요소를 지원자의 성장 과정과 지원 동기, 사회활동, 직무 경험, 포부 등과 일일이 맞추어 점수화한다. 물론 여기에도 문제가 없지 않다. 개념에 불과한 요소들을 점수화하면 본질이 어떻게 되는지 인사 전문가들조차 알지 못하는 듯하다. 행정학도 중 신경행정학이나 행동행정학 실험을 한 교수를 아직 보지 못했다. 관료 행태의 본질이 무엇인지 실험한 사람도 전혀 없다. 나라를 이끌 인재가 어떤 인물인지를 가리는 실험도 없었다. 은밀한 뇌물수수나 규제 행태를 밝힐 수 있는 행동행정학적 연구가 필요하다.

기존의 공직 채용 방식에서 벗어나 창의적이고 개혁지향적인 공복을 뽑을 수 있는 새로운 방식을 검토하고 실험해야 할 것이다. 영화 〈밑그림 프로젝트〉에서 복종심을 알아내기 위해 전기 고문 실험을 하는 것같이, 국민을 진정으로 위하는 공복상을 실험으로 찾아낼 수 있어야 한다. 여기에 빅데이터를 분석해 기존 사례를 바탕으로 일할 자리에 마땅한 인재를 고를 수 있는 방법을 강구해야 할 것이다. 영국 정부가 행동경제학 이론을 정책에 반영하기 위해 2010년 '행정경제학 팀'이라는 조직을 만들고 7년 동안 150건에 달하는 실험을 해서 정책의 효율성을 높인 사례를 타산지석으로 삼아야 할 것이다.

대학 강의뿐만 아니라 논문에서도 말로만 4차 산업혁명 이야기를 할 뿐, 로보robo 공무원을 언제 어떻게 뽑아 어떻게 활용할지에 대한 준비는커녕 개념도 잡혀 있지 않은 듯하다. 인공지능과 데이터가 종교가 되어가는 세상에서 행정학만이 아니라 다른 사회과학은 어떤 준비를 하고 있는지 궁금하다.

정부가 신으로 군림하는 현실을 반성하고 학문의 인식틀frame of

reference 자체를 바꿔야 할 때가 되었다. 인간이 신이 되는 세상에서 대학이 무엇을 가르쳐야 하는지 스스로 묻지 않으니, 허상만 좇고 있는 학생만 불쌍하다. 이것이 대학을 버려야 할 충분한 이유다.

기존 조사통계 연구 방법에서 벗어나 컴퓨터 코딩과 빅데이터 분석 등으로 만들어진 새로운 자료를 근거로 논지를 펴야 한다. 정부 관리들의 행태가 자리 때문인지, 성격과 취향 때문인지, 경제 상황 때문인지, 그리고 왜 뇌물을 받는지, 왜 규제의 칼을 휘두르고 고리로 얽어매는지 루시퍼 이펙트Lucifer Effect 같은 실험으로 살펴봐야 한다. 정부 관리들의 행태를 모니터할 수 있으면 좋겠지만, 그런 실험은 허락하지 않을 듯하니 실험집단과 비교집단을 모집해 비교 분석해보자. 정부와 대학이 크게 탈바꿈해야 할 시간은 이미 흘러가고 있다.

이렇게 된다면 앞으로 대통령과 장관 뽑기도 기준을 달리해야 한다. 현재 대통령의 가장 큰 약점은 대외관계이다. 강대국과 어떻게 외교를 해야 하는지 잘 모르는 듯하다. 우리도 이젠 약소국이 아니라 준강대국에 속함에도 나라의 체통이 말이 아닐 때가 한두 번이 아니다. 중국 국빈 행사 때 국민의 분노를 자아내게 했던 에피소드가 떠오른다. 이승만 대통령은 북한을 겨냥해 늘 북진통일을 외쳤다. 일본에는 일전을 불사하겠다고 했다. 능력이 미치지 못했는데도 그렇게 대응했다.

장관 후보들은 이제부터 정부가 만든 질문지 문건에 답하기보다, 장관이 해야 할 일은 조직 장악 능력과 대국민 서비스라는 점을 인식하고 이를 어떻게 입증해야 할지 가상 질문을 던져 시뮬레이션으로 분석해야 한다. 부처 내외로 소통이 되지 않는 본질적인 상황을 어떻게 극복할지도 물어야 한다. 또한 장관이 얼마나 참신하고 독자적으로 청와대 눈치 안 보고 자유롭게 활동할 수 있는지도 가릴 수 있어야 한다.

미국의 예지만, 틸러슨Tillerson 국무장관이 백악관의 생각과 다른 정책을 언론에 이야기하는 것을 타산지석으로 삼아야 한다. 우리는 아직 멀었지만, 낮은 소리조차 제대로 내지 못하고 엎드려 있는 장관을 더 이상 임명하지 말아야 한다. 출신 지역, 학력, 경력 같은 요소들은 다 버리고 새로운 기준을 제시해야 한다.

장·차관 인사 때 코드를 꺼내 드는 것은 손발이 맞고, 호흡도 맞고, 눈치로 움직일 수 있는 팀이 되면 일이 수월하게 돌아가기 때문이다. 그런데 코드를 하나만 알고 둘을 모르는 데서 인사 실패가 반복된다. 코드와 패턴이 다른 것은, 패턴은 같은 것을 반복하는 것에 비해 코드는 음악의 악보, 수학 공식처럼 새로운 것을 만들어내는 것이다. 윤리강령 같은 것도 새로운 것을 만들어내는 코드다. 이 뜻을 새길 줄 알면 코드 인사는 새로운 걸 해낼 수 있는 인물이어야 한다. 하지만 고작 한다는 것이 대사 임명 시험에서 영어 과목을 없애는 것이었다. 이 덕에 입도 뻥끗하지 못하는 주요국 대사를 양산하고 있는 것이 현 실정이다.

김대중 대통령까지만 해도 장관을 물색할 때 코드와는 전혀 상관없는 인물을 발탁했다. 선거 공신이나 리스트와 상관없이 전혀 인연이 닿지 않은 인사들을 감사원장이며 대사로 영입했다. 그럼에도 시간이 지나면서 집단중심적 성향이 짙어졌다. 동일 집단의 사고는 옹졸해져 세상과 소통하지 못한다. 그 결과 정부에 대한 신뢰가 쌓이지 않는다.

인재 육성의 사회법칙

정부 조직에 유능한 인재가 들어가야 하는 것은 당연한 이치다. 그러나 정부 관료들이 조직문화에 치이고 위축되며, 새 길도 모색하지 않거나 못하는 원인은 분명히 있다.

입시철마다 자녀들 진학 문제로 온 가족의 신경이 곤두선다. 많은 학생들이 특목고, 자사고를 거쳐 서울대·고대·연대·이대 등 소위 SKY급 대학에 가기를 바란다. 이 경로를 따르면 정부나 기업에 취업하기 쉽고 사회적으로도 성공의 지름길이라고 믿는다. 읽기, 수학, 과학 등을 테스트하는 학업성취도^{PISA}도 한국은 OECD 평균보다 높다.

그러나 좋은 학교를 졸업한다고 사회에서 반드시 성공한다는 보장은 없다. 졸업 후 관직이나 대기업에 들어가고 높은 자리에 올라 출세했다고 자처하겠지만, 명문고와 명문대 졸업생들의 반수 이상은 스스로 자신의 모습에 만족하지 못하고, 더욱이 세상에 보탬이 되는 역할을 하지 못하고 있다. 경쟁은 평생 이어지고, 그때그때 여건과 환경이 달라지기 때문에 경쟁에서 탈락할 가능성은 늘 존재한다. 오늘날 이 사회의 인재 지형도나 흐름도가 올바른지 다시금 가릴 필요가 있다는 것은 이런 이유에서다.

1등은 강자이고 꼴찌는 약자다. 둘이 경쟁하면 1등이 이긴다. 그러나 세상엔 약자가 반드시 약자가 아니며 강자가 항상 강자는 아니다. 『다윗과 골리앗』을 낸 말콤 글래드웰Malcolm Gladwell은 투견장에서 번번이 지는 언더독underdog은 약자지만 세를 뒤집을 수 있다는 역설을 주장한다.[69] 자신보다 어마어마한 힘에 대적해서 이기면 위대하고 아름답다고 인정받는다. 세계 랭킹 58위인 정현 선수가 호주 오픈 테니스 대회에서 4강에 오른 기적이 그렇다.

강자는 우리가 생각하듯이 항상 힘센 자가 아니다. 강한 힘이라도 때로 기반이 유약할 수 있다. 반면 불리하다가도 난관을 얼마든지 극복할 수 있다. 항상 1등을 하다가 무너질 수도 있고, 꼴찌를 하다가 위대한 발명가로 두각을 나타내기도 한다. 누구에게나 갖고 있는 잠재력을 무시해서는 안 된다. 엘리트보다는 매스mass, 질보다는 양을 중시할 필요가 있다면서 기존 엘리트 교육을 비판하게 된다. 공부에서 1등, 경기에서 우승, 남의 표본이 되는 리더 등등, 누구나 정상에 올라가고 싶은 것이 인지상정이겠지만 모두가 그럴 수 없는 것이 현실이다. 설혹 정점에 이른다 해도 그것이 과연 어떤 의미인가를 가릴 수 있어야 하는데 착각에 빠져 헤어나오지 못하는 경우가 많다.

400명의 역사 인물 중 75%가 결손 가정에서 자랐고, 과잉 소유욕이 있었으며, 독재자 같은 부모로부터 고통을 받고, 교육도 제대로 받지 못했다는 연구가 있다. 20세기의 저명한 소설가, 극작가, 예술가, 과학자 중 85%가 문제의 가정에서 자랐으며, 스티브 잡스나 빌 게이츠처럼 대학 교육을 제대로 받지 못했다. 또 리더들은 어릴 적부터 부모와 떨어져 외로움에 시달리고, 상대적 박탈감에 지친 생활이 일상이었다. 간디, 만델라, 덩샤오핑 등 위대한 리더일수록 어릴 때 매우 힘겨운 고통 속에서 성장했다.

지금 같은 대학 교육에서 큰 인물이 나오기를 기대하는 것은 나무에 올라가 물고기를 잡으려는 연목구어緣木求魚와 다르지 않다. 엘리트 교육에 대해선 미국에서도 강하게 비판한다. 공부 잘해 남들보다 잘나간다는 사람일수록 타인과 소통할 줄 모르고, 아집에 휩싸이며, 자신의 가치도 모르고, 아이디어에 대한 열정도 없음을 앞에서 이미 이야기했다. 다만 대학에서 공부하고, 좋은 친구 사귀어 사회의 네트워크를 잘 만들어놓으면 제 밥벌이는 한다. 이제 대학들은 학생이 다른 대학에서 강의를 듣게 하고, 자비로 외국에 가서 봉사 활동을 해 학점을 따게 하는 미국 대학을 귀감으로 삼을 때가 되었다.

함께 사는 공동체에서는 뿔뿔이 흩어져 있는 모래알 같은 원자 인간을 필요로 하지 않는다. 더욱이 엘리트들이 애써 쌓은 지식과 이론으로는 세상 문제가 풀리지 않는다는 사실은 고등교육에 목맨 사람들을 실망시킬 뿐이다. 대학은 현장과 많이 동떨어져 있다. 실재를 알 수 있기엔 상아탑은 너무 고고하다.

실재를 안다는 것은 감각기관이 외부에서 만들어진 개념을 다시 시각과 청각 등을 통해 뇌로 받아들여 이해하려고 노력하는 것이지만 착각이나 오류에 빠지기 십상이다. 뇌는 기억을 뒤틀고 눈, 귀, 코, 체성體性 감각이 받아들인 정보를 다시 해석하는 과정에서 착시해 거짓을 받아들인다. 스스로를 얽어맨 고정관념 때문이다. 뇌는 세상을 이해하는 데 복수의 중첩된 방식을 따른다. 뇌의 각 부위는 제 기능이 옳다고 경쟁하며 서로 부딪친다. 여러 개의 해법이 한꺼번에 쏟아진다. 그러다 보니 인간은 자신 안에서 서로 싸워 답을 찾는 일과는 거리가 멀어지는 것도 모른다.

자가당착이나 모순이 그래서 일어난다. 대학에 있는 사람들조차 자신들이 연마하고 가르치는 이론들이 얼마나 틀렸는지 모르고 있으니, 이것도 모른 채 기를 쓰고 입학하려는 학생만 불쌍할 뿐이다. 성공은 좋은 머리와 뇌로 되는 게 아니라 현장에서 몸으로 부딪힐 때, 더욱이 체성 감각이 남다를 때 이뤄진다. 엘리트 교육을 받을수록 사회에서 희생하고 봉사하는 리더가 되기보다 권력을 휘두르다 추락하는 인물이 되기 십상이다. 책상 앞에만 앉아 컴퓨터로 공론空論만 펴지 말고 현장에 뛰어들어야 개인도, 정부도 산다는 것을 깊이 인식해야 한다. 이제는 인재 육성의 사회법칙을 크게 바꿀 때가 되었다. 그래야 문명국으로 가는 길이 열린다.

진아眞我를 찾고, 알고리즘도 알고

깊이 반성하고 크게 고쳐야 한다. 기존의 사고에서 벗어나야 한다. 인간 뇌의 구조와 활동의 실체를 모른 채 이론대로 정책을 결정하면 국민이 행복해질 거라고 생각하는 것이 현실이다. 그러나 정책이 어떤 구조에서 탄생하는가를 제대로 알아야 한다.

정부 조직은 가로와 세로 줄이 쳐진 네모꼴이다. 그리고 단면이다. 전후·좌우·상하의 네트워크가 형성되는 인간사회에서 계급에 얽매인 조직은 한계가 있고 성과와는 거리가 멀다. 평면을 폴 세잔Paul Cezanne의 3차원 시각으로 동일한 사물의 서로 다른 측면을 볼 수 있는 미술사의 큐비즘Cubism, 즉 입체로 바꾸어 행렬식matrix에 있는 주축과 부축 간의 관계까지 볼 수 있어야 한다.

마법 같은 관료 집단의 지성에 불을 지필 때가 되었다. 정책을 비롯해 앞으로 모든 결정은 알고리즘algorism이 한다는 것을 알아야 한다. 다만 알고리즘에 대한 비판을 주시해야 한다. 알고리즘은 편견 덩어리이고, 자신의 편견은 숨긴 채 알고리즘 핑계를 대면서 유령처럼 행세하고 있다는 비판에도 귀를 기울여야 한다.

정권이 바뀌면 뇌를 수술한다. 청와대 참모조직부터 손을 댄다. 그러면서 대통령은 공직사회 개혁을 강도 높게 주문한다. 공직자들이 공권력을 남용해 자신과 가족의 이익을 앞세우고, 기업과 결탁해 부정과 비리에 연루되고, 칸막이와 부처 이기주의에 급급해 정부가 국가와 국민을 위해 제대로 봉사하지 못했다는 것을 안다.

2018년 문재인 정부에서 2,300건에 달하는 공공기관의 채용 비리 척결을 위해 적극 나선 것은 정부를 바로 세우려는 몸부림이다.

관료주의의 생명인 표준화는 산업시대의 논리로, 사람을 시스템에 억지로 맞췄다. 마치 프로크루스테스Procrustes(지나가는 나그네를 집으로 데려와 침대에 눕히고 침대보다 키가 크면 다리나 머리를 자르고, 작으면 사지를 잡아 늘여서 죽였다는 그리스 신화에 나오는 노상강도) 같다. 여성 수천 명의 신체 자료를 모아 그 평균치로 만든 조각상 노르마Norma에 가장 근접한 여성을 뽑는 선발대회를 한 결과 평균 체격이라는 것은 실제 존재하지 않는 허상이라는 것이 밝혀졌다.

이에 토드 로즈Todd Rose는 직장이나 교육에서 평균의 허상이 깨져야 한다고 주장했다. 그는 '평균의 마수'에서 벗어날 수 있는 세 가지 원칙을 제시한다.[70] 원칙은 분야마다 다르다는 '들쭉날쭉 원칙', 상황마다 달라질 수 있다는 '맥락의 원칙', 모두가 같은 속도와 방향으로 진로를 택하는 것보다 자신의 길을 개척해야 한다는 '경로의 원칙'이 그것이다. 즉, 평균에 집착하지 말고 개개인의 특성에 맞게 일을 처리하자는 것이다. 획일적 관료주의에 대한 무거운 경고이다.

관료는 체질상 책임지지 않고 전가하기를 능사로 한다. 관료의 권한 중 특히 무소불위의 권력을 갖게 해주는 부분이 규제권과 감사권인데, 이것도 자신들이 살기 위해 행사하는 것이 최우선이다. 막스 베버는 자신밖에 모르는 공직자를 향해 심정윤리만 지키는 것에 그치지 말고 책임윤리도 철저히 지켜 결과에 대한 책임을 져야 한다고 강조에 강조를 거듭했다.

정부의 관료주의가 왜 이렇게 되었을까? 관료들이 너무 똑똑해 그렇다면 아이러니일까? 정부 관료는 유능한 집단이다. 똑똑하기로 말하면, 교수에게 당신네들은 고시에 떨어져 학교로 가지 않았느냐고 말할 정도다. 개인의 능력까지는 출중하다 해도 끼리끼리 챙기는 집단주의의 어리석음에 빠지는 게 문제다. 상상력 대신 도구적 논리instrumental logic만 앞세워서 그렇다. 안타깝게도 광기를 지닌 인간인 호모 데멘스Homo Demens가 어리석은 종교 행위, 생태 행위, 경제 행위, 정치행정교육 행위 등에 얽히고설키면 여러 선의의 구제 노력이 수포로 돌아간다는 것을 알아야 한다.

어리석음에서 벗어나려면 철학적 성찰만으로는 안 된다. 앞으로 조직의 결정 논리가 알고리즘이라는 사실을 인정해야 길이 열린다. 변하는 세상의 초석이 될 알고리즘은 내 것부터 버려야 한다는 뜻으로 받아들여야 한다. 이는 뒤에서도 여러 번 설명하고 강조한다.

3

재벌 같은 정부

Synopsis

■ 정부는 재벌처럼 돈이 많다. 권력 중 센 것이 화폐 권력이다.

■ 돈은 모으기도 잘해야 하지만 쓰기도 잘해야 한다. 정부는 돈 모으기가 어렵지 않다. 법에서 정한 대로 세금을 부과해 거두 어들이면 된다. 법을 어긴 대가로 내야 하는 벌금도 액수가 만만찮다. 국민의 귀한 돈을 정부는 잘, 또 제대로 써야 한다. 그럼에도 쓰이는 과정을 보면 그야말로 미로요 터널이라고 할 만하다. 누가 가로채는지 알 길이 없다. 국회의 예산과 결 산 심의 과정을 보면 국민의 세금이 엉뚱한 곳으로 흘러가는

것을 알 수 있다. 실세 국회의원이 주역이 되어 말고삐가 풀린 듯 달린다. 행정부 역시 예산을 임의로 쓴다. 역대 정부에서 쌈짓돈처럼 쓴 특별활동비와 업무추진비가 그 예다.

■ 정부가 매년 쓰는 일반회계 예산은 약 400조 원에 이른다. 정부 예산은 행정부와 의회, 여당과 야당 간 치열한 싸움의 산물이다. 예산 심의를 예산 정치budget politics라고 할 정도다. 부처끼리도 만만찮은 줄다리기를 한다. 행정부는 기준 따라 알뜰한 예산안을 편성하지만, 국회는 먹잇감을 서로 더 많이 가지려고 애쓰는 하이에나 같다. 먹이를 차지하려고 구유통pork barrel에 달려드는 옛 미국의 노예 행태 같다고 비꼬기도 한다. 먹기에 여념이 없으니 자신의 배만 차면 되지 나랏돈 전체의 균형에는 전혀 관심이 없다. 각 상임위원회에서 논의하는 예산 협의의 모습은 우리를 늘 실망시킨다. 시장에서 물건 놓고 많이 받으려는 장사치와 값을 깎으려고 애쓰는 소비자 간의 흥정, 딱 그 모습이다.

■ 예산 투쟁은 일종의 정치로, 편법도 마다하지 않고 마치 자동차에 넣은 기름을 몰래 빼내는 것과 같다. 예산 통과가 힘들지만, 이때 여야 협상의 진가가 발휘된다. 이런 과정을 "역사는 밤에

이루어진다"고 표현한다. 예산 심의 소위원회의 안과 밖을 오가는 당사자들 간의 쪽지가 역사의 수레바퀴 구실을 한다. 지금은 쪽지가 스마트폰 문자로 바뀌었다. 쪽지의 유래는 당초 예산안에 들어 있지 않은 사업을 끼워 넣는 것에서 나왔다. 여기에 책정되는 비용이 한 해 약 3,000~4,000억 원 정도인데, 이럴 경우 정부는 수시 배정이라는 방패막이를 내건다. 집행 과정에서 당치 않은 조건을 충족해야 집행한다는 으름장이다.

■ 예산은 단순한 숫자가 아니다. 한 해 동안 정부의 정책 방향을 설정하고 어떤 가치를 구현하는가를 가리는 시금석이다. 그런데도 의원들은 예산의 가치는 외면한 채 지역구 사업에 혈안이 되어 숫자 늘리기에 정신이 없다. 정부의 예산안이 국회에서 깎이기도 하지만, 의원들이 사업을 끼워 넣어 예산을 늘리기도 한다. 예산 투쟁의 주역들이 따로 있지만, 교수들을 비롯해 여러 단체들도 예산 따기 조역들로 여의도에 진을 친다.

■ 예산 배정은 공정하고 투명해야 한다. 그런데도 밀실 협상이 주축이 되니 겉과 달리 속은 완전 딴판이다. 의원들은 서로 밀어주기를 한다. 서로 짜고 한쪽 지역구 사업을 밀면 다른 쪽에서도 대가로 사업을 따낸다. 로그롤링logrolling이라는 상

호 밀어주기는 미국에서도 골칫거리다.

■ 나라의 경제를 좌우하는 정부 예산 내역을 다시 밝힌다.

■ 그렇게 따낸 예산을 목적에 따라 제대로 쓴다고 생각하면 큰 오산이다. 청년실업예산 11조 원의 절반이 60~65세 노년층 일자리에 쓰였다. 예산은 예외 없이 집행 과정에서 물 새듯 한다. 대부분이 관리 비용으로 쓰이고 정작 필요한 사업에 투입되는 것은 30%에 불과하다는 말이 있다. 아주대학교 외상 센터 이국종 교수가 200억 원의 예산을 증액해준 정부에 고마움을 표시하는 자리에서 그 돈이 현장에 제대로 전달됐으면 좋겠다고 한 것은 이러한 현실을 두고 한 말이다.

■ 정부가 돈을 물 쓰듯 한다. 자기가 번 돈이라면 그렇게 펑펑 쓰진 않을 것이다. 주인 없는 남의 돈이라고 생각하니 밑 빠진 독의 물이 한없이 샌다. 재벌은 자기 돈을 그렇게 운영하지 않는다.

■ 정부의 돈 쓰기는 예상을 초월한다. 정책을 바꾸면서 낭비하는 예산에 대해선 아랑곳하지 않는다. 국회나 전문가 집단이

해도 될 일을 공론조사를 한답시고 한 번에 50억 원씩 날린다. 탈원전의 이름으로 행했던 공론조사는 다행히도 두 원전 공사는 계속되었지만 앞으로 골치 아픈 이슈들, 즉 낙태, 국민연금 개혁, 부동산 보유세 등 어려운 사안이 나올 때마다 공론조사를 한다며 국민 세금 쓰기는 날개를 달 것이다. 국민의 대의기구인 국회는 곁가지가 된다.

■ 정부는 돈이 많고 규제의 신이기 때문에 시장을 업신여긴다. 정부와 시장의 경계가 흐려 관계가 애매모호하다. 서로 내 일이라고 끌고 밀고 한다. 스티븐 호킹의 말처럼 만일 지구상에 경계가 없다면 답은 쉽게 나올지 모른다.

■ 정부는 시민과 시장에 군림해온 타성을 버리지 못한다. 정부와 시장이 권력을 분점하자는 공유정부의 이상은 염두에 두지도 않는다.

■ 정부라는 집의 울타리가 너무 높다. 구중궁궐이다. 세상은 있는 담도 헐어 바깥과 소통하기 바쁜데, 정부는 아직까지 높은 벽 안쪽에서 환기도 안 시킨 채 웅크리고 있어 나쁜 공기로 나날이 쇠약해지고 있다는 것을 모른다.

재벌을 닮지 말아야

국제통화기금^{IMF} 2016년 통계로 우리나라의 국내총생산액은
1조 4,000억 달러다. 이로써 한국은 세계에서 11위로 자리매김했
다. 돈이 꽤 많은 나라다.

예산 구조가 잘못 짜여서라지만, 정부는 하루에 1조 원씩 쓴다.
대통령은 임기 동안 4,000조 원을 쓴다.

정부의 돈은 예산과 기금을 잡은 것이다. 이를 정부 재정이라고
한다. 튼실해야 하는 것은 물론이다. 그러나 빚지고 허투루 쓰기도
한다.

나라에는 돈이 많다. 재벌보다 더 많다. 재벌이 비자금 모으듯
정부도 예산을 숨겼다가 쌈짓돈인 양 쓴다. 국민의 세금을 축내니
까 재벌보다 더 나쁘다. 나라의 재산을 국고國庫라고 표현한다. 재산
이 많으면 힘을 쓴다. 센 권력은 정보와 화폐를 장악하고 있는 곳에
서 나오기 마련이다. 온갖 정보를 쥐고 있고 돈까지 찍어내니 정부
가 힘이 셀 수밖에 없다. 그렇다고 그리스나 베네수엘라처럼 마구
찍어내지는 않는다. 당연히 재정 균형을 고려한다.

돈은 또한 네트워크에서 나온다. 장관의 힘도 네트워크에서 나
온다. 네트워크의 원천은 연緣이다. 지연, 학연, 인연 등이 힘이 되기
때문이다. 옛날에는 애덤 스미스의 '국부론國富論'이 경제의 중추였
다면, 오늘날의 중추는 '망부론網富論'이다. 미국 하버드 법과대학의
요하이 벤클러^{Yochai Benkler} 교수가 한 말이다. 국부론과 망부론 모두

인류의 힘에 바탕을 둔다. 즉, 경쟁을 부르는 질투의 힘과 용서와 관용에 찬 사랑의 힘이다. 라이언 아벤트Ryan Avent는 디지털 혁명의 시대를 맞아 그 끝은 알 수 없지만 인간의 잠재력이 전에 없던 대규모 번영을 맞을 것이라는 긍정적인 전망을 내놓는다.[71]

우리나라 재산 중 국고는 어느 정도일까? 연도마다 늘기도 하고 줄기도 하지만 대략 900조 원이다. 정부 건물인 청사가 제일 비싸 큰 비중을 차지한다. 정부 청사를 품격 없이 화려하게 짓는 나라는 우리밖에 없다. 미국이나 유럽 국가들의 정부 청사는 규모 있고 전통미가 있다. 세종 정부청사만 9,500억 원 정도다. 고속도로도 국가 재산이다. 경부고속도로가 10조 원, 남해고속도로가 6조 원이다. 나라를 지키는 무기도 만만찮다.

정부는 매년 국회의 승인을 얻어 예산을 집행한다. 2018년 일반회계 예산이 400조 원 정도다. 일반회계뿐 아니라 특별회계, 그밖의 기금도 엄청난 액수다.

2014년도 정부 예산은 일반회계만 2013년 전년도 본예산에 비해 4.6%가 증가했다. 100만 공무원 한 사람이 매년 3억 5,700원을 쓴다. 예산의 중점 추진 과제는 (1)경제 활력 회복과 성장 잠재력 확충, (2)일자리 창출, (3)서민 생활 안정, (4)삶의 질 제고, (5)국민 안전 확보와 든든한 정부 구현 등이다.

정부 예산은 대개 12분야로 나누어 집행한다. (1)보건·복지·고용, (2)문화·체육·관광, (3)연구개발R&D, (4)사회간접자본SOC, (5)국방, (6)공공질서·안전, (7)교육, (8)환경, (9)산업·중소기업·에너

지, (10)농림·수산·식품, (11)외교·통일, (12)일반행정·지방행정 등
이다.

보건·복지·고용 분야의 예산이 제일 많고, 그 다음이 일반행정
과 지방행정, 그 뒤를 교육과 국방이 잇는다. 이들을 크게 나눈다면
(1)국가 안보와 국방, 치안, 사회간접자본SOC, (2)교육, 의료, 보육,
연금, 빈곤층 지원 등이다.

분야별 재원 배분을 표로 정리하면 다음과 같다.

정책 분야별 재원 분포

정책 분야	예산	증감률	정책 분야	예산	증감률
보건·복지·고용	105.9조 원	8.7 ↑	교육	50.8조 원	2.1 ↑
문화·체육·관광	5.3조 원	5.7 ↑	환경	6.4조 원	1.5 ↑
R&D	17.5조 원	4.0 ↑	산업·중소기업·에너지	15.3조 원	1.7 ↓
SOC	23.3조 원	4.3 ↓	농림·수산·식품	18.6조 원	1.1 ↑
국방	35.8조 원	4.2 ↑	외교·통일	4.2조 원	2.1 ↑
공공질서·안전	15.7조 원	4.6 ↑	일반·지방행정	58.7조 원	5.1 ↑

자료 : 기획재정부

분야별 재원 배분은 곧 정부 지출로, 위의 여러 분야에 할당된
다. 분야별 경중은 시대에 따라 변한다. 경제개발 쪽에 치중할 때가

있는가 하면 사회보장에 쏠리는 때가 있다. 국방 분야는 민주정부가 들어서면서 할당이 줄었다. 요즘은 사회복지 분야에 지출이 쏠린다. 정부 재원이 어디에 쓰이고 어떤 효과가 있는지 가리기란 쉽지 않다. 국방비 지출만 해도 효과를 가늠하기가 애매하다. 최신 무기 구입에 얼마를 쓰면 전쟁을 막을 수 있는가에 대한 답은 없다. 모두가 예측일 뿐이다.

우리 정부의 지출 중에 비중이 만만찮게 큰 것이 연구개발, 즉 R&D 분야다. 세계에서 손꼽히는 규모인데, 부적절한 사업이 많은 데다 국방처럼 성과 또한 가리기가 쉽지 않다. 또 단기 성과에 집중하고 기초는 등한시한다.

법이 정한 대로 규모 있게 예산을 집행해야 하는데 실태는 방만하다. 함부로 쓰는 듯한 인상이 짙다. 돈을 벌어보지 못한 사람들은 돈이 귀한 줄 모른다. 규정을 어기고 쓰는 경우는 더 말할 것도 없다. 특별활동비특활비의 명목으로 영수증이라는 꼬리표 없이 비밀스럽게 돈을 쓴다. 청와대는 업무추진비를 심야 주점에서, 또 고급 외식집에서 쓴다.

역대 정부에서 이런 돈을 마음껏 썼다. 여당 원내대표가 야당 원내대표에게 자금을 지원한다면 정당이 그럴 수 있느냐고 흥분할 것이다. 그러나 현실이었다. 정부 예산 중 특활비라는 것이 일종의 윤활유라고 했는데, 정치권에서 이렇게 눈 가리고 아웅 하는 행태를 벗어버려야 온전한 정부가 될 수 있다. 몸에 피가 흐르듯 정부에도 맑은 돈이 흘러야 활력이 돌 것이다.

세금이라는 마법

정부의 돈은 어디서 나오는가? 바로 세금이라는 마법으로 국민으로부터 거둔다.

국가가 거두어들이는 세금의 생명은 공공성이다. 어디에 얼마를 과세하는 것이 정당한가, 더 나아가 정의로운가를 따지기란 매우 어렵다. 개인과 기업, 소득과 소비, 개인들의 소득계층 간의 차별 등, 어디에 얼마를 과세해야 하는가는 늘 논쟁거리다.

법인에 대한 과세만 해도 세계적으로 줄이는 추세인데도 우리는 늘리는 쪽으로 가고 있다. 재벌의 소득을 어려운 사람에게 나누어주는 일은 옳지만, 얼마나 공평하게 할 수 있는가는 그 기준이 상황에 따라 유동적이어서 정답을 도출하기가 쉽지 않다.

무형 재산 이외의 정부 예산은 매년 거두어들이는 세금으로 충당한다. 세금에는 국세와 지방세가 있고, 목적별로는 간접세와 직접세가 있다. 국세에는 소득세, 법인세, 상속세와 증여세, 부가가치세, 종합부동산세, 주세 등 여러 가지 세가 있다. 세금은 조세법률주의에 따라 헌법과 국세기본법에 정해놓았고, 납세는 국민의 4대 의무 중 하나다.

우리나라에서 매년 걷는 세금 액수는 대강 200조 원 정도다. 이것으로 정부가 쓰는 예산의 약 60%를 충당한다. 2014년에는 총수입이 370조 원, 총지출이 350조 원으로 흑자재정이었다. 세금을 거두는 능력에 따라 정부의 힘을 가늠한다. 많이 거둘수록 능력이 있는 정부라고 한다.

정부가 돈 많은 재벌 같다는 느낌은 한 해 정부 예산을 보면 안다. 예산의 분야별 규모는 다음 표와 같다. 이 표는 2017년과 2018년 예산을 비교한 내용이다.

보건·복지·고용 분야가 144.7조 원으로 제일 많다. 다음이 교육으로 64.2조 원이고, 국방비가 43.2조 원이다. R&D, SOC, 농림·축산·식품 등이 약 19조 원으로 비슷하다.

2017-2018년 정부 예산 비교

(조 원, %)

구분	'17 예산	'18 예산		증감		
	본예산 (A)	정부안 (B)	최종 (C)	국회 증감 (C−B)	'17 대비 (C−A)	증가율
◇ 총지출	400.5	429.0	428.8	△0.1	28.3	7.1
1. 보건·복지·고용	129.5	146.2	144.7	△1.5	15.2	11.7
2. 교육(교부금 제외)	57.4 (14.5)	64.1 (14.6)	64.2 (14.6)	0.0 (0.1)	6.8 (0.2)	11.8 (1.2)
3. 문화·체육·관광	6.9	6.3	6.5	0.1	△0.4	△6.3
4. 환경	6.9	6.8	6.9	0.12	△0.0	△0.3
5. R&D	19.5	19.6	19.7	0.03	0.2	1.1
6. 산업·중소·에너지	16.0	15.9	16.3	0.3	0.2	1.5
7. SOC	22.1	17.7	19.0	1.3	△3.1	△14.2
8. 농림·수산·식품	19.6	19.6	19.7	0.1	0.1	0.5
9. 국방	40.3	43.1	43.2	0.04	2.8	7.0
10. 외교·통일	4.6	4.8	4.7	△0.1	0.2	3.5
11. 공공질서·안전	18.1	18.9	19.1	0.2	0.9	5.1
12. 일반·지방행정 (교부세 제외)	63.3 (22.6)	69.6 (23.7)	69.0 (23.0)	△0.7 (△0.7)	5.6 (0.4)	8.9 (1.8)

자료 : 기획예산처

정부에는 기업처럼 고생하지 않아도 돈(세금)이 들어온다. 물론 세금을 걷기 위해 기업이 잘 운영되고 경기가 나빠지지 않도록 금융이며 재정 정책을 적절히 구사하려는 노력을 쉼 없이 하고 있다.

정부는 기업처럼 힘들게 돈을 번 것이 아니기 때문에 규모 있게 쓰지도 않는다. 정부는 있는 돈을 쓰는 일에만 몰두한다. 버는 일을 해보지 않았기 때문에 돈이 얼마나 귀한지를 잘 모른다. 그리고 많은 예산이 공평하게 집행되는 것이 아니라 지역구를 챙기려는 국회의원들, 공생관계에 있는 산하 기관들(협회, 이익단체 등), 그리고 정부 주변에서 맴도는 학자들에게 편중된다.

정부는 세금 거두기에 여념이 없다. 국세 행정이 날로 발전하는 것을 보면 알 수 있다. 전산화가 잘 되어 납세자들은 소득을 감출 여지가 없게 되었다. 초과 증세가 연 22조에 달하는 것을 보면 얼마나 철저한지 알 수 있다. 국민이 세금을 내는 것은 당연한 의무지만 세제의 모순이 많고 이해하기 힘든 부분도 있다.

예를 들면 상속세 같은 것이다. 일종의 사망세라고 할 수 있겠는데, 죽음의 비감도 가시기 전에 후세들은 시시콜콜 쓰임새를 따지는 상속세에 허덕인다. 미국은 사망이 과세의 대상이 될 수 없다Death could not be a taxable transaction고 해서 폐지를 외치고 있다. 세제 개혁의 이름으로 법인세를 "높이자", "낮추자" 논의가 분분할 뿐 사망세 이야긴 꺼내지도 않는다. 요즘 미국도 법인세 인하율을 35%에서 20%로 하자는 공화당 안에 대해 2019년으로 미루자는 의견이 대두되었다. 개인은 최고 세율을 39.6%에서 38.5%로 낮추자고 한다.

우리나라 양도세와 부가세를 포함한 상속세는 경영권 승계에서 할증(30%)이 붙으면 최고 65%로 OECD 평균(26%)의 배가 넘는다.

기업은 법인세, 배당세, 개인소득세, 양도세까지 다 내고도 또 상속세를 낸다. 기업이 3대가 지나면 100%이던 지분이 10%가 된다. 스웨덴, 캐나다, 호주, 홍콩, 싱가포르 등은 상속세를 폐지해 기업의 활력을 키운다.[72] 우리는 고소득의 세율을 점점 높이는 경향이다. 세금은 결국 '노예제도'로, 하이에크가 정부가 '정의란 무엇인가'를 규제하는 순간 우리는 정부의 노예제도 안에 들어간다고 말했다.[73]

세금 종류에 따라 모순된 규정이 한두 가지가 아니다. 부가가치세의 모순인데, 세법상 매입세액을 공제하는 제도가 합법적으로 거액의 국고 유출을 유발한다고 한다. 공제가 앞서느냐 뒤서느냐에 따라 크게 달라진다는 것이다(차삼준 세무사).

세금은 정부와 국민 간의 줄다리기 게임이다. 한쪽은 많이 거두려고 하고 다른 한쪽은 조금 내려고 한다. 세금을 많이 내겠다는 세금 찬양론자도 있긴 하다. 캐나다 같은 경우 무료 의료제도며 도서관 책 제공 편의 등 정부가 해주는 것이 편해 납세가 아깝지 않다고 생각하는 사람들이 많다. 당연히 정부가 세금을 정확하고 정직하게 쓴다는 것이 전제이다. 우리는 선진 외국에 크게 미치지 못한다. 반면 안 내려고 안간힘을 쓰는 납세자가 많지만, 그중 특히 세금을 전혀 내지 않고도 정부가 하는 일에 비판적이거나 반항하는 미납세자를 어떻게 설득시키느냐도 문제다.

정부는 재벌만큼 돈이 많은데 국고 관리가 허술하고 부실 덩어리다. 자기도 재벌 못지않게 부실 덩어리면서 재벌의 뺨을 때린다.

2011년 현재 국유 재산은 863조 원에 달한다.

정부의 문제는 또한 써야 할 데에 쓰지 않는다는 데 있다. 그러니 정부가 부자일 수밖에 없다. 행정부의 한 해 일반회계 예산만도 엄청나지만 전체 공공지출을 따지면 국민총생산GDP의 34%에 달한다. 심지어 50%라는 주장까지 있다. 정부는 OECD에 28%라고 보고해 정부 영역을 좁히고, 한국방송공사처럼 사장을 임명하고 출자하는 등 정부 행위와 지출의 범위에 들어가는 기관들을 애써 줄이려고 한다. 정부 산하 공공기관 수가 380개, 출자기관이 자그마치 1,190개라면 놀라지 않겠는가? 정부가 시장 깊숙이 들어가 있지 않다는 것을 보이려는 의도로 정부는 공공부문의 폭을 줄이려고 안간힘을 쓴다.

참고로 2011년 영국 정부의 공공지출은 48%이고 미국은 41%다. 1913년 이들 두 국가의 정부 지출은 각각 13%와 7.5%였다. 민주주의가 더 발전하고 복지국가 모델을 택하면 정부 지출은 늘게 되어 있다. 게다가 한국은 정부가 국민을 계도하고 간섭하고 억압하는 형태이기 때문에 이보다 더하면 더했지 적지는 않다. 프랑스의 마크롱Emmanuel Macron 대통령은 사회당인데도 550만 명에 이르는 공무원을 줄이겠다고 했다. 우선 12만 명을 줄이겠다고 했는데, 중앙정부, 지방정부, 공공기관의 재정 지출이 전체 1/3인 것을 보면 우리와 엇비슷하다.

국고 외 수입이 있긴 하지만, 정부는 돈을 벌어들이는 기업과 다르다. 그러나 돈, 즉 예산이 있어야 지출을 하고 나라를 지탱한다. 재정 상태도 정상이어야 국민의 생활이 편하다. 그러나 정부의 부채는 날로 늘어난다. 수입 없이 사업을 벌이면서 지출을 늘리니 자연히 그렇게 된다. 2018년 현재 국가부채가 1,500조를 넘어섰다. 공무원과 군인연금이 그중 반(845조)을 차지한다. 공무원연금이 4년 새 250조가 증가했다. 여기에 현 정부가 공무원을 17만 명 더 늘리겠다고 하니 2022년에는 350조가 추가된다. 정부가 일자리와 혁신성장 등에 중점적으로 투자해 복지예산만 늘려 슈퍼예산을 지향하고 있어서다.

여기에 더해 뒤늦게 북유럽 복지국가를 지향하며 기초연금을 인상하는 바람에 나라 살림에 구멍을 낸다. 개인이 돈을 빌려 사업에 실패하면 파산하듯이 국가도 예외가 아니다. 제1차 세계대전에서 패한 독일이 배상금을 갚으려다 수렁에 빠졌다. 물가는 천정부지로 치솟았고, 예금은 휴지조각이 되었다. 1990년 초 소련이 그랬다. 물가가 폭등하면 금융기관이 마비되고 기업은 망한다. 외국자본은 썰물이 된다. 소련은 당시 5,000루블이면 살 수 있던 자동차 값으로 초콜릿밖에 사지 못하는 신세가 되었다. 소련의 파멸은 부채만 아니라 무능하기 이를 데 없는 관료들 때문이기도 했다. 20세기 초 국부가 미국을 능가하던 아르헨티나는 좌파 정권의 복지 포퓰리즘으로 국민은 개구리로 연명해야 했다. 그리스가 정부 몸집을 한없이 늘려가다 재정 파탄이 난 것은 불과 몇 년 전의 일이다. 아르헨티나와 베네수엘라도 같은 처지에 놓여 있다. 국회가 예산 심의를 할 때는 의원 개개인의 로그롤링같이 부분에 집착하지 말고 나라 예산 전체 구도를 보고 균형을 잡을 수 있어야 한다.

정부 예산은 주로 세금에 의존한다. 물론 세외 수입도 있다. 2018년 6월 누계 기준 국세 수입은 157.2조 원으로 전년 동기(137.9조 원) 대비 19.3조 원(14.0%↑)이 더 걷혔다. 2018년 수입 예상액은 법인세가 71.7조 원(21.2%↑), 소득세는 87.8조 원(16.9%↑), 부가세는 70.5조 원(5.1%↑)으로 추정됐다.

조세와 연도별 예산

(단위 : 조 원, %)	2006년	2007년	2008년	2009년	2010년	2011년	2012년	2013년
조세 총액	179.3	205.0	212.8	209.7	226.9	244.7	257.0	264.1
국세	138.0	161.5	167.3	164.5	177.7	192.4	203.0	210.4
지방세	41.3	43.5	45.5	45.2	49.2	52.3	54.0	53.7
명목 GDP	908.7	975.0	1026.5	1065.0	1173.3	1235.2	1272.5	–
조세부담률	19.7	21.0	20.7	19.7	19.3	19.8	20.2	19.9

출처 : 국세청, 관세청 「징수보고서」, 행정안전부 「지방세정연감」

세계 각국은 경제성장을 촉진하기 위해 소득세와 법인세 등 소득과세는 축소하고 소비과세는 강화하는 추세다. 2000년 이후 OECD 국가의 평균 소득세 최고세율은 5.1%p 줄었다(2000년 40.0%

→ 2008년 34.9%). 법인세율도 6.7% 인하되었다(2000년 30.9% → 2008년 24.2%).

OECD에서도 소비세를 높이고 이에 따라 소득세와 법인세를 낮추는 경우 경제성장 제고에 더 효과적이라고 평가하고 있다.

정부는 국민으로부터 세금을 거두어 앞의 분야별 예산 지출 항목에서 보듯이 온갖 사업에 돈을 쓴다. 세금은 나라를 지탱하는 영양소이다. 나라 지키는 일, 국민 건강을 보장하는 일, 실업자를 구제하는 일, 노인과 영·유아를 돕는 일, 공부시키는 일, 도로며 교량 같은 사회간접자본을 확보하는 일, 환경을 보호하는 일 등 정부가 해야 할 일에 예산을 투입하는 것이 정부의 중요한 역할이다.

예산은 쌈짓돈

정부는 그렇게 귀한 세금으로 짠 예산을 낭비하는 데 이력이 났다. 예산을 편성할 때 항목을 애매하게 해 돈을 숨기기도 한다. 예산이 부처별 유사한 사업에 중복 책정되는 경우도 많다. 공직자들은 나랏돈이 내 개인 주머니에 있는 듯 여긴다. 국회에서 예산을 심의할 때 증액되는 일이 생긴다. 국회는 행정부 예산을 심의해 불필요한 내역을 줄여야 하는데 오히려 반대로 간다.

예산을 낭비하는 또 다른 예로는 정부가 바뀔 때마다 부처를 통폐합하는 일이다. 한 부처에서 기능이 떨어져나가면서 이사 비용,

임대비용 등이 발생한다. 2014년 11월 안전행정부가 행정자치부, 국민안전처, 인사혁신처로 분리되면서 60억 원에 가까운 돈이 지불되었다. 국민안전처 신설에 든 예산이 41억여 원이었는데, 사무실 임대 보증금을 포함해서 집기 등 구입비가 포함되었다. 문재인 새정부에서 없어진 이 부처에 든 비용은 그야말로 국민 혈세를 낭비한 대표적 예다. 부처를 만들 때부터 필요 없는 조직이라는 항간의 거센 비판을 외면한 결과가 이렇다.

소방방재청이 안전처로 편입되어 중앙소방본부가 되면서 소방관들의 의복비가 6,600만 원이나 들었다. 인사혁신처 신설에 든 17억여 원은 사무기기, 간판, 명패, 관인 등에 쓴 비용이다. 그나마 이 부처는 정권이 바뀌었어도 명맥을 유지하고 있다. 기구를 개편하는 일이 필요하기도 하지만, 당연한 듯 지출하는 예산을 교육과 복지 같은 사업에 보다 집중 투입하는 것이 정도일 것이다.

중앙정부나 지방정부 할 것 없이 정부가 하지 않아도 될 일을 예사로 벌인다. 쓸데없는 행사를 여는 일이 그렇다. 행사에는 지역문화 전수 같은 뜻 깊은 것도 많지만, 내용도 의미도 찾기 힘든 것들이 대부분이다. 행사는 주로 공공성이 뭔지를 잘 모르는 민간 용역회사가 맡는다. 지방정부의 장이나 지역 출신 국회의원들의 재선을 위한 방편으로 국민 세금을 쓰는 꼴이다.

실제 예산을 낭비하는 전형적인 예들을 살펴보자.

감사원은 2013~2014년 재정 집행 관리 실태를 점검해 비효율적인 예산 집행과 관련해 총 148건의 감사 결과를 발표했다. 이는 38개 중앙행정기관과 46개 소속기관, 26개 지방 및 교육 자치단체 등을 대상으로 한 것이다.

- 농림축산식품부(농식품부)는 곡물을 안정적으로 공급하기 위해 2011~2013년 농수산식품유통공사에 총 642억 원을 출자해 미국 내 곡물 유통기업을 인수하는 내용의 '국가곡물 조달시스템 구축사업'을 추진했다. 그러나 농식품부는 사업 타당성에 대한 면밀한 검토도 하지 않고 예산부터 편성함으로써 2년간 시장조사에 55억 원을 쓰고도 인수 대상 기업을 찾지 못했다. 결국 남은 출자금 587억 원은 어떻게 해야 할지 난처한 지경에 이르렀다.

- 국가보훈처는 광장의 소유주인 서울시와 사전 협의도 하지 않고 광화문 광장에 '호국보훈의 불꽃 조형물'을 건립하는 데 10억 원의 예산을 편성했다. 그러나 서울시가 반대해 사업이 중단됐다. 어느 부처나 그렇지만, 정확한 소요 예산을 책정하는 것은 등한시하면서 일단 많이 편성하고 보자는 관행이 대대로 이어진다. 깎일 것을 예상해 근거 없이 액수 늘리기를 잘한다.

- 방위사업청은 2013년 '차륜형 전투차량' 등 3개 연구개발사업의 투자 방식을 정부 투자 대신 방산업체나 민간기업이 개발 비용 일부를 대는 방식으로 변경한 적이 있다. 그러나 변경 방식을 어기고 예산 편성은 전액을 정부가 투자하는 것으로 하여 총 152억 원 중 134억 원의 예산이 불용 처리됐다.

방침이 달라지며 예산이 집행되지 않는 사례는 수도 없이 많다.

- 방위사업청이 방산업체의 편의를 봐준 대가로 장비 구입 계약 방식을 바꿔 176억 원을 더 지급했을 뿐만 아니라 심지어 가족들을 취직시켰다. 담당했던 직원은 전역하자마자 그 업체에 취직해 2억 3,800만 원의 급여를 받았다.
- 농식품부는 축산 농가의 사료비를 절감하기 위해 '조사료 생산 지원사업' 집행률을 2011년 이후 56〜80% 선으로 낮췄는데 예산은 오히려 늘려 최근 3년간 이 사업에 배정됐다가 쓰지 않은 예산이 무려 1,201억 원에 달한다.

낙찰 차액 등의 남은 예산을 임의로 사용한 사례도 많다. 사업을 벌이면 회사들이 응찰해 일을 맡게 되는데, 이때 낙찰 차액이 발생한다.

- 전남대학교, 경북대학교, 충남대학교 등 3개 국립대는 시설 확충 사업에 쓰고 남은 예산 54억 원을 교육부와 상의 없이 당초 예산 편성에 없었던 인테리어 공사 등에 임의 사용했다.
- 교육부는 전국 시·도 교육청의 '영어회화 전문 강사 채용'과 관련해 재정 지원이 필요 없는데도 예산을 써야 하니까 2013년 5월 487억 원을 추가로 교부해 예산을 낭비했다.
- 해양경찰청은 방제 장비 구매 예산 13억 원 중 3억 원가량을 계획에 없

던 순찰용 차량 21대를 구매하는 데 썼다.

집행 가능성에 대한 검토 없이 '밀어내기 식'으로 보조금을 교부한 사례도 있다.

- 문화체육관광부는 경북 영주시의 '한문화테마파크' 등 15개 사업의 집행률이 19%에 불과해 사업 예산이 계속 이월됐는데도 지난해 458억 원의 보조금을 추가 교부했다. 그 결과 2013년 10월 말 기준으로 15개 사업에서 집행되지 않은 보조금 잔액은 851억 원에 달했다.
- 보건복지부는 2015년에 끝낼 예정이었던 '권역별 전문질환센터 사업'을 추진하면서, 시설이 아직 완공되지 않았는데도 91억 원의 장비 구입 비용을 교부해 예산이 전액 이월됐다.

필요 이상으로 예산을 과다하게 집행한 사례도 적발됐다.

- 식품의약품안전처(식약처)는 학교와 어린이집 등 지하수를 사용하는 단체급식소의 식중독을 예방하기 위해 2012~2013년 55억 원의 예산으로 '염소 소독기'를 구입했다. 그런데 이들 시설의 지하수 사용량이 하루 10t 이하인데도 식약처는 하루 300t까지 처리가 가능한 대용량 제품을 구매해 예산을 낭비한 것으로 드러났다. 수백억 원의 기계를 도입하고도 운영 능력이 모자라 사장되는 예와 같다.
- 제주도개발공사는 삼다수 제2공장 건설 사업을 추진하면서 2009년

환경영향평가 용역과 산업단지 조성 계획 수립과 기본 실시 설계 용역을 발주했다. 그러나 주민설명회 등의 절차를 거쳐 산업단지 계획안이 승인·고시된 이후에 지하수 기초·시추조사 용역을 발주해야 하는 관련법 규정을 어긴 꼴이 되었다. 이로 인해 제주도개발공사는 2010년 주민설명회를 개최했으나 지역 주민들의 반대로 공장을 산업단지에서 제외해 사업 계획이 취소되어 용역비 등 4억 200만 원을 낭비했다.

— 서울시가 심각한 미세먼지로 시민들이 대중교통수단을 이용하도록 조치하느라 백 수억 원의 예산을 지출했다. 이런 판단은 서울시 혼자서 할 일이 아니고, 오히려 원인을 정확히 가리고 종합 대책을 세워 지출했어야 했다.

감사원의 지적 말고도 예산을 낭비하는 대표적 정부 부처가 교육부다. 교육 정책 결정은 모두 위원회 같은 곳으로 미루고 책임지지 않으려 애쓴다. 600명이 한 해 쓰는 예산이 68조 원인데, 창의적 교육에 투자하기보다 1만 개에 달하는 학교의 예산과 감독권으로 갑질하기를 다반사로 하니, 있어야 하는 부처인지 늘 의문이 든다.

물 새는 보조금

정부는 보조금이나 공공지출 명목으로 많은 돈을 쓴다.

정부 보조금 규모는 50조 5,000억 원으로 엄청나다. 이중 12조

7,000억 원이 민간협회와 단체에 들어간다. 보조금은 온갖 곳으로 들어간다. 일례로 가스냉방 보조금 같은 것이 수도 없이 많다. 이 보조금에만 75억 8,000만 원이 배정되었다. 보조금 8,000만 원을 받는 기관만 조사한 결과 3분의 1에 해당하는 단체가 제대로 집행하지 않은 것으로 나타났다.

민간단체 보조금을 함부로 쓰는 대표선수는 보건복지부다. (1) 서류를 가짜로 만들어 유용한다. (2)업무추진비 등으로 현금을 지급한다. (3)연구 과제에 형식적으로 참여하게 하고, 인건비를 되돌려받아 다른 데 쓴다. (4)보조금을 법인 자체 직원 인건비로 쓴다. (5)보조 사업과 관련이 없는 출장비 같은 데 쓴다. (6)다른 부처에도 같은 내용의 보조금을 신청한다. (7)여러 수당을 부당하게 그리고 초과해서 지급한다. (8)쓰다 남은 보조금 잔액을 반납하지 않는다.

이와 같은 내용은 비단 보건복지부뿐만 아니라 각 부처가 다 그렇다. 게다가 연구단체들, 정부 보조금을 받는 대부분의 단체들이 이런 행태를 반복한다고 생각하면 기가 막힌다.

예산 낭비의 주역은 관변단체도 예외가 아니다. 이들은 30년 넘게 보조금을 받아간다. 복지 분야가 특히 많은데, 2017년에 58조 원을 받아갔다. 기금이 날로 쌓이는 이유가 있다. 배경에는 전직 고위관리들이 포진해 있다. 이런 지출은 정기노선 버스처럼 매번 한결같이 똑같은 길을 간다. 국회의원부터 시작해서 장·차관, 각종 협의회, 조합, 단체들이 기득권을 놓지 않고 예산 항목마다 자기 꼬리표를 달아놓는 것이 예사다. 국민의 세금이 어디로 새고 있는지 일반 국민들은 모른다.

보조금이라고 하지는 않지만 정부 산하의 연구소가 쓰는 예산이 상당하다. KDI를 비롯해 이들의 역할은 정부라는 수험생의 가정교사를 하는 일인데, 수험생 때문인지 교사 때문인지 정부의 경제정책 성적이 나아지지 않는다. 국가 경제를 키우는 연구의 모체니까 대학과 달리 현장 중심적, 현실주의적으로 생각해야 할 것이다.

이런 종류의 재정 지출을 낭비라고 하기는 어렵겠지만, 성과면에서는 시스템 운영을 달리해야 할 것이다. 각 부처마다 산하에 기관이 있으니 재정비가 필요하다. 하지만 이들을 쉽게 없앨 수도 없는 것이 현실이다. 개혁을 해야겠지만, 연구소도 대학처럼 보수적이어서 기득권 위에 주저앉아 꼼짝하지 않는다.

세금 도둑들

세금 도둑이 도처에 활개를 친다. 보조금을 축내는 기관은 대부분 협회라는 이름을 붙인 관변단체다. 한국경제교육협회가 정부 보조금 30억 원을 횡령한 적이 있다. 청소년 경제교육을 장려한다는 명목으로 이 단체가 6년(2008~2014)간 받아간 보조금이 268억 원에 이른다. 어느 해 감사원은 140개 민간단체를 감사해 35건, 25억 원을 낭비한 사실을 밝혀낸 적이 있다.

영국에서는 이 같은 이들을 국가에 빨대를 꽂아 피를 빼 먹는 자들이라고 성토한다. 기득권 세력들이다. 더운 여름 그늘에 앉아 코코넛 열매에 빨대를 꽂고 시원한 과즙을 마시는 것에 비유한 것이다.[74]

정부 각 부처와 지방자치단체 산하에 등록된 협회와 단체가 무려 1만 2,000개다. 이런 단체의 상당수는 공무원이 업무 부담을 덜기 위해 허가한다. 규제 업무를 위탁받은 협회가 110곳이나 된다. 이들은 정부 행세를 한다. 여기엔 대개 퇴직 공무원들이 자리를 잡는다. 정부의 간섭에서 벗어나는 지혜 아닌 지혜를 짜내 나랏돈을 축낸다. 2011~2013년 동안 관변 협회 78곳에 재취업을 하기 위해 179개의 기관이 부당하게 지출한 돈이 532억 원에 이른다. 정부에 어른거리는 관료의 그림자를 지우는 일이 시급하다.

각 부처에 특별활동비라는 명목의 예산이 배정된다. 2017년 말 국가정보원이 청와대에 특활비를 상납했다고 해서 정국을 달군 적이 있다. 업무추진비 이외에 안보, 정보와 사건 수사, 그리고 이와 비슷한 국정 수행에 소요되는 경비로 필요하다고 판단하는 사업에 돈을 쓸 수 있게 하는 이른바 자유로운 돈이다. 업무추진비만 해도 그린green 카드라고 해서 특정한 데만 쓸 수 있게 했다.

참여연대는 2018년도 예산안 가운데 19개 부처에 편성된 특수활동비 사업을 분석했다. 국정원이 타 부처 특수활동비를 직접 기획하고 조정한 금액이 1,905억 6,500만 원이었다. 이를 숨겨놓은 돈이라고 해서 은닉예산이라고 한다.

몇 부처 사례만 소개한다. 국방부에 편성된 군사정보활동 사업이 1,476억 7,000만 원으로 가장 많았고, 경찰청 정보국 치안정보 활동비가 322억 6,200만 원이다. 법무부도 100억 원이 편성되었다. 통일부에 통일정책 추진활동 명목으로 21억 4,400만 원, 해양 경찰청은 기획특수활동비로 84억 8,900만 원이 편성되었다.

국회도 예외가 아니다. 국회의장을 비롯해 의원들이 해외 순방 때 특활비를 쓴다. 의장은 최고 7,280만 원을 쓴다. 여당 원내대표는 활동비로 3,000만 원, 야당 원내대표는 2,500만 원, 상임위원장은 600만 원을 쓴다. 또 원내대표들은 정책지원비로 1,200만 원과 1,000만 원을 각각 쓴다. 의원 개개인도 연구단체 운영 명목으로 특활비를 받는다. 2012~2013년 모두 240억 원을 썼다.

이른바 쌈짓돈 또는 눈먼 돈이라고 일컫는 이런 성격의 예산이 각 부처마다 있다. 재벌기업의 비자금을 탓할 일이 아니다. 자세히 보면 용도가 비슷하다. 영수증이 필요 없고 감사도 제대로 받지 않는다. 이런 돈이 필요한 것 역시 정부가 국민 생활에 깊숙이 개입해 독려와 격려를 하기 때문인가?

쌈짓돈은 기금의 형태로 존재한다. 방산기금 같은 것이 그것으로, 전부 합치면 일반회계 예산과 특별회계 예산을 넘는다. 이런 기금이 또 각 부처마다 있다. 이 기금은 저리로 대출되고 리베이트까지 챙긴다. 특활비와 기금을 내 돈인 듯 쓰는 정부는 정직한 자영업자만도 못하다. 정부의 사각지대를 납세자 국민은 알 길이 없다.

이런 일이 가능한 것은 미약한 공직윤리 정신과 방만한 기준 탓이다. 다른 나라, 이를테면 스웨덴 총리 후보는 나랏돈으로 초콜릿을 샀다고 해서 해임됐다. 독일 공무원은 공무 수행 중에 쌓인 마일리지를 가족이 썼다고 퇴직했다. 공과 사를 철저히 가리지 않는 우리의 오랜 전통은 늘 문제를 일으킨다. 그렇다고 퇴임한 선배 공무원을 2년간 만나면 안 되고 의심스러운 때는 미리 신고해야 한다는 '공무원 행동강령'은 유치의 극치다. 그렇게 해서 윤리를 고양할 수 있다고 생각하는 것이야말로 정부의 시대착오적 고정관념이다. 오히려 서로 자주 만나서 허심탄회하게 과거에 잘못한 경험을 이렇게 고쳤으면 좋겠다고 조언할 기회를 열어주는 것이 순리가 아닐까?

빚쟁이 정부

나라도 빚을 지면 빚쟁이가 되어 망할 수도 있다. 나라가 빚지는 것을 국가채무라고 한다. 빚의 규모는 경제성장률과 물가상승률을 근거로 얼마나 지면 되느냐를 결정한다. 그 예로 국민총생산GDP이 6% 증가한다고 했을 때 채무도 비슷한 비율로 늘어나 GDP 대비 34% 정도를 유지하면 괜찮다는 말들을 한다.

문재인 정부는 2017년 7월 19일 국정운영 5개년 계획을 발표하면서 100대 국정과제를 내보였다. 필요한 예산은 178조 원이다. 이 큰 돈은 (1)더불어 사는 경제에 42조 3,000억 원, (2)고르게 발전하는 지역에 7조 원, (3)내 삶을 책임지는 국가에 77조 4,000억 원, (4)평화와 번영의 한반도에 8조 4,000억 원, (5)제도 설계 후 추진 및 지방 지원에 42조 9,000억 원으로 책정되었다.

'더불어 사는 경제'에는 공공일자리 창출, 4차 산업혁명 및 연구 개발, 청년 추가 고용장려금, 청년 내일채움 공제, 중소기업 창업과 소상공인 지원 강화가 포함된다. '고르게 발전하는 지역'에는 도시 재생 뉴딜, 농어업 직불금 및 쌀 생산 조정제도, 혁신클러스터가 포함된다. '내 삶을 책임지는 국가'에는 기초와 장애인 연금 인상, 아동수당 지급, 누리과정 어린이집 전액 국고 지원, 기초생보 부양의무자 기준 완화와 주거급여 확대가 포함된다. '평화와 번영의 한반도'에는 병사 급여 인상, 북핵 대응 핵심전력 조기 전력화, 그리고 '제도 설계 후 추진 및 지방 지원'에는 실업급여 강화, 장병 복무기간 단축과 지방 이전 재원들이 포함된다. 이들이 현실화되려면 무엇보다도 국가정보화 기본법부터 수립하는 것이 급선무다.

'더불어 사는', '고르게 발전하는', '내 삶을 책임지는', '평화와 번영의' 등으로 이름 붙여 기획되는 과제는 개념이 막연하기 이를 데 없다. 개념이란 원래 막연한 법인데 더 개념스럽다면 국민들이 얼마나 이해할 수 있을까? 언어의 유희에 불과하다는 것을 정부가 모르니 딱하기만 하다.

그리고 사소한 얘기 같지만, 일제 때나 쓰던 '및'이라는 표현을 아직도 쓰고 있는 것을 보면 행정의 수준을 능히 가늠할 수 있다. 행정학자들도 그렇게 쓴다. 북핵 대응에 3조 5,000억 원밖에 책정되지 않은 것 등이 정부가 얼마나 구태에서 벗어나지 못했는가를 명확하게 보여준다. 이런 증상은 정부가 아직도 기본에 충실하지 않음을 보여준다. 기초가 약하다. 뿌리가 튼튼하지 않으면 나무는 고사하거나 쓰러진다.

정부는 부끄러워하지도 않는다. 귀한 돈을 어디에 어떻게 써야 할 줄을 모른다.

- 정부는 아이디어도 없고 무능해 국민 세금을 쓸 자격이 있는지 의심스럽다.
- 중앙정부와 지방자치단체, 그리고 공공기관은 1,235개의 공공 앱을 개발했다. 1,000억 원이 드는 사업인데 사용자는 2,000명도 되지 않았다. 컴퓨터공학과 4학년 과제 수준이기 때문이다. 한 기관은 기업에서 8,000만 원의 예산이면 족한 개발사업에 1억 7,000만 원의 입찰 공고를 냈다.
- 기상청은 600억 원짜리 슈퍼컴퓨터를 들여놓고도 운영할 줄 몰라 매일 오보를 낸다. 기상 정보는 맞는 날보다 틀리는 날이 더 많다. 그들은 기상 정확도가 90%라고 하지만 실은 45.2%에 불과하다. 기상청은 기술을 개발하지 않아 천리안 위성도 활용하지 않는다. 우리는 왜 도시별·시간별 기온, 강우량, 습도 등등을 알리는 일본의 예보에 못 미칠까? 미국의 기상예보는 기상학 지식을 담고 어려운 용어를 쓰는 것 같지만 국민이 쉽게 알아듣도록 해 일상생활의 편익을 돕는다.

정부가 시장을 못살게 군다

국민이 낸 세금으로 운영하는 정부가 국민의 터전인 시장을 내려보고 못살게 군다면 이런 자가당착이 또 어디에 있을까?

당연히 보완관계여야 할 정부와 시장이 대립관계라는 것은 이해하기 쉽지 않다. 이런 것은 추호도 생각하지 않는 권위가 정부의 눈과 귀를 막는다. 백지장을 맞들 생각은 하지도 않는다. 양자의 관계는 늘 애매하다. 서로 자기만 옳다고 한다. 호킹의 '무경계 가설'을 떠올려보면 어떨까? 기능주의 원리만 생각하니까 경계가 그어진다. 문제의 본질은 구조적인데 이조차 기능주의로 접근한다.

정부가 시장을 못살게 구는 것은 자본주의와 사회주의 간에 차이가 없다. 우리나라는 자본주의 국가지만 사회주의 같은 정책을 펴며 국가의 간섭을 당연한 것으로 여긴다. 아래에 여러 학자들의 의견을 빌려 자세히 소개하겠지만, 우선 사회주의 경제를 주장하는 문재인 정부는 시민단체의 경력을 공직 연봉에 가산하겠다고 한다. 여기엔 정부나 시장이 다르지 않다는 인식이 깔려 있다. 시장보다는 물론 시민운동에 방점이 있다. 우리가 염려해야 할 것은 사회주의 국가의 관료제가 얼마나 무능하고 비효율적인가이다. 사회주의 국가들은 관료를 무영혼의 철저한 수단으로 전락시킨다. 정부를 공직자 자신의 것(소유)으로만 인식할 뿐 시민과 시장과 나누어 갖는다(공유)는 생각은 좀처럼 하지 않는다.

좋은 사례가 구소련이다. 생산지에 소비품이 쌓여도 도시에 공급되지 않았다. 공직은 인센티브가 없으니 일을 하려 들지 않는다. 부패도 사회주의 국가가 더하면 더했지 덜하지 않다. 빈부격차는 자본주의보다 더하다. 러시아, 중국, 북한, 베트남, 캄보디아 정부 역시 우리와 마찬가지로 적폐와 싸우지만, 지배 권력의 부패는 우리의 상상을 초월한다.

이들 정부의 국제투명성, 이른바 부패인식지수CPI를 보면 확연히 드러난다. 2013년 자료로 1위인 덴마크가 91인 것을 기준으로 베트남 31, 러시아 26, 캄보디아 21, 북한이 8이었다면 어느 정도였을지 이해가 갈 것이다. 이들 국가는 20~40 사이로 상당히 부패했거나 매우 부패한 수준이다. 한국은 55로 46위라 좀 나은 편이라고 하지만 부끄럽다. 중국은 단위가 다른 잣대로 평가해 3.1(2006년)인데, 같은 잣대로 잰 핀란드는 9.6으로 1위였다.

정부와 시장의 관계가 어떠냐에 따라 간섭과 규제가 달라져야 할 텐데 꼭 그렇지만은 않다. 이 둘의 관계는 어느 정치적 이념 아래에서든 한결같이 애매하다.

싸움을 말린다고 정부와 시장 사이에 금을 그어 경계를 뚜렷이 하는 것이 가능할까? 이쪽은 정부 일, 저쪽은 시장 일이라며 영역을 가려 영토를 분명히 할 수도 없는 노릇이다.

두 분야의 성격은 한쪽은 공적이고 다른 쪽은 사적이다. 공사 간에 차이가 있어 경계는 분명히 그을 수 있겠지만, 문제는 정부가 국민의 일상을 책임진다는 구실로 시장을 자유롭게 간섭한다는 것이다. 간섭에도 격려같이 좋은 것이 있고 억압처럼 나쁜 것이 있다. 보모^{nanny}정부임을 자처하는 공적 영역의 성격상 시장을 간섭하는 것은 자연스러울 수 있다. 시장처럼 정글의 법칙이 작용하는 곳의 질서를 유지하기 위해서는 정부의 손길이 불가결하다는 논리를 세운다.

한편 정부가 시장의 생리에 반하는 기준을 만들어 간섭한다면 시장으로서는 억울하다. 부당하게 발생하는 손해는 시장이 모두 감수해야 한다. 더욱이 시장이 훨씬 더 많은 정보와 아이디어를 가졌다면, 정부가 시장의 조언을 들어주지는 않을망정 간섭은 하지 말아야 하지 않을까?

정부는 국민의 삶을 좌지우지하는 것이 버릇처럼 돼 있다. 그러나 경제정책을 정부가 주도해야 하는가라는 의문이 제기되는 것은 시대가 변해서이다. 정부의 도움 없이는 아무것도 못하던 시절이 오히려 정부가 시장의 도움 없이 움직이지 못하는 때가 되었다는 뜻이다.

국가가 경제를 주도한 것은 이승만 정부가 수립된 이후부터 줄곧 이어졌다. 에너지 자원이 워낙 부족하다 보니 정부가 관리하고 배분하지 않으면 안 되었다. 정부의 개입은 박정희 정부 때 더욱 심해졌다. 국민이 먹고 사는 양식만큼 에너지 역시 중요하다. 당시 정부는 석탄을 물리고 석유 중심의 에너지 정책으로 전환했다. 석탄보다 기름이 먼저라고 해서 정책 이름도 주유종탄主油從炭이라고 했다. 농업보다 중화학공업이 앞서야 한다는 정부 정책은 텅 빈 국고와 풀죽으로 연명하던 춘궁기를 벗어나기 위한 고육책이었다. 당시 전근대적인 산업구조를 개편하며 정부가 이끈 변화는 타당성이 없다고 할 수는 없다.

경제정책에서는 정부와 시장의 역할을 어떻게 분담해야 하는가가 근본 문제이다. 이에 대해서는 학자에 따라 의견이 나뉜다. 우리나라는 신자유주의 국가여서 기업이 과분한 자유를 누리고 있으니 규제를 풀 필요가 없다는 주장(성경륭)과, 민간 경제활동이 자유로운 선진국과 달리 우리는 정부가 시장을 적대시하고 규제 일변도의 정책을 고수하고 있다는 주장(주진형)이 엇갈린다. 앞의 사람은 학자로서 청와대에서 일했던 경험에서 나온 주장이고, 뒤의 사람은 금융산업에 종사해 일가견이 있는 대표적 인물이다. 자유시장, 무역, 규제 완화를 요체로 하는 신자유주의는 김대중 정부 때 시행한 금융시장 개방과 노무현 정부 때 행한 한·미자유무역협정FTA 같은 경제정책이 대표적이다. 국가 간섭을 최소화하고 시장이 자율적으로 판단해 경제와 무역의 흐름을 맡기자는 것인데, 이처럼 진보 정부가 앞장선 적이 있다는 것이 관심을 끈다.

진보 세력의 경제관은 시장이 창의와 열정으로 경제를 이끌어야 한다는 생각을 하지 않는다. 솔직히 시장의 능력을 잘 믿지 않는다. 과장이 심할 때가 많기 때문이다. 불공정 행위를 막고 공정한 경쟁을 할 수 있도록 풍토를 조성하는 것은 정부의 몫이라는 진의를 이해하면서도 시대가 다르지 않느냐는 이견이 없지는 않다. 노르딕 모델Nordic Model(성매매 축소를 위해 성매매 판매자가 아닌 구매자를 처벌하는 정책) 같은 것은 왜 생각하지 않는지 이해하기 어렵다. 물론 정부와 시장의 관계는 이념 때문에 서로 다른 주장을 펴는 것이 당연하다. 그런 여건에서도 정부가 공정행위를 보장하고, 경제활동을 보호하고, 시장이 창의적이기를 기대해볼 수도 있다(변양호).

오랜 학술적 논쟁을 수없이 했어도 풀리지 않은 숙제다. 국제통화기금과 국제부흥개발은행 총재를 지낸 케인스John Maynard Keynes를 비롯해 프리드먼Milton Friedman, 하이에크Friedrich von Hayek, 로스버드 Murray N. Rothbard의 논쟁이 그것으로, 정부와 시장의 관계를 한마디로 정리하기가 매우 어렵다.

잘 알려진 케인스의 일반이론은 지금까지도 정부와 시장의 관계를 설명하는 주축 경제이론이다.[75] 1929년 10월 24일 뉴욕 증권시장의 주가가 폭락하면서 세계가 경제공황 속으로 빠져들었을 때, 정부가 무엇을 해야 하는가가 당시 최대 이슈였다. 이때 정부가 재정정책으로 시장에 적극 개입하는 것이 옳은지 그른지에 대한 의견이 분분했다.

'케인스 혁명'이라고 이를 정도의 거시경제이론은 기존 경제학의 기본 가정이 틀렸다는 것에서 출발한다. 케인스주의 학자들은 "사람은 각자 돈을 버는 정도에 따라 돈을 쓰기 때문에 경기가 어려울 때 세금을 깎아주면 소비가 늘어나 경제가 회복될 수 있다"고 생각했다. 이런 생각에 반기를 든 세 명의 학자가 하이에크, 프리드먼, 로스버드였다.

1931년 유럽이 직면한 경제 위기의 원인을 케인스의 정책 때문이라고 비판한 하이에크는 자유시장의 역할을 강조한 대표적인 인물이다.[76] 그는 국가가 더 이상 시장을 간섭하지 말라고 주장한다.

케인스의 주장은 20세기적 발상에 불과하다는 것이다. 하이에크의 논지는 당당하다. 자유주의 사상이야말로 현대 과학의 흐름은 물론 프리고진Ilya Prigogine이 공식화한 혼돈의 과학 이론과 맥을 같이한다고 설파한다.[77] 무질서가 한층 차원 높은 질서를 만들어낸다는 것이 그의 생각이다. 불확실의 시대가 종언을 고한다는 그의 *The End of Certainty* (The Free Press, 1996)는 널리 알려진 명저다.

하이에크의 생각은 정부나 정치가 절대 시장을 대신할 수 없다는 것이다. 사회주의는 과학적으로도 자유주의를 앞서지 못하고, 지성이 궤도를 이탈한 것이라고 생각했다. 명령적 질서와 자유로운 질서 중 어느 것이 더 나은가는 그 답이 명백하다는 것이다. 그는 자유주의의 입장에서 보는 민주주의는 기득권자의 특권이라고 생각했다. 민주주의가 물신 숭배로 되어가기 때문에 그렇다는 것이다. 민주주의가 표류하는 이유는 정부가 다수의 동의를 내세워 법에 의한 통치를 밀어내고 있기 때문이다.

이런 성향은 사회주의 정부에서도 잘 나타난다. 하이에크는 사회정의에 대해서도 회의를 품는다. 그는 사회정의란 가공의 이야기로, 상상이 만든 허구라고 말한다.[78] 그런데도 사람들은 정부에 대놓고 끊임없이 요구한다. 이권 집단의 협박에 무방비 상태가 된 정부는 이들의 후생기관이 되어가고 있다고 말한다.[79] 하이에크의 말에 따르면, 민주주의는 비도덕적이고 불공정하며 전체주의로 퇴보하고 있다. 자유롭다고 믿는 시민이 있다면 이들은 국가가 베푸는 온정의 손아귀에 쥐여 있는 것이나 다름없다는 것이다. 이성과

다수의 횡포를 구분 짓지 못하는 민주주의는 쇠퇴의 길을 갈 수밖에 없다.

하이에크는 '데마르키Demarcy'라는 용어를 사용해, 민주주의의 제 모습을 찾기 위해서는 정부의 권력을 억제할 수 있는 새로운 조직을 구상해야 한다고 주장했다. 데마르키는 인민을 뜻하는 희랍어의 '데모스demos'와 권위를 뜻하는 '아르케인archein'의 합성어이다. 하이에크가 이런 생각을 하게 된 것은 당시의 시대 상황과 무관하지 않다. 1930~40년대에 걸쳐 스탈린은 68만 명을 사형시켰고, 63만 명을 강제수용소로 보냈다. 히틀러는 유대인 600만 명을 죽였다. 죽은 민간인 숫자만도 500만 명에 달했다.

정부의 이러한 개입이 끔찍한 결과를 초래한 것을 본 하이에크는 개인이 다양한 경제활동을 할 수 있도록 자유를 보장해야 한다고 믿었다. 물론 시장도 실패할 수 있다. 하지만 정부의 실패보다 희생이 덜하다고 생각했다. 덩샤오핑이 조언을 구했을 때 하이에크는 이렇게 대답했다. "농민의 농산물은 농민이 마음대로 처분할 수 있도록 해야 한다"고.

밀턴 프리드먼도 하이에크의 생각과 크게 다르지 않다.[80] 레이거노믹스Reaganomics와 대처리즘Thatcherism 정책의 밑거름이 되었던 시카고학파의 이론은, 정부가 적극적으로 개입해도 물가는 오르고 경기가 나아질 기미를 보이지 않는 현상을 케인스 이론으로는 설명할 수 없다는 것이다. 중앙은행도 통화량을 얼마나 공급할지 자의적으로 판단하지 말라는 것이다. 그는 재정주의에 맞선 통화주의자이다.

이들 논쟁에서 빼놓을 수 없는 인물이 로스버드다.[81] 미국의 역사를 알고 사회운동에 적극 참여한 로스버드는 역사상 최대의 범죄 집단이 국가라고 단정한다. 그는 개인의 소유권을 확보하고 경제를 일으키기 위해 정부의 기능을 해체해야 한다는 극단적 주장까지 편다. '국가는 사기'라고까지 한 것은 정도가 지나친 듯하다. 극은 끝이 없다. 산업과 자원을 관리하는 일만 아니라 심지어 국방, 치안, 재판 같은 모든 제도가 국민에게 맡겨져야 한다고 한다. 정부의 기능을 거의 부정해 정부의 존재 가치를 인정하지 않는다.

이러한 자유방임주의 사상은 하이에크보다 훨씬 과격하다. 1950년대까지만 해도 정부 관료들은 중앙계획이라는 이름 아래 실권을 거머쥐었다. 이 단계를 지나 중앙권력을 유지하려는 목적으로 '소득재분배와 사회정의'라는 애매한 개념으로 국민을 설득시키려고 했다. 비트코인Bitcoin이 사회 문제가 되니까 블록체인 기술이 4차 산업혁명의 핵심인지도 모르고 투기며 도박이라고 매도한 정부는 아직도 중앙이 모든 것을 관장해야 한다는 착각에 빠져 있는 꼴이다.

소설가가 이를 거든다. 김훈은 분배나 정의 같은 모호한 개념들이 사회를 더 혼란에 빠뜨린다고 했다. 소득세가 논란의 대상이 되면 '문제없다'며 밀어붙이기 일쑤였다. 그래도 안 되면 정부가 소득세를 인하하고 다른 명목의 세금 늘리기를 다반사로 했다. 생산적 부가가치세와 같은 것이 그것이다.

정부는 어떻게 해서든지 세금을 거두어들이려고 한다. 특히 고

소득자로부터 세금을 거두기 위해 명예세, 부자세 같은 용어가 등장한다. 세금 문제의 핵심은 정부가 세금을 거두어들인 뒤 이를 얼마나 양심적이고 효율적으로 쓰느냐인데, 천문학적 규모의 국민 혈세를 허투루 낭비한다면 정부를 믿을 수 있을까? "국가는 자체 모순 때문에 무너진다", "국가는 안으로부터 붕괴된다"는 말들은 그냥 나온 게 아니다.

기득권의 시대가 가고 있다

현 정부가 내건 적폐 지우기는 기득권 세력에 대한 도전이다. 한 번 잡은 권력은 절대로 놓지 않고, 수단 방법 가리지 않고 확대재생산하려는 욕망을 억제하려는 노력에 박수를 보낸다.

무형의 사회적 자본이 지배하는 사회에서 경제학의 거두들이 펼친 시대적 논쟁은 이제 접을 때가 되었다. 로봇이 의사가 되고 기자가 되는 세상에서는 완전 고용과 정규 노동이 정상적 상태라는 생각을 버려야 한다는 것이 아벤트Ryan Avent의 주장이다.[82] 숙련 노동자나 전문가도 로봇으로 대체되는 시대에 노동 과잉이 일반적 현상이 되면 수요와 공급으로 노동시장의 균형을 잡고 일자리를 만들어낸다는 개념은 옛 이야기가 될 것이다. 4차 산업혁명이 도래하고 있는 지금, 세상은 재정과 통화정책으로 불황을 이겨내는 시대가 아니다.

노동의 기반이 되는 교육도 이제 지난 시대의 관념에서 벗어나지 않으면 안 된다. 아무리 좋은 교육을 받고 전문가가 되어도 일자리를 구하기 어려운 세상이 되었다. 이러한 사정은 기업이 거래비용을 줄이기 위해 자원을 조직 안에 묶어놓던 이전의 방식에서 벗어남으로써 단기계약과 임시직이 일반화되는 것과 무관하지 않다.

자유주의와 사회주의가 대립되던 과거에는 서로 경제 안정과 민생 해결의 길을 모색할 수 있다고 주장했지만, 디지털 시대에 맞닥뜨린 경제 문제를 이들의 관념적 주장으로는 도저히 해결할 수 없게 되었다. 2차 산업혁명 시대만 해도 시장이 힘들면 정부가 도와주는 시스템이 당연했다. 그러나 지금은 이런 식으로 대립해서는 문제가 해결되지 않는다. 다시 말해 이익을 서로 보호하려는 정당 간의 대립과 협상으로는 안 된다는 것이다. 정부는 지금도 재정 투입과 시설 확충으로 경제를 살릴 수 있다고 믿는다. 또 기업인들은 이를 가능하게 하는 기업가 정신과 능력이 있다고 과신한다. 하지만 이제 부는 사회가 만드는 것으로, 기업과 공동체 문화, 그리고 신뢰와 기대라는 무형의 사회적 자본이 축적되는 시대에 접어들었다. 공유경제와 공유정부를 귀담아들을 때가 되었다.

이런 논의들은 시대에 대한 새로운 인식만으로는 그 합일점을 찾기 어렵다. 이론적 논쟁이든 경험적 실천이든 이견과 대립이 없을 순 없다. 분명한 것은, 새 시대의 흐름을 얼마나 잘 파악해 내일을 준비하느냐에 국가와 정부의 명운이 달렸다고 해도 과언이 아니다.

플랫폼 정부와 공유정부가 활로이다. 정부가 시장보다 못하다면 시장에게 역할을 부여하고 돕는 자세를 갖추면 된다. 정부와 시장의 경계가 애매할수록 둘은 서로 다른 운영 논리를 이해하고, 자신의 영역과 역할을 고집하는 데서 벗어나 접점을 찾아 공생하는 쪽으로 가야 한다.

미국에서 유행하기 시작한 '그들의 시대는 갔다'라는 타임즈 업Time's up이 공유의 기본이다. 성희롱의 의혹에서 시작해 여성들이 '나도 당했다Me Too' 운동을 벌이다 한 걸음 더 나아가 남성으로부터 무시당한 지금까지의 불평등을 극복하겠다는 운동이다. 타임즈 업은 이제 남성들의 기득권 시대가 끝났다는 이야기다. 기존 정부의 운영 양식이 새 시대를 맞아 변해야 한다는 인식을 가져야 할 때가 오고 있다.

4

'정의'라는 가면

Synopsis

- 국가가 침략 전쟁을 일으키거나 국내에서 반대 세력을 탄압할 때 정부의 행위는 반정의적이다. 인권을 유린하는 것이 전형적 반정의다. 또 법적 타당성이 있어도 정의를 어기는 경우가 있다. 악법이 있기 때문이다. 이럴 땐 대개 국가의 질서가 개인의 권리를 우선해도 된다는 논리를 편다.

- 정의란 단어와 개념을 다시 한 번 생각할 필요가 있다. 정의라는 애매모호한 개념을 앞세우지 말고 아주 쉽게 생각하면 어떨까? 정의란 내가 가진 것을 포기하고 남에게 주는 것이

라는 인식을 심을 때가 되지 않았을까? 그렇게 쉽고 편하게 생각하는 것이 정의의 가면을 벗는 길이다.

- 법을 크게 어기는 것은 대개 법을 만들거나, 법을 해석하거나, 법을 집행하는 사람들의 행태다. 법이 마치 내 것인 양 착각하기 때문이다.

- 법을 집행하는 검찰이 범죄 행위가 명백한데도 기소하지 않거나, 몇 번의 불기소 후에도 기소하는 검찰의 행태는 법 만능주의에 빠진 꼴이다. 재판에서도 재판장의 무성의를 보게된다. 사건의 진상을 제대로 파악하지 않고 법적 판단을 내리는 일이야말로 정의와 담싼 행위다. 변호사도 정의의 편에 서는 것 같지만 그렇지 않을 때도 있다. 변호사는 피의자를 보호하는 것으로 중요한 역할을 하지만, 소송 비용을 감당하기 어려운 피의자는 구제를 받지 못한다. 변호사 비용이 많이 드는 것은 물론 열심히 법 논리를 세우려는 노력의 대가다. 승소하면 비용을 환급받지만, 법정 비용으로는 변호사 비용을 충당하기에 턱없이 모자란다. 이런 법 체계도 바뀌어야 할 것 중의 하나다.

- 법적 절차라는 것도 참 애매모호하다. 아무리 정당한 절차에 따라due process of law 판단을 해도 법을 이해하고 해석하는 입장이 다르면 선뜻 정의를 가리기 쉽지 않다.

- 세상엔 정답이 많은데 모두가 공존·공유해야 하니까 법이라는 자尺를 만들어 여기에 맞추기를 강요한다. 법으로 바르고 그르고正誤, 맞고 틀리고是非, 좋고 나쁘고好惡, 옳고 그르고正義·不義를 가릴 수 있으면 얼마나 좋을까?

- 법과 정의는 수단과 목표의 관계다. 수단이 목표를 제치려고 드는 것이 문제다.

- 헌법은 나라의 기본법이다. 정부 형태와 권력의 분점 같은 것을 헌법이 정한다. 자연권과 사회권의 균형도 헌법이 잡는다. 헌법과 법률, 그리고 온갖 규정들이 바로 나라의 척추다. 정부를 움직이는 힘은 법과 제도에서 나온다. 규제도 그렇다.

- 법과 국가야말로 실재와 다른 상상의 산물이다. 국민이 동의하니 그나마 효력이 있는데, 이를 행사하는 사람들이 주제 파악을 제대로 하지 못하면 신뢰만 잃는다. 법과 제도에 대한

의문과 근본적 성찰이 필요하다. 법과 제도가 사안을 거꾸로 만들어놓는다는 것도 더 생각해봐야 할 과제다.

■ 국가를 폭력이라거나 사기라고 말하는 사람이 있다. 권력의 본질은 허기를 채우는 것이다. 큰 권력을 차지하는 경쟁일수록 격렬하고 비열하고 허망하다. 착각의 게임이 좀처럼 끝나지 않는다.

■ 정부는 얼마나 정의로운가? 정부의 수장들은 예외 없이 선정과 악정을 거듭한다. 아무리 훌륭한 지도자라도 인민을 탄압하고 죽이지 않은 인물을 찾기 힘들 정도다. 노벨 평화상을 받고도 로힝야족을 탄압하는 미얀마의 아웅산 수치는 그런 인물이 아니었는데 반인륜적 야누스가 되었다.

■ 나라 밖에서만 아니라 나라 안에서도 정부는 인권을 짓밟는 일을 쉽게 한다. 정치권력이나 행정 서비스에서 과연 밝은 정의의 얼굴을 볼 수 있을지 의문이다. 정부의 존재 이유를 묻게 되는 이유이기도 하다.

역사에 정의란 없다

민주주의 이념만큼 정의를 바로 세우는 것은 매우 지난한 일이다. 법과 제도는 정의의 옷을 입어야 정당한 권력이 된다. 역으로 정의를 빙자해 권력을 지탱하는 게 공권력의 습성이 된 것이 문제다. 정의의 가면부터 벗어던져야 진정으로 미더운 정부가 된다.

정부는 국가의 이름으로 국민의 생명과 재산을 보호하고, 언론과 예술의 자유를 신장하며, 국민이 부당한 대접을 받지 않도록 노력한다. 그 토대는 법과 제도이고, 큰 리더십이 한몫을 한다.

그런데 역사에서 법과 제도, 그리고 정치 리더십이 정의가 살아 숨 쉬게 하고 있는가? 법은 기득권을 지키기 위한 방풍막에 불과한 것은 아닌가? 법과 규범이 주인과 노예, 귀족과 천민 계급을 만들었다면 정의는 어디서 찾을 수 있겠는가?

"법과 정의 때문에 묻히는 역사가 많다. 세상에는 법과 정의의 눈으로 보지 못하는 것들이 많다. 정의의 저울이 균형을 잃을 때도 한두 번이 아니다." 이는 영화 〈오리엔탈 특급 살인사건〉에서 푸아로 탐정이 원한이 사무친 복수의 살인자들에 대해 눈감음으로써 진실이 묻히는 장면에서 한 대사이다. 법대로 하면 된다지만, 세상은 법과 정의로만 재단되지 않는다. 그렇다면 세상사는 무엇으로 시비와 옳고 그름이 가려지는 것일까?

영국뿐 아니라 대부분의 나라에서 기득권층은 국민보다 자신을 섬기며 자신만 소중하다는 편견으로 민주주의 정신을 훼손한다. 나라를 움직이는 중심에 있는 그들은 분배의 몫을 더 많이 차지하려는 술수에 능하다. 그들은 바로 정치 엘리트, 정부 관리, 금융인, 군부, 언론인, 지식인, 종교인, 학교법인이라고 한 책은 밝힌다.[83]

국가와 사회에 배어 있는 위계질서가 체질과 건강을 망치고 있다. 인류는 상상의 질서를 창조하고 문자 체계를 고안해 이를 대규모 협력망으로 묶었다. 이때 상상의 질서는 중립적이지도, 공정하지도 않다. 『사피엔스』에서 하라리가 한 말이다.[84]

우리가 묶여 있는 위계질서는 각기 다른 신체부위나 색깔로 나뉜 것이 아니다. 인도의 브라만과 수드라 두 계급의 차이는 3,000년 전 인도 북부에서 법과 규범이 만든 것이다. 법과 규범이 주인과 노예를 만들었다.

관료제의 미토콘드리아mitochondria, 생명소는 계급이다. 위계질서이다. 그것도 부자 중심의 계급이다. 우리 인간은 '상상의 질서'라는 허구를 만들며 진화했다. 상상의 질서는 (1)물질세계에 뿌리내리고, (2)욕망의 형태를 결정하며, (3)상호주관적(개인의 주관적 의식을 연결하는 의사소통망Intersubjective을 간間주관적이라고도 한다)이다.

신화, 신, 법, 사상은 시대에 따라 사멸하기도 하고 발생하기도 했다. 한순간에 무너질 상상의 질서, 법이며 종교·사상과는 다르게 인류의 행복은 인지혁명 이후 늘 함께 해왔다. 역사의 진화 과정 속에 '행복'이라는 거대한 명제는 허구임에도 불구하고 이미 인간이 이루어야 할 진실처럼 굳어졌다. 커뮤니티나 국가의 구성원 모두가 허상을 믿으며 그렇게 되었다. 하라리뿐만 아니라 "어리석은 자에게 권력을 주지 말라"는 미하엘 슈미트 – 살로몬도 오로지 인간만이 '신', '조국', '명예', '명성'과 같은 순전한 가공물을 위해 삶을 희생할 만큼 충분히 미쳐 있다고 했다.[85]

그런데 협력의 그물망을 유지하는 상상의 질서는 사람을 서열(성별, 신분, 소유 등)로 구분해 애초부터 중립적이지도, 공정하지도 않았다. 민주, 자유, 평등, 정의 등은 상상의 질서 속에서나 정당화되는 허상으로 실재와 거리가 멀다. 누가 민주주의를 만져보았는가? 누가 정의의 냄새를 맡아보았는가? 정의는 인지, 감정, 기억을 가진 사람들끼리 한정된 것을 나눌 때 느끼는 분배 패턴의 정당성이지 나누는 그 자체가 아니다.[86]

위계질서의 장점 중 하나는 모르는 사람끼리 시간과 에너지를 낭비하지 않고 서로 어떻게 대해야 하는지를 알려준다는 것이다. 표준화된 절차만 따르면 된다. 시간 관리는 매우 중요한데, 관료가 시간을 제대로 쓰는지는 의문이다. 빨리 생각해 결정하는 것도 문제지만, 결정했는데도 대민 업무에서 시간을 질질 끌며 괴롭히는 것도 문제다. '빨리 생각하기fast thinking'와 '느리게 생각하기slow thinking'가 뒤바뀐다.[87] '빨리'가 필요할 때도 있고, 다그치는 잔소리에도 미학이 있다지만, 여유와 여백을 갖는 것 또한 정품精品을 찾는 데 큰 도움이 된다. 정부의 고위관료들은 바장이다 때를 놓친다. 나라를 다스리겠다는 인물 중 일관삼재一冠三載하는 이가 드물다.

힘이 정의인가? 생태계가 파괴되면 인간에게 미치는 영향이 계급마다 다르다. 하라리는 부자들이 비극을 초래할 가능성이 훨씬 높다고 말한다.[88] 우리는 약자가 이기는 것을 보고 싶어 하지만 이는 거의 불가능하다. 운동 경기에서 지고 있는 편을 응원하는 사람도 많다. 역사에서 정의는 모래밭에서 바늘을 찾는 것만큼 힘들다.[89] 그러나 요즘에 와서 달걀이 바위를 깬다는 언설이 등장한다. 다윗이 골리앗을 이기는 것과 같은 논리다. 큰 힘만 힘이 아니다. 지혜의 옷을 입으면 당당한 힘이 된다.

존 롤스John Rawls는 주로 정의론의 약점을 지적하고, 그 대안으로 의무론적 성격과 계약론적 성격을 띠는 '공정으로서의 정의'를 제시하는 데 치중한다. 그러면서 등장하는 이론적 장치가 흔히 들어 익숙해진 원초적 입장, 무지의 베일이고, 거기에서 도출되는 정의의 두 원칙이 ① 평등한 자유의 원칙, ② 차등의 원칙이다.[90]

로버트 노직Robert Nozick은 『아나키, 국가, 그리고 유토피아』에서 존 롤스에 대항하는 자유지상주의 정치철학적 논의를 했다.[91] 그는 현대 자유지상주의를 대표한다. 자유지상주의란, 공동체는 개인의 집합체로 개인을 위해 존재하므로, 개인의 생명과 재산은 최대한 보장되어야 한다는 논리를 편다. 같은 자유주의지만 노직은 개인의 존엄과 평등, 타인에 대한 배려, 공정한 시장 같은 가치를 인정하지 않는다. 그는 존 로크의 자연법적 논의를 빌려와 정치철학을 논했다. 또한 지식이나 자유의지에 대한 인식론에도 기여했다.

2000년대 한국 사회를 풍미했던 하버드대학의 마이클 샌델Michael Sandel 교수는 공동체주의자로서 우파에 속한다.[92] 그는 자유주의가 주장하는 '무연고적 자아'라는 개념과, 정치적 자유주의의 핵심 강령인 '좋음good에 대한 옳음right의 우선성'을 정확히 설파한다. 하지만 그 반대인 공동체주의의 강령인 '옳음에 대한 좋음의 우선성'에 대해서는 애매한 입장을 취한다. 한때 대단한 주목을 끌었던 샌델의『정의란 무엇인가』로 우리나라 사람들이 정의에 대해 얼마나 이해하고 궁금해하며 갈망하는지 어림하게 되었다.

정의를 구현하는 마지막 보루인 판사가 사건의 상황 맥락을 모두 고려해 판결을 내리는가? 실정법에 적힌 대로, 또 판례가 명시한 대로 따르기만 하고 사건의 겉만 본다. 판례야말로 시대를 관통해 타당하지는 않다. 판사들은 법구폐생法久弊生이 뭔지 모른다. 좋은 법도 오랜 세월이 지나면 폐단이 생긴다는 말이다. 그래서 악인이 구제받을 때가 있는 것이 법의 맹점이다. 판사만 부족한 것이 아니다. 도스토예프스키의『카라마조프의 형제들』에서는 판사, 검사, 변호사들이 정의를 추구하기보다 각자의 추리력과 통찰력을 과시하며 명성을 얻기에 급급하다고 했다.[93] 남의 재판을 판사가 비판하는 행태를 국민은 어떻게 받아들일까? 판검사가 법에 얽매이는 것은 수인囚人이 교도소에 묶인 것과 같다. 인간이 체제에 묻히는 것은 자연이 아닌 사회의 섭리이니 거역하기 힘들다.

정의가 몸살을 앓는다

법을 해석하는 판사가 법 규정을 넘어 상황 맥락을 이해하여 사회 정의를 실현하려 들면 법의 위계질서가 무너질 염려가 있다. 그러나 그런 일은 일어나지 않을 것이다. 판결은 법의 정신을 구현하려고 애쓰지만 실제 사정과는 거리가 먼 채 판에 박힌 대로 판결하니 달라지는 것이 없다.

2017년 문재인 새 정부가 사법계를 개혁하고자 엄격했던 기존의 위계질서를 무너뜨리려는 시도가 있었다. 편을 갈랐다는 법원행정처의 행정 행위를 비판하며 법관 세계의 공정과 평등을 주장하는 일군의 판사들이 있었다. 파헤쳤지만 결국 요란만 떤 격이 되었다. 태산명동泰山鳴動에 서일필鼠一匹이었다. 상황은 이것으로 끝나지 않았다. 전 대법원장이 상급 법원 설립을 위해 재판을 거래로 이용했다고 주장하는 현 대법원장과 이를 전면 부인하는 전 대법원장의 대립은 나라의 버팀목인 법질서를 흔들어놓았고, 법은 품격을 잃었으며, 공공질서마저 흔들렸다. 정의가 몸살을 앓은 정도를 넘었지만, 법의 잣대를 들이댈 수밖에 없었다. 정의가 살아날지는 의문이다.

법관은 개인의 소신이나 신념이 아니라 건전한 상식과 법원이 축적한 선례(판례)에 따라 불편부당하게 재판을 한다. 법관이 자신의 정치적 편향대로 재판한다면 법질서가 흔들린다.

이들 중에는 대법원의 판례를 비판하고, 군사정부 시절 법관이 기능공으로 전락했던 사실을 부끄럽게 생각하며, 법관이 재판은 곧 정치라고 생각하고 정치적 성향이 있는 것이 당연하다는 논지를 편다(오현석 판사). 이것만이 아니다. 재벌 총수를 집행유예로 풀어주었다고 비난하는 여당 국회의원들의 부박하기 그지없는 말투와 "국민의 뜻을 경청해야 한다"는 청와대 코멘트는 법은 왜 있고 재판은 왜 하는지라는 근본적인 의문을 떠올리게 했다. 이런 당대의 일부 여론이야말로 권력에 멍든 법과 정의에 대한 깊은 회의와 우려를 나타내는 단적 현상이다. 맞는다면 법치국가의 명예는 추락한다.

그러나 판사가 개인적으로는 이념 성향이 다를 수 있겠지만, 판결은 공공이익과 공동선이라는 엄격한 기준을 근거로 내려야 하기 때문에 개인성의 존중은 그 다음의 가치다. 공직자가 바르게 행동하지 않는 것 중 하나가 어떤 의견과 판단을 원천적으로 무시하고 자신의 주장만 옳다고 강변하는 어리석음이다.

법은 과연 정의로운가

악법도 법이라고 하지만, 법에는 정의로운 것과 그렇지 않은 것이 있다. 법을 이해하는 데 있어서 자연법 논자와 법실증주의자 간의 의견이 갈린다. 자연법 옹호자는 정의가 창공에 있는 별과 같다고 하고, 법실증주의자는 정의가 블루베리 머핀 같다고 한다.[94]

자연법에서 정의는 인간의 본성에, 관념의 높은 서열에, 창조의 질서에 존재한다고 믿기 때문에 본성을 묘사할 수는 있어도 바꾸지는 못한다고 생각한다. 이들에게는 정의가 곧 법이다.

법실증주의자는 블루베리 머핀이 오븐에서 구워지듯 법이란 국가가 특정 과정을 거쳐 결정한 것이므로 우리는 법이 정의롭든 정의롭지 않든 상관없이 지켜야 한다고 주장한다. 법을 정의와 도덕으로부터 분리한 것이다. 현실적 접근이다.

그래도 인간이 만든 법은 정의를 이길 수 없다.

그러나 법관은 결판을 내야 한다. 와인을 즐기며 사색하는 철학자와 달리 판사는 정답이 없어도 결정을 해야 한다(구스타프 라드브루흐 Gustav Radbruch).

세상에는 법이 답해야 할 질문이 수없이 많다. (1)생명은 어디까지 보호해야 할 것인가, (2)표현이나 예술의 자유는 한이 없는가, (3)자연법과 실증법 중 어느 쪽을 따라야 하는가, (4)국가의 감시는 어디까지 허용해야 하는가, (5)종교의 자유는 보장되는가, (6)학교에서 무엇을 배울지 누가 결정하는가, (7)국가의 폭력은 어디까지 용인되는가, (8)법과 규칙은 어디까지 사회 질서를 지킬 수 있는가, (9)법은 정의로운가 등등 의문은 끝이 없다. 이들 의문에 법이 어디까지 답할 수 있을지 궁금하다.

법은 우리가 해도 되는 것과 하면 안 되는 것을 가려주어야 한다. 그러나 법이 맞거나 틀리거나, 좋거나 싫거나, 옳거나 그르거나, 정의와 불의를 모두 가려내지는 못한다.

자연법 옹호자의 말대로 정의가 창공의 별과 같다면, 인간은 별의 위치를 바꾸지 못한다. 정의는 인간이 법에 정의의 옷을 입히는지 아닌지에 영향을 받지 않는다. 인정하든 안 하든 자연법은 모두에게 적용된다. 자연법 논자들에게는 정의가 곧 법이다. 정의롭지 못한 법은 있을 수 없다. 이들 입장에서 인간에게는 어떤 상황에서도 양도할 수 없는 자연적 권리가 있다고 믿는다. 자연법적 권리는 국가, 정부, 법보다 강하다. 그러나 자연법의 맹점은 정의롭고 옳다고 믿는 것이 오직 주관적일 뿐이라는 것이다. 인권만 아니라 독재자의 권력도 정당화시킬 수 있는 것이 자연법의 근거다. 인간이 만든 법은 정의를 이길 수 없다.

반면 법실증주의자들이 말하는 대로 정의는 별이 아니라 블루베리 머핀과 같다면 머핀은 인간이 만들 수 있는 것이고, 오븐에서 구워 나오는 머핀은 누구나 먹을 수 있다. 법이란 국가가 특정한 과정을 거쳐 결정된다. 정의롭다고 생각하든 아니든 모두가 지켜야 할 의무가 있다. 법실증주의는 정의와 도덕에서 법을 떼어낸다. 그러니 정의롭지 못한 법은 얼마든지 있을 수 있다. 문제는 정의로운 법과 똑같이 유효하다는 것이다. 법적 안정성이 보장되려면 이렇게 인식해야 한다는 것이다.

라드브루흐는 인간이 만든 법을 긍정적으로 보고 적합한 잣대라고 여겼다.[95] 공동의 질서는 지켜야 하고, 정의롭지 못한 법 또한 따를 수밖에 없다고 했다. 인간은 되도록 정의로운 법을 만들고자 애쓰고 있다.

법은 인간이 만든다. 대부분 정의롭지만 그렇지 않은 법도 있다. 법이 정의로워야 하는 열쇠는 국가가 쥐고 있다. 국가의 감시는 어디까지 허용되어야 하는가? 우리는 얼마나 평등한가? 어떤 의견이든 자유롭게 표현해도 되는가? 예술의 자유는 어디까지 표현할 수 있는가? 인간답지 않은 인간에게도 존엄성이 있는가? 무엇이 정당한 형벌인가? 등등 폴커 키츠Volker Kitz의 담론은 끝이 없지만, 법과 정의의 종착점은 결국 개인의 생명과 재산, 그리고 자유의 소중함과 국가 유지에 필요한 장치 간의 끝없는 논쟁이다.[96]

어떤 입장이더라도 법과 제도가 허울 좋은 한 울타리가 되어서는 안 된다. 정부가 만든 법과 제도는 정부 운영과 모든 판단의 기준이 된다. 제도는 법과 함께 국민을 보호하는 중요한 기제다. 법을 어기면 벌을 받는다. 그러나 법과 정책이 정의를 구현하고 있는가는 별개의 문제다. 더욱이 법과 제도의 본질에 대한 의문은 제기하지도 않는다. 판에 박힌 법이 법관을 판 속에 가두어서 그렇다.

법과 제도에 대한 인식은 분야마다 다르지만 정부나 지식인의 인식이 옳은가에 대해선 의문의 여지가 있다. 내가 만들었다고 내 것, 내 소유라 생각하고 마음대로 한다. 마치 국회의원이 선거구를 내 것으로 인식하는 것과 같다. 정부의 법과 제도는 국민의 것이다. 그걸 무시하고 칼을 쥔 자가 전가傳家의 보도寶刀로 쓴다. 법도 예외 없이 '상상의 질서imagined order/realities'에 불과하고 '개념 의존적 실재concept-dependent realities'라면 법과 제도를 움직이는 주체들의 인식부터 바꾸는 것이 시급하다. 법과 제도의 본질이 무엇이며 어떻게 행사해야 정의가 그나마 구현되는지 심각하게 생각해야 할 것이다.

법과 제도가 문제를 해결하는 준거라고 생각하겠지만 그 반대일 수도 있다는 점을 간과하면 안 된다. 법과 제도의 주체인 정부 관리들은 어항 속의 금붕어처럼 4차원의 시각으로 세상을 제대로 보지 못하고 있다는 것을 마음에 새겨야 한다.

법과 정의가 틀 속에 갇혀

법과 제도만이 아니다. 규정과 규칙이라는 틀이 줄줄이 있다. 틀속에서 질서가 유지되면 내가 보호를 받으니 웬만한 불편은 감수해야 한다. 이것이 틀을 부정할 수 없는 근본적 이유다. 정해진 규칙만 잘 따르면 된다. 학교라는 제도 속에서 공부하고 경쟁하고 성취하면 인생이 그리 무의미하지는 않다. 틀이 불편하다고 느낄 때는 내가 잘못해 규칙 위반으로 더 큰 속박을 받거나, 혹은 남이 어겨 내가 손해를 볼 때다. 이럴 경우 내 잘못은 인정하지 않고 엉뚱하게 규칙을 탓할 때가 많다.

틀은 있어야 하지만, 장점만큼 단점도 많다. 틀이 권력이 되어 우리를 괴롭히기 때문이다. 틀 속에는 늘 관료주의가 도사리고 있다. 이 이야기는 누구이 했다. 이들은 내 것만 챙기려 들고, 책임을 전가하며, 작은 규정 하나로 무한 권력을 누리는 속성을 지닌다. 오죽했으면 '학교 없는 사회Deschooling Society', '의학의 응보Limits to Medicine'를 말하며 이반 일리히Ivan Illich가 제도는 필요 없다고 했겠는가.[97]

시혜 뒤에 도사린 냉혈한 같은 관료주의는 정의와 공평을 내세우지만 법과 규정만으로는 법 앞의 평등을 내세우는 범법자를 다스릴 길이 없다. 더욱이 우리 옆에 디케Dike가 있어 정의가 훼손될 때 재앙을 내려야 하는데 그러지 못해 기식하는 악령을 하나도 떨쳐내지 못한다면 우리는 평생 이들의 노예가 될 수밖에 없고, 가슴을 옥죄는 심근경색으로 고통만 받을 것이다.

프란치스코 로마 교황조차 관료주의를 타파해야 한다고 했다. 헌법적 가치를 들먹이고 시대 상황을 걱정하며 이념의 너울을 쓰고 권력 투쟁을 일삼는 틀 속의 인간들, 내가 지키려고 하는 규칙은 옳은가? 내가 지향하는 공동체의 정의는 무채색일까?

정치의 틀도 예외는 아니다. 각 당은 저마다의 이해관계에 급급하다. 여·야가 각각 자신들이 옳다고 주장하지만, 그럴수록 갈등의 실마리는 풀리지 않은 채 돌아오는 것은 실망과 분노뿐이다. 선거 때 법을 어기고 기관의 임무를 거스르며 부정선거를 했다고 주장하는 것은 당연하지만 그 끝은 무엇일까. 개선? 개혁? 어찌어찌해서 여·야가 몇 가지 합의에 도달해 경색 정국이 풀린 듯하지만 엇박자는 늘 잠재돼 있다. 이견, 대치, 비방, 응징 등으로 물든 해는 거듭되고 문제만 산적한 채 서로 겨루다 종교에 정치 공간만 빼앗기고 만다.

정치하는 사람들은 국민을 볼모로 잡은 채 자기만 옳고 상대는 틀렸다고 하는 이분법에 젖어 귀중한 시간만 흘려보낸다. 동일성에 얽매인 합리를 따지는 사람일수록 자기중심적 오류를 범할 여지가 더 많다는 사실을 직시해야 한다. 그렇다고 비합리주의가 낫다는 것은 아니다. 합리주의의 이성적 사고에 관해서는 이 책에서 여러 각도로 인용하는 푸코의 주장을 빼놓으면 안 된다. 정신의학을 공부한 20세기 초기 인물인 푸코는 서양 문명의 핵심인 합리성이 독단적 논리에 빠져 있다고 비판하고 소외된 비이성적 사고인 광기의 의미를 파헤쳤다. 자신의 주장만 옳다고 맹신하는 대부분의 리더들은 자신들이 합리적이라고 착각할 뿐 오만과 편견에 사로잡혀 있는 줄은 모른다. 이로부터 비롯된 정책이 국민을 만족시킨다고 생각하는 것은 큰 착각이다.[98]

법이 전부가 아니다

우리가 또 알아야 할 것은 법이 전부가 아니라는 것이다. 법이 정의롭지 못하면 부정적 반응은 저절로 나온다. 공자가 그랬다. 법률로 세상을 다스리려고 한 법가法家의 경세가들을 하수로 여겼다. 민주주의가 제대로 시행되려면 법적 권한을 신중히 행사하는 '제도적 자제institutional forbearance'를 해야 한다는 스티븐 레비츠키와 대니얼 지블랫의 말과 통한다.[99]

법에도 두 얼굴이 있다. 자연법이나 법실증주의의 입장 말고도 법이 만사를 해결하지는 못하기 때문에 법이 다가 아니라는 언명이 성립한다.

법은 착한 법과 악한 법의 두 얼굴을 하고 있다. 인간은 본능적으로 법이라는 틀에 갇히기를 싫어한다. 법은 만능의 보루가 아니다. 이는 좋은 법이라도 그렇다. 아무리 착한 법이라 해도 나쁜 권력과 어울리면 순식간에 일그러져 그 존재 가치를 잃는다. 아무리 좋은 법이라도 어기면 그 가치는 떨어진다. 법은 알고도, 모르고도 어기게 되어 있다. 자기중심적이고 일탈 성향이 있는 인간의 본능 때문이다.

영화 〈프리즌〉을 보면 감옥의 안과 밖이 다르지 않다고 강변한다. 법을 집행하는 사람이나, 피의자나, 수인이나 법 어기기를 밥 먹듯 해서다. 불법이 판을 치면 법의 권위는 찾을 길이 없다. 오로지 힘만이 세상을 지배하게 되는 것이다.

살아가며 법과 규칙을 어기지 않는 사람은 거의 없을 것이다. 작게는 차가 지나가지 않는다고 빨간 신호등에서 길을 건너는 사람부터 크게는 정변을 일으켜 국권을 찬탈하는 무리까지, 또 그 테두리 안에서 법규를 어기는 사람이 수도 없이 많다. 적폐라는 이름으로 응징되는 온갖 행태가 모두 그렇다. 권력을 가진 사람일수록 법을 어기는 경향이 있고, 이런 행태는 공공기관에서만 아니라 교육, 종교, 의료, 언론, 기업 등 사회 각 분야에서 벌어진다. 힘이 셀수록 범법은 정당화된다. 그럴듯한 핑계를 대고 자신의 결정을 정당화시킨다. 권력자가 세운 목적에 부합하면 합목적적이라는 이름으로 과정은 중요하지 않다고 우긴다. '내로남불'과 다르지 않다.

세상은 역설로 가득 차 있다. 이발사가 스스로 면도하는 사람 외에는 모두 자기가 면도해준다고 말해 정작 자신의 수염을 깎지 못하는 자기모순적 결과를 보여주는 '러셀의 역설'과, 움직이는 화살이 날지 않는다는 '제논의 역설' 같은 것이 대표적이다. 이러한 모순 속에서 인간은 진리를 찾으려고 애쓴다.

국회에서 하는 총리, 대법원장과 대법관, 헌법재판소장과 재판관, 감사원장, 국무위원들의 청문회는 범법 전시장을 방불케 한다. 대상자들을 보면 크건 작건 하나같이 법을 어긴 전력이 있다. 그러고도 정직과 책임이 바탕인 공직에 취임한다. 그런 이들이 정부의 고위직에서 무슨 권위로 법을 집행할 수 있겠는가. 권력 행사의 주체가 되기에는 자격이 모자라도 한참 모자란다. 이들이 대부분 법이 권력에 치인 전형적 사례가 된다. 범법을 권력으로 감싸 위장하는 꼴이 된다는 말이다. 법의 권위를 스스로 부정하면 민주 법치국가가 아니다.

공정거래위원장을 비롯해 법을 집행해 시민과 시장을 규제하는 부처의 장이 될 사람이 법적 흠결이 있는데도 공권력의 주체가 된다면 법치국가의 얼굴이 거무튀튀해지지 않을까? 살다가 법을 어겼을 개연성이 농후한 인물이 법무부 장관이 되거나, 국세청장이 탈세하듯 논문 표절을 한 사람이 교육부 장관이 되는 현실적 모순과 역리를 범인凡人들은 이해하기 힘들 것이다. 정부 고위직에 앉은 사람이 법을 어기고도 더 보호를 받는다면 약자들은 어떤 법 감정을 갖게 될까?

푸코는 교도소란 나 자신이 그곳에 있지 않다고 강변하는 정치적 공간에 불과하다고 말한다. 그렇다면 모든 불법과 비리의 공간이 다 그럴까? 법의 힘이 정치적 산물이어서 그럴까? 감옥만 아니라 병영이라고 다를까? 병원은 또 어떨까? 대학은?

상상의 실재에 불과한 법이지만, 국민이 믿고 동의한다는 이유로 근사하게 꾸며 질서를 유지한다는 미명하에 약자를 옥죄고 오로지 강자의 법적 정당성만 살린다. 법은 있어도, 없어도 질서를 지키지 못할 때가 허다하다. 악법도 법이라던 소크라테스의 언명은 구차하다. 법은 해석하기에 따라 두세 가지 얼굴을 갖는다는 현실은 검찰에 기소돼 재판을 받아본 사람들은 다 안다. 이쯤 되면 법이 만능이 아니라는 것을 수긍하고 상황 맥락에 따라 법 적용 기준을 달리할 줄 알아야 한다. 그걸 못하는 벽이 관료주의다.

법적 잣대만 들이대서 될 일이 아니다. 법적·도덕적 잣대는 나라마다 다르다. 프랑스 정치인들이 우리 식으로 청문 절차를 거치면 이성 관계가 복잡해 통과할 사람이 몇 안 될 것이다. 법적 권위를 지키려면 법 외적 요소도 인정하고 넉넉한 마음을 가져야 한다. 건전한 상식과 도덕에 기초해 만들어진 법은 근본적으로 우리 모두의 것이지, 법률가들에게만 맡기기엔 법이 너무 중요하다고 말한다.[100] 법치주의를 내세워 법을 독점하려는 사람들이 기본적으로 명심해야 할 대목이다.

머리만 좋은 엘리트일수록 현장도 모르고 각 사건의 실질적 배경도 모르면서 법적 타당성만을 맹신한다. 이들은 대학에서 행정, 형사, 기업상사법 같은 것만 배울 뿐 기초 교양을 선택하지 않는다. 법 정신은 법으로만 무장되지 않는다. 이런 이들일수록 맡은 사건을 다른 법원으로 떠넘기거나, 기소해야 마땅한 형사 사건을 시간을 질질 끌다가 다음 자리에 밀어놓고 본인은 다른 데로 간다. 이들은 의식이건 무의식이건 그 세계에서 일탈하는 자신들의 반법적 작태가 얼마나 해악을 끼치는지를 모른다. 정직, 정당, 공정과 거리가 너무 멀다.

판사들이 편향되어 있다는 것은 미국만의 사정이 아니다. 미국의 판사들은 피로에 젖어 있고, 새로운 지식이 부족하다고 비판받는다. 인간으로서 실수를 하지 않는다는 보장은 없다. 이스라엘에서는 법을 수호하는 판사도 몸 상태에 따라 판결이 달라진다는 연구 결과가 나오기도 했다. 판사들이 배고픈 상태에서 재판을 했을 때 훨씬 무거운 판결을 한다는 것이다. 아침 식사 직후에는 가석방 신청 사건 중 기각이 35%인 데 반해 점심시간 즈음의 배고픈 상태에서는 기각이 85%였다.[101] 판사에게는 시간이 부족한 것이 최대의 적이다. 그리고 까다로운 특허 분쟁이나 고도의 과학기술 지식이 서로 부딪히는 사건, 미스터리 살인 사건을 파헤치는 최근의 법의학 지식 등에서 만능일 수가 없다. 의사가 오진으로 인명을 손상하듯 판사도 사안을 제대로 몰라 판결을 그르칠 수 있다. 분명한 것은, 그 결과가 사람의 일이라고 하기엔 치명적이라는 것이다.

미국 MIT대학의 테그마크Max Tegmark는 '로보 판사'의 가능성을 점치며 불편부당하고 능력이 출중하며 투명할 것이라고 하지만, 신경법학에서처럼 인간이 아니면 할 수 없는 판단에서도 완벽할 수 있는지는 의문이 남는다.[102] 또 기계에 마음과 의식과 정신이 있다고 가정하고 권리를 부여하는 법적 가능성에 관해서도 의견이 분분하다. 만일 가능하게 된다면 기계에게 투표권을 주어 정확한 선거 결과를 끌어낼 수 있을 것이다.[103] 투표는 앞으로 이렇게만 되지 않는다. 인터넷 투표 솔루션이 이미 보급되기 시작해 누구나 투표 절차를 투명하게 감시할 수 있게 된다. 블록체인 기술 덕이다.

법과 현실의 고리를 느슨하게 해야 법이 살고 권력의 정당성도 조금은 살아나지 않을까?

법적 판단을 존중해야겠지만, 문제는 법 해석이 저마다 다르다는 데 있다. 박근혜 전 대통령이 이재용 뇌물죄 재판에 증인으로 출석하지 않은 것을 실정법 위반이라고 하는데, 법원 측에서 볼 때 탄핵된 대통령은 전직 대통령으로서의 예우를 받을 자격이 없다고 하고, 대통령 측에서는 예외라고 하는 주장이 팽팽히 맞섰다. 결국 법 해석이 다르면 힘으로 해결되는 것이 상례다. 힘은 돈이나(유전무죄) 권력, 여론 등 다양한 요인으로 작용한다. 법으로 모든 것을 해결하려는 생각은 한마디로 현실적인 한계가 뚜렷하다.

틀에서 벗어나 새 판을 짜야 한다

합리주의와 비합리주의가 가득한 지구를 떠나면 틀에서 벗어나 자유로울까?

전 세계 인구 총 75억 명, 총생산 63조 달러의 지구지만, 우주에서 보면 칼 세이건의 말대로 무한한 우주 공간 한구석에 박혀 있는 '파리한 하나의 파란 점a pale blue dot'에 불과하다. 미미하기 그지 없는 지구인데도 그 안에서 복잡한 요소들이 서로 부딪히며 불안을 키운다. 걸핏하면 큼지막한 손팻말을 들고 호소와 응징이 혼합된 심정으로 향하는 곳, 국가기관. 정의를 빙자해 권력에 집착하는 집 단이 무엇을 해결할 수 있을까? 틀의 숭고한 정신은 어디로 날아갔 을까? 세속화된 권력세계, 유해물질과 독성으로 가득 차 생명과 명 예를 짓밟는 틀과 그 속의 관료주의를 지울 길은 없을까?

길은 있다. 틀 속에서 밖으로 나오면 된다. 4차원 공간인 지구에 서 벗어나 5차원에서 보면 된다. 새로운 패턴을 보자는 말이다. 지구 밖에 있는 생명체가 우리를 보면 뭐라고 할까. 허구한 날 쌈박질로 허송세월하다 인간 세계의 유일한 재산인 시간을 날려버렸다고 하지 않을까. 그 오명을 벗어던지기 위해 잠시 내가 예속한 집단과 규칙을 떠나 도플갱어doppelganger가 되어 광활한 우주에서 자신들을 관조해 보자. 작고도 하찮은 집착에서 조금은 벗어나는 것이 시작이다.

벗어난다는 것은 지구에서만이 아니다. 내가 늘 생각하고 행동 하는 것에서 벗어나는 것도 틀로부터의 해방이다. 대안학교가 있듯 이 세상에는 대안이 얼마든지 있다. 기존의 관습이나 예제에 얽매 이지 않고 새로운 생각과 행동을 하는 것이 틀 밖으로 나가는 문이 열리는 순간이다. 현재의 문제를 현재의 틀로만 보면 해답이 없다. 인간은 어차피 틀 속에 있어 안온하겠지만, 문제투성이의 틀 속에 서 마냥 시간만 보낸다면 인생은 허무해지기 마련이다. 틀 밖에서 틀 안을 관조하며 나를 다시 생각하면 된다. 정부도 기존의 관습대로 법, 제도, 정책 등을 만들어 문제를 해결하려는 생각을 바꾸어 틀을 더 투명하고 유연하게 만들고 이 틀이 어떤 의미인지, 무엇을 좋게 하는지 심각하게 들여다봐야 한다. 미래에 바뀔 정부도 현재의 틀로 분석하고 해석하려고 해선 안 된다.

새로운 형태의 틀을 만들어야 한다. 틀을 확 바꿔야 한다. 새 판 new paradigm을 짜야 한다. 기존의 같은 틀 안에서는 문제가 풀리지 않는다. 한쪽을 막으면 다른 쪽에서 물이 새는 것과 같다. 틀은 오래될수록 물이 새게 되어 있다. 미래정부를 염두에 두어야 할 논거들이다.

틀은 새로 짜기도 힘들지만, 같은 틀 속에서도 이랬다저랬다 하며 국민을 괴롭히는 것도 큰 문제다. 교육은 백년대계까지는 아니더라도 적어도 3년 단위의 계획이 한 세트로 움직인다. 이런 현실을 뻔히 아는 교육부 차관은 대학 수시 입학생을 줄이라고 하고, 해마다 4월이면 이미 정해진 내용을 바꾸라고 하고, 수능이나 논술의 최저 기준을 없애라고 한다. 그러면 이 정부가 싫어하는 특목고와 자사고가 반사이익을 얻게 되는지도 모르는 모양이다. 분별없이 오락가락하는 행정을 어떻게 해야 할까?

포항공대의 김도연 총장 같은 이가 답이다. 김 총장은 보조금을 미끼로 대학 길들이기에 이력이 난 교육부의 정시 비율을 늘리는 대입 정책에 반기를 들고, 재정 지원을 받지 않아도 좋으니 지금까지 쌓아올린 입시 경험을 독자적으로 살리겠다며 반기를 들었다. 왜 다른 대학들은 그리 못하는가? 정부의 틀에 순치된 고등교육이 부끄럽기 한이 없다.

답답하기 짝이 없는 정부를 어떻게 하면 구할 수 있을까? 지금까지의 생각과 행동을 다른 각도, 다른 차원에서 보면 문제가 무엇인지, 또 어떻게 풀어야 하는지 보일 텐데 그걸 못하니 안타깝다.

틀이 존중되어야 그나마 질서가 유지되겠지만, 때로 실험이든 파일럿 프로젝트 같은 형식으로라도 새로운 시도를 할 때 문제가 바로 보이기 시작할 것이다. 습관은 곧 정체다. 똑같은 일이 반복될수록 시야가 좁아지고 흐려져서 앞을 보지 못하게 된다.

남의 나라 이야기지만, 미국의 트럼프 대통령은 취임 후 1년 동안 1,600건의 규제를 풀었다. 1960년대의 규제도 여기에 포함되어 있다. 긴 세월이 흘러 이제야 없앤 것이다. 미국이라고 쉽지는 않았다. 미국은 필요한 규제 하나를 늘리면 있던 규제 둘을 없애는 식으로 규제를 관리한다.

'신'과 같은 정부를 바꾸는 길은 없을까? 신을 부정하기보다 신다운 신의 모습으로 모두가 차별 없이 공존할 수 있으면 정부며 국민 모두가 건강하고 아름다워질 것이다.

정의를 망치는 게 정치다

권력의 중심은 시대에 따라 변한다. 민주정치 초기에 국민을 대변한다는 입법부가 권력의 중심이었다가 그것이 행정부로 이동했고, 지금은 사법부가 중심이다. 민감하고 분쟁적인 이슈마다 최종 결정은 법이 내린다. 대통령의 탄핵 결정은 헌법재판소가 했고, 기아자동차의 연말 보너스가 통상임금에 해당한다는 법원의 판결로 인해 회사가 근로자들에게 최대 3조 원을 더 지급해야 할 처지에 놓였다.

그렇지 않아도 정권 따라 사법부의 인적 구성과 이념적 색채가 달라지면 정치성이 앞서기 때문에 공공성은 멀어질 수밖에 없다. 법이 정도定道가 되기 어려운 상황이 전개되는 것이다.

2017년 김명수 대법원장 국회 인준 당시 더불어민주당과 국민의당이 선거제도 개편에 관해 협상을 벌인 것은 정치 이슈로 이해할 수 있겠지만, 박지원 의원 등 국민의당 의원 개인의 고소 고발 사건을 취하하는 조건이었다는 말이 맞다면, 청문회 인준을 미끼로 정의롭지 못한 협상을 한 것을 일반 국민이 이해할 수 있을까? 문제가 생기니까 자유한국당 의원의 송사도 없었던 것으로 돌리겠다고 한다. 다른 자리도 아니고 대법원장 인사를 소송 사건과 상계하려 한 것은 법의 권위를 추락시키는 만용이 아닐 수 없다.

법과 정의를 살리려면 정치적 인식을 새롭게 해야 한다. 3차원에서 헤매는 여의도 정치에 5차원의 정치적 사고를 도입해야 한다.

이 나라 정치는 아기가 태어나 겪기 시작하는 거울계, 즉 3차원 공간에서 아직도 허우적거리는 것 같다. 시간 개념도 부족하니 4차원에도 못 갔다. 여의도 정치인들 대부분은 시간에 쫓겨 앞인지 뒤인지도 모르고 이리저리 헤매며 막말만 내뱉는다. 지구만 겨우 알 뿐 우주의 시공간과는 멀어도 한참 멀어 보인다. '수포자^{수학 포기자}'가 대부분일 테고 '물포자^{물리학 포기자}' 반열에도 끼지 못할 것이다.

진동과 울림이 기본인 5차원 혹은 초공간^{hyperspace}은 거의 모를 것 같다. 법과 경제가 중요하지만, 기초 중에서도 기초인 수학과 물리학은 애초부터 제쳐놓았을 것이다. 미국 버클리대 리처드 뮬러 Richard Muller 교수는 에너지·테러·핵무기·지구온난화 문제들을 다루며 물리적 사고가 정치에 필요하다고 자신의 저서 『대통령을 위한 물리학』에서 주장했다.[104]

권력을 쥔 정치인들은 '힘力'이 뭔지 제대로 알아야 한다. 힘은 중력·전자기력·약핵력·강핵력 등 네 가지로 나뉜다. 이들 힘이 제어되면서 문명이 단계적으로 발달해왔다. 힘이란 것은 절제해야 순기능을 발휘한다. 중력방정식과 함께 탄생한 뉴턴의 역학 이론으로 기계를 다루면서 산업혁명이 시작됐다. 핵력을 제어하는 기술이 개발돼 원자탄과 수소폭탄으로 냉전 시대를 끝내고 문명 세계를 앞당겼다. 힘을 통제한 제어력 덕분이다.

우리는 지금까지 지구의 4차원 시공간에서 살고 있다. 스티븐 호킹은 그의 책 『위대한 설계』에서 전후·좌우·상하·과거와 현재의 4차원 공간에 있는 우리가 5차원을 생각하지 않고 있다고 했다. 카쿠 미치오^{加來道雄} 교수는 『초공간』에서 길이·폭·두께·시간으로 4차원을 확인하며 5차원, 그리고 그 이상의 10차원으로 가면 지금 우리는 어떤 존재이고 무엇을 제대로 하고 있는지 새삼 깨우칠 거라고 역설한다.[105] 초공간에서는 물질을 시공간 구조에서 진동하는 일종의 물결로 간주한다. 진동과 자기력이 미래의 힘이 된다는 것이다. 여기에 염력念力, psychokinesis이 추가된다. 마음으로 모든 것을 움직일 수 있게 된다는 것이다. 울림과 감동이 염력을 발휘하는 힘의 원천이다.

세상이 지금까지 그런 힘으로 변했고, 또 전혀 다른 차원으로 변해간다면 정치의 5차 공간은 어떤 모양이어야 할까? 『사피엔스』의 저자 유발 하라리의 말대로, 상상의 질서에 불과한 법과 제도로 국민을 제어해야 질서가 잡힌다는 인식은 옛날이야기가 되고 있다. 기껏 국민을 휘쥐 실험하듯 하고 감미료가 잔뜩 들어간 정책으로는 국민의 건강만 해치고 마음을 사지 못한다. 보통 정치인들은 힘만 생각한다. 정의를 표방하지만 내 것을 포기하고 남에게 주는 것이 정의라는 것은 전혀 모른다. 힘과 함께 가야 할 기氣의 중요성을 모른다. 힘과 기가 모두 올발라야 한다는 말이다. 물리력에 빗댄다면 믿기·열기·나누기·받들기가 '4기四氣'다. 진동이자 울림으로 국민에게 문을 열고, 믿게 하고, 있는 것을 나누고, 떠받들어 감동하게 하는 것, 기력을 합친 것이 5차원 정치다.

정치인들이 뱉는 말을 들으면 프랑스의 정신분석학자 자크 라캉이 말한 기표記標와 기의記意가 뭔지도 모르는 듯하다. 기표는 울림이다. 화자는 상대를 울릴 수 있어야 한다. '말보다 이미지의 전달력이 6만 배'라는 연구를 믿는다면, 말문부터 닫고 이미지를 살리도록 노력해야 5차원으로 갈까 말까 할 것이다.

인공지능·나노·원격조정·생명공학으로 패러다임이 크게 바뀌고 있다. 초끈super-string 이론으로 새 시공의 차원을 알게 되었고, 인간의 존재조차도 비유기체로 바뀌고 있다. 이진법은 다진법(0, 1, 1, 0)이 되고, 알고리즘과 블록체인 기술이 조직의 구성과 문제 해결 방식을 크게 바꾸고 있다.

민주주의의 옷이 해질 대로 해진 판국에 내가 지금 어떤 시공에 머물고 있는지를 알지 못하니 정당 개혁한다고 외과의사를 초빙해 수술하면 살아난다고 착각한다. 이것이 이 나라 정치의 수준이다. 정치를 제대로 하려면 시대 변화에 자신을 맞춰야 한다. 뛰어다니지 말고 물리학 책이든 무슨 책이든 읽기를 권한다. 율라 비스Eula Biss의 『면역에 관하여』를 읽으면 내 안에는 타자의 미생물이 가득 차 있다는 것을 알게 된다. 나만 내세우지 말고 남을 존중하라는 메시지다.

고차원 초공간은 매우 단순하다. 복잡한 문제 덩어리를 저차원적 사고로 접근하면 풀리지 않는다. 모든 것을 내려놓고, 마음을 비우고, 나를 가볍게 하라. 5차원 공간 정치를 하고 싶으면 방송에 나가 떠들지 말고, 나라 걱정 그만하고 차라리 은거隱居하라. 그것이 국가와 국민을 돕는 길이다.

모든 게 권력 때문이다

정의를 바로 세우는 힘은 아름답고 건강한 권력밖에 없다. 권력의 생리는 남용으로 반드시 값을 치르게 돼 있다. 분수 이상을 누리면 추락한다. 2018년 강원랜드 채용 비리에서 비롯돼 공공기관의 온갖 비리를 파헤치는 과정에서 검찰이 법무부 검찰국을 압수 수색하는 것을 보고 어떻게 자기 뼈를 깎는가 의아했지만, 이런 것이 건강한 권력의 상징이다. 보복이란 단어가 맴돌기는 하지만, 여하튼 악순환을 없애는 것이 건강한 정부로 가는 길이다.

권력은 실재하는가? 권력은 존재하지 않고, 제도나 구조도 아니며, 어느 개인이 소유할 수 있는 물리적인 힘도 아니라고 보는 것이 푸코의 견해다. 권력은 다양한 사회 세력 사이에 존재하는 일정하면서도 전략적으로 얽히고설킨 그물망이 작동하는 것이다. 여기에 지식이 개입해 서로 의존적이 된다.[106]

사회를 지배하는 모든 지적 구성물이 현실을 은폐하고 피착취자를 억압하는 도구적 성격을 갖는다고 파악하는 것이 프랑크푸르트학파의 견해다.

권력의 주체라는 것은 가假, false나 상상적imaginary 존재는 아니지만 하나의 허구적 구성물fictive or constructed entity이라는 것이 푸코의 생각이다. 그러니까 권력은 실제로 인간에게 생기를 부여하는 존재가 아니며, 주체가 실존한다고 꿈꾸지도 않는다.[107]

미시적으로 작동하는 정치권력이 있는데, 이는 관료제에서 비롯된다. 권력은 공권력이 아니더라도 일상생활에서 얼마든지 행사된다. 교수와 학생, 의사와 환자, 기업의 상사와 부하, 부모와 자식 관계처럼 갑과 을이 되면 후자들은 지배와 간섭을 받게 된다. 푸코는 이를 지식=권력이라고 해서 권력의 그물이 옥죈다고 본다(『광기의 역사』). 지식이 권력의 앞잡이 노릇을 한다는 것이다. 지식이 사실을 왜곡하는 사례가 흔한데도 지식인들은 자기만 옳다는 맹신 속에 살고 있다.

　의사가 라틴어로 처방전을 쓰고, 약사가 약을 잘게 갈아서 주면 환자는 자신의 병이 감기인데 아스피린을 먹는다는 것을 모르게 된다. 중세와 르네상스 시대에 광인은 예지력이 있다고 해서 힘이 인정되기도 했다. 우리가 잘 보지 못하는 권력 안의 다툼에는 중화제로 이면합의라는 것이 끼어든다. 국가 간, 기업 간 약속의 뒤에는 밝히지 않은 사항이 있다. 진정으로 정당한 약속이나 거래인지 국민은 알지 못한다. 그럴듯하게 성과를 올렸다는 이면에는 불공정, 불의(위안부 관련 같은)의 협상이 엄존한다. 리베이트라는 이름으로 돈이 오간다. 북핵 협상의 희망 위에 불안이 겹쳐 걱정되는 것도 이 때문이다.

권력은 부패한다

　권력은 부패하기 마련이다. "절대권력은 절대적으로 부패한다"는 흔한 이야기를 한 역사학자 달버그 액튼John Emerich Dalberg-Acton 경이 1887년에 한 경고를 상기할 필요가 있다. 권력은 비극으로 종말을 맞이하는 때가 많다. 어떤 권력자든 시작은 장대하고 바른 인식이 바탕이 되지만 결국엔 실패를 자초한다. 권력욕이 그러한 결과를 초래하는 것이 역사적 숙명이다.

지금 대한민국이 입고 있는 옷은 양복이다. 한복을 벗은 지 얼마되지 않아 서구의 민주주의를 바탕으로 민주공화국을 건설했다. 문제는 양복이 얼마나 몸에 맞느냐이다. 한복을 입고 산 지 오래여서 머리에는 갓을, 몸에는 양복을 입은 모습이다. 양복을 입은 맵시가 어색하기 짝이 없다. 옷 색깔과 와이셔츠, 그리고 넥타이의 색깔이 전혀 어울리지 않는다. 색감이나 스타일이 뭔지 모른다. 한마디로 양복을 제대로 입을 줄 모른다. 샴페인 잔을 막걸리 잔 들듯 하고 건배한다. 나라만 아니라 정치인 개개인도 그렇다. 모습은 행태다. 보이고 행동한다. 그들이 뭘 보여주고 있는가? 불협화음이다.

법과 정의가 가식으로 포장되어 있다. 원인은 법과 정의가 정치와 버무려졌기 때문이다. 한마디로 맛없는 비빔밥이 되어버렸다.

이 나라 법은 법도 아니다. 장관들이야 워낙 후안무치厚顔無恥하니 그렇다 치고, 법의 최후 보루인 대법관이 위장 전입하고, 세금과 과태료를 상습 체납해 차량을 십 수 번 압수당한 경험이 있으니, 이게 국법을 지키는 파수꾼이라고 하겠는가?

민주주의의 이름으로 자신을 감싸려고 할 때는 법을 앞세우고, 은밀한 거래에서는 법을 피하며 자신의 사정을 호소한다. 이게 배운 사람들의 염치없고 뿌리 깊은 버릇이다.

정치의 숨은 힘은 비열한 권력이다. 권력은 추락하게 되어 있다. 한순간에 망한다. 정치권력은 생물이어서 다시 날개를 달기도 하고,

죽지 않고 항상 버틴다.

우리는 국정농단 사건을 겪으며 법이 거대 권력 속에서 얼마나 무용지물인지를 알게 되었다. 규정을 어겨가며 정부 예산을 선거, 사찰, 회유에 마음대로 썼다. 국정원 예산을 특별활동비로 가져다 쓴 청와대가 표본이다. 법과 규정은 그야말로 찢어진 거적만도 못하다.

통제, 규제, 감독, 지시 등 권력을 움켜쥔 관료를 그대로 놔둘 수는 없다. 그렇다면 윤리의 이름으로 권력을 길들일 수 있을까? 대답은 아닌 쪽으로 기운다.

권력자는 종종(무책임한) 조직의 이익을 대변하고 극대화하면 된다고 생각한다. 이들은 집단적 초자아超自我이자 절대적 권위인 조직의 규범과 가치만 생각한다. 남의 고통은 안중에도 없다. 그림Grimm은 책임, 분별, 배상 의무 등에 양심이 스며들지 않는다고 말했다.[108]

권력은 에너지처럼 인간에게 없어서는 안 되는 DNA이다. 권력이 이념이든, 강제력이든, 경제력이든, 과학력이든 힘이 되는 것은 설득과 호소 이전에 불복의 두려움 때문이다. 그러나 권력이 어떻게 행사되는가에 따라 효험은 천차만별이다. 나쁘게 쓰면 이렇게 된다. "압정壓政은 호랑이보다 무섭다." 공자가 슬피 흐느끼고 있는 한 여인에게 조부와 남편, 아들까지 호랑이에게 물려갔는데도 아직까지 그곳에서 살고 있는 이유를 물었다. "이곳에는 압정을 행하는 나라님이 없으니까요."

권력에는 고삐가 채워져야 한다. 책임 지지 않는 권력은 존재해서는 안 된다. 내가 타인에게 기대하는 것과 똑같은 것을 내 자신에게 기대할 수 있어야 한다. 내가 싫으면 남도 싫게 마련이다. 그래서 권력자는 자신을 넘어설 수 있어야 한다. 자신의 자아를 초월할 수 있어야 한다. 나의 실존은 타자와의 관계에 의해 결정되기 때문이다. 윤리에 기대기도 하지만, 현실은 엄격한 감시와 통제에 맡긴다. 그러나 효과는 미지수다.

국가가 늘 도덕의 수호자일 수는 없다. 국가도 정부처럼 두 개의 얼굴을 지닌다. 국민을 보호하기도 하지만 때론 국민을 괴롭히기도 한다. 극단적으로는 전쟁에서 적군을 죽이거나 국내 저항세력을 무자비하게 탄압하는 국가의 주요 활동을 살육이라 말하기도 한다. 전체주의 국가나 독재국가의 이야기지만, 체제를 유지하는 힘은 조직에 대한 충성에서 기인한다고 한다. 러셀이 한 말이다.[109]

권력자는 때론 간교하다. 마키아벨리Niccolo Machiavelli는 『군주론』에서 지위를 유지하기 위해 여우가 되고 사자도 되어야 한다고 했다.[110] 올가미에 걸리지 않기 위해서는 여우가 되어야 하고, 또 늑대에 물리지 않기 위해서는 사자가 되어야 한다고 말한다. 그렇게 변신을 거듭하면 신뢰가 쌓일까? 그렇게 권력을 유지하려고 애쓰는 것이 과연 의미 있는 일일까? 그는 도덕과 덕을 따로 보았다. 도덕에 대한 인식을 뒤로 물렸으니 규범지향적 윤리적 덕성은 무용지물이 된다.[111] 조선시대의 세조는 절대권력을 휘둘렀고 매우 비윤리적이었다. 권력자 중에는 이런 인물이 한둘이 아니다. 시대 상황에 따라 미화되기도 하지만 그것이 정도는 아니다.

오늘날 대다수의 사람들은 마키아벨리 같은 생각은 구시대의 잔재이고, 지도자란 상대를 편하게 하는 선한 이여야 한다고 생각한다. 착한 행동을 보면 감동으로 가슴이 따뜻해진다. 남을 존경해 본 사람, 도덕적인 사람들과 가까이하면 인간관계를 긍정적으로 보게 된다. 어려운 사람을 측은히 여기는 연민의 정이 있어야 한다. 미주신경迷走神經이 발달하면 그렇다고 한다.[112]

권력을 길들이려면 윤리의 옷을 입혀야 한다는 것이 정설이다. 윤리의 옷을 입지 않은 권력은 벌거벗은 나목裸木 같다. 윤리의 차원에서 심정心情은 무엇이 도덕적으로 선한 것인지를 직관적으로 안다. 심정은 양심과 같이 간다. 심정은 일종의 습관화된 행동 성향으로 굳어진 것으로서 좀 더 큰 지속성을 갖는다. 아리스토텔레스의 말이다.[113] 헤겔도 그랬다. "참된 양심은 선 자체를 원하는 심정이다."[114] 헤겔은 칸트와 달리 행동과 태도에 대한 도덕적 판단 기준으로 선의지로서의 심정을 보는 것에 동의하지 않았다.

막스 베버가 순수한 심정윤리를 반대하고 책임윤리를 주장한 데는 충분한 이유가 있다. '직업으로서의 정치'라는 강의에서 베버는, 정치가가 오직 고귀한 심정만을 고수할 뿐 정치적 결단이 낳는 사회적 결과를 고려하지 않는 태도를 용납하면 안 된다는 뜻으로 책임윤리를 말했다. 결과를 초래한 책임을 내가 아닌 남에게 돌리려는 것은 옳지 않다는 주장이다. 심정윤리는 행위의 옳고 그름에 대해서 구체적으로 그 행동 결과를 고려하지 않고 오로지 도덕적 의무와 일치하는가의 여부에 따라 판단한다. "나는 좋은 의도에서

한 일이야"라고 말하며 자신의 양심이나 달래는 것은 윤리적 태도가 될 수 없다. 책임윤리는 행동이 미칠 결과와 그에 대한 평가에 기초해서 행위를 판단한다. 윤리의 기본 태도는 동기가 순수하고 행위의 결과에 대해서도 책임을 져야 하는 것이다.[115] '책임지는 권력'이라고 하면 타인의 존엄, 자유, 안위가 보장되도록 주의를 기울이는 권력이다.

공직자가 어디까지 책임을 져야 하는가에 대해서는 이론이 있다. 베버는 공직자에 대해 책임을 질 주체가 아니라고 했다. 상사의 명령과 정해진 절차에 따라 행한 행위에 대해서는 책임 소재를 따지는 것이 불가능하고 불필요하다는 논리다. 여기에 '선한 의도'가 책임 회피의 방패가 된다. 동시에 정직성 때문에 빚어진 비극에 대해서도 책임을 질 필요가 없다고 한다. 칸트도 그렇게 말했다.[116]

하지만 공직은 그렇게 만만한 자리가 아니다. 아무리 선하고 정직해도 나랏돈을 마구 써버리고, 잘못된 정책으로 국민이 고통을 받는데 책임을 지지 않는다면 어불성설이다. 공직은 최선의 노력을 요구한다. 공직이 무슨 자리인가를 아는 것부터 중요하다. 그래야 공직윤리도 선다. 선거로 당선된 인물들을 보면 공직이 뭔지도 제대로 모르고 허둥대니 나라가 몸살을 앓는 건 당연한지도 모른다. 우리의 시민단체들이 공직자의 정책실명제를 강조하는 이유가 여기에 있다.

공적 윤리의 문제가 거론될 때마다 정부와 국민은 어떤 관계인가를 가려야 한다. 서로의 권리를 인정하지 않아 계약 관계로 보지

않는 정부와 시민의 관계에 대해 홉스Thomas Hobbes나 로크John Locke
는 시민이 일일이 정부의 결정에 제동을 걸 수는 없다는 입장이다.
그러나 카르도조Cardozo 판사는 신탁인에게는 너그러울 수 있어도
피신탁인에게는 엄격한 기준이 적용되어야 한다고 말한다. 정직과
명예가 행위의 표준이 되어야 한다는 것이다. 두말할 필요 없이 공
직에는 엄격한 윤리가 적용되어야 한다. 법을 만드는 사람(국회의원),
법을 해석하는 사람(판사), 법을 집행하는 사람(행정부 공무원) 할 것 없
이 엄격하고 합리적인 윤리의 갑옷을 벗으면 안 된다. 이들의 생각
과 행위가 국민의 생명과 재산과 명예에 치명적인 영향을 미치기
때문이다.

관료가 내세우는 법, 법이 지향하는 정의를 얼마나 인정해야 할
까? 모두冒頭에 법에 관한 회의를 이반 일리히와 미셸 푸코를 들먹
이며 제기했다. 역설적으로 법을 비판하지 않더라도 법에 대한 인
식과 인상은 그리 편하지 않다. "어느 사회에서나 90%의 법률가는
상위 10% 국민의 이익에 기식하여 삶을 영위한다."[117] 안경환의 이
말이 맞지 않기를 바란다.

법은 정의를 구현하기 위한 기반이다. 일반의지의 표현이자 이
를 지키기 위한 것이다. 법도 우리 헌법이 보장하듯이 자유권과 사
회권 모두 지킬 수 있어야 한다. 그러나 현실은 그렇지 않다. 사회
정의는 경제를 넘어서는 주제이긴 하지만, 선거 때 투표에 참여해
정해진 절차대로 한다고 일반의지를 구현하는 것은 아니다. 법치
가 소통을 보장하고 민주주의를 지키긴 하지만 시민의 자유에 개입

하지 않을 정도로 권력의 제한만을 말할 뿐 복지와 정의는 비켜가기 일쑤다.[118] 복지와 정의만 해도 거창한 주제다. 법치가 미화되지만 않아도 다행이다. 다만 법과 규정을 무기로 삼는 관료들에 의해 국민이 불평등 대접을 받거나 기만당하지 않았으면 좋겠다. 정부에 대한 국민의 신뢰가 미국이나 한국 모두 20% 수준이라는 점은 많은 것을 시사한다.

공직윤리가 훈련으로 선양될 여지가 없는 것은 아니다. 몇 권의 책들이 있는데, 그중 쿠퍼Terry Cooper의 『공직윤리 핸드북』이 현실적 가이드라인을 제공해줄 것이다.[119] 이 분야에 대한 저서가 흔치 않은 상황에 이 핸드북은 폭넓고 깊이 있는 연구의 산물로 평가받는다. (1)윤리 훈련의 맥락을 상술하며 행정윤리와 관련되는 여러 카테고리의 연구 기법을 제안한다, (2)바람직한 행동을 고취하는 효과적 윤리 훈련과 법적·조직적 방안을 검토한다, (3)현대 철학의 여러 카테고리를 활용해 행정윤리의 분류 체계를 찾아낸다, (4)공공이익의 근원을 논의하고, 원리와 원칙에 충실하기 위해 행정윤리를 의무론적이며 목적론적으로 접근한다, (5)행정윤리의 담론에서 실증주의적 접근을 비판하고 분석철학에 뿌리를 내려 비트겐슈타인 류의 일상언어적 접근 방법을 제시한다(Fischer; Stewart), (6)조직문화와 문화와 윤리행동 간의 갈등 차원에 초점을 맞춘다, (7)행정학을 넘어 의학과 법학과 범학문적 연구를 제안한다. 한마디로 공직윤리의 활동과 경험, 그리고 이론적(존 롤스의 정의론 두 원칙 원용)·방법론적 논의를 집대성해 공직윤리를 행정학 연구의 유망한 영역으로 자리매김한 거작이다.

어느 학문 분야에서나 쟁점거리지만, 공직윤리 문제도 기술적 정향에 기울면 안 된다. 과도한 이기심으로 기계적 제약을 창출하는 데만 관심을 보이지 말고, 덕과 명예 등 미국 헌법이 기초하고 있는 가치를 잊지 말아야 한다는 주장은 분석철학과 일상언어 접근법(비트겐슈타인)이 뒷받침한다.

국민은 옳고 바르며 의로운 정부를 믿는다. 정부의 존재 이유와 가치는 공동선의 구현이다. 그러나 모든 논리에 역설(러셀, 제논, 크레타 등)이 끼어들고, 진리의 범위는 무한하기 때문에 답을 찾지 못해도 위로가 되고 정당화되기도 한다. 공직윤리라는 언어나 개념, 그리고 구사하는 논리 역시 역설이 있다. 윤리가 권력이 입는, 지식과 수양으로 직조된 옷이라면, 베버의 심정윤리는 허름한 옷을 걸친 정도이고, 책임윤리는 당당한 정장을 입은 꼴이다. 하지만 옷을 입었다고 누구나 맵시가 나지는 않는다. 그래도 권력의 치부를 가리기 위해 윤리의 옷은 필수다. 권력의 차원을 넘어 책임 행정을 구현하기 위해서도 윤리 훈련은 필요충분조건이다.

공직자는 도구적 이성에는 밝지만 상상력은 약하다. 학문이 12세기에 자리를 잡기 시작할 때 윤리는 사회과학의 모태였다. 가족윤리는 경제학, 국가윤리는 정치학, 특수윤리는 법학, 개인윤리는 윤리학, 이런 식이었다. 학문의 체계를 기억의 축(역사), 이성의 축(철학과 수학), 상상의 축(시, 소설, 디자인)으로 나누면, 공직윤리는 세 번째 축으로 갈수록 빛이 난다. 공직자의 전형적 성향인 도구적 이성에만 집착하기보다는 『공직윤리 핸드북』에서 강조하는 성품이 우선해야 하고, 더욱이 선해야 한다.

　권력은 동물이나 어린아이와 달라서 좀처럼 길들여지지 않는다는 데 문제가 있다. 그래도 길이 없는 것은 아니다. 학술적으로는 (1)도덕의 이념, (2)인간 존엄성의 이념, (3)인류 실존, 인간다운 생존과 발전을 위한 이념 등에 따라 책임감이 갖추어져야 한다. 문화적으로는 시와 음악으로 어느 정도 가능하다는 것이 러셀의 생각이다.[120] 시는 일상적 욕망을 초월한다. 상상력으로 일상의 제약을 넘는다. 흔히 엘리트들이 권력욕을 억제하지 못하는 것은 외워서 정답만 맞혔지 상상과 창발創發의 여지를 전혀 내면화하지 못했기 때문이다. 공자도 "흥어시興於詩, 입어예立於禮, 성어악成於樂(시로써 일어나고, 예로써 서며, 음악으로써 완성된다)"이라고 하지 않았는가. 리듬과 감각으로 권력을 아름답게 만들 수 있다.

5

정부라는 배가
순항해야

Synopsis

■ 정부의 배가 순항해야 하는데, 선장이 많으면 정부선政府船이
산으로 간다. 첫째, 국가가 무엇인지 잘 모르고, 둘째, 정부가
무엇을 하고 하지 말아야 할지를 잘 모르고, 셋째, 공과 사를
구분하지 못하면 그렇게 된다. 거친 풍랑을 만나도 조타를 잘
하면 되는데, 잘못하면 항구에 도달하기도 전에 배가 뒤집혀
가라앉는다.

정부의 배가 산으로 간 대표적인 예가 국정농단으로 폐업한
박근혜 정부다. 폐업 정도가 아니라 몰락이라고 하는 편이 더
맞을 것이다. 국가기밀 문서를 누출하고, 예산을 함부로 쓰

고, 규정과 절차를 어기는 등, 그야말로 공을 사인 듯 인식한 정부다. 산으로 간 것이 아니라 공중에서 분해된 정부다. 이 정부와 권력의 말로는 생각이 모자라고 지혜가 궁핍해서 빚어진 비극이다. 그나마 박근혜 정부가 명목적으로라도 연명할 수 있으려면 정부가 총리 후보(김병준)를 내세우는 대신 국회더러 총리를 추천하라는 당초의 뜻을 관철했어야 했다.

정부는 국가의 질서를 유지하고 국민의 안녕과 편의를 돌보는 데 심혈을 기울여야겠지만 정권은 그렇지 않다. 정권의 지상 목표는 집권 연장이다. 재선으로 다시 정부를 운영하고 싶어 한다. 국민에게 하는 정책 공약은 한때 반짝이는 무지개요, 화려한 몸치장에 불과하다. 이를 위해 도구가 되는 공직자만 불쌍하다. 이런 정치 상황의 본질을 알아야 국민은 정부를 제대로 파악할 수 있다.

■ 대통령이 국가와 정부의 개념과 원리가 무엇인지 모르면 정부의 배는 산으로 간다. 기획재정부 직원들이 예산 작업에서 고생했다고 대통령이 피자를 350판 쐈다는 기사는 재미는 있지만 국권 행사와는 거리가 있는 듯 보인다. 대학생들 MT도 아니고……. 또 있다. 국가를 위해 싸우다 희생된 전몰장병도 아닌 낚싯배 사고로 숨진 영령들에게 청와대 회의에서 묵념

을 하다니…….

■ 세월호 사건이나 낚싯배 사고에서 목격했듯 정부의 현장 수습 능력은 그야말로 엉망이다. 이런 수준의 시스템으로 정부가 국정을 관리한다는 것이 미더울 수가 없다. 해양경찰청은 해경 소속 선박이 수리 중이라 육로로 진도항까지 52km, 1시간 10분이 걸린 후 민간 어선을 빌려 타고 사고 현장에 도착한다. 먼저 도착한 고속단정도 구조요원이 없이 가는 바람에 인천구조대를 기다려야 했다. 이게 오늘 우리 정부 운영의 현주소다. 미덥지 않은 정부의 자화상이다.

■ 기본도 없고 기준을 지키지 않는 관·민 양쪽에 문제가 있다는 것을 확인하게 된다. 해경은 보나마나 예산이며 인력 탓을 할 것이고, 민은 관의 간섭과 규제 때문이라고 핑계를 댈 것이다. 민이 선내 구조를 임의로 변경하는 것 역시 직업윤리가 <u>흐트러진</u> 결과다. 그뿐인가. 낚시 인구의 증가로 배의 수요가 늘고, 이에 따라 어획량도 늘려야 하니 어군이 몰려 있는 좋은 자리를 숨기기 위해 위치 정보를 끄고 달리며 제한 없이 마구 고기를 낚는다. 외국의 경우엔 어획량을 제한하고, 시험을 치거나 면허증을 발급해 바다와 어획 자원에 대한 기본 개

념을 숙지시킨다. 낚싯배 사고만 아니라 모든 사고는 결국 정부가 만든 규칙과 민이 이를 지키지 않는 데서 발생한다. 병원이나 아파트 화재 참사의 원인 중에는 허가 없이 내부 구조를 바꾸거나 써야 할 비상구를 막아놓는 데서 비롯되는 경우가 많다. 정부가 엄격한 규정을 만든다고 해서 사고를 예방할 수 있는 건 아니다.

■ 정부는 이런 문제에 전혀 손을 대지 못한다. 기본이 뭔지 생각조차 하지 않는 것 같다. 정부는 사건이 발생할 때마다 현상을 파헤치기 전에 본질부터 접근해야 한다. 왜 직업윤리가 땅에 떨어졌는지, 이를 고치려면 교육의 내용과 질부터 다시 세워야 하는 것은 아닌지, 원점으로 돌아가야 문제의 발생을 조금이라도 더 줄인다. 이것을 못하는 게 이 나라 정부다.

■ 역대 정부의 좌표가 문제다. 역대 정부는 각 정권마다 자기네만 잘하고 있다며 전 정부의 흠집 들추기에 여념이 없다. 그러나 정부는 여럿이 아니고 하나다. 전일성全一性으로 전체가 하나로 통합의 상태를 이룬다. 앞의 정부 덕분에 다음 정부가 누리는 것이 한두 가지가 아니다. 한 예로 이승만 정부 말기에 유능한 경제 관료들이 짜놓은 경제개발계획을 박정희 정

부가 승계해 열매를 맺은 것과 같다.

■ 정부가 행하는 것들의 최종 책임은 대통령이 진다. 대통령직은 매우 복잡하고 어렵다. 법대로 행하면 되지만 법에 대한 해석과 이해가 다르고, 모든 일이 법만으로는 이루어지지 않기 때문에 퇴임 후 대통령의 입지가 더 어려워지는 일이 관행이 되다시피 됐다. 권력이 법의 정신을 잊어서 더 그렇다.

■ 외국에는 나라의 수장을 존중하는 오랜 관행이 있다. 미국의 대통령 클럽The President Club이 부럽다. 미국 워싱턴 D.C. 외교가의 여러 나라 대사관 앞에 세워놓은 각 나라 국부의 흉상도 부럽다. 인도의 마하트마 간디, 영국의 처칠, 터키의 케말 파샤, 베트남의 호찌민 등이 자국의 긍지를 세운다. 영국은 식민지 인도의 국부國父 간디 옹을 영국 웨스트민스터 사원에 동상을 세워 추모한다. 국부 급에 해당하는 나라의 인물이 각 나라 대사관 앞에 있다. 우리나라의 국부인 이승만 동상은 주미 한국대사관 앞에도 없다. 뿐만 아니라 위인이 헌액한 현판도 정부가 바뀌면 교체하려고 하는 것이 이 나라의 근시안적 관행이다. 그런 관행 때문이겠지만, 김대중은 대통령 재임 때 한 편의 글과 글씨도 헌액하지 않았다.

- 국부로 나라를 지킨 베트남의 호찌민이 내란 때 국민 1만 5,000명을 학살한 사실은 많이 알려지지 않았다. 그런 역사적 사실에도 불구하고 오늘날 베트남 국민들은 국가기관, 공공기관, 식당 어느 곳에서나 제대祭臺에 호찌민 흉상을 모시고 매일 제배를 한다.

- 물론 폭군은 예외다. 아랍의 지도자들, 이라크의 사담 후세인, 리비아의 무아마르 카다피, 이집트의 호스니 무바라크, 예멘의 알리 압둘라 살레, 아프리카 짐바브웨의 로버트 무가베는 철권 정치를 했거나 평생 대통령직에 머물러 지도자라고 하기도 껄끄러운 인물들이다. 남아메리카에도 이런 인물들이 허다하다. 이런 정치인들 때문에 순항해야 할 배가 산으로 가버려 이를 지고 가는 국민만 고생한다.

- 따지고 보면 우리가 누리고 찬양하는 화려한 성소나 국가 건물은 가련한 영혼들, 평생 삽과 곡괭이로 땅과 굴을 파고 바윗덩어리를 지고 나르며 굶주리다 동사한 가엾은 인간들의 희생의 산물이다. 권력자들은 이를 간과한다.

- 권력의 생리를 알아야 한다. 권력 다스리기만큼 힘든 것이 없

다. 권력이 플라톤의 동굴에서 나오지 못하면 종말은 비극일 수밖에 없다. 세상의 햇빛을 쐬며 만물의 진리에 가까이 가지 못하기 때문이다.

■ 정부라는 배가 물로 가지 않고 산으로 간다는 말은 정부의 크기며 씀씀이부터 제자리를 잡으라는 주문이다. 공무원 수를 늘려 큰 정부를 만드는 시대착오적 발상을 아무렇지도 않게 시행하는 정부를 그대로 놓아둘 수는 없다. 한 해에 공무원을 17만 명 늘리겠다는 것이야말로 정부가 제 몫을 하지 못하는 대표적 사례다.

■ 정부의 배가 산으로 가지 않으려면 문명국이 되어야 한다. 선진국은 그 다음이다. 선진국은 경제지표로 따지니 한 나라의 한 단면일 뿐이다. 사람의 격을 인격이라고 하듯이 나라에도 국격國格이 있다. 국격은 위풍당당하고 아름다우며 자랑스러워야 한다. 우리는 지금 우리나라를 어떻게 생각할까? 문명국 이야기는 다음 장에서도 한다.

■ 정부가 건강하지 않으니 방향 감각이 없어 배가 산으로 가는 것이다. 질병에 걸린 듯 바른 생각을 하지 못한다. 정신이 혼

미한 듯하다.

■ 정부가 애쓰면서도 나아지지 않는 원인 중에는 공무원 교육
훈련 기관과 과정의 전근대적 구조와 관행이 있기 때문이다.
숫자로 치환된 평가로는 정부의 몸에 새 피가 흐르게 할 수
없다. 테그마크가 중요하게 생각하는 감각질에 대한 인식을
새로이 해야 한다. 지혜의 인간인 호모 사피엔스가 기계에 지
지 않으려면 호모 센티언스가 되어야 한다는 의미를 깊이 이
해해야 한다.

■ 정부가 앓고 있는 정신적 질병부터 고쳐야 배가 산으로 가는
일이 없을 것이다. 정부를 치료해 좋은 정부의 길을 여는 일
이 우리가 풀어야 할 과제다.

바람이 거세다

배는 순항해야 한다. 산으로 가면 안 된다. 아이로니컬하게도 역사상 배가 산으로 가서 성공한 사례가 있다. 15세기 중반 오스만 제국의 술탄 메흐메트 2세가 콘스탄티노플을 정복하기 위해 골든혼 Golden Horn 해협의 출입구를 막아 함대를 산으로 올려 위장해 정복자의 위상을 드높인 적이 있었다. 대한민국 국기를 달고 있는 국적선이자 정부선은 순항할 때가 많았지만, 거센 풍랑에 표류하는 아포리아aporia 상태에 빠진 적이 정부 수립 이후 다섯 번 정도 있었다.

첫째는 해방 정국의 정치 공간이다. 좌와 우가 극렬하게 대립하고, 해방이 되었지만 정부 수립이 늦어지고 신탁과 반탁 통치의 대립이 극에 달하던 때였다. 이념 대립으로 배가 난파 직전까지 간 것은 예나 지금이나 다르지 않다. 2017년 정치 파고 역시 크게 다르지 않다.

둘째는 한국전쟁이다. 이것 역시 이념 대립에서 비롯되었다. 국민은 도탄에 빠졌다. 독립국가가 뿌리째 흔들렸다. 나무가 고사 위기에 처했다.

셋째는 독재정부였다. 민주주의가 짓밟히고, 인권은 끝 간 데 없이 유린당했다.

넷째는 경제 위기였다. 1997년과 2008년에 닥친 위기가 정부의 뿌리를 뽑을 뻔했고, 경제의 배가 침몰 직전에 있었다. 전자를 IMF 위기, 후자를 외환위기라고 한다.

다섯째는 박근혜 대통령 탄핵 정국이다. 국정농단은 앞에서 말한 대로 권력의 종말이 얼마나 비참한지를 보여주는 적나라한 사례다.

정부선이 표류하는 과정에서 민주투쟁으로 수많은 인명이 희생됐다. 사람의 힘으로는 어쩔 수 없는 자연재해도 있지만, 인간 사회에서 일어나는 대부분의 사고는 잘못 행사하는 권력 때문에 일어난다. 나쁜 정치권력은 반드시 나라를 망친다. 정치 생리를 모두 이해하긴 어렵지만, 그래도 선한 권력 인식이 없는 건 아니다. 영화 〈프레지던트 메이커〉를 보면, 특급 컨설턴트로 일하는 샌드라 블록이 대선의 승리를 눈앞에 둔 시점에서, 그래봤자 쳇바퀴 돌 텐데 나는 퇴장한다며 떠나가는 장면을 보면 권력의 속내가 어떤지가 고스란히 드러난다.

권력의 행사가 순리에 어긋나는 경우가 참으로 많다. 권력기관이 자신의 권력을 제대로 행사하지 못하는 것이 대표적이다. 권력기관(감사원, 국정원, 검찰, 경찰, 국세청)은 정권이 바뀌면 그제야 칼춤을 추기 시작한다. 이명박 정권 때 문제가 되었던 4대강 사업이나 잠실롯데월드 허가 같은 것을 다시 끄집어내어 감사한다며 벼른다. 당대에서는 그렇게도 무디던 칼이 다음 정부에서 예리해지는 이유는 너무나 뻔하다. 당대 정부의 비리를 캐내기는 원초적으로 불가능하다는 뜻이다. 허수아비 같은 이런 감사기구를 왕의 국정운영을 감시하던 조선시대의 삼사三司와 비교하면 허망하다.

꽁꽁 문 닫은 정부

민주주의가 성숙했어도 정부의 비중과 역할이 그대로 혹은 확대돼도 괜찮다는 의견이 있다. 이는 정부와 시장의 관계에서 이미 말했다. 정부는 나라의 온갖 문제를 해결하기 위해 존재한다. (1)나라를 지키고 통일을 이루려고 노력한다, (2)법과 질서를 유지한다, (3)국제관계를 원활히 한다, (4)국민의 경제생활을 신장시킨다, (5)교육, 복지 등 국민의 사회적 안전판을 구축한다.

정부가 국가와 국민을 위해 잘하는 것도 많지만 국민을 실망시키는 것도 한두 가지가 아니다. 정부가 효과적으로 운신하기엔 몸이 너무 뚱뚱하다. 정부의 몸이 무거워 씨줄과 날줄로 직조된 태피스트리가 보기 흉하다. 씨줄은 정부와 민간의 관계이고 날줄은 정부 부처끼리의 관계인데, 이들이 원활치 못하니 여러 색깔로 그림을 짜 넣은 직물이 멋지지 않아 보인다. 잘 짜이지 않은 원인 중 하나는 바탕이 되는 지식과 기술이 헐겁다는 것이다. 정부 관료들은 무엇이든 새롭게 적용하고 고쳐갈 생각은 하지 않는다. 있는 지식과 방식만 고집한다. 그러한 이유로 새로운 지식이나 상상이 기초가 된 정부 정책이 나오지 않는다.

관료들의 기본 정신은 수혜라는 것에만 집착한다. 무엇을 나누어 베푼다는 인식을 갖고 있는 것이다. 나누어 갖겠다는 생각이 아니다. 네가 더 가져도 좋다는 생각은 추호도 하지 않는다. 이는 공유와는 너무나 거리가 멀다. 더욱이 폐쇄적인 관료 세계는 자기중심적이고 시대착오적이어서 국민의 기대와는 거리가 멀다. 엘리트의 화신인 공공조직의 관료들은 갑의 위치에서 무엇이든 세우면 되고 집행하면 효과가 난다는 착각 속에서 산다. 이들은 철저하게 자기들만의 세계를 구축한다.

기획재정부 개방직 24자리 중 22자리는 자신들이, 나머지 두 자리는 고용노동부와 한국은행 출신이 차지한 것만 봐도 문을 여는 척만 하고 꽁꽁 닫은 것이나 다름없다. 민간 두뇌를 이용하라고 만든 제도조차 자신들 몫으로 차지하는 것이 관료들의 세계다. 심지어 퇴직자들조차도 정부 예산을 계속 빼먹고 있는 것이 현실이다.

정부는 공유와 정보 공개, 이른바 정부 3.0을 내세워 문을 활짝 개방한 듯 홍보한다. 하지만 근본적으로 관료주의의 폐쇄성을 넘어서지 못하는 관료들의 실상을 직시해야 한다.

공유의 시작은 정부가 정보를 얼마나 공개하고 있느냐에 달려 있다. 정부는 정부 3.0을 표방하며 공공데이터를 개방하고 공유, 소통, 협업 등을 하고 있다고 말한다. '스마트 정부'라고 하면서 연말정산 팁을 알려주고, 시력 검사도 없이 운전면허를 발급한다고 하는 것은 편리한 서비스임에는 틀림이 없다. 식중독 예측 지도를 만들고, 범죄 위험지수를 개발하는 것도 주민의 편익을 위해 정부가 애쓰는 내용이다. 클라우드 컴퓨팅(1만 8,000개의 정부 전산망과 데이터베이스를 묶는다)과 빅데이터 기술을 응용해 전자정부의 수준을 끌어올리려는 노력도 기울인다.

그러나 이것은 겉치레에 불과하다. 정부는 정보를 국민과 대등하게 사용할 생각은 하지 않는다. 정부는 국민이 필요한 정보를 정직하게 공개하지 않는다. 정부 3.0은 정부 서비스가 간편·신속하게 된 몇 가지 사례일 뿐 아직도 부처별 운영에 머물고, 융합의 차원에서 필요한 사물인터넷조차 활용하지 않는다. 〈조선일보〉는 '행복한 대한민국을 여는 정부 3.0'에 대한 특집 보도를 자세하게 실었다.[121] 부처별로 국민 생활과 맞닿는 부문들, 예를 들어 법령, 의료, 도로, 영농, 대기 등에 걸쳐 국민 생활이 원활하게 이루어질 수 있도록 인터넷으로 업그레이드를 했다고 홍보한다.

그러나 정부의 운영 주체는 '국민'이며, 민주공화국의 실현 장치가 '정부 3.0'이라고 말하는 행정안전부 장관의 말을 믿는 국민이 얼마나 될지 궁금하다. 정부가 어디까지나 갑甲官이고 국민이 을乙民인 한 민주는 수사修辭일 뿐이다.

제대로 하려면 모든 정보를 낱낱이 공개하는 미국의 Data.gov 같은 것을 해야 한다. '미국 정부의 공개 자료집The home of the U.S. Government's open data'이라는 이 사이트에는 없는 것이 없다. 농림, 기후, 소비, 에코 시스템, 교육, 에너지, 재정, 건강, 지방정부, 제조업, 해양, 공공안전, 과학과 연구 등등 모든 자료를 공개해 여기에 있는 자료, 도구, 자원을 활용해 연구·응용하고 눈에 띄게 디자인해서 삶을 풍요롭게 하자는 취지다. 정부가 문을 활짝 연 것이다.

정부가 2018년 3월 19일 정부혁신 전략으로 보다 나은 정부를 표방하며 사회적 신뢰 프로젝트로 미래를 약속했지만, 자세히 들여다보면 현란한 언어로 실제와는 거리가 먼 내용을 나열하고 있다.

국민이 공감하는 정책을 펴고 공정하고 깨끗한 공직 사회를 구현하겠다는 약속은 그동안 모든 정부에서 한 레토릭에 불과하다.

국민이 원하는 신속한 서비스뿐만 아니라 정부 속에 감춰진 자기만의 리그 속을 공개해야 한다. 예를 들어 열린 재정에는 예산 사용에 관련된 큰 항목만 열거되어 있다. 행정안전부가 지방 교부금 지역별 지원 내역을 밝히지 않고 있다가 겨우 열었다. 미국의 재정 세입 세출 공개 시스템은 정부 예산이 (1)언제, (2)어느 지역, (3)누구에게, (4)어떻게 쓰였는지를 투명하게 공개한다.

정부는 부실한 공공데이터 축적부터 온전히 해야 한다. 5년에 한 번씩 하는 식당 위생점검은 너무 부정확한 정보다. 정보를 숨기는 버릇부터 없애야 한다. 메르스(코로나 바이러스) 사태 때도 그랬고, 식품의 유해물질이 확인됐을 때도 두루뭉술하게 넘어가기 일쑤였다. 공공시설 안전도나 의료사고 데이터도 마찬가지다. 물론 지역 주민이 공개를 원치 않는 범죄 정보나 침수 정보 같은 것을 정부가 과감히 공개하지 못하는 등의 고충은 있다. 그러나 소수의 이익을 대변하는 것이 정부의 역할일 수는 없다.

정부가 문만 아니라 귀까지 닫은 것은 연구 용역 결과를 활용하는 실태를 보면 안다. 연구 결과를 적극적으로 반영하지 않고 사장한다. 정책 담당자들은 유리한 것만 빼내어 자신의 논리를 뒷받침하고 자신을 정당화한다. 연구 용역에서도 이전의 연구나 전문서적에 이미 기술되어 있는 것을 무시한 채 예산과 시간을 낭비하는 예가 흔하다. 공직자들이 조금이라도 기존 연구를 참고했다면 반복되는 연구를 하지 않아도 될 것이다. 전문지식이라도 틀리는 것이 많다는 점도 알아야 한다. 오류를 그냥 넘기면 안 된다. 지식은 모든 것을 설명하지 못한다. 우리가 아는 것이 전부가 아니다.

연구 결과가 지속적으로 존중되지 않는 것도 문제다. 정부가 바뀌면 같은 것이라도 색칠을 달리해 새로운 것처럼 만들어 국민을 착각하게 한다. 녹색성장, 창조경제 같은 이미지가 그렇다. 눈이 번쩍하다가 곧 실망한다.

정부의 존재와 역할이 국가와 국민을 위하는 것이라고 하지만, 그 과정에서 정부가 도를 넘어 국민을 압도하는 것이 현실이다.

이제 정부는 능력이 미치지 못하면 손을 놓고 시장과 민간(정직하고 성실하고 능력 있는)에게 맡아달라고 요청할 때가 되었다. 짐을 덜고 집중할 필요가 있는 일(기초와 미래 준비)에만 매진해 나라를 다시 일으켜야 한다. 정부가 나랏일 모두를 책임지겠다는 것은 큰 착각이다. 기본은 능력과 노력에 상응하는 대가로 하고, 해야 하고 할 수 있는 것으로 책임을 한정해야 한다. 정부가 적폐를 청산하겠다고 하지만 끝은 보잘것없을 것이다. 현상에만 집착하지 말고 기본적인 가치를 헤아릴 줄 알아야 한다.

정부가 세상의 변화를 간과하고 과거에만 머무는 것은 바깥세상과 동떨어져 있다는 증거다. 정부가 좀처럼 변하지 않는 이유는 돌덩어리보다 더 단단한 쇳덩어리이기 때문이다. 정부는 꿈쩍하지 않는다. 쇠그릇 속은 관료들의 계급과 자리만 꽉 차 있다. 정부는 판만 깔아주는 플랫폼이어야 한다는 생각은 추호도 하지 않는다.

내일의 변화를 생각하기는커녕 오늘 자신들의 이해관계에만 온통 관심이 쏠려 있다. 전 부처가 대대적인 변화를 꾀해야 하는 시기에 인공지능, 바이오, 나노 같은 것은 관련 부처에서 담당하면 된다고 안이하게 생각한다. 철둥지 속이 그렇게 편한 모양이다. 그렇게 손을 놓고 있다가 불이나 가스에 질식하는 상황이 오면 누가 구하겠는가.

배가 산으로 간다

국민은 희망의 배를 타려고 선착장에서 기다리는데 배가 오지 않는다면 어떻게 될까? 배가 산으로 간다면 이유 중 하나는 선장이 많아서이다. 청와대 정책실장이 경제학도이고, 일자리 수석이며 경제수석, 고용 비서관들 모두 경제 조타수들이다. 내각의 경제산업 부서는 누구 말을 들어야 할지 헷갈린다. 그것뿐인가. 청와대 조직을 분산한다. 자영업 비서관 자리를 늘리고, 교육문화 비서관도 둘로 나누고, 홍보기획 비서관은 그대로 둔 채 국정홍보 비서관을 새로 만들었다. 또 연설 비서관으로 모자라서 연설기획 비서관을 새로 들였다. 각 부처의 정책과 홍보를 사실상 청와대가 장악한다는 비판을 받는다.

같은 것도 달리 정당화하는 길을 택해야 국민이 납득한다. 무슨 말인고 하니, 뇌는 무게가 2.3%에 불과하지만 20%의 에너지를 소비하기 때문에 뇌에 해당하는 청와대가 그만한 몫은 해야 한다. 간섭과 견제보다는 내각과 전혀 다른 차원에서 융합적 형태로 창조적 상상력을 발휘해야 뇌답다. 소뇌의 편견과 고정관념, 파지력 강한 좌뇌보다 우뇌의 역할에 비중을 두어야 대권의 행사에 어울린다. 느리고 폭넓게, 또한 원숙하게 정부를 이끄는 여유를 보일 줄도 알아야 한다. 위가 느긋해야 아래가 활기를 찾는다. 갈라 콘서트에서처럼 곡에 따라 악기의 위치를 바꿔 화음을 내는 신축성이 있어야 한다. 청와대 부서마다 내 일만 챙기고 다른 부서의 일에 무심하면 소음만 들린다.

요즘 사회 분위기가 집단 우울증에 걸린 듯 어수선하다. 정부가 줏대 없이 굴어서 더 그렇다. 정부가 책임 있게 일관성을 유지하며 나라를 이끌면 탈이 없는데 우왕좌왕하며 중심을 잡지 못하니 국민도 어지럼증에 시달린다. 뭔가 바꾸고 싶은 충정은 이해하고도 남는다. 못된 기득권은 반드시 지워야 한다. 기득권은 자본주의만의 전유물이 아니다. 국가가 생산 수단을 통제해도 기득권이 넘쳐난다.

아스팔트 도로를 달리다 비포장도로에 접어드니 차는 흔들리고 승객은 어지럽다. 세계 조류를 거스르며 정부가 포용국가론이니 국가 간섭이니 하며 이념 정향과 국정기조를 틀면 국민은 흔들린다. 신경전달 화학물질인 세로토닌serotonin 분비가 불안해지는 것과 같은 증상이다. 70년을 이어온 민주공화정부의 역사가 퇴행하고 있다는 비판을 받기에 알맞다.

정책을 잘 펴면 정부가 일을 제대로 하고 있다고 생각한다. 정책은 막힌 데를 뚫고 길을 내주는 역할을 한다. 그 끝이 기대대로만 이루어지지는 않는다. 새 정부가 소득주도 경제성장을 표방하고 성장과 분배 정책의 기수를 돌렸지만 2018년 중반 현재 효과는 오히려 정반대로 나타났다. 최하위 소득층의 소득은 −9%, 최고위 소득층은 +8%를 기록했다. 정책의 효과가 나타나려면 시간이 걸린다. 성패를 가늠하기도 쉽지 않다.

그러나 적어도 바른 자세로 일관되게 해야 한다. 정부를 맡은 지 얼마 되지 않고, 거기에 이념 성향까지 비틀려고 하니 정책을 펼수록 저항이 심한 것은 어찌 보면 당연하다. 국가의 안보가 무엇보다 중요하니 정책은 신중에 신중을 거듭해도 모자란다. 아직 갈 길은 멀지만, 남북 정상이 만나 전쟁의 두려움을 없앤 것은 현 정부의 대단한 성과다.

그러나 전술핵 배치며 대북 해상 봉쇄 같은 이슈가 청와대 얘기와 국방부 발표가 다르다면 국민은 어느 쪽을 믿어야 할까? 한참 말이 많던 사드 발사대 반입 문제만 해도 그렇다. 반입 사실을 정부만 모르고 있었다는 게 말이 되는가? 아동수당 지급 대상에서 상위 10%가 포함되는지 아닌지 아직도 분명하지가 않다. 전국적으로 5만 개나 되는 유치원과 어린이집의 방과후 영어 수업 금지 문제도 발표 후 꼬리를 뺐다. 가상화폐를 도박이라고 했다가 한 발 물러섰다. 블록체인이나 알고리즘이 뭔지도 모르고 불쑥 발표했다가 정부가 스스로 믿을 수 없는 주체로 전락했다. 정책 내용도 모른 채 준비 없이 발표했다가 저항 세력에 못 이겨 한 발 물러서는 모습이야말로 배가 산으로 가는 꼴이다. 정책은 틀릴 수도 있다. 그보다는 처음부터 방향을 제대로 잡지 못하는 것이 신뢰를 저버리게 하는 요인이다.

기득권을 물리치고 약자를 보호하겠다는 이념 성향이 '국가 주도 사회적 경제'를 지향한다는 것은 보수의 이념적 결함을 극복하겠다는 것이다. 그러나 정부를 크게 운영하면 할수록 기득권이 창궐할 여지가 많다는 것도 알아두어야 한다. 지방 분권의 가속화가 탈출구가 되겠지만 지방정부의 능력을 감안해 조심스럽게 접근해야 한다.

헌법에 명시한 민주공화국과 자본주의 정신을 희석해 변화를 시도하는 것은 매우 신중하게 접근해야 한다. 헌법을 놓고 새삼 권력이며 구조며 정신이 어떤가를 가리는 것은 시대 변화에 부응하고자 하는 것이지만 본말이 전도되면 안 된다. 잘못하면 속(소프트웨어)은 비어 있는데 호화로운 집을 짓는다거나, 내 생각만 하거나, 전체를 조감하지 못하는 것처럼 타협할 수 없는 행태가 될 수 있다. 헌법이란 나라의 기초를 보호하는 법으로 단순하지도 않고, 그렇다고 복잡해서도 안 된다. 헌법이라는 기초법에 복잡한 내용을 담으면 정부가 운신할 수 있는 폭이 좁아진다. 법이란 원래 여유롭게 생각하고 행동할 수 있는 기초를 다져주는 것인데, 법이 모든 것인 듯 하나하나 모두 집어넣고 내 방식대로 적용하려 한다면 오히려 미궁에만 빠질 뿐 국가와 사회를 바로 세우는 본래 목적과는 거리가 멀어진다.

여기서 한 가지 그냥 넘어가서는 안 되는 것이 있다. 헌법은 국정 운영의 기본 규범이며 정부조직법의 모법으로 정부 각 부처의 역할과 책임, 기능 배분 등에 관해 명확히 규정하고 있는데도 그 정신이 외면되고 있다. 예를 들어 헌법 제119조 1항에 정부가 균형 있는 국민 경제의 성장, 안정, 분배 등을 규정한 것과 달리 기획재정부는 중장기 국가발전 전략, 경제 재정정책 수립, 총괄, 조정 등을 역할로 인식해 헌법의 규정과 거리가 멀다. 물론 정부 전체와 한 부처의 기능에 관한 설명이 일치하지 않을 수는 있다.

하나만 더 보자. 헌법 제66조 4항의 '행정권은 대통령을 수반으로 하는 정부에 속한다'는 규정에도 불구하고 정부만 아니라 대통령에게도 부여한 듯 국정을 운영하는 것은 국민이 선거로 선택한 대통령이 정부 관료제의 수반이니 당연한 듯 보인다. 그러나 정부에게도 있다는 규정은 영혼 없이 대통령의 지시대로 따르라는 뜻이 아니다. 헌법 제7조 1항에 '공무원은 국민 전체에 대한 봉사자이며, 국민에 대하여 책임을 진다'라고 규정한 진의는 민주주의만 아니라 공화주의 정신(더불어, 함께, 조화롭게)을 살려 정치에 대한 행정의 견제와 균형의 역할을 명시한 것이어서 대통령의 정치적 운영을 행정적으로 바로 해야 한다는 뜻을 암시한다. 공직자가 대선 공약 이행에 몰두한 대통령의 도구로 전락해서는 곤란하다.[122] 반공화주의적 정부 운영이야말로 정부라는 배가 산으로 가는 격이다.

대표적인 예가 북핵 관련 정책이다. 전쟁을 원하는 국가나 국민은 없다. 남북관계에서 우리가 주도권을 잡기를 원하는 것은 당연하다. 남북 대화도 나라를 지키는 필수 요건이다. 그러나 무슨 힘으로 그렇게 할 수 있느냐는 다른 문제다. 친미도 비판의 여지가 많지만, 이승만 정부 때 힘들게 맺은 한·미상호방위조약을 위협하는 태도를 국민은 이해하지 못한다. 미국이라는 도움에서 벗어나 햇볕을 직접 쬐어 비타민 D를 섭취한다면 나라는 당연히 건강해진다. 하지만 그것은 태평성대 때나 바랄 수 있는 이야기다.

원자력 발전 문제도 그렇다. 에너지가 사람이나 정부나 생명을 유지하는 불가결의 요소인 것은 누구나 아는 사실이다. 당연히 비용이 싸면 더 좋다. 문제는 원자력 발전의 폐기물이나 지진 발생 같은 위험요소인데, 사고나 나면 큰 불상사로 이어지니 주저하는 것이다. 그러나 안전성이 보장된다면 값싼 에너지 생산은 필수다. 놀랍도록 발전하고 있는 과학기술이 이를 보증한다.

이승만 정부 때부터 자원이 부족한 나라를 지키기 위해 고심 끝에 접수한 시슬러W. S. Cisler의 조언이 전기가 됐다. 1956년 7월 8일 경무대(지금의 청와대)를 예방한 이 전기 기술의 대가는 에너지 박스라고 부르는 25cm²의 상자를 내보이며, 석탄이 이 정도면 4~5kW의 전기를 생산하지만 같은 양의 우라늄으로는 220만 배인 1,200만 kW를 생산할 수 있다고 했다. 대통령은 즉시 문교부에 원자력과를 설치하게 했고, 이듬해에는 연구소 설립으로 이어졌다.

매년 여름이면 거듭되는 전국의 달걀 살충제 사건은 한마디로 정부와 시장 간의 불협화음을 고스란히 드러내 보인 것이다. 정부가 친환경 인증제를 시행해 기업을 도우려는 의도는 나쁘지 않지만, 근본적인 문제는 정직하지 않다는 것과 이를 관리하는 능력이 모자라다는 데 있다. 관리는 국립농산물품질관리원농관원과 민간 위탁단체에서 하는데, 이 구조조차 능률적이지 않다. 더욱이 일선에서 심사와 인증서 발급을 맡은 민간기관의 대표(5명)나 심사위원들(90명)이 대부분 농관원 출신이니 얼마든지 야합이 가능한 것이다. 이 사실만으로 그 속을 들여다보지 않아도 부실 상황을 짐작할 수 있다.

정부가 친환경 마크에 직불금을 주는 부분도 관리가 제대로 안되기는 마찬가지다. 밀집 사육하는 공장과 다르게 위생시설을 갖추어 깨끗하고 넉넉한 공간의 축사에서 닭이 산란을 한다면 문제가 다르겠지만, 현실은 산란 구조와 환경 여건은 하나도 바뀌지 않은 채 양적 성과만 추구하는 문제가 여전하다.

이러한 구조적 문제뿐만 아니라 닭의 사육과 산란을 관리하는 운영 체계가 제대로 되어 있지 않다. 통계나 그밖에 보고 내용을 믿을 수 없는 것이 한두 가지가 아니다. 문제가 발생했을 때 우왕좌왕하는 것은 정부가 위탁한 기관을 정확하게 관리하고 있지 않다는 반증이다. 농축산물에서만 인증 품목이 7만 8,000개에 달하니 정부가 무슨 수로 제대로 된 관리를 하겠는가? 서로 책임을 미루고 실상을 제대로 가리지 못하는 정부의 위탁 체제가 근본적으로 바뀌지 않는 한 이와 같은 사건 사고는 끊이지 않을 것이다. 먼저 위탁이라는 끈부터 끊어야 한다.

정부가 현장 사정을 몰라도 너무 모르는 것이 큰 문제다. 장관의 말처럼 인증기관을 통폐합한다 해도 해결되지 않는다. 정부가 인증이나 가격 등을 통제하지 말아야 한다. 방목, 위생사료와 위생시설을 갖춘 '구쁘팜(전남 보성)' 같은 우수한 유기농 생산품(시중 가격의 두 배)처럼 시장에서 인정받으려면, 양질의 계란을 생산하는 책임은 생산자의 몫으로 돌려야 자연스런 경쟁 체제로 문제 해결의 실마리를 풀 수 있다. 정부가 손을 뗄수록 문제는 줄어든다. 정부와 시장의 관계 구조를 바꾸면 되는데, 정부는 매년 같은 문제를 예산을 써가며 똑같은 방식으로 대처하니 나아지기는커녕 늘 도돌이표다(물론 고급 품종과 일반품종의 생산 방식이 같을 수는 없지만).

정부가 국민을 불안하게 하는 원죄 중 으뜸이 교육제도다. 중3부터 고3까지 4년에 걸쳐 대학입시 방식이 모두 다르니 수험생과 학부모는 정신을 못 차린다. 정시 늘려라, 논술 줄여라, 수능 내신 바꾼다 등등 당사자들을 혼란에 빠뜨리는 것이 이만저만이 아니다. 교육을 정상화시키기 위해 제도만 바꾸면 되는 줄 알지만, 제도로 문제를 해결하는 것은 한계가 있다는 것을 정책 입안자들은 유념해야 한다. 흰쥐 실험은 제약 같은 실험실에서 끝내야지, 국민을 대상으로 하는 정책 실험은 이제 끝났으면 한다.

규제가 좀처럼 풀리지 않는 것은 이해가 엇갈려서 그렇다. 손에 쥔 떡을 먹지도 못하면서 놓지도 않는다. 영리 병원을 인정하려 해도 반대가 심해서 못한다. 기존 의료계와 시민단체가 쌍심지를 켜고 반대한다. 대기업에 조금이라도 유리한 점이 있으면 모두 들고 일어선다. 결국은 입법이 안 되고, 관료사회는 여전히 굳어 있고, 이해 당사자들이 반발해 규제의 매듭은 좀처럼 풀리지 않는다. 신산업과 신기술은 지역과 기간을 정해 그 한도 안에서만 실험해보자는 규제 프리존freezone의 아이디어가 없지 않다. 이를 규제 샌드박스sandbox라고도 한다. 결과야 두고 봐야 알겠지만 진정과 진전을 내건 문재인 정부에 기대를 걸 만하다.

희망은 있다. 문재인 정부가 규제와의 전쟁을 선포했다. 단두대, 전봇대, 암 덩어리라며 규제의 나쁜 면을 들춰 척결하려는 노력은 역대 정부에서도 계속 있어왔다. 하지만 아직까지 성공한 정부는 없다. 판을 새로 갈겠다는 현 정부의 선포는 기대할 만하다. 바람이 있다면 상식에 맞고 미래를 내다볼 줄 아는 인물을 중용해 내일을 열었으면 좋겠다. 지금 국회나 대학들이 미래 연구를 위해 기관 형성을 하는 내용을 보면 하나같이 미래 패러다임이 아닌 현재의 판에서 계획을 세우고 있다. 미래 인식이 그렇게 부족한가 하는 자괴감이 든다.

정권은 달라도 정부는 하나다

정권은 국민이 지어준 정부라는 집에 일정 기간 들어와 사는 세입자다. 전세권자의 권리는 존중되지만 집을 마음대로 고치지는 못한다. 선거 따라 정치권력이 달라지니 전세권자가 바뀐다. 전세권자는 한 집에 계속 입주한다. 문패만 바뀐다. 이 아무개, 김 아무개, 박 아무개……. 흔히 이들의 정부라고 표현하지만 그렇지 않다. 미국은 대통령 이름 다음에 행정부라는 말을 붙인다. Obama Administration이지 Government가 아니다.

전세권자가 되지 못한 야당은 집 안뜰에 자리 잡을 때가 있다. 집권자가 초대해 정원 파티를 할 때 한 발을 들여놓는다. 수가 틀어지면 정원에 텐트를 쳐놓고 농성을 하기도 한다.

정부가 역사적 산물로서 시간적으로 이어진다는 정부의 전일성全一性은 추호도 생각하지 않는다. 전문가든 실천가든 아무도 말하지 않는다. 국가가 하나이듯 정부도 하나다. 다만 정부라는 집에 입주한 세입자에 따라 행태가 바뀔 뿐인데, 같은 나무의 뿌리에서 자라고 있는 줄기라는 것을 깜빡 잊는다. 줄기에는 계절 따라 색깔이 다른 꽃과 잎이 열린다. 국민들은 아름다운 꽃과 철따라 달라지는 잎의 색깔을 상찬한다. 뿌리인 국가에서 자란 줄기가 정부다. 여러 갈래의 가지가 뻗은 것이 정당이고, 이 가지에서 갖가지 꽃을 피우고 열매를 맺는다. 정부는 어김없는 하나의 연속체이다.

색깔은 희고 파랗다. 국가가 둘일 수는 없다. 정당은 정치이념과 지향을 달리하며 정부를 맡고 국가 발전에 기여한다. 정당은 색깔이 다른 만큼 지향하는 정책도 다르다. 녹색당은 녹색이다. 정의당은 검정색이다. 늘푸른한국당은 말 그대로 푸른색이다. 자유한국당은 빨갛다가 파란 깃발을 들기도 한다. 민주당은 녹색과 노란색을 섞어서 이념을 표방한다. 국가라는 뿌리는 해를 거듭하며 튼실해졌다. 줄기가 여러 갈래로 뻗고 무성하게 돋은 나무도 있긴 하다. 또 뿌리가 땅 위로 솟아올라 줄기처럼 보이는 나무도 있다. 캄보디아 앙코르Angkor 사원과 같이 있는 타 프롬Ta Prohm 사원에 있는, 뿌리가 줄기처럼 자라고 있어 구분이 모호한 스펑나무spung tree도 비단목화나무 종류다. 안젤리나 졸리가 주연한 영화 〈툼 레이더〉에 등장하는 나무를 연상하면 된다. 우리나라에 그런 나무는 없다. 우리는 줄기가 꼿꼿한 소나무가 민족의 나무다.

우리는 관료권을 장악하려는 정치권력과 행정권력의 각축장인 정부가 여럿인 듯 착각하지만, 분명한 것은 정부는 하나다. 즉, 전일성을 띤다. 정당을 배경 삼은 정권은 색깔을 달리하지만 국가의 인적·물적 자원을 책임지는 정부는 시간의 흐름에서 독자적이거나 단편적이지 않다. 하나인 정부의 공직자는 영혼이 없다는 비아냥을 듣지만, 바뀐 수장과 규칙대로 일을 하는 것이 일관성이 있고 정부의 중심도 제대로 잡힌다. 시간의 차원에서 편의상 과거 정권과 현재 정권을 구분하는 것뿐이다.

다가오는 미래는 갈 수 없고 지나간 과거는 고칠 수 없다. 과거·현재·미래가 공존하는 ─ 다만 관찰자가 어떤 상태에 있느냐에 따라 달라지는 ─ 시간의 구분 없이 형이상학적 절대시간이 존재하지만, 인간은 자연을 설명하고 예측하기 위해 편의상 물리적인 시간 속에서 산다. 방향성만 보더라도 북극으로 가다가 정점에 이르면 되돌아서 남극으로 가게 되듯이, 그리고 서울을 떠나 지구를 한 바퀴 돌면 동쪽에서 서쪽으로 와서 다시 서울에 돌아오듯이, 호킹의 '무경계 가설'을 믿으면 정부의 구분은 실재하기 힘들다. 자연의 법칙을 모르고 하는 말이다. 1공화국, 2공화국······ 7공화국 등의 구분도 편의로 하는 것일 뿐이다.[123]

정부라는 이름의 나무가 잘 자라는 이유는 앞의 정권이 거름을 잘 주었기 때문이다. 열매는 다음 정권이 맛있게 따 먹는다. 2018 평창 동계올림픽을 생각해보면 알 수 있다. 평창만 해도 전前 정부가 준 양질의 거름 덕에 현 정부가 열매를 맛있게 따먹은 격이다. 한 정권의 치적은 대개 전 정부의 노력의 결과다. 새 정권의 첫해 예산 또한 전 정권의 작품이다. 법의 제정과 개정도 앞에서 맺은 과실을 따먹는 것이나 다름없다.

그런데도 빚을 진 셈인 현 정권은 전 정권을 제물祭物로 삼기를 주저하지 않는다. 앞 정부 뒷 정부 하지만, 이들은 정권이지 정부는 어디까지나 하나라는 전全정부성의 개념을 잊으면 안 된다. 유일한 권위를 자랑하는 표현으로 더The를 붙여 디 거번먼트The Government 여야 한다. 정부가 잘하고 못하는 것은 역대 모든 정부의 책임이지 '나는 잘하고 너는 못했다'가 아니다. 작가 이문열이 "살아간 사람이 성취 없이 만들어진 세계는 없습니다"라고 한 말이 상기된다. 성취만 아니라 공과功過 역시 모두가 밑거름이다.

역대 정부들은 당대의 정책 서비스와 운영 관행에 대해서만 책임이 있다고 생각한다. 그러면서 자기네만 성공한 정부라고 자찬하고 앞 정부의 정책 뒤집기를 떡 먹듯 하기에 여념이 없다.

이념을 달리하는 정당과 정권이 달라도 정부는 하나인데 왜들 이렇게 처연하게 싸우는지 모르겠다. 세월의 더께가 그득한 나라인데도 정부는 늘 신생아처럼 투정을 부린다.

전후 정부를 가리지 말고 정부가 주력해야 할 과제가 있다. 미래의 신神에 대한 이해다. 정부에 신이라는 표현은 잘 쓰지 않는다. 때문에 엉뚱한 소리라고 할 만하다. 그러나 국교國教가 있는 나라는 신의 이미지가 강하다. 정부를 신이라고 하는 것은 유발 하라리의 말대로 법, 화폐, 신, 제국처럼 상상의 실재이기 때문이라고 앞에서 여러 번 말했다. 정부의 실체는 집이라는 유형물일 뿐이다. 거기에 국민은 신에게 기대듯 정부에 기댄다. 정부를 존중하고 의지하고 기복한다.

정부가 신이라면 관료주의는 종교다. 쓰디쓴 종교가 아니라 다시 새롭게 태어나야 할 종교다. AI가 중심이 된 알고리즘의 시대가 펼쳐지기 때문에 새롭게 태어나야 하는 것이다.

미래사회는 문명이 아니라 문자사회라는 것도 알아야 한다. 기억의 저장고가 끝 간 데 없이 크다. 여기에 빅데이터를 축적해 마음대로 맺고 끊으며IoT 기록을 관리한다. 관료는 기록 관리자이므로 앞으로 힘이 더 세질 수밖에 없다. 종교라는 관료주의를 잘만 관리하면 반은 성공이다. 정부 조직과 관료의 위상은 과거의 틀에서 벗어나 크게 달라져야 한다.

1948년 정부 수립 이후 70년 동안 변한 것도 많고 변하지 않은 것도 많다. 경제의 열매가 실하고 민주의 꽃도 만개했다. 그 공과는 모든 정부의 몫이고 책임이다. "어두운 종교의 시대가 가고 다디단

과학의 시대가 온다"(소설 『오리진』)고 하는데, 알고리즘에 밀리게 되어 있는 뷰로크라시bureaucracy, 관료주의를 제대로 살리려면 정부가 다시 태어나는 수밖에 없다.

정부는 하나인데 각 부처마다 말이며 색깔이 제각각인 것도 눈에 걸린다. 엠블럼을 바꾸고 표제(원훈)도 바꿔 내건다. 통일된 로고가 없다가 박근혜 정부 때 하나의 일관된 형태로 만들긴 했다. 원훈이 바뀐 대표적 예가 국가정보원이다. '음지에서 양지로'에서 '소리 없는 헌신, 오직 대한민국 수호와 영광을 위하여'로 바뀌었다. 같은 임무를 수행하는데도 말이다. 미국의 FBI 건물은 37년 국장으로 근무한 에드가 후버John Edgar Hoover 이름이 빌딩에 남아 40년 넘게 명성을 유지하고 있다. 우리는 정권이 바뀔 때마다 건물이며 엠블럼까지 바꾼다. 현충원에 있던 우남 이승만 대통령의 기념비가 건국 대통령이라고 씌어졌다고 철거됐다.

내 정부, 네 정부 따로 있지 않다. 모든 국민에게 소중한 정부의 실체를 무시하면 안 된다. 정부는 시간이 날 때마다 자신의 자화상을 들여다보며 일해야 한다. 내 자신이 누구이고 무엇인지, 나부터 알고 남을 탓하든 칭찬하든 하라. 우리는 라캉의 말대로 타자의 욕망으로 재현된 존재일 뿐이다.

대통령이 바뀌면 정부가 마치 자기들 것인 양 으스댄다. 정치의 지배 계급마다 색깔이 다르고 생각과 행동, 습관이 다르긴 하지만, 대한민국은 민주공화국이고 자본주의를 생산 양식으로 삼는 국가다. 색깔 따라 정부의 운영 양식은 변한다. 이를테면 생산과 발전 중심으로 정부를 운영할 것인지, 분배와 복지 중심으로 운영할 것인지 정권마다 다를 수는 있다. 그러나 색깔이 다르다고 해도 나라의 뿌리와 줄기가 달라지진 않는다.

정부가 하나라고 바르게 인식한 대통령이 있었다. 김대중 대통령은 1998년 8월 15일 예술의전당에서 행한 건국 50주년 기념행사 연설에서 "공산주의자들의 극단적 반대를 물리치고 건국을 한 과정부터 6·25전쟁의 시련을 극복하고 마침내 세계가 놀란 한강의 기적을 이룬 대한민국의 역사는 위대하고 자랑스러운 것"이라고 했다고 이한수가 환기했다.[124] 김 대통령은 전임 대통령의 업적을 칭송하며, 자신을 핍박한 박정희 대통령 기념사업회를 후원하기도 했다.

현 정부는 간접민주주의의 폐해를 인지하고 국회를 뛰어넘어 직접민주주의로 가려는 성향을 보인다. 탈원전의 방향을 공론화심의위원회에 맡기고, 대통령 100일의 성과를 국민인수위라는 이름으로 홍보하는 것과 같은 것이 그것이다. 정부를 시장과 뒤섞어놓는 것은 공유정부의 길일 수도 있어 눈길이 간다.

정부는 습관적으로 숨긴다. 자신들의 성과만 늘어놓을 뿐 정작 국민의 생활과 직결되는, 예컨대 살충제 계란 같은 일은 숨기기에 급급하다. 장관은 온갖 수모를 감내하며 국민의 대표인 국회의원이나 비판이 생명인 언론에게 정부와 관련된 정보를 알리지 않으려고 안간힘을 쓴다.

정부가 주력하는 홍보에 대한 인식을 바꾸면 배가 산에서 내려온다. 현 정부는 국가 행사의 진행을 개그맨이나 아나운서에게 맡겨 홍보에 공을 들이는 것 같다. 더한 것은 기획재정부 장관의 정책보좌관에 카피라이터를 임명했다는 사실이다. 홍보가 경제의 내실보다 중요하지는 않을진대, 공공기관의 이미지와 거리가 먼 행보다. 국격이 의심스럽다.

홍보는 일종의 언어유희다. 어느 시인이 우리가 하는 말의 92%가 거짓이라고 했다. 우리말이 그만큼 정확하지 않거나 의도적으로 왜곡하는 습성이 있다는 말이다. 홍보로 어떤 정책을 강조하고 있다면 사람들은 그것이 현실인지 허구인지 가리기 힘들다고 한다. 시뮬라크르simulacre라고 하는 것이 그것이다. 플라톤은 그것이 한순간도 같을 수 없는 실재하지 않는 존재일 뿐으로, 반복할수록 더한다고 했다.

반면 프랑스의 철학자이자 작가 들뢰즈Gilles Deleuze는 모든 사건이 순간적이고 지속성과 자기동일성을 갖고 있지 않더라도 인간의 삶에 의미를 부여할 수 있는 것이라고 긍정적으로 말한다. 어느 쪽이라도 흉내 내지는 위장의 여지를 남겨, 과연 실재를 말하고 있는지에 대해 의심스럽기는 개념 의존적 실재와 다르지 않다. 그러니까 말하기와 언어보다 몸짓이 더 실재에 가깝고, 나아가 몸의 소리, 즉 체성體聲, somatosensory이 시각과 청각을 넘어 더 믿을 만하다고 말하게 된다. 인간은 이미지를 단어에 비해 6만 배 빨리 받아들인다는 사실[125]을 참고할 필요가 있다.

국민이 하나(국민 통합)이듯 정부가 하나라고 하면 온 국민의 마음
이 한 그릇에 담긴다. 잘하는 것, 못하는 것 가리지 말고 모두가 밑
거름이 된다고 해보라.

기초가 허약하다

나라에 부족한 것이 한둘이 아니다. 배의 돛이 제 몫을 하지 못
한다. 이 나라에서 가장 부족한 것은 자원과 인재가 아닌 부실한 기
초다. 대학은 물론이고 사회 어느 구석을 봐도 기초가 튼튼하다는
것을 느끼지 못한다. 그때그때 땜질만 한다. 안타깝다. 대표적인 것
이 언어 구사 능력이다. 이것만 알면 기초가 얼마나 엉터리인지 쉽
게 알 수 있다. 말하는 것에서 동사를 쓰면 껄끄럽지 않을 텐데 모든
표현이 명사로 끝난다. 교육의 기초가 무너져내렸다는 증거다.

삶의 기본이 되는 언어가 부정확하면 소통은 기대하지도 말아
야 한다. 대학교수의 글과 말이 그렇고, 언론 기사에도 틀린 것이 많
다. 방송 해설자의 엉터리 국어는 더 말할 나위가 없다. 기초자료 역
시 바르지 않다. 여론조사를 비롯해 온갖 자료의 신뢰성이 매우 낮
다. 조사 기법이 온전하지 않기 때문이다. 대학의 연구에 거짓이 포
함되는 것을 찾아내지 못한다. 아니, 알아도 지적하지 않는다. 기초
가 없이는 아무리 좋은 판단을 해도 빛 좋은 개살구일 뿐이다.

나무가 잘 자라려면 뿌리가 튼튼해야 한다고 말한다. 나무의 뿌

리는 경제력이나 국방력 같은 물질보다 신뢰가 핵심이다. 존중과 존경의 뿌리를 내려야 한다. 정부의 무책임성은 기본적 사고의 착각에서 극에 달한다. 정부는 '자발적 질서'가 '법제적 질서'보다 우수하고(하이에크), 인간의 승리는 관료 체제에서 벗어날 때 가능한데, 정부의 공권력(국가권력)은 인간에게 내재한 보편성을 과소평가하려고만 든다고 기 소르망이 정확히 지적했다.

존중과 존경의 꽃을 피워야 하지 않겠는가. 거창한 명분을 내세울수록 속은 비고, 모양과 크기에 집착하게 마련이다. 그럴듯한 겉꺼풀만 봐서는 정수를 모른다. 배가 산으로 간다면 방향감각이나 공간지능이 무너진 것이다. 이는 기초가 모자란다는 말과 같다. 때론 주의력결핍증ADHD에 걸린 것 같기도 하다. 선장이 좀 시원치 않아도 항해사, 기관사, 갑판장만으로도 배는 순항할 수 있다. 그러나 폭풍이 몰아치면 사정이 달라진다. 이때가 바로 선장의 리더십이 돋보이는 순간이다. 화재 등의 사건 사고에서는 어떠한 리더십을 발휘해야 하는지 굳이 설명하지 않아도 안다. 물론 자연재해 같은 큰 사고는 다르다.

이 나라 엘리트들의 허상을 바로잡아야 한다. 기초가 형편없는 엘리트들이 많다. 좋은 경력을 쌓으면 큰 인물이 되는 줄 아는데 천만의 말씀이다. 엉터리로 일한 실적을 아무리 쌓아봤자 그게 그거다. 구태가 계속되면 무엇이 남을까? 검정 옷은 권위의 상징인데도 어두운 느낌만 떠오른다.

정부 고위직 엘리트들이 먼저 해야 할 일은 다른 차원의 나라

격정부터다. 전쟁 가능성이 거의 없는 스위스를 보라. 국민이 불안해한다고 방공 훈련을 하지 않는 것이 바로 기초를 외면하는 처사다. 가능성이 거의 없다시피 하는 미국 대 북한의 전쟁인데도 하와이에서는 방공 훈련을 하고, 미국 본토 서부에서는 우리 돈 1억 원을 들여 지하 벙커를 짓는다. 200년 넘게 전쟁이 없는 나라 스웨덴 정부의 비상사태대비국은 국민 전 세대(480만 명)에게 전시 국민행동지침서를 배포했다. 중국과 일본은 유사시에 대비해 난민캠프까지 짓고 있다. 일본이 북한 난민 수를 200만 명이라고 예측한 것은 20년 전이다. 정부가 해야 할 일, 안 해도 될 일, 당장 해야 할 일, 천천히 해도 될 일을 가리지 못하면 기초가 없는 것이나 마찬가지다.

정부는 무엇을 해야 하는지 모른다. 사고가 나면 유니폼 갈아입고 쫓아갈 줄만 알지, 문제가 발생한 근본 원인이 무엇인지도 모른 채 이리저리 헤맨다. 해결책을 내놓아도 그때그때 미봉책일 뿐 사건은 또다시 반복된다. 박원순 시장은 미세먼지 대책으로 정부 돈 100억여 원을 들여 대중교통을 무료로 제공했지만 얻은 것은 고작 진한 미세먼지뿐이다. 시간이 걸려도 LPG를 없애고 수소나 전기차 인프라를 구축하겠다는 것이 근본적 대안인데도 당장 급한 데로만 눈을 돌린다.

국가에서 일어나는 온갖 사건 사고를 정부가 모두 책임져야 하는 것은 아니다. 정부와 개인의 책임 비중을 나눈다면 7 대 3 정도쯤 될 것이다. 이 나라는 특히 정부의 비중이 무거우니까 그만큼 책임을 더 져야 할 것이다. 그러나 제도나 정책이 잘못되어 국민과 시장이 손해 보는 것을 막아야지, 사건 사고를 일일이 쫓아다니며 해결하는 것이 정부의 역할은 아니다. 그것을 구분할 줄 모르면 배가 산으로 간다는 말을 듣기 십상이다.

모든 분야에서 기초가 약한 것이 드러나는데, 특히 예술 분야에서 두드러진다. 한가람미술관에 가면 그곳의 특별기획전에 전시된 작품은 나무랄 데 없이 훌륭한데 왜 실망하는 것일까? 미술관 건물을 비롯해 전시장 분위기 자체가 작품의 감상을 저해하기 때문이다. 예술 작품을 돋보이게 하는 기초와 맥락을 무시해서다. 마치 수학 I과 II를 쪼개고 인문과 과학을 분리해놓은 격이다. 기미器味도 모르면서 음식이 맛있다고 하는 것과 같다고 할까.

합리적이고 정교한 논리도 중요하지만 감각이 기초라는 것을 잘 모르는 게 탈이다. 정치적 감각은 기초 중의 기초다. 대통령은 태도를 겸손하게 하더라도 자신의 나라를 이야기할 때는 과장법을 동원해도 괜찮다. 대한민국은 큰 나라다. 문재인 대통령이 미국 상·하의원 합동 연설에서 우리나라를 작은 중진국이라고 표현한 적이 있다. 세계 대열의 앞쪽에 서 있는 국가인데 1960년대 '작은 나라가 잘사는 길'을 설파한 이한빈의 이야기를 지금 하고 있으니 안타깝기 그지없다. 우리는 작은 나라이고 중견국가라는 겸손은 나라 체면에 조금도 도움이 되지 않는다. 한류로 세勢를 퍼뜨리는 것이 먼저인지, 국격을 지키는 것이 먼저인지 판단이 헷갈리면 곤란하다. 국격은 예를 알지 못하면 바로 설 수 없다(不知禮 無以立也). 세계 열강은 어떻게 해서든지 약한 나라를 집어삼키려고 호시탐탐 기회를 노리고 있다는 것을 절대 잊어서는 안 된다.

반짝이는 한류나 음식으로가 아니라 원칙과 규칙을 지키는 나라가 되는 것이 국격을 높이는 데 더욱 효과적이다. 눈에만 띄는 온갖 현시적인 행사만 늘어놓으면 뒤끝이 허전하다. 비상등을 켜고 달리는 긴급차량에게 길을 양보하지 않으면 벌금을 40만 원에서 200만으로 올린다고 엄포를 놓기보다는, 공중도덕과 공중질서를 지키는 것이 곧 자신을 보호하는 길임을 학습하여 실천을 이끌어내는 것이 더 기본인 것이다.

의식儀式, ritual이 뭔지 모르면 정부의 격이 떨어진다. 이는 정부뿐 아니라 일상생활에서도 적용된다. 정중하게 치러야 할 국가 행사 자리는 격식을 갖추어야 하는데, 코미디 같은 가벼운 연출로 분위기를 흩트린다. 또 걸핏하면 회의 시작 전에 겉옷을 벗고, 더욱이 의자 뒤에 옷을 건다. 옷걸이를 비치할 생각은 왜 안할까. 서양의 식당, 오페라하우스, 콘서트홀처럼 코트를 맡기는 옷장coat room이 있어야 한다. 서양의 민주주의를 하려면 의식주보다 의식을 갖출 줄 알아야 한다.

김대중 대통령 때 세풍 따라 연초 정부의 업무 보고를 랩탭lap tap으로 하겠다고 했더니 청와대에 그럴 수 있는 시설도 없고, 대통령이 모니터 보기가 익숙하지 않다는 핑계를 대며 불허했다. 2000년 초의 일이다. 결국 KBS의 지원을 받아 처음으로 업무 보고를 컴퓨터로 했는데, 이것이 이후 정부 회의실에 모니터를 설치하는 전기가 되었다. 연초에 열리는 정부의 업무 보고 평가는 다른 부처에 큰 반향을 일으켰다. 이에 뒤질세라 온 부처가 부내 젊은 사무관이나 주무관이면 할 수 있는 일을 3,000~5,000만 원씩 외주를 주어 PPT 자료를 만들었으니 이 무슨 코미디란 말인가. 새로운 것에 대해 귀찮아서 시도하지 않는 습성도 나라의 기초를 깎아먹는 일이다. 새 정부 들어 연초 업무 보고를 분야별로 묶고, 또 현장에서 하는 것은 매우 잘한 일이다.

정부를 신뢰하지 않는 성향도 배가 산으로 간 것과 같다. 정부에 대한 신뢰도는 24.8%에 불과하다(한국개발연구원KDI 자료를 인용한 〈매일경제신문〉 2014. 4. 28). 이는 OECD 국가 중 30위로 거의 꼴찌 수준이다. 통계마다 조금씩 차이는 있지만, 34%로 조사 대상 41개 국가 중 26위라는 보고도 있다. 유능하기로 이름난 일본이 18.2%에 불과한 점도 의외다. 정부 신뢰도가 가장 높은 국가는 스위스로 82.2%에 이른다. 불신의 원인 중 가장 큰 것은 정부의 부패다. 우리의 경우 부패지수는 55점으로 세계 46위다. 정부가 암을 앓고 있다는 말이 실감난다.

이제는 정부가 크게 변신하지 않으면 안 된다. 정부가 제대로 평가받지 못하는 이유로 이근면은 사람의 가치human value를 제대로 몰라 원석을 다이아몬드로 깎아내지 못해서라고 지적한다. "우리나라가 지속적인 번영을 누리기 위해서는 이 세 단어(미래, 세계, 경쟁력)가 공무원들의 마음속에 깊이 뿌리내려야" 한다고 말한다.[126]

한편 이제는 사물 간, 기관 간, 현상 간 수없는 개체들이 급속도로 연관을 맺기 때문에(radical connectivity) 앞으로는 정부가 중심이 되는 시대가 아니라는 것을 인식해 새로운 계획을 세워야 한다.

이를테면 풀뿌리 시민 자원봉사가 행동주의자가 되고, 그라운드스웰groundswell이라는 이름으로 정부를 건너뛴다. 도로가 침하되고 신호등이 고장 난 것을 주민들이 모여 자치적으로 해결한다(Seeclickfix.com). 세금을 징수하는 일까지 정부 아닌 민간이 할 수 있다고 나선다. 정부의 대안으로 등장하는 리퀴드피드백 LiquidFeedback(정치적 의사 형성과 의사결정을 위한 자유 소프트웨어)이라는 프로젝트는 직접민주주의적 의사결정을 촉구하는 소프트웨어를 개발해 '네트워크 민주주의'를 실험하는 표본으로 등장하고 있다.[127] 이는 미래정부에서 다시 논한다.

적폐 청산은 황금의 삼각지대부터

새 정부가 적폐를 청산하겠다고 나서는 것은 배를 띄우려는 준비 단계다. 알면서도 병치레만 했던 과거 정권의 어두운 단면을 없애고 나라를 밝게 만들겠다는 결의는 환영받을 만하다.

'황금 권력의 삼각지대Golden Triangle'라는 곳이 있다. 부패의 본산이자 상징 같은 곳이다. 적폐 덩어리 골든 트라이앵글은 티베트에서 발원해 남중국해까지 무려 4,000여km의 긴 메콩강이 태국, 미얀마, 라오스 세 나라에서 합류하는 지점에 형성된 마약·각성제 재배 지역으로 악명을 떨쳤다. 아프가니스탄, 파키스탄, 이란 등 세 나라에도 황금의 초승달 지대^{Golden Crescent}라고 하는 마약·각성제 밀조 지대가 있다. 서로 이해가 맞아떨어지는 부패 세력은 사회정의는 내팽개친 채 정경유착이나 관민유착같이 서로 공생하고 기생하며 기득권을 지키려는 권력 둥지^{power cage}에서 싹튼다.

노무현 전 대통령은 삼성그룹, 언론, 사법부, 서울대, 강남 등 5대 집권층을 개혁하겠다고 했다. 당시에도 서울과 지방의 국립대학을 한 줄로 세워 1대학, 2대학이라고 하자는 안이 나온 적이 있다. 이들 기득권 세력이 망해야 평등과 정의가 제대로 숨을 쉬게 된다는 주장은 이론적으로는 맞을지 모르지만 현실적으로는 개혁의 악순환만 지속될 뿐이다. 그로부터 10여 년이 넘은 지금도 5대 세력은 건재하다.

왜 기득권은 없어지지 않을까? 오언 존스^{Owen Jones}가 『기득권층』이란 책에서 기득권층에 대해 세상을 농락하는 먹튀의 귀재들이라 폄하해도, 기득권의 생명력은 상상을 초월할 만큼 질기다. 기득권은 크고 작을 뿐 누구에게나 주어져 있다. 이는 모든 분야에 해당된다. 손실회피 심리가 여기에서도 크게 작용한다. 한번 잡은 것은 절대로 놓지 않는다.

적폐 청산은 청탁을 비롯한 부정부패의 차원을 넘어 근본적인 치유를 하지 않으면 안 된다. 우리나라의 부패지수는 지난 10여 년 동안 50점대에 머물러, 심각한 부패로 몸살을 앓고 있는 아프리카의 르완다 수준이다. 지수 같은 정량적 자료만으로는 구조를 제대로 알 수가 없다. 수술을 해서 질병을 고치는 것이 아니라 아예 체질을 바꿔야 한다. 하지만 그게 쉬운 일이 아니다. 검찰 권력을 제어하기 위한 고위공직자수사처의 신설이 한 방안이다. 민주행정의 원리가 견제와 균형이기 때문에 권력은 나누어 갖는 것이 옳다. 다만 또 다른 패권 세력이 생길 여지를 근원적으로 막지는 못할 것이다. 권력은 생리적으로 흥했다 망하고, 성공했다 쇠락한다. 또 쇠락했다가도 다시 일어나기도 한다. 균이 없는 무균 권력이란 것은 없다. 권력 행사를 잘한다는 건 유익균이 많다는 의미겠지만, 대부분은 유해균이 가득하기 때문에 부패하기 마련이다. 권력은 흥망성쇠興亡盛衰를 거듭한다. 쇠성망흥衰盛亡興이다. 나력과 잔향殘香이 있어야 반듯한 권력인 것을 모른다.

황금 권력의 삼각지대는 정부와 짝을 이루는 여러 집단에 있다. 정부·산하기관·협회, 또 정부·기업·협업기업 등의 역학관계가 그렇다. 대표적 예가 교육부·학교법인·대학의 삼각관계다.

교육부는 학교법인을 닦달한다. 법인은 대학을 몰아붙이며 수족으로 만든다. 교육부는 학교법인을 정기적으로 또는 민원이 있을 때마다 감사한다. 정부는 대학의 학생과 교수 정원, 다양한 종류의 보조금 등을 미끼로 대학을 부속품으로 만든다. 악의 고리는 단단하고 접착력이 강해서 좀처럼 끊어지지 않는다. 그런 구도에서 대학이 살 길은 교육부 출신 관료들을 영입해 로비스트로 활용하는 것이다. 예산을 따오는 정도에 그치지 않고 범법을 눈감아주는 청탁을 수도 없이 한다. 그뿐인가. 감사나 수사를 피하는 요령을 전수한다. 교육부는 1,000억대의 세금을 체납하는 학교법인을 국세청

일이라며 문제를 비켜간다.

학교법인은 대학의 교비를 교묘하게 남용한다. 작게는 법인 이사회 비용의 일부를 대학에게 부담 지운다. 크게는 대학의 재정관리권이 이사회에 있는 것을 기화로 프렌치 커넥션이 형성돼 교비를 어떻게 집행하는지 회계사도 찾아내지 못한다. 법인 이사장이 총장한테 뇌물을 받기까지 한다. 또 송사訴事가 생기면 관련 교수로 하여금 거짓 증언을 하도록 교사한다. 이들 삼각관계는 마약을 재배해 수익을 올리며 인간의 건강과 정신을 피폐하게 하고 사회 질서를 문란하게 하는 범죄 집단과 조금도 다를 바가 없다.

대선 때마다 후보들이 교육부를 없애야 한다고 이구동성으로 말한다. 부처를 뗐다 붙였다, 없앴다 만들었다 하는 종래의 정부 개혁 방식으로는 아무것도 고치지 못한다는 것이 지난 30년간의 경험이다. 노태우 정부부터 관행이 되다시피 한 정부 개혁은 관료적 권위주의의 병폐는 척결하지 못한 채 신음하는 국민을 공권력의 그늘에 방치해왔다.

정권이 바뀌면 새 정부는 새로운 기운으로 고질병을 고치겠다고 팔을 걷어붙인다. 구태의연한 사고방식, 관행, 부정부패 등이 고질병으로, 만성염증을 앓고 있는 것과 같다. 만성염증은 좀처럼 사라지지 않고 사이토카인cytokine 같은 화학물질을 분비해 병세를 더욱 악화시킨다. 외모만 그럴듯하게 성형수술만 해서 될 일이 아니다. 권력구도를 확 바꿔야 한다. 권력의 삼각구도를 없애는 것이 첫걸음이다. 쥐 한 마리가 곳간에 들어가 국가 자원을 빼 먹는 것을 막자는 정도의 접근으로는 문제를 해결할 수 없다. 근원적이고 구조적인 적폐를 과감히 도려내야 고질병이 고쳐진다. 그 다음은 각 기관이 독자적으로 정화 작업을 이행하도록 하면 된다. 대통령은 각 부처의 장관에게 지금 당장 규제 한두 개씩이라도 철폐하라고 해서 부처별로 경각심을 일으키는 것이 좋겠다. 교육부가 대학정책실을 없애면 법인과 대학은 제대로 숨을 쉴 것이다. 법인과 대학의 관계 설정은 또 다른 숙제다.

2016년 서거한 푸미폰 태국 국왕이 고향 근처 치앙마이의 환경과 정치·경제적 고질병을 고치기 위해 삼각지대에서 커피 재배를 장려하면서 악의 뿌리가 뽑혔다. 대통령이 나서면 구조적 악은 뿌리가 뽑힌다. 가족, 회사, 국가 등 구성원은 서로 다르지만 공덕이라는 공통분모로 국가가 존립한다는 칸트의 말을 새 정부가 깊이 새기고 새 역사의 장을 열어야 한다.

좋은 정부가 되려면 질병(부정부패) 치유의 차원을 넘어 내일을 내다볼 줄 알아야 한다. 정부는 오늘만 들여다보지 말고 머리를 들어 더 넓게, 멀리 보아야 한다. 하지만 지금 현실을 보면 라이프 3.0의 시대는 꿈도 꾸지 못한다. 맥스 테그마크Max Tegmark는 생명을 가진 인류가 진화해온 과정을 세 단계로 나눈다. (1)박테리아의 생명이 1.0, (2)사람의 라이프가 2.0, (3)소프트웨어와 하드웨어를 동시에 설계하는 능력을 가진 생명이 3.0이다.[128] 라이프 3.0은 자신이 운명의 주인이 되어 진화의 족쇄에서 벗어난 상태를 이른다. 정부는 이러한 미래에 대한 인식도 없이 국민에게 희망과 행복을 준다는 공허한 소리만 내뱉고 있는 건 아닌지 자문해봐야 한다.

대통령 클럽

좋은 정부가 되려면 당대의 대통령이 훌륭해 정부가 일을 잘하는 것만으로는 부족하다. 지난 정부들과의 관계 또한 원만해야 한다. 같은 정당끼리만 좋으면 반쪽짜리다. 좋은 관계는 역대 대통령끼리 관계를 잘 유지하면 된다. 역사적으로 우리나라 정부는 각 정권마다 대통령끼리 척隻을 지는 바람에 불안에 시달리는 건 늘 국민의 몫이었다.

국사가 어려울 때는 선임자의 경험과 지혜를 빌리는 것이 중요한데 유사 이래 그런 광경을 본 적이 없다. 기껏해야 새 대통령 취임식장에 전임들이 앉아 있는 것이 전부다. 그들은 서로 대화도 나누지 않는다. 대통령 비서실장이 갈려야 인사차 화분 들고 전직 대통령을 방문한다. 이러한 행동은 지극히 의례적으로 보인다. 지나온 역사를 부정하는 정부는 자신을 부정하는 것과 같다. 역사는 싫든 좋든 내 것이고 부인할 수 없는 유산이다. 반쪽의 지지로 대통령이 되었어도 국민 모두를 보듬어야 한 나라의 진정한 대통령이다. 스스로 자기부정을 선택하면 무조건 손해다.

우리는 역대 대통령들이 화목하게 교권하는 모습을 보기가 쉽지 않다. 정권마다 앞의 정부를 부정하기 바쁘다. 잘한 것은 밀쳐놓고 못한 것만 들춰내서 폄하한다. 정부마다 공과 과는 있기 마련인데 왜 그런 행태를 보일까? 지나친 자기중심적 생각은 성숙하지 못한 문화 습관을 그대로 보여주는 단면이다. 우리는 전임과 현직 대통령이 한 자리에서 나랏일 걱정하며 서로 존중하는 모습을 보길 열망한다. 물론 범법자가 된 전임 대통령과 자리하기는 쉽지 않을 것이다.

한국 정치는 예나 지금이나 희망과는 거리가 먼 것처럼 보인다. 돈 선거·부정선거에서 벗어났어도 대화와 소통이 없는 막힌 정치를 하고 있기 때문이다. 대화가 없고 메아리가 없다면 정치가 아니다. 소통은 생각과 느낌을 고른 숨에 실어 언어와 비언어로 주고받는 것이다. 정치인들은 예외 없이 얼굴을 붉히고 거친 숨을 몰아쉬며 상대방 속 뒤집는 언사만 내뱉는다. 대통령과 야당 대표 간에도 설득은커녕 평행선만 긋는다. 같은 당인데도 현임과 전임, 또 역대 대통령도 똑같다. 그들의 말과 행동이 국민의 마음까지 닫게 하니 이들이 진정 국민의 대표라고 할 수 있는지 모르겠다.

대통령들은 자신의 임기가 끝나면 서로 간에 만날 일이 없다. 나라 일을 걱정하며 함께 머리를 맞댄 적이 없다. 대수로는 19대, 자연인으로는 12명이 이 나라 대통령직을 수행했다. 생존인물로는 현임까지 5명이다. 국가원로자문회의는 유명무실하다. 대통령은 보통 인물이 아니다. 힘든 선거에서 이겨 역사적으로 훌륭하고 값진 경험을 했고, 남기고 싶은 이야기도 많을 것이다. 하지만 훌륭한 인물이어서 대통령이 됐다 해도, 그 자리에 앉으면 국민을 괴롭히고 실망시키는 일도 많이 한다. 훌륭한 인물에서 결국 그와 정반대로 역사에 오명을 남기는 경우도 흔하다.

우리 대통령들은 임기를 마치면 기념사업회를 연다. 미국은 대통령을 그만두면 으레 기념도서관을 짓는데, 이를 정부가 지원한다. 물론 우리도 정부가 지원한다. 미국은 후버 대통령 이후 지금까지 13번째 '대통령 도서관·박물관Presidential Library and Museum'을 세우는 것이 관례로 이어지고 있다.

미국의 '대통령 클럽The Presidents Club'에서는 존슨 대통령이 의자에 앉아 길게 다리를 뻗고, 옆에 앉은 아이젠하워의 얼굴에 입을 바짝 대고 귀엣말을 하는 사진이 자연스럽게 걸려 있다. 당을 초월한 인상을 주며 보기에도 매우 편하다. 미국과 달리 다른 나라에서는 대부분 대통령의 생가나 흔적이 될 만한 장소를 꾸며 치적을 기린다.

미국의 대통령 기념관에는 대통령 재임 당시의 각종 역사적 기록이 보존되어 역사 공부의 현장으로 활용된다. 아주 사소한 문서까지도 모두 이곳에 모아놓았다. 각 기념관들은 심혈을 기울인 정책에 대해 계속해서 검토하고 학술회의도 연다. 기념품을 팔고 식당도 차린다. 클린턴 전 대통령의 기념도서관에는 42대를 기념해 식당 이름을 'Forty Two'로 명명해 맛있는 요리를 싼값에 제공한다. 대통령 기념사업 중에는 유치원생부터 고3까지의 학생들이 와서 정치사의 현장을 체험할 수 있게 하는 프로그램도 있다.

우리나라는 이승만 기념관과 사업회를 비롯해서 박정희 기념관과 사업회가 있다. 연세대학교에는 이승만 연구원이 있다. 최규하 대통령은 최근 사저를 공개해 검박한 삶의 표상을 남겼다. 김영삼 기념도서관은 상도동에 건축됐다. 노무현 사료관에는 6만 장의 사진과 4,200건의 문서가 보존되어 있다. 대통령 기념도서관으로 짜임새를 갖춘 곳으로는 연세대학교에 있는 김대중 도서관이다. 주인공의 생애, 활동과 사상, 저작물 등이 소개되고, 전시관과 사료관도 자료의 성격별로 여러 곳으로 나뉘어 있다. 연구와 국제협력을 하고, 간행물도 꾸준히 나온다. 김대중 평화강좌는 교육 기능의 일환이다. 이런 유산들은 훌륭한 기록으로 그 진가를 인정받고 있지만, 자기중심적 치적이라는 아쉬움도 있다. 그렇더라도 이 유산들이 역사적 교훈의 장이 되어 치졸한 이 나라의 정치 풍토가 조금이라도 치유될 수 있으면 좋겠다.

새 시대 새 정치를 할 때가 지나고도 남았다. 기념도서관도 좋지만, 미국처럼 대통령 클럽을 만들어 역대 대통령들이 모여 환담도 하고 국정을 걱정하는 모습을 국민들은 보고 싶다. 1953년 아이젠하워 대통령 취임식에서 만난 후버와 트루먼 전임 대통령은 정당이 다른데도 제2차 세계대전 이후 식량난에 허덕이는 유럽을 돕기 위해 합심했던 경험을 토대로 클럽을 만들자고 제의해 이것이 성사된 것이다.

클럽은 정책을 돕기도 하고 비판하는 장소로도 활용된다. 안와르 사다트 이집트 대통령 서거 때는 특사로 가는 역대 대통령들이 사전에 이곳에 함께 모여 의논하는 등 다양한 목적으로 활용되고 있다. 뿐만 아니다. 부시 대통령의 영부인 바바라 부시Barbaba Bush가 서거했을 때(2018. 4), 역대 대통령 부부가 장례식에 함께 참석한 장면은 민주정치의 품격이 무엇인지를 보여주기에 충분했다. 역대 대통령들끼리 시대를 넘어 소통하는 모습이야말로 꽉 막힌 나라의 정치 풍토를 바꾸는 지름길이다. 클럽을 만들 수 없으면 차선책으로 기념도서관끼리 네트워크를 형성하는 건 어떨까. 이곳에서 공동의 관심사를 논의하고, 정치 현장을 다루는 교육장으로 활용한다면 새 정치가 열리는 시간을 훨씬 앞당길 수 있을 것이다.

대통령들이 화목하고 화합하면 국민도 편안하고 서로 화합한다. 교과서에서 말하고 있는 정부의 사명, 즉 (1)정의를 수호하는 것, (2)내정의 안정을 도모하는 것, (3)국토를 방위하는 것, (4)국민의 복지를 증진하는 것, (5)자유를 지키는 것 등이 저절로 이해된다. 크고 작은 이견도 다 묻힌다.[129]

중요한 것은 역시 정책가가 누구이며, 어떤 수행 과정을 거쳤고, 어느 정도의 수준인가이다. 정권을 잡았다고 공신들이 모여 자신의 소신이 무조건 타당하다는 착각 속에 빠져 있으면 이전 정권과 달라진 결과를 얻을 수가 없다. 요리사가 배만 불려주겠다는 생각으로 웍wok을 능숙하게 흔든다고 맛있는 음식이 만들어지지 않는다. 국민을 위해 일한다는 말만으로 좋은 정책이 나올 리 만무하다. 먹는 사람도 마찬가지다. 입맛이 다르니 평가가 들쭉날쭉하다. 정책 대상 집단의 평가 또한 마찬가지로 독선으로 기운다. 그렇게 되면 만들어주는 대로 알아서 먹으라고 할 수밖에 없다. 이것을 진정한

민주공화국이라고 할 수 있을까. 요리사가 주방을 세심하게 관리하며 직접 요리를 하면 음식이 달라진다. 주방에는 대대로 내려오는 오래되고 깊은 장이 있어야 한다.

6

건강한 정부

Synopsis

- 건강한 정부는 병에 걸리지 않은 정부다. 기초를 잘 닦고 내일의 변화에 대비하는 정부다. 비만은 건강의 독소다. 체중이 늘어 성인병에 걸리듯 정부도 몸이 뚱뚱해지는 것을 경계해야 한다. 건강한 정부는 누구나 바라는 내일의 희망이다.

- 우리 정부는 얼마나 건강할까? 세포의 텔로미어telomere(염색체 말단 끝부분)가 풀리고 짧아지면 조로무老한다. 몸에 질병이 있거나, 인슐린 내성이 심하거나, 산화 스트레스에 억눌리면 그렇게 된다. 정부의 질병은 부정부패 같은 암이다. 입맛에 맞는

당분만 섭취하니(코드 인사) 췌장이 제 기능을 못하고 간(감사원·국가정보원)까지 부담을 준다. 효과가 분명하지 않고 의심스러운 정책으로 사회가 산화 스트레스에 쌓인 것은 아닌가?

■ 뿌리가 흔들리고 착지를 잘못하면 나무가 고사枯死한다. 혈관에 피떡혈전(나쁜 콜레스테롤)이 끼면 몸은 건강과 멀어진다. 몸에서 아드레날린, 도파민, 테스토스테론, 옥시토신 등이 나와야 행복해지듯 정부도 그래야 하는데, 병에 걸려 있으면 정부도 국민도 행복하지 않다. 정부는 아기에게 젖을 물리면 나오는 옥시토신을 자신이 줄 수 있다고 생각한다. 정부가 건강하면 그럴 수 있겠지만, 건강하지 않으면 할 수가 없다. 옥시토신은 선행을 해야 나오는 호르몬인데, 정부의 간섭과 독선이 지나치면 나오지 않는다.

■ 정부 개혁은 기존 면역 체계부터 바꾸는 일로부터 시작된다. 긍정심리학의 도움을 받아야 한다. 몸의 장기 중 소중하지 않은 것은 하나도 없다. 간이 췌장에, 위가 간에, 심장이 뇌에, 폐가 심장에, 그리고 신장에 서로 영향을 끼쳐 생명을 유지하듯, 정부의 각 부처가 서로 도와야 정부의 면역 체계도 제자리를 잡는다.

■ 정부기구를 인체에 비유해보면 청와대는 뇌, 기획재정부는 심장, 환경부는 폐, 감사원과 국가정보원은 간, 법무부는 신장, 국세청은 위와 같다. 이들 장기가 하나라도 병들어 있으면 안 된다. 병이 들면 어떻게 고쳐야 할까?

■ 정부의 면역 체계가 균형을 잃어 허약하다. 백신으로 병을 치유한다는 것의 한계를 논한 율라 비스를 소개한다.

■ 정부의 필요충분조건은 건강하고 좋은 정부다. 좋고 나쁨은 생각하기 나름이다. 긍정적으로 보면 좀 부족해도 좋은 정부가 될 수 있다. 그렇게 보게끔 정부가 노력해야 한다. 정부의 톤이 낮으면 정부는 좋아 보인다. 진리의 목소리는 의심 섞인 낮은 톤이다. 20세기 오스트리아의 소설가 무질Robert Musil의 말이다. 준엄한 검사의 논거나 고성이 오가는 악다구니 국회의원으로는 진리의 문을 비집지 못한다.

■ 정부는 다양한 시각으로 평가된다. 보는 이에 따라 다르고 처방도 다르다. 좋은 정부가 되려면 어떻게 해야 할까? 큰 리더라야 문을 열 수 있다.

- 좋은 정부를 표방하는 운동이 있다. GGG^{Good Government Guys}
  이다. 건강하고 좋은 정부는 국민에게 희망을 주는 정부다.
  문명국을 지향하지만 기억과 저장만 잘한다고 될 일이 아니
  다. 이를 좋은 방향으로 활용할 수 있어야 한다.

- 활로는 가운데로만 모이려는 집중集中이 아닌 중심을 잡는다
  는 집중執中이다. 집중執中은 중용의 논리다. 옳고 그름은 어
  느 한곳에 있지 않기에 둘 다 옳다는 전제로, 저울의 가운데
  를 들어올려(3차원) 추가 한쪽으로 기울지 않도록 하면 된다.
  이는 형평저울을 드는 것과 같다. 정부나 권력기관이 흔히 하
  는 '가운데 거머쥐기'가 아니라 양쪽으로 펼치는 인식의 대전
  환이 전제되어야 한다.

- 공유와 거리가 먼 '정부 3.0'의 철학으로는 집중 이상을 하지
  못한다. 21세기 새 문화, 새 질서에서 청와대 리더십도 편집
  이나 분열의 어느 한쪽에 있기보다 둘을 아울러 집중執中의
  새 리더십으로 정치의 신세계를 열면 정부는 건강해지고, 국
  민은 건강해진 정부를 매우 반길 것이다.

암부터 극복해야

　　정부가 암을 앓고 있다. 정부선을 운항하는 선원들이 병에 걸려 건강에 이상이 생기면 위기 때 바른 판단을 하기가 어렵다. 정부 병의 대표적인 것은 부정부패이고 이것이 암 덩어리 같은 것이다. 이승만 공화국부터 오늘에 이르기까지 정부는 크고 작은 부패에서 벗어난 적이 없다. 유형은 매우 다양하다. 은밀히 돈을 받는 것은 초보 수준이다. 귀한 정보를 흘려 큰 이득을 보게 하고, 풀어서는 안 될 규제를 풀어 기식자壽食者가 살아나는 것 같은 것이 전형이다. 선거 때 큰돈이 오갔던 것은 과거지사지만 속을 알지 못한다. 정부의 암을 이렇게도 표현한다.

　　관료 독식 국가로 관료가 나라를 지배하면 권력은 사유화되고, 통제 시스템은 허술해지며, 예산은 과잉투자로 방만하게 집행되고, 정책은 갈팡질팡하며, 봉사정신은 실종된다.[130] 정부가 성에 차지 않는 정책과 행정 서비스를 제공한다면 몸에 이상이 생긴 것과 같다. 상태가 심하면 암을 의심해야 한다. 정부가 병을 앓는다면 밖에서 나쁜 바이러스가 몸에 침투했거나, 몸 안의 면역 체계에 이상이 생겨서일 것이다. 정부가 뚱뚱하면 성인병에 걸리고, 무거우면 무기력해져 병을 키울 여지가 높다. 정부만 바라보고 있는 국민도 덩달아 병 걱정을 해야 한다. 정부 부처 간에 정책 이견이 크면 마치 척추 질병을 놓고 정형외과와 신경외과 의사 간에 이견을 좁히지 못해 결국 환자만 고생하듯 국민이 큰 부담을 안는다. 정부도 사람처럼 무균 상태가 아니다. 늘 균을 안고 산다. 지나치면 균형을 잃는다. 정부의 고질병은 부정부패만이 아니다. 관료주의나 관료적 권위주의라는 것 또한 암과 다르지 않다. 매사가 꽉 막힌 규정과, 관료 자신의 편견과 오만으로 가득 찬 눈금 없는 잣대로 결정하니 병에 걸리지 않는 게 오히려 이상할 지경이다. 공직은 머리끝부터 발끝까지 희생과 봉사로 똘똘 뭉쳐 있어야 하는데 늘 반대로만 간다.

어느 정부나 새로 집권한 후 한 해쯤 지나면 정부는 머리부터 매만진다. 심하면 뇌를 수술한다. 청와대 참모조직의 능력이며 권력관계에 잡음이 일어서 그렇다. 대통령은 으레 공직사회 개혁을 강도 높게 주문한다. 새 대통령은 예외 없이 기존 정부의 공직자를 전 정부에 봉사한 부역자처럼 죄인 취급한다. 국민들은 공직자들이 자신과 소속 집단과 가족의 이익만을 앞세우고, 이권에 목마른 나쁜 기업과 결탁해 부정과 비리에 연루되며, 칸막이와 부처이기주의에 급급해 정부 일이 원활하게 돌아가지 않아 국민에게 부담만 준다고 생각한다. 관료사회의 분열과 정체, 그리고 병폐가 얼마나 심각한지를 그제야 깨닫고 개혁을 주문한다. 하지만 백년하청이라는 것을 퇴임 후에나 알게 된다. 이는 정권이 바뀔 때마다 늘 되풀이된다.

관료주의는 질병을 유발하는 유해균이다. 복잡한 현상을 간단·명료·획일적으로 인식하는 것이 관료제의 속성인데, 모든 탈은 바로 여기서 시작된다. 모든 것을 한 줄로 세운다. 대학입시 제도같이 하나로 모든 것을 처리하려고 한다. 좋게 말하면 표준화standardization다. 하나밖에 모른다. 다양한 사고를 하지 않는다. 민원인 사정을 일일이 들고 판단해 행정을 편다는 것은 불가능하기 때문에 그렇다.

관료주의는 책임과 거리를 둔다. 책임을 져야 마땅한데도 실패가 두려워 몸을 사리고 위의 눈치만 본다. 배를 바닥에 붙이고 납작 엎드려 꼼짝하지 않는 복지부동伏地不動이라는 말이 그래서 나온다. 인명사고나 크게 나야 책임을 묻지, 정책이 실패해서 천문학적 예산 손실이 나도(원전 신고리 5와 6호기 공사 중단 비용 1,400억 원) 책임 지는 사람이 없다. 원전 1호기 폐기는 다른 나라 기준이면 10년을 더 쓸 수 있는데도 없애는 바람에 국민 세금 7,000억 원이 낭비됐다. 의료 시술 해외 개방을 막는 정책 또한 엄청난 수익 손실을 보고 있는데도 막무가내다.

앞서 관료 문화에서 누누이 지적한 대로, 관료는 체질상 책임 전가를 예사로 한다. 관료의 권한 중 특히 규제권과 감사권이 무소불위인데, 자신들이 살기 위해 행사하는 것이 최우선이다. 일부 관료들의 최대 목표는 정부의 신뢰를 쌓기보다는 승진이 먼저고, 그 다음은 좋은 보직을 받는 일이다. 이들이 봉사하는 집단은 권력이나 돈을 가진 자들propertied class이니 반사적으로 가족의 이익을 챙기게 된다. 보신의 귀재들은 자기 이익에 부합하지 않으면 철저히 규정대로 처리한다. 결과적으로 많은 국민의 기대를 저버리는 것은 당연지사다. 게다가 자기 부처 지키기에 골몰한다. 업무가 겹치는 다른 부처를 어떻게 해서든 밟고 올라서야 자기네가 산다. 부처끼리 싸울 수밖에 없는 것은 논리가 서로 다르기 때문이다. 안보국방 논리와 인권 논리는 같이 갈 수 없다. 산업과 복지 논리도 같이 갈 수 없다.

국민은 안중에도 없고 정부 부처 간에 극심한 경쟁을 치르다 보니 새우등만 터진다.

정치인, 경제인, 행정인, 종교인 할 것 없이 똑똑한 개인들은 자신의 일에 몰두할 뿐이다. 그들이 효율적이고 양심적으로 자신의 일을 수행하면 할수록 역설적으로 봉사와는 거리가 점점 더 멀어진다. 시스템에 합리적으로 반응하는 사람이 비합리적이 되고, 잘못된 것을 고치려는 사람이 온전치 못한 사람이 되는 것, 이것이 어리석은 시스템이 지닌 가장 어리석은 속성이다. 결국 잘하려고 하면 할수록 무위로 돌아가는데, 그 이유는 단 한 가지. 모두가 독선 바이러스에 감염되어 있는 줄 모르기 때문이다. "어리석은 자에게 권력을 주지 마라"는 미하엘 슈미트-살로몬Michael Schmidt-Salomon의 해석이다.[131]

자기 것만 챙기려는 전형적 관료 문화와 몌별袂別해 집단주의를 버리고 집단지성을 찾는 것만이 암을 극복하고 정부를 개혁하는 지름길이다. 그 길은 험하다. 그러나 "우리가 직면한 중대한 문제들은 그 문제를 발생시켰을 당시의 사고방식으로는 해결할 수 없다"는 알베르트 아인슈타인의 말을 곱씹을 필요가 있다.[132] 정부 지붕 위에 앉아 있는 독선 공직자부터 걷어내는 것이 우선이다. 진아眞我와 큰나SELF를 아는 공직자가 중심이 되어 관료조직에 지성의 불을 지펴야 대통령의 뜻이 살고 나라가 문명국의 반열에 설 수 있다.

한곳에 오래 머물면 타성에 젖는다. 병도 그런 생활에서 잘 발병한다. 고칠 생각도 안하고 새로운 것을 하려는 의욕도 없다. 공직에 오래 있을수록 똑같은 얼굴이다. 공무원에겐 정년이 없다. 엄격히 직종과 계급 따라 정년제도가 있는데 없다는 것이 무슨 말일까? 공직에 정년이 없다는 아이러니는 다름 아니라, 자리를 그만두어도 관의 후광으로 어디에서나 일할 수 있어서 하는 말이다. 권력기관이나 경제 관련 기관 고위직을 지내면 기업은 물론 산하기관, 협회, 로펌, 대기업 등등 갈 곳이 넘쳐난다고 앞에서도 말했다. 전직의 경험과 네트워크의 값이 상당하다. 당사자는 로비스트로 '권력 병풍'이 되어 부분 이익에 집착해 공직의 이상과 거리가 먼 행동을 한다. 2018년 봄 20대 그룹 사외이사로 선임된 187명 중 74명이 정부기관 출신인 것으로 나타났다. 10명 중 4명꼴로 정부의 촉수가 기업으로 번져 있는 것이다.[133] 이런 사회 분위기는 모두 관료화된 것과 다름이 없다. 정부가 건강하듯 사회도 건강하려면 관료주의적 권위주의의 타성에서 벗어나는 길밖에 없다.

유익균이 많아야 건강하다

암은 세포의 복제 과정에서 오류가 생겨 또 다른 비정상 세포가 나타나는 현상이다. 암의 원인은 흡연, 과음, 스트레스 등 여러 가지가 있지만 그중 과체중이 큰 부담이다. 정부의 높은 어른이라면 공불이 색空不異色의 의미 정도는 알았으면 좋겠다. 빈 것과 색은 다르지 않다는 뜻이다. 정부는 국민으로부터 무리하게 세금을 징수해 뚱뚱해지거나, 엄격한 조직 분위기나 지나친 규제로 스스로도 스트레스를 받아

건강을 해친다. 정부가 국민에게 스트레스를 주는 것이 즐거움이 아닐 테니 정부도 암에 걸릴 확률이 높다. 정부가 스트레스에서 벗어나는 방법은 국민을 감동시키는 것이다.

최근 정부는 국방 개혁의 일환으로 장군 수를 76명 줄이겠다고 발표했다. 과체중 해결의 시작이다. 정부의 건강을 살피기 위해 몸의 장기별로 정부 기능을 가늠해보자. 머리에 해당하는 청와대는 뇌 세포 뉴런이 활기차고 시냅스의 연결 또한 원활해야 한다. 여기엔 기억력과 상상력을 끌어올리는 것이 핵심이다. '상상은 지성의 발기勃起'라고 말한 사람은 프랑스 시인으로 불후의 명작 『레 미제라블』을 쓴 빅토르 위고다.[134] 팔루스Phallus에 관해서는 뒤에 라캉의 해석을 덧붙인다. 똑같은 생각과 행동을 하면 뇌 구실을 제대로 못하는데, 순혈주의를 경계하는 것이 이런 이유다. 끼리끼리 모이면 새로운 것이 나오기 힘든 이치다.

정부의 기관을 하나하나 인체에 비유해보자.

뇌는 청와대와 교육과학부에 해당한다. 얼굴은 문화와 예술이다. 정보화 사회가 되면서 과거에는 다리와 팔과 손이 중심이었던 것이 눈, 귀, 코로 옮겨갔다. 기획재정부에 해당하는 심장은 적혈구를 통해 몸 곳곳에 산소를 공급하고 끊임없이 맑은 피를 뿜어내야 한다. 간은 글리코겐을 만들어 축적하고, 담즙산엽을 만들어 소화를 도우며, 비타민을 축적하고 해독기능을 한다. 간의 역할은 생명을 보존할 수 있는 모든 요소를 관장한다는 뜻에서 정보에 해당된다고 할 수 있다. 감사원과 국가정보 기능이 여기에 해당한다.

폐가 환경부인 이유는 몸이 숨을 쉬어야 하고 동시에 폐가 깨끗해야 하기 때문이다. 췌장은 인슐린을 분비해 당을 신체에 보내고 혈당을 조절하는 기능을 하기 때문에 인재를 배치하는 인사처에 해당한다. 이 기능이 잘못되면 뇌에 나쁜 영향을 끼친다. 식탐으로 살이 찌고, 기억력이 감퇴되며, 우울증에 심지어 치매도 걸린다. 불순물을 제거하고 새 피를 공급하는 신장은 간과 같이 노폐물을 걸러내는 여과 장치 구실을 하므로 검찰과 감사 기능이 여기에 해당된다고 할 수 있다.

장은 보건복지부, 척추는 행정안전부다. 안보, 국방, 검찰, 경찰 등 권력기관은 근육이다. 근육은 제2의 심장 구실을 하므로 그만큼 중요하다. 발과 다리는 국토교통부, 고용노동부의 기능을 맡는 것과 같다. 위는 국세청이 거두어들이는 세금을 잘 소화해야 한다.

이렇게 각 장기별 기능이 원활해야 하지만 전체적으로는 생명소인 세포의 미토콘드리아가 활력을 키워야 한다. 무엇보다 장기가 서로 원활하게 기능해 균형을 지키는 것이 면역의 기본이다. 여러 장기 중에서도 으뜸은 뇌다. 몸에 노폐물이 쌓이면 건강에서 멀어지듯이 부정부패가 줄지 않으면 건강한 정부가 될 수 없다.

뇌에 해당하는 청와대가 활기차고 창조적으로 움직이려면 혈액을 통해 당과 산소가 잘 공급되어야 한다. 뇌의 해마는 새로운 사실을 포착하는 레이더다. 새로운 정보라면 이미 있던 정보와 비교하고, 양질의 정보라면 해마는 다른 뇌의 영역에 신호를 보내 도파민을 분비하게 한다. 기억을 자극하는 것은 바로 새로운 정보다. 익숙한 것만 반복하는 습관이 자리를 잡으면 식욕과 성욕이 크게 떨어진다는 사실이 쥐 실험에서 밝혀진 바 있다.

혈액에 나쁜 콜레스테롤이 많이 끼어 피가 찐득거리면 뇌에 보내는 영양소 공급이 그만큼 더디다. 거짓 정보와 부정부패, 나태가 바로 나쁜 콜레스테롤이다. 피가 그런 상태면 몸이 성할 리가 없다. 즉, 좋은 정부가 될 수 없는 것이다. 머리가 좋은 사람들이 대거 모여 정부에서 일하는데 왜 정책이 실패하는지 유추해보면 같은 일만 반복하기 때문이다. 지능이 퇴화되고 상상력은 쪼그라든다. 관료들은 같은 일을 같은 방식으로 반복하기 때문에 엔도르핀이나 도파민이 나올 리 없다. 만족하지 못하고 행복하지도 않다. 단순한 일을 반복하며 윗사람 눈치 보고, 야단맞고, 인사에 불만이 생기니 창의력과는 점점 거리가 멀어진다.

뇌의 사고 습관을 바꾸려면 뇌의 신경세포인 뉴런에 임플란트를 심는 것이 한 가지 방법이다. 로봇의 뇌에 임플란트를 심어 팔다리가 움직이도록 조작이 가능한 것과 마찬가지로, 뇌에 해당하는 청와대를 창조적으로 만들려면 새 인물을 심어 넣으면 된다. 몸무게의 2.3%밖에 되지 않는 뇌가 신체 가용 에너지의 20%를 쓰고 있는 것을 새롭게 하지 못하겠으면, 일단 줄이기만 해도 해법은 나온다. 각 부처에게 하고 싶은 일을 마음껏 하라고만 해도 청와대는 훨씬 건강해질 것이다.

하지만 뇌는 각 장기가 미덥지 않아 맘대로 하라고 놔두기가 쉽지 않다. 그렇다고 청와대의 역할을 더 늘린다면 과부하를 일으켜

뇌가 손상될 수 있다. 이럴 때 명상이나 단식을 하면 머리가 맑아지고 눈이 잘 보이며 활동력이 늘어난다.

위에 해당하는 국세청이 세금을 덜 거두는 것도 재고할 가치가 있다. 이는 경제성장을 재촉해 국가의 재산을 늘리고 고른 분배를 해야 한다는 논리와는 거리가 있다. 그러나 운신의 폭을 좁히는 몸짓 불리기나 무리한 재산 쌓기가 정말 좋은지는 다시 생각해야 한다. 세금을 낭비 없이 제대로만 쓴다면 이야기는 달라질 것이다. 어쨌든 먹는 것을 20% 줄이면 생명의 길이가 30% 늘어난다는 연구가 보여주는 의미가 무엇인지도 새길 줄 알아야 한다.

오른쪽 페이지의 그림은 인체의 각 부위를 정부 기구에 빗대본 것이다. 건강을 위해서는 비만 정부를 가장 경계해야 한다.

병을 막는 길은 예방이다. 미리 위험 인자를 찾아 방비하는 것이다. 병은 자주 나게 마련이다. 면역으로 질병을 예방할 수 있듯이 국가도 부정부패를 막는 데 힘을 쏟으면 좋아질 수 있다. 질병을 막으려면 몸과 기생물을 좀 더 알아야 한다. 우리는 인간의 몸이 타자들의 집합으로 구성되어 있다는 것을 잘 모른다. 우리 몸은 애초에 수많은 기생 생물을 담고 있어 누구나 다른 몸들과 이어져 있다.[135] 같은 이야기로 우리 몸은 진핵세포로 이루어져 다른 생물과 연결되어 있다. 우리 체중의 약 1~1.5kg은 다른 생물로 이루어져 있다. 이들이 바로 미생물이다. 인간 자체가 복잡한 공동체를 이루고 있는 것이다.[136] 그러니 최재천의 말대로 우리는 남을 지배할 생각을 하지

인체에 빗댄 정부 기구들

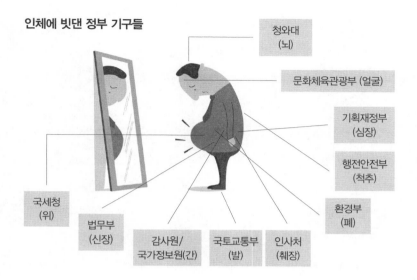

말고 함께 군림群臨해야 한다.

우리는 자기 몸의 세포보다 더 많은 수의 미생물을 장기 속에 품고 있다. 그야말로 우리 몸은 우글거리는 세균으로 가득 차 있다. 또한 우리 몸은 화학물질에 갇혀 있다. 그런 의미에서 보자면 우리는 모두 오염 덩어리다.

건강의 척도는 유익균이 얼마나 더 많이 있느냐에 달려 있다. 우리의 몸은 지상에 존재하는 모든 것과 이어져 있다. 특히 다른 사람들과도 연결되어 서로가 의존하고 있기 때문에 자신의 몸이 혼자만의 소유가 아니라는 것을 알아야 한다. 내 몸은 독립적이지 않으며, 몸의 건강은 늘 남들이 내리는 선택에 의존하고 있다. 나만 건강해서 될 일이 아니다. 그럼에도 우리는 내 몸이 오로지 개인적이고 독

립적이라는 환상에서 깨어나지 못하고 있다.[137]

우리 몸은 생물적 몸 말고 정치적 몸이 따로 있다고 할 수 있다.[138] 계몽주의 시대에 개인이 강조된 전통이 아직까지 남아 있긴 하지만, 엘리자베스 여왕 1세도 내 안엔 자연의 몸에 신이 허락한 정치적 몸이 있다고 말했다. 앞에서 말한 라캉의 이야기도 같은 맥락이다. 야생적인 것과 길들여진 것은 별개의 것으로, 서로 유리된 가치로 보일 때가 많다. 하지만 이 둘은 선과 악처럼 배타적이고 극단적인 관계가 아니다. 이 둘 사이에는 연속성이 존재할 수 있고, 또 존재해야만 한다.

그러나 사람들은 하나만 알고 둘은 모르기 때문에 대부분 어느 정도의 편집증적인 부분을 갖고 있다. 한 주장이 강하면 음모론이 예사로 일어난다. 무균 상태에서 태아가 산도를 벗어나면 세균에 노출되는데, 산모들은 이때 백신을 맞는 것이 위험하지 않느냐고 걱정한다. 자폐증과 관련이 있다는 연구 보고서들이 있기 때문인데, 진실은 시대 따라, 또 환경 따라 변하기도 한다.

면역은 우리 서로가 공유하고 공동의 정원을 가꾸는 것이라고 생각해야 한다. 문제를 풀기 위해선 서로를 이해하고 함께 노력해야지, 어느 한쪽의 주장만 펴다 보면 모두가 파멸apocalypse에 이를 수밖에 없다. 정부와 국민은 별개인 듯 하나의 정원을 꾸미고 사는 공동의 존재다. 서로가 없으면 살 수가 없다. 이를 이해하고 국민은 정부에 기대고, 정부도 국민을 존중해야 한다.

몸에는 나쁜 세균이 있어 병을 옮기지만, 그만큼 좋은 세균도 서식한다. 우리에게 병균이 필요하다고 말한 사람은 율라 비스다.[139] 우리 몸속에 있는 균을 모조리 없앤다면 건강해질까? 불가능한 일이지만, 철저하고 극단적인 처방이 무조건 건강을 지키는 것도 아니다. 치료가 오히려 해가 될 수도 있고, 과학이 늘 진보만 하는 것도 아님을 명심하며 문제에 대처해야 한다.

복잡하기 이를 데 없는 세상의 여러 현상들을 온전히 이해할 수 없다는 것, 지식의 힘으로는 그것이 불가능하다는 것, 그럼에도 탐구하는 욕망만이 문제를 조금이라도 더 풀 수 있다는 점을 상기해야 한다. 정부의 문제를 푸는 한계가 뚜렷하다고 해서 그대로 주저앉지는 말자는 뜻이다.

크고 뚱뚱한 정부

우리 정부는 거목巨木이다. 정부 수립 이후 크고 튼튼하게 자라났다. 그러나 썩은 뿌리도 있고, 줄기에도 가루깍지벌레가 많이 끼고, 가지도 제멋대로 자랐다. 잔가지(공공기관)가 너무 많다. 수형은 근사해 보이지만 속내까지 그렇지는 않은 듯하다. 현재 정부는 나무를 더 키우려고 청년 직업 대책이라는 명분으로 400조나 들여 17만 명의 공무원을 충원하려고 한다. 2019년 예산안에는 공무원 3만 6,000명 채용 계획에 3조 8,000억 원의 예산이 편성됐다. 대통령 임기 안에 공공부문 81만 명을 채용하겠다는 대선 당시의 공약

을 이행하려는 것이다. 이 때문에 정부가 최대 고용주라는 언론의
비판이 끊이지 않는다.

황야에 거목 한 그루만 우뚝 서 있는 것과 주변이 아름다운 숲으
로 둘러싸여 있는 것과는 미감이 너무나 다르다. 무려 16~20조 원
의 예산을 들여 정부가 일자리를 만들겠다고 나선 것이야말로 게
인스적인 사고방식이다. 정부가 해야 할 일은 경제활동을 도와 기
업이 일자리를 만들게 하는 것이 순리인데 시장의 역할은 안중에도
없어 보인다. 공무원은 단순히 일자리가 아니라는 것부터 인식해야
한다.[140] 공직은 나라를 지키는 국가의식이 투철한 소수일수록 효율
이 높다. 1등급 공무원이 바람직하다.

정부가 현재 얼마나 뚱뚱한지 그 기준이 애매하다. 다만 잔가
지(공공기관 등)가 너무 많으면 수형이 아름답지 않은 건 사실이다. 정
부의 규모에 관해서는 국무위원 수(15~30인)를 정한 헌법 제88조 2
항, 행정 각부 설치, 조직, 직무 범위를 법률(정부조직법)로 정해놓은
것(제96조)이 전부다. 거기에 직무 범위로 민간, 기업, 시장 등의 관계
가 설정된다. 정부는 개인과 기업의 자유와 창의를 존중한다(제119
조 1항). 그러나 시장의 지배와 경제력의 남용을 방지하고 경제 주체
간의 조화를 이루는 경제민주화를 위해 경제에 관한 규제와 조정을
할 수 있다(제119조 2항)는 조항은 확대해석을 하지 말아야 한다. 국방
상 이유로 사기업을 국유 또는 공유해 통제와 관리를 할 수 있는 여
지도 남겨놓았다(제126조). 규제와 조정이 간섭과 지배로 이어진다는
점을 경계해야 한다.

크고 뚱뚱하면 질병에 걸리기 쉽다. 따라서 근원적 처방은 뭐니 뭐니 해도 비만 탈출이다. 비만에서 벗어나야 건강을 되찾을 수 있다. 구체적으로 변죽만 울려서 될 일이 아니다. 얼굴의 성형수술보다 몸의 건강 상태가 먼저다. 잘 먹으면 피부가 고와진다. 정부의 크기는 얼마여야 하고, 정부가 민간 일을 어디까지 관여해야 하는가에 관한 논의는 몸집과 관련이 있다. 정부가 모든 일을 하겠다는 것은 시대의 물줄기를 역류시키는 것이라는 점도 알아야 한다.

정부 운영은 기본적으로 유연해야 효과가 나타난다. 딱딱한 법에 묶이면 아무것도 하지 못한다. 정부 운영의 근거는 정부조직법으로, 제·개정이 입법 사항이다. 새로운 부처를 설치하기가 쉽지 않다. 여당이 원해도 야당이 반대한다. 정부의 권한이 늘어난다고 생각하기 때문이다. 그러나 필요에 따라서는 신축성 있게 늘리고 줄이는 것이 가능해야 한다.

우리에 비해 다른 나라는 정부 운영이 유연하다. 이탈리아는 무임소로 헌법개혁 장관, 행정조직단순화 장관, 지방문제 장관을 신설했다. 새로 임명된 헌법개혁 장관은 골칫덩어리 상원 의석을 315석에서 100석으로 줄여 국민의 박수를 받았다. 우리는 국회 의석을 100석으로 줄이자고 수없이 건의하지만 백년하청이다. 이탈리아뿐만 아니라 아일랜드도 공공지출개혁 장관을 신설해 비효율적 예산 집행을 줄이는 데 집중했다. 영국에는 노동부 장관 이외에 고용담당 장관 자리를 늘렸다. 일본도 아베 총리가 1억총활약담당상이라는 자리를 신설했다. 이렇게 수요 따라 정부 기구의 신설과 운영을 유연하게 해야 효과를 높일 수 있다. 늘릴 때는 비만을 염두에 두고 필요하지 않은 부서는 없애는 노력도 함께 기울여야 한다.

몸집부터 줄이고 사고의 틀을 뒤집어야 한다. 바둑에서 알파고가 이세돌 9단을 이긴 것은 복잡하기 이를 데 없는 바둑판의 패턴을 알파고가 읽기 때문이다. 빅데이터 시대에 알고리즘으로 패턴을 읽지 못하면 자유주의에서 말하는 개개인의 능력밖에 인정받지 못한다. 청와대가 새로운 패턴을 짜야 한다.

세포가 건강해야 몸이 튼튼하다. 정부의 세포인 관료는 얼마나 건강할까? 교육과 훈련으로 세포의 건강을 지킬 수 있을까? 교육, 훈련으로 체중을 줄이고 제2의 심장에 해당하는 근육을 키워야 한다.

정부 관료를 교육, 훈련시킬 때 이런저런 역량을 키워야 한다고 주문한다. 훈련 기관의 커리큘럼도 그렇게 짜여 있다. 그러나 이것이야말로 개념이 실재와 크게 다를 뿐 아니라 실재조차 일그러뜨린다는 것을 모른 채 허상을 쫓는 것이라 할 수 있다. 가르치는 사람이나 훈련받는 관료들이나 공직자 훈련의 철학과 이상이 무엇인지조차 모르고 있다. 애매하기 이를 데 없는 역량을 키운다고 세포가 튼튼해지고 정부가 건강해지지는 않는다.

공직자는 훈련을 하며 다음과 같은 능력이 향상되기를 기대한다. 즉, (1)문제 인식, (2)전략적 사고, (3)성과 향상, (4)변화 관리, (5)조정 통합 등이다. 이들을 점수로 환산해 평균을 내어 능력을 평가한다. 그럴듯해 보인다. 그러나 이런 막연하고 추상적인 요소로는 조금도 나아지지 않는다는 것을 정부는 알아야 한다.

(1) **문제 인식**이란 관련되는 정보를 파악해 사안의 성격, 원인, 조건, 파급 효과 등을 이해하라는 것인데, 물론 어떤 사례를 제시하고 분석해보라고 하겠지만, 피평가자의 능력과 혜안을 수치로 환산하면 어떻게 나올까 궁금하다.

(2) **전략적 사고**도 그렇다. 어떤 목표를 정하고 이를 실행하기 위한 계획, 대안, 처방 등을 가리겠다는 것인데, 외국 사례로 풀라고 하는 것은 지극히 비현실적이다.

(3) **성과 향상**은 행정 서비스의 질을 높이기 위한 방법을 강구하고 업무 수행 과정에서 효율과 효과를 거두겠다는 것인데, 효율과 효과라는 개념이야말로 허상이라는 것을 모르고 있다.

(4) **변화 관리**는 기존의 관행과 행동 양식을 고쳐 조직의 변화에 적응하도록 유도하는 역량인데, 이것이야말로 변화가 무엇인지, 앞으로 닥쳐올 미래 초지능AGI이 정부 조직과 행동을 어떻게 바꿀 것인지에 대한 인식 없이 그저 막연히 역량이라는 이름만 붙여놓은 꼴이다. 미래의 신이 무엇인지, 정부의 신이 사라져가고 있다는 변화를 모르고 관리를 하겠다면 그야말로 뜬구름 잡기다.

(5) **조정 통합** 역량은 이해 당사자 간에 존재하는 다양한 의견들을 하나로 묶어놓겠다는 것인데, 인간의 자아와 욕망, 그리고 타인의 욕망과의 관계가 무엇인지도 모르면서 그렇게 한다는 것이야말로 허상 중 허상이다. 공무원 훈련 과정에 무엇을 읽으라는 숙제를 주었는지 모르겠다.

한마디로 정부는 현장의 현실과 미래 변화의 추이에 대한 이해도 제대로 하지 못한 채 공직자의 역량을 키우고 있다. 공리주의에 집착하고, 다양성과는 거리가 멀며, 주관적 경험인 의식을 바르게 이해하지 못한다면 정부는 왜 존재할까? 무슨 성과를 낼 수 있겠는가? 정부의 존재 이유는 나라를 지키고 국민을 편안하게 해주는 것인데 이들 역량으로는 국민의 기대가 충족되지 않을 것이 뻔하다.

공직 의식은 객관화시키지 못한다. 객관적으로 평가하지 못하는 주관적 경험이다. 주관적으로 경험하지 않고 고문이나 성폭행을 설명해야 한다면, 물리 법칙에 따라 기본 입자 다발이 움직이는 것에 불과해 잘잘못을 가리지 못한다.

물론 이런 주장들은 찬반이 갈린다. 과학기술이 첨단으로 치닫는다고 해서 정부가 안고 있는 문제를 풀 수 있는 것은 아니다. AI를 연구하는 사람들의 말을 빌리면, 지구가 어떻게 사멸할 것인가에 관심을 갖고 우리의 생명이 미래를 어떻게 준비할 것인가에 대한 답을 찾아야 한다고 말한다. 이것이 인공지능 내지는 초지능이 인간과 어떤 관계를 갖게 될지에 관심을 기울이게 한다.

초지능은 지능일까, 의식일까? 우리는 무의식중에 중요한 결정을 내리지 않고 있는가? 초지능은 우리를 어떻게 변화시킬까? 궁금한 것이 한두 가지가 아니다. 초지능이 의식을 갖든 갖지 않든, 지금 우리에게 중요한 것은 '의미를 가능하게 하는 것은 의식'이라는 것을 잊으면 안 된다는 것이다.

반론도 만만치 않다. 인공지능만 해도 만사가 해결되듯 받아들이면 안 된다는 경고가 따른다. 인공지능을 일반적인 수준과 특별한 수준으로 나눌 때, 전문가들이 보는 특별한 수준은 좁은 안목에 매여 있다고 주장하는 사람이 있다. 브로사드Meredith Broussard는 인간의 성취가 인간의 본질을 넘어서면 위험하다는 기술의 한계를 지적하며, AI는 한마디로 복잡한 사회 문제를 바로 인식하고 해결할 능력도 없고, 상상·종합·도덕적 판단을 수행할 능력도 없다고 단정한다. AI는 천문학적 계산 용량으로 확률이 높은 값을 제시할 수는 있다. 검색을 하거나 번역을 하거나 위치를 찾는 일은 쉽게 한다.

그러나 과거 데이터로 특정 자료를 분류한다고 해서 그것이 현실과 일치한다는 보장은 없다.[141] AI가 급속도로 발전하기 이전부터 인류 문명에 도움이 되지 않는다고 경고한 사람이 스티븐 호킹과 엘론 머스크다. 로버트 라이시는 이런 기술들이 부의 편중만 가중시킨다고 했다. 최근에는 웹www을 창시한 버너스 리Timothy John Berners Lee도 차라리 오염된 WWW를 버리자고 주장했다. 우리는 거대 기업이 정보와 이익을 독점한 채 대중을 감시하고, 가짜 뉴스가 정치 선전에 이용되는 인터넷을 꿈꾼 게 아니었다고 한탄한다.[142]

여기서 끝나지 않는다. 국제정치의 최고 상담역인 헨리 키신저는 AI가 국제 정치질서를 무너뜨릴 가능성을 경고한다. 무인 항공기UAV와 무인 지상차량UGV이 적진을 누비고, 인간의 통제를 받지 않는 자율 살상무기가 전장을 초토화시키면 8세기 잉카제국을 처참하게 무너뜨린 콩키스타도르conquistador, 정복자 같아질 것이라고 경고한다. 그는 한시바삐 국제인공지능기구IAIA를 창설해 이에 대비해야 한다고 주장한다.

이와 관련해 우리가 알아야 할 사항이 또 있다. 이런 변화의 기본이 되는 빅데이터에 관한 바른 인식인데, 자료가 방대하면 얽힘 현상이 일어나고, 쓸데없는 정보가 자가 증폭되며, 기계가 오작동할 여지가 충분히 있고, 한번 구축된 디지털 시스템은 환경이 변해도 좀처럼 적응하지 못한다는 것이다. 미국 스미소니언 박물관의 역사학자 테너Edward Tenner는 효율성에 지나치게 집착하다가 낭비와 무지의 부작용이 발생할 여지가 있다고 말한다.[143]

물론 이런 난해한 의문에 대해 정부가 답을 내놓을 거라고 기대하기란 어렵다. 그러나 세상이 변화하는 방향을 이해하려 하지 않고 현재 당면한 문제에만 골몰하면 눈먼 장님 꼴이 된다. 병약한 몸에 새 피를 수혈하면 건강이 회복되겠지만, 공직 사회의 새 피는 바른 감각이자 느낌이지 숫자로 표시되는 성적이 아니다. 심장에 해당하는 기획재정부의 인적 구성을 기존의 경제학도나 재정학도에 더해서 인문예술 분야의 인재를 투입해보면 어떨까? 공직 훈련부터 강의실에서 벗어나 현장에서 살을 맞대며 풀어가는 연극인들의 연습 방식부터 도입해보는 것은 어떨까?

정부 관료의 다양한 고충들

정부 관료의 고충을 들여다보면 이만저만이 아니다. 열심히 일하지만 걸림돌이 한둘이 아니다. 넉넉하지 않고, 벽이 높고 두꺼우며, 수많은 모순들을 껴안고 국가에 봉사하는 모습은 일면 짠하고 때론 처절할 정도여서 연민의 정이 생긴다. 이들이 편해야 정부가 건강하다.

한 조사가 밝힌 현직 관료들의 업무상 고충을 요약하면 아래와 같다.[144]

- 정권의 가시적 단기성과 위주의 정책 추진
- 정치 논리로 정책의 일관성 훼손
- 5년마다 바뀌는 낭비적 정책 환경
- 정부의 무리한 차별화 정책 추진
- 정치 이슈에 치여 법적 근거 없이 바꾸는 정책 방향
- 공직의 정치화
- 국회 권한 비대
- 국회 대기로 시간 낭비
- 과도한 의전
- 권력 눈치 보기
- 일과 상관없이 윗사람 모시기
- 선거로 선출된 장관의 독단
- 잦은 부처 통폐합
- 승진, 보직 경로 불안, 인사 불공정
- 과도한 근무시간, 잦은 근무지 이동
- 같이 일할 사람 선택 불능
- 보안상의 이유로 전산 시스템 사용 제한
- 예측 못한 상급기관의 일방적인 하향식 업무 지시
- 정책 결정에서 상급자와 이견
- 공무원 폄하
- 국민의 비판, 민간 편견

- 악성 민원
- 시민단체의 반대
- 언론, 국회 등 외부의 근거 없는 비판
- 민간과 비교해 전문성 부족, 일하지 않는 동료 직원
- 지나친 평가 위주 행정
- 성과 평가 시스템의 불공정
- 과도한 내부 규제, 자기 검열, 보안
- 국정 아닌 부처 이해 대변
- 부처 간 힘겨루기
- 부처 간 유사 업무 중복(청년 실업 문제를 해외 진출 사업으로 해결하기 위한 프로그램이 고용부, 교육부, 외교부, 산업부, 미래부, 중기청 등으로 흩어져 있다)
- 칸막이
- 반융합적
- 부처 이기주의로 협업 부족
- 정책 본질을 비켜가는 감사
- 층층시하, 과도한 계층제, 책임 지우기
- 지나친 서면 보고, 비생산적 문서 작업
- 끝없이 소집되는 각종 회의
- 자율성 부족, 경직된 문화, 엄격한 위계질서
- 비전 부재
- 고시 중심 문화
- 고시 기수(고시 출신이 아니면 일하기가 두 배 어렵다)
- 권한과 책임의 불일치(권한은 입법부, 책임은 행정부)
- 빨리빨리 문화

어느 조직이나 안고 있는 문제가 있듯 정부라고 예외가 아니다. 위계 서열에서 아랫사람들이 겪는 고충은 어디서나 마찬가지다. 뭔가 하고 싶어도 위의 벽이 너무 두껍다. 조직 내부만 아니라 밖에도

장애물이 겹겹이다. 특히 행정부는 국회와의 관계에서 을의 위치로 전락해 업무에 큰 부담을 느낀다. 그렇다고 국민이나 언론이 호의적이지도 않다.

미더운 trustworthy 정부를 위하여

정부는 왜 미덥지 않을까? 하버드대학교 케네디 행정대학원 원장을 지낸 조지프 나이Joseph Nye는 정부가 비효율적이고, 돈을 많이 쓰며, 잘못된 분야에 힘을 기울이기 때문이라고 말한다.[145] 하버드대학교가 미국 〈워싱턴포스트〉와 공동 조사한 바로는, 정부 예산이 낭비되고 비효율적이라는 답변이 81%였으며, 79%의 응답자가 엉뚱한 일에 너무 많은 돈을 쓴다고 답했다.[146] 미국의 예지만 우리나라도 예외가 아닐 듯하다.

공직자, 특히 고위 공직자가 어떤 성정을 지녀야 정부가 건강할까? 어떻게 해야 국민의 신뢰를 듬뿍 받을 수 있을까? 중립적 성정, 즉 한쪽으로 치우치지 않아야 한다. 누구에게나 있는 편집증, 분열증 어느 한쪽으로 지나치게 쏠리면 안 된다. 이념적 색깔이 짙어도 위험하다. 공공선의 구현과 거리가 멀어진다.

나랏일이라는 것이 어긋나고 늘 맞서기 때문에 갈등과 대립 속에 세월이 저문다. 어떤 문제에 부딪히든 해결의 실마리가 잘 풀리지 않는다. 나는 옳고 너는 그르다는 이분법적 집착은 평행선만 그을 뿐이다. 한·일 국가 간 분쟁이나 여·야 간의 국정 역사교과서 논쟁 같은 것도 상호 편집증 때문이라고 보면 된다. 이념 간의 투쟁이 대개 그렇다. 그리고 서로 중심과 중앙(국정)에 서려는 권력욕 때문에 일이 더 꼬인다. 대립하는 이들은 각자 온당한 주장을 한다고 생각하지만, 자신의 진리는 그 체계 안에서만 옳을 뿐 체계를 벗어나면 타당성을 잃는다는 것을 모른다. 그래서 세상엔 진리가 없다는 말들도 한다.

정신적·심리적 대립을 극복하기란 쉽지 않다. 대결해서 이겨야 한다는 인식이나 자각, 그리고 중앙집중적 체제로는 아무리 하나가 되려고 애써도 갈등이 사라지지 않는다. 대타협이나 공존 등은 미사여구에 불과할 뿐이다. 정正과 반反이 대립되는 평면 차원에서의 화합은 일시적일 뿐 언제든지 깨질 가능성이 있다. 차원이 다른 해법을 찾아야 할 이유가 여기에 있다.

우리는 흔히 미추美醜, 선악善惡, 생사生死 등 세상을 이분법으로 인식하지만, 뮤지컬 〈오페라의 유령〉에서처럼 둘은 결국 하나라는 신화적 진리에 도달할 수도 있다는 점을 마음에 새기면 서로가 편해진다.

신뢰할 수 있는 정부를 만들 수 있으면 큰 리더의 반열에 설 것이다. 고슴도치와 여우를 합쳐 새로운 종을 탄생시킬 수 있다면 얼마나 좋을까. 불가능하다면 눈을 돌려 새 시대에 디지털 시스템으로 신질서(탈집중)가 형성되고 있다는 것을 절감하고, 2차원을 넘어

고차원에서 돌파구를 열어야 한다는 것을 새 시대의 인물들이 알았으면 좋겠다.

이집트의 파라오 때부터 시작해 역사상 많은 정부들은 강력한 국가 건설이라는 미명하에 세 불리기를 멈춘 적이 없다. 여러 나라가 세제를 갖추고, SOC를 늘리고, 관개시설을 지어 농산물 수확을 독려하는 것은 자연스러운 일처럼 보였다. 요즘 국가들은 AI와 바이오로 4차 산업혁명을 선도한다. 그러나 가장 강력한 왕국의 건설은, 평범한 인민에게는 강제노동과 고혈을 빼앗는 행위 이상도 아니다. 역사적으로나 종교적으로 위대한 성소聖所에는 가련한 영혼들이 묻힌 채 죽어서도 제대로 흐느끼지 못한다. 웬만한 리더십으로는 국가 발전은커녕 오로지 상상의 질서 속에서 자체 협력 네트워크가 만든 기준으로 실재와 거리가 먼 시행착오만 거듭할 것이다.

허구를 잘 관리한다면 정부는 국민의 믿음을 좀 더 사게 될지도 모른다. 거역하기 힘든 역설이다. 국가와 국민의 관계 방정식은 모순이라는 사실이 엄연히 존재한다. 전쟁이 일어나면 국민의 생명과 재산이 날아가고 도처에서 사망자, 부상자가 늘어나 당사자들은 고통을 느껴도 국가는 고통을 느끼지 않는다. 전쟁의 원인은 허구지만 고통은 100% 실제다.

정부가 유지되고 미덥게 되는 이유는 역사에서 우리가 만들어낸 여러 이야기가 인간 사회의 토대가 되고 객관적 실체의 기둥이 되기 때문이다. 그러나 인간의 노력은 실재하는 존재들의 삶을 더 낫게 하기보다 신, 국가, 기업 같은 허구적 실제fictional entities들을 위해 쓰인다는 것을 알아야 한다. 국가는 점점 커지는 데 반해 국민은 점점 작아지는 모순이 굳어지고 있다.[147]

사람들은 과학조차도 신의 일종이고, 과학에 대한 믿음조차 위대한 이집트의 '소벡Sobek(고대 이집트의 악어와 관련된 신)'에 대한 믿음 같은 것이라고 하면 허망할 것이다. 과학 혁명은 역사상 가장 교조적이고 관용을 베풀지 않는 종교 집단 한 곳에서 시작되었다는 사실을 알게 되면, 과학조차 신의 산물로 둘의 대칭 형국을 다시 생각하게 된다. 이런 역사적 허구 속에서 정부가 믿음을 얻기란 쉽지 않지만 오히려 매듭은 쉽게 풀 수 있다. 짐만 좀 내려놓으면 된다.

생각을 조금씩 바꾸어 달리 가보자. 국가와 정부가 아무리 강한 대국을 건설하며 피라미드와 만리장성을 쌓았다 해도 기아, 역병, 전쟁을 극복하지 못했음을 역사가 증언한다.

근대사회에 들어서 사정은 달라지기 시작했다. 사람들은 간주관적間主觀的 신화를 버리고 과학을 종교와 대립 관계로 보면서 객관적 과학 지식을 믿기 시작했다. 이것이 큰 전기가 되었다. 과학기술의 발달로 삶이 편해지고, 노화가 방지되고, 상상하기 어려울 정도의 놀라운 변화를 실감하게 되면서 허구적 실제보다 물리적·생물학적 실제를 더 믿기 시작했다. 간주관성은 객관적 실제와 주관적 실제를 완벽하게 통제할 수 있게 되었다. 국민을 믿게 하는 요소는 시대마다 다르다. 신이었다가, 과학이 되고, 때로는 도덕적 체계가 되기도 한다.

인간은 어쩔 수 없이 물질세계의 약한 육신에 갇힌 영적 세계의 선한 영혼이다. 그런데 인간은 음식, 섹스, 권력의 노예가 되어 쾌락을 즐기다가 영혼은 어디로 달아나버리고 육신에서 육신으로 돌고 돈다.[148] 인간이 타락의 길을 걷게 된 것은 종교와 과학의 잘못이 아니라 오로지 자아의 선택이 빚은 결과다. 쾌락의 종착역은 죽음이라는 라캉의 말과 통한다.

한계를 극복하기 위해 인간은 종교와 과학에 기댄다. 제도로서의 종교와 과학은 진리보다 질서와 힘을 우선해 가치를 전도시킨다. 이 두 이상한 쌍odd couple이 서로 타협 없이 어울려 진리를 추구하는 바람에 종교와 과학이 제도권 안에서 위세를 떨치기가 어렵게 된다. 종교는 종교대로, 과학은 과학대로 서로 이용해 교의를 실행에 옮기려고 노력한다.

정부는 이들 경쟁의 틈바구니에서 중재자 역할을 잘해야 한다. 정부가 종교와 과학보다 우위를 점하고 있다고 생각한다면 착각이다. 지금은 종교가 과학에 밀리는 추세다. 만일 종교가 거짓의 너울을 훌훌 털고 다시 태어나면 사정은 달라질 것이다. 세상이 많이 달라져 정부가 새로운 신으로 등장한다면 크게 명심해야 할 대목이다.

인본주의의 옷을 벗고 새로운 포스트인본주의로 치장하면 종교가 업데이트돼 과학과 새로운 계약을 맺을 가능성이 높아질 수도 있다. 하라리와 댄 브라운의 말이다. 이들은 종교의 개화와 개명을 상상하고 있다. 어떻게든 종교의 변신을 기대한다. 정부도 업데이트되고 개화되어야 국민의 신뢰를 되찾을 수 있다는 암시이다. 하지만 실제는 이런 언사와 거리가 꽤 있다. 우리나라의 정치와 행정이 종교의 얼개 속에 갇히는 예를 종종 보게 되기 때문이다.

잠시 현실로 돌아오자. 식상한 표현이지만 보통 건강한 정부, 좋은 정부는 다음과 같아야 한다.

- 국정 철학이 분명하되 한쪽에 치우치면 안 되고 반시대적이어서도 안 된다. 제일 중요한 것이 정부와 시장 관계를 바르게 자리매김하는 것이다.
- 정부 운영은 도덕적이고 투명해야 한다. 부정부패의 암 덩어리를 들어내야 한다.
- 공권력이 정당하게 행사되어야 한다. 사적 영역에 지나치게 개입해 남용하면 안 된다.
- 법과 제도는 옳고 정의롭고 분명해야 한다. 만능이라는 생각을 버려야 한다.
- 공공정책이 시의時宜에 맞고 국민이 만족해야 한다.
- 행정 서비스의 질은 높고 격이 있어야 한다.
- 정부는 내일을 준비하고 있어야 한다.

요체는 국민이 얼마나 만족하고 행복을 느끼느냐다. 우리는 얼마나 행복할까? 병에 잘 걸리지 않고, 질병수명보다 건강수명이 늘고, 주변이 어지럽지 않고 부패도 적으면 그 나라에 사는 사람들은 행복하다고 느낀다. 유엔 산하 지속가능발전 해법 네트워크^{SDSN}가 2018년 발표한 세계행복지수에서 한국은 10점 만점에 3.876점으로 세계 57위, 중간 이하다. 세계행복지수에 국내총생산, 관용 등을 추가해 계산한 수치로, 상위권 국가는 주로 유럽에 있고, 아시아에서는 대만이 26위, 일본이 54위다.

여기서 정부를 이해하는 시각이 이전과는 전혀 달라져야 함을 느낀다. 신뢰받는 정부가 되려면 어떻게 해야 하는지 우리의 생각부터 크게 바뀌어야 한다. 허상을 수술해 상상의 너울을 벗고 국민의 눈에 좀 더 다가가 손에 뭔가를 쥐어줘야 한다. 가슴을 채워야 한다.

좋은 정부를 영어로 흔히 'Good Government'라고 표현한다. 미국에는 Good Government Guys라고 해서 '좋은 정부를 추구하는 사람들' 운동이 오래전부터 있어왔음을 앞에서 지적했다. 말 그대로 국민 친화적인 정부다. 한편 'Fine Government'라는 표현도 있다. Fine은 깨끗하다는 뜻으로 싱가포르 같은 정부를 이른다. 규모가 작은 도시국가여서 그럴 수도 있겠지만, 모든 것이 밝고 맑다. 그러나 일상생활 영역까지 지나치게 규제해 싱가포르 국민들은 Fine이 벌금이라는 뜻이라며 자신들의 정부를 비꼰다. 길거리에 껌을 버리거나 침을 뱉으면 벌금을 물리는 것은 당연하고, 심지어 껌 생산 공장까지 폐쇄해버린다.

정부가 깨끗해야 한다는 것은 'zero 부정부패'라는 차원을 넘어, 예산을 어떻게 쓰고 인재는 어떻게 뽑는지 등 정보 하나하나를 모두 공개해 국민 누구나가 정부가 무엇을 어떻게 하고 있는지를 잘 알게 하는 것까지를 말한다. 영어로 fine, splendid, excellent, admirable 같은 의미가 내포되어 있다. 우린 어느 수준일까?

좋은 정부가 되려면 앞서 말한 국정 철학, 도덕성, 공권력 행사 등 여러 문제를 풀어야 한다. 좋은 정부는 국민이 행복을 느낄 수 있도록 옥시토신 호르몬을 분출할 수 있어야 한다. 옥시토신이 많을수록 너그럽고 평화롭다. 그 방법은 국민을 끌어안는 허그^{hug}를 하면 된다. 포옹을 성희롱이라고 생각하는 전근대적 윤리감으로는 하기가 쉽지 않겠지만……

한 걸음 더 나아가 정부는 국민이 진취적인 모험을 할 수 있도록 테스토스테론이나, 무언가 하고 싶은 의욕을 불러일으키도록 도파민을 분비할 수 있는 활력을 주어야 한다. 그렇지 않고 적폐 청산이란 미명하에 보복에만 집중한다면 국민은 스트레스를 받아 등을 돌릴 것이다.

통합보다 공존이다

정치인들은 입만 열면 국민의 생각을 하나로 모으는 통합을 외치지만, 통합이야말로 구름 같아서 짧은 생각으로는 아무것도 이루지 못한다. 공동의 정원을 가꾸어 공존의 길을 찾는 것이 순리인데 공동의 정원은 꿈도 꾸지 않는다.

좋은 정부는 국민을 편하게 하는 한편 나라의 격을 높여야 한다. 문명국이 되도록 노력하는 것이 정부의 첫째 임무다. 내일을 준비하는 것도 마찬가지다. 준비가 없으면 암울하다. 정부선이 산으로 가지 않더라도 바다에 빠질 수도 있는 것이다.

정부는 미래를 대비하면서 기초적인 부분뿐만 아니라 위기 관리, 신뢰 회복, 경제성장, 고른 분배 등을 다져야 한다. 같은 기본 원리로 경계해야 할 것이 있다. 동원動員이다. 정부의 높은 관리들은 아직도 마르크스가 말하던 아시아적 생산양식Asiatic Mode of Production, AMP에 익숙한 것 같다. 동원을 예사로운 수단으로 생각하고 떼거지로 움직이기를 좋아한다. 정부 고위직들이 영화를 함께 관람하는 것, 경찰이 부하 직원 수백 명에게 집단으로 영화 〈1987〉을 관람하게 하는 행동은 문명국의 행동 패턴과 달라도 너무 다르다.

대통령이 주재하는 장·차관 세미나 같은 것도 마찬가지다. 다른 나라에서는 이런 '집합'을 본 적이 없을 것이다. 그도 그럴 것이 이는 군사정권의 유산이다. 임명장 수여식에서 수여자가 내용을 직접 읽지 않는 관행도 한자를 몰라 대신 읽어야 했던 군사정부 시절의 관행이었다. 평창 패럴림픽 때 제설 작업에 동원된 장병 1,500명을 비롯해 대회 기간 동안 연 8만 5,000여 명의 인력과 275대의 장비 등이 동원돼 약 277억 원이 지원되었다. 매우 자연스럽고 당연해 보이지만, 군의 활용은 국가 재난사태 때나 할 일이 아닌가 재고해 보면 어떨까? 개인의 자유가 없어 병영과 다름없는 정부를 문명국이라고 하지는 않는다. 숙제 치르듯 억지로 해내는 동원이 아니라 자원해서 행사를 돕게 하는 교육이 부럽다.

사회가 극심한 이념 갈등에 빠져 있으면 국민은 불안하다. 나라인지 집단인지, 미개국인지 문명국인지 의심스러워진다. 왜 다른 의견을 서로 존중하지 않는지, 왜 나만 옳다고 우기기만 하는지 그 접점을 찾지 못한다면 국민은 정부와 정치권에 실망을 넘어 좌절한다. 여·야 간 벌이는 정쟁은 오히려 약과다. 민족해방NL과 민중민주주의PD 혁명이 언제적 이야기인데 남한 해방 혁명조직이 활개를 치고 있다. 이런 불안 속에서 국민통합은 요원하다.

통합에 반하는 형국은 지금 세계 곳곳에서 진행되고 있다. '아랍의 봄' 이후 여러 나라들의 내전은 끝 간 데를 모른다. 시리아에서는 같은 무슬림이면서 수니파와 시아파가 종교 갈등을 그치지 않아 나라 꼴이 말이 아니다.

이념 투쟁의 비극은 '인간은 인간에게 늑대다homo homini lupus'라는 토머스 홉스의 개념을 확인하고 인간의 존재 자체를 말살한다. 마르크스주의자이면서 자본주의와 결혼하고 중국과 베트남을 희화하는 21세기 헤겔주의자 슬라보예 지젝Slavoj Zizek은 강력한 국가만이 자유를 보장한다는 아름다운 역설을 편다. 자유가 끝 간 데 없는 무질서를 통제하려면 강력한 공권력밖에 없다는 주장이다.[149] 아름다움이 세상을 구원할 것이라는 도스토예프스키의 『백치』가 떠오른다.[150]

이런 주장은 우리의 현재와는 거리가 한참 멀다. 우리가 그나마 지금 누리고 있는 자유는 국가와 정부가 강력해서인가, 무능해서인가? 박근혜 전 대통령이 국빈 방문한 적이 있는 동남아시아의 파리, 호찌민시티(구 사이공)의 외양은 1인당 국민소득 1,300달러에도 불구하고 식민시대 프랑스의 유산을 그대로 지녀 영락없는 자본주의의 모습을 하고 있다. 겉과 속이 다른 혼돈 속에 국민은 얼마나 편할까. 이념이 대치하는 서울시청 광장의 아이러니도 맥락이 다르다고 말하기 어렵다.

이념 투쟁까지 가진 않더라도, 세상은 자신의 주장이 옳다고 강변하는 자들로 분열의 끝이 보이지 않는다. 배우지 못한 사람이나, 배워도 뭘 배웠는지 모르는 사람이나, 실재와 허상의 차이가 뭔지 모르는 사람이나 존재의 가치와 이유를 모르기는 마찬가지여서 회의에 절망이 겹친다. 삶 자체가 경쟁이고 때로는 투쟁으로 나를 확인해야 한다 해도 극단적 갈등과 분쟁은 내 존재 자체를 부정하는 프로이트의 '죽음 충동'과 다를 바 없다.

현재 이 나라 이념 투쟁의 심각성은 정쟁에서 끝나지 않는다. 한 정통 역사학자는 역사교과서를 둘러싼 이념 논쟁이 극을 넘어섰다고 개탄한다. 이승만 정부 제1공화국의 존재조차 부인하는 사회주의자들의 주장에 속수무책인 것이 안타깝다고 했다. 반대 역시 거슬리기는 마찬가지다. 절제 없는 보수 자본주의의 만행은 정지선을 넘은 지 오래다.

사회주의나 공산주의를 비판하는 지적이 옳아도 자본주의의 폐해가 없는 것은 아니다. 니얼 퍼거슨도 서양 문명의 쇠퇴를 부른 원인 중 하나로 편법을 부추겨 복잡한 규제만 일삼던 자본주의의 만용을 꼽는다. 이런 이즘^{ism}과 제도는 국세청과 기업 간의 부정직한 거래를 만들어내면서 뇌물을 취임 축하금인 줄 알았다고 말하는 뻔뻔한 관료만 양산한다. 여기서 우리가 인정해야 할 것은 완벽한 이념과 제도는 있을 수 없다는 것이다.

현실은 여·야가 경쟁하고 사학자들이 논쟁하더라도, 서로를 이해하기 위해 머리를 맞대고, 가슴을 열고, 손을 잡으려는 통합의 노력을 외면할 수는 없다는 점이다. 그러나 통합은 과욕이고 허상이기 십상이다. 여·야가 고루 참여하는 위원회를 구성한다고 해결될 일이 아니다. 국민통합은 지역 감정을 극복하고 탕평인사 정책을 쓴다고 해서 이루어지는 것이 아니다. 탕평도 말뿐이다. 탕평은 새 정권이 반대 세력까지 규합해 조각을 하는 것을 이르는데, 그러기는커녕 있는 사람도 내쫓는 일을 서슴지 않는다. 임기가 보장된 공공기관장의 자리를 검찰이 압수수색해 비리를 밝히고 임기를 끝낸다. 임기 보장이야말로 훌륭한 탕평인데도 말이다. 댄 브라운이 인사로 정부가 신뢰를 얻기 위해 참고할 만한 이야기를 했다는 것을 앞서 언급했다. 코드 인사가 불가피하다면 전혀 다른 각도에서 생각하라는 조언이다.

갈등과 분열로 증오심을 불태우는 고질병을 치유하는 길은 서로 다름을 인정하는 것에서 시작해야 한다. 그 바탕 위에 공존의 지혜를 짜내려고 노력해야 한다. 서로 상대를 없애고자 하면 결과는 같아진다. 나라만 아니라 국민의 가슴까지 폐허가 된다. 지배욕이 가득

한 채 물질과 에너지만 생산하면 지고지순이라는 자본주의 경제 이념만으로는 어림도 없다. 여기에 시간을 짜임새 있게 구조화하고 생명체의 소중함을 일깨우는 공감과 공존의 욕구를 대입해야 한다.

유감스럽게도 이 나라에서는 여·야 간, 정부와 시민 간, 기관과 기관 간, 기관 내에서 사람과 사람 간에 공존을 위한 인정과 존중을 앞세우는 분위기를 찾기 어렵다. 그저 "너는 싫다"이다. 시민단체나 국회의원이 비위가 의심되는 전·현직 대법원장을 고발하는 것은 법치국가에서 당연한 일이겠지만, 그럴 경우 법의 권위에도 문제가 생긴다. 그렇다고 법적 하자를 덮어버릴 수도 없다. 더 큰 문제는 정부 운영에서 속을 어디까지 파헤쳐야 하느냐이다. 개인처럼 국가에도 나라를 지키려는 비밀이 있다. 국정 운영을 국민이 속속들이 알아야 할 권리가 있는 것은 분명하지만, 어디에서나 인간의 행위 자체가 완벽할 수는 없는 일이다. 폐해를 알게 되는 또 다른 폐해를 어떻게 극복해야 하는가가 우리의 숙제다.

늑대가 되지 않기 위해 인간성부터 추스르고 '공존이 문명의 공리'라는 점을 수긍해야 한다. 이 나라의 내일을 바로 열기 위해서는 기본 생각부터 바꾸어야 국민이 함께 숨 쉬는 문명국의 문턱이라도 넘을 수 있다.

국민총문명지표를 만들 때다

정부마다 경제부흥, 국민행복, 문화융성의 기치를 드높이고 희망의 새 시대를 기원하며 닻을 내린다. 정부가 바뀔 때마다 국민은 뭔가 나아지기를 기대하며 희망을 걸어본다. 그렇지만 5년이 지나고 보면 그게 그거다. 새 정부가 지난 정부보다 조금이라도 나으려면 기존의 정책판을 갈아엎어야 한다. 국민총생산GDP 대신 국민총문명지표GCI, Gross Civilization Indicator를 만들어야 국민이 피부로 느끼는 새 시대 문명국이 된다.

지금은 인지문명 시대다. 지금까지 우리는 GDP로 대표되는 경제의 틀 속에서 허우적거리며 살아왔다. 기존 정부나 새 정부 정책들이 준거하는 경제 패러다임은 배가 부르면 머리도 유식해지고 생각도 지혜로워질 수 있다는 틀이다. 이런 구성과 논리 전개가 맞다고 생각하는 사람이 많다. 경제부총리를 지낸 사람조차 당연한 듯 미래정부에서도 경제 성장밖에 없다고 공공연히 말한다. 그러나 윤증현 장관은 예외다.

지난 300년 동안 물질과 에너지 생산을 지고지순으로 생각하고 있는 '지배의 리비도libido'에서 벗어나지 못하기 때문에 그랬다. GDP에는 사건 사고나 소송 같은 갈등 요소가 플러스 요인으로 계산된다. 문화 에센스를 아우르기는커녕 아예 제쳐놓고 가사노동, 환경오염, 자원 고갈과 같은 요소를 외면하고 있기 때문에 진정진보계수GPI, Genuine Progressive Index로 바꾸어 나라의 변화와 국민의 만족을 다시 계측해야 한다. 기존 지수로 계산한 성장은 허식일 수밖에 없고, 그늘에 묻힌 가련한 영혼은 위로받을 길이 막연하다는 것쯤은 반성할 때가 이미 지났다.

정부는 과학기술을 들먹이고 경제를 일으켜 일자리 창출, 무상보육, 반값 등록금 등 복지를 충족하고 문화가 있는 삶으로 국민의 행복을 보장하는 구도를 짠다. 당연한 듯 보이지만 지금까지 해온 노력으로는 일자리를 늘린다 해도 늘어나지 않고, 또 그것이 곧바로 국민의 행복으로 이어지지도 않는다. 정부가 국가 브랜드 위원회를 만들고 K-Pop, 한식 세계화 같은 창조문화를 추구해도 나라의 격이 높아지거나 국민이 행복해지지 않았다.

한국인의 행복지수가 34개국 중 32위를 기록한 적이 있다(OECD 2012년 기준). 지금도 이 수치는 크게 달라지지 않았다. 왜일까? 우리가 인정과 깨달음 같은 내면적 가치로 시간을 구조화하고, 생명체를 존중하며, 확언·정복·권위를 앞세우지 않는 '조절과 조화의 시대'에 접어든 것을 간과하고 있기 때문이다. 지금은 물질, 기계, 마음이 하나로 인식되는 제2 계몽시대이자 인지문명 시대라는 것을 정책가들이 알 리 없다. 미래가 책상 서랍에 처박혀 있으니 세상의 변화를 보지 못한다. 돈이라는 수치로만 3만 달러 시대, 경제성장을 수십 년 동안 변함없이 외치고 있다. 그래도 국민 삶의 만족도는 나아지지 않는다. 국민은 계속 기만당하고 있는 꼴이다.

문화가 있는 삶의 패러다임은 전일주의holism로 가야 한다.

새 시대를 여는 문고리는 단연 국민총문명지표GCI다. 뒤에 AI 이야기를 많이 하겠지만, 이것조차도 문명지표와 어우러져야 한다. 경제·문화를 동시에 아우르며 성숙한 문명국의 문을 열어야 한다. 물질적 진보만큼 정신적 진보가 중요하다. 정신도 데이터화하면 어찌 될지 모른다. 기존 틀대로 하면 21세기 문명국은 신기루일 뿐 손에 잡히지 않는다. 잉글하트 교수는 1인당 국민소득 2만 달러 국가나 4만 달러 국가의 국민이 느끼는 주관적 웰빙은 거의 비슷하다고 말한다.[151]

세계 10개국을 다니며 저울질한 행복지수로 가려보면,[152] 아이슬란드는 언어의 자부심이고 미국은 이사 다니는 일이다. 스위스와 부탄은 돈을 상징하는 M자에 거부감을 느낀다. 나라마다, 사람마다 행복의 기준과 내용이 다양하다는 것을 우리는 알고 있다. 성취도 중요하지만 보람이 따라야 진정한 행복을 느끼는 것은 어느 나라나 공통이다. 거기에 사랑과 인정과 신뢰, 시의 아름다움, 교육의 지혜와 깨달음, 정의와 공공선의 가치 등이 보태지면 내면의 가치가 풍성해 국민은 더할 나위 없이 만족과 행복을 느낄 것이다. 정부가 놓치는 것이 바로 이것이다. 소중한 정신적 가치는 뒷전으로 밀어내고 겉으로만 번쩍이는 부박한 행사로 국민을 현혹시킨다.

문화가 있는 삶의 패러다임은 지배의 리비도가 아니라 조절·공존·공화의 리비도다. 융합의 이름으로 경제성장과 문화가 있는 삶을 추구하겠지만, 그것보다는 전일주의 입장에서 통합지표를 만들어 우리가 바른 길을 가고 있는지를 분별해야 한다. 소득·분배 둘다 중요하지만 정부는 하루빨리 과거의 경제 일변도 사고에서 벗어나 국민총문명지표로 미래 희망 국가의 패러다임을 짜야 할 것이다. 그래야 이 나라 국민이 진정 인간다운 삶을 누리고, 보람 있고 희망찬 내일이 기다리고 있는지 가릴 수 있게 된다. 제2의 한강의 기적으로 초일류국가로 간다는 진부한 표현보다 새 정부는 정책 패러다임을 바꾸어 21세기 빛나는 문명국가로 가는 초석을 깔아야 한다. 과학기술에 매몰되는 경제나 국가도 경계해야 한다.

소유 시대의 문명

삶의 보람과 기쁨은 소유보다 존재에 있다.

캘리포니아 연방법원이 무어 씨의 비장 섬유에서 검출한 단백질을 개인이 아닌 대학 연구소의 소유로 판결한 적이 있다. 한 사람의 몸에서 나온 섬유가 개인 것이 아니라는 판결은 소유 시대가 저물고 접속 시대의 전개를 예고하는 신호탄이었다. 1990년대 이야기다. 요즘은 집도, 음식도, 자동차도 공동으로 구매하고 나누어 쓰는 시대가 되었다. 21세기 리더십도 '공유하는 리더십'이라고 하는 까닭이 따로 있다.

〈이코노미스트〉지의 '메가 체인지 2050' 예측이 맞는다면 구매력 평가지수를 기준으로 계산한 GDP로 미국을 100으로 했을 때, 2010년 한국의 지수 63.1은 2030년이 되면 87.7이 되고, 2050년에는 105.0이 된다. 2030년만 보면 82.9인 독일이나 63.7인 일본을 능가하며, 32.0인 중국과는 비교가 되지 않는다. 2050년이 되면 일본은 우리의 반에 불과하게 된다. 구매력이 크게 향상되어 국민의 삶이 풍요로워지는 것이니 거부할 이유가 없고 고무적이기까지 하다. 그러나 이런 자료를 근거로 40년 후 우리 미래의 삶이 의미 있고 보람 있을 거라 안심할 수 있을까? 우리는 그동안 경제 수치에 숱하게 속아왔다. 더욱이 21세기 중반 이후면 생화학적 알고리즘이 지배하는 전혀 다른 세상이 될 텐데 이런 상황은 고려조차 하지 않은 듯하다.

삶의 질은 늘 회자된다. 우리 삶의 질이 전 세계 186개국 중 12위라는 통계가 발표된 적이 있다(UNDP 2013년 기준). 37위였던 이전에 비해 크게 향상된 순위다. 1인당 국민소득이나 평균수명 등을 근거로 밝힌 이 등위는 경제적·계량적 요소를 기준으로 삼는다. 인간이 생명을 유지하기 위해 필요한 물질 우선주의를 폄하하면 안 되겠지만, 인간의 삶이 소유로 지탱되느냐, 존재로 의미를 더하느냐는 문명국을 지향하는 마당에 좀 더 깊이 있게 성찰해야 할 과제가 아닐 수 없다.

삶은 정신적 무게가 더 무겁다는 것을 문인들은 우리에게 늘 상기시켰다. 시인 구상은 "삶의 보람과 기쁨은 소유보다는 존재에서"라고 했다.[153] 그는 "여자의 가장 맑은 얼굴을 보는 자리 / 아낙의 어진 정성이 뽀얗게 피는 시간 / ······햇살에 빛나며 날리는 / 내 일월을 보리"라는 정두리의 시 〈빨래〉를 상찬하며 존재를 부각시킨다.

내 것이 소중한 것은 맞지만, 소유만으로 가슴이 뿌듯해지지는 않는다. 과소유로 초래되는 재벌 형제들 간의 갈등이나 허황됨, 그리고 공허함은 무엇으로 씻어낼 수 있을까? 인간이 한 나라에서 한평생을 산다는 것은 소유를 통해 포만감도 채워야겠지만, 누구나 더불어 아름답게 살기를 소망하지 않는다면 소중한 생명의 존재가 위로받을 길은 요원할 것이다.

우리 삶이나 문명의 길을 가로막는 악을 극복하는 길은 소유와 기술이 아니라 존재와 그 비의秘義(신비스러움, 신령함)에 있다. 사랑의 힘이 거기서 나온다. 아름다움이란 본질적으로 어떤 형태가 아니라 그 형태가 내포하는 이데아의 창조적 행위이기 때문이다. 몸으로 아름다움을 스스로 창조해야 하는 이유이기도 하다. 이를 가능하게 하는 것이 덕윤신德潤身, 즉 덕이 몸에 흐르는 상태가 되게 하는 것이다. 각박한 현대 경쟁사회에서 이런 모습을 찾기란 매우 어렵다.

우리는 학교에서 인간 존재가 세 계층으로 분류된다는 사실을 배웠다. 그 계층이란 곧 문명화된 사람, 반문명화된 사람, 그리고 야만적 사람이다. 학생들은 자신이 적어도 반 정도는 문명화된 사람에 속한다는 사실에 안도했다. 이미륵의 말이다.[154]

'자연법칙에 순응하는 인간 본성'을 깨우치는 것을 학문의 미덕으로 삼았던 동양의 가르침이, 그것과는 반대로 '자연법칙을 지배하는 방식'을 가르치는 서양식 교육의 그 화려한 장막 뒤로 밀려나기 시작한 것도 그리 오래지 않다. 서양의 문화 혹은 문명 뒤에 숨어 있는 사회 연대적 절대 복종과 인간 자율 정신의 속박에 대한 냉소를 부각시키고자 했던 것 역시 이미륵의 생각이다. 미국 망명길에 올랐던 마르쿠제H. Marcuse도 서양 문명을 억압과 속박의 절대 복종을 강요하기 위해 만들어낸 산물이라고 보았다.[155]

서양 문명이 자연을 지배하기 위해 과학을 발달시킨 역사를 부인하기 어렵다. 과학의 진보는 늘 당연한 것으로 치부되지만, 사실 정신의 진보야말로 지구를 살리고 인간 사회를 문명화시키는 기초 중의 기초라고 할 수 있다. 스테판 에셀Stephane Hessel과 달라이 라마Dalai-Lama의 '정신의 진보'에 대한 대담이 상기된다.[156]

다음은 '과학의 진보'에 대한 '정신의 진보'를 강조한 스테판 에셀과 달라이 라마가 나눈 대화에 나오는 이야기다.[157]

1948년 세계인권선언문 서두에 '인류 구성원 모두에게 내재하는 존엄성'이란 말이 언급된다. 이 선언문 작성 때만 해도 우리는 인간 가족이 환경, 자연, 지구와 상호의존 관계에 있다는 것을 제대로 깨닫지 못했다. 전 세계 에너지를 끝없이 써도 환경에 해가 되지 않는 줄 알았다. 앞으로 20년 후에는 지구에 사는 70억 인류가 전에 없는 위기에 직면할 수도 있다. 우리는 존엄성의 개념을 자연에까지 넓혀 적용해야 한다. 자연이 망쳐질 수도 있고 분노할 수도 있기 때문이다. 우리는 한 나라나 한 정부가 아니라 넓은 의미의 인류를 돌보고, 또 인류라는 범주를 초월해 우리의 유일한 거처이자 동식물과 함께 사는 이 지구를 돌봐야 한다. 동물은 물론 식물에게도 의식이 있다. 생존권이 있는 것은 확실하다. 우리는 자연을 보고 접할 때 평화와 행복을 느끼지 않는가?

"깨달음과 인간의 내면적 가치를 북돋겠다는 것, 제가 보기에 깨달음과 인간의 내면적 가치야말로 성공한 삶, 의미 있는 삶의 궁극적 원천입니다. 저는 죽을 때까지 이 약속을 지키겠습니다." 달라이 라마의 말이다.

깨달으면 마음은 진실한 하나가 된다. 정부 관료들이 깨달을 시간을 갖지 못해서 안타깝다.

"진실한 마음들이 하나 되는 데에 / 그 어떤 장애도 나 인정 못 하리 / 만약 변함을 보았다 하여 자신도 변한다거나 / 상대방이 물러선다 하여 자신도 물러선다면 / 그 사랑은 사랑이 아니네 / 오, 아니네! 사랑은 늘 꿈쩍 않는 푯대로 / 폭풍우를 지켜보며 결코 흔들리지 않는 것 / 사랑은 길 잃은 모든 배의 길잡이 별 / 그 높이야 잰다 하여도 가치는 알 길 없는 것 / 장밋빛 입술과 뺨이 시간의 낫질을 못 피하고 시들어도 / 사랑은 시간에 휘둘리는 바보가 아닌지라 / 덧없는 날이 가고 달이 가도 변함이 없이 / 죽음의 벼랑에 설 때까지 오롯이 지탱되는 것 / 만약 이 말 틀렸다 증명하는 자 있다면 말하리 / 나 결코 글 쓴 바 없으며, 지금껏 사랑을 한 자 아무도 없노라고."[158]

바이오, 나노, 인공지능이 지배하는 사회에서도 몸, 마음, 정신, 사랑의 가치가 소중함을 일깨우고 되씹어야 할 것이다.

문명은 깨우치는 것

학교라는 틀에서 교과서로 배우지 않아도 손지식과 리듬만으로 문명인이 되고도 남는다. 문명국은 지식을 부박한 수단으로 쓰면 이루어지지 않는다.

우리는 거짓 지식에 싸여 내가 무엇을 하고 있는지 모르고 산다. 모르고 뭔가를 하려고 든다. 뭔가 타이틀이 있어야 행세를 하는 줄 안다. 관직 아니면 박사 등 뭔가 명함에 적어 넣을 게 있어야 직성이 풀린다. 이것이 이 나라 국민의 자화상이다. 문명이란 깨우치고 밝음을 지향하는 것인데, 지식 사회부터가 깨우치기는커녕 어둠 속을 헤매고 있다.

앎이란 자신만의 인식 경계에 스스로를 묶는 짓이다. 그러니 좀 안다고 으스대면 바보가 되기 십상이다. 말했던 대로 지식인 중에는 이사야 벌린이 말하듯 거대 담론을 추구하는 고슴도치형이 있고, 호기심이 가득하고 다양한 주제에 관심을 갖는 여우형도 있다. 어떤 형태든 앎이 힘이 되긴 하지만 신분과 계급이 될 수는 없는데, 우리는 여기에 너무 집착해 스스로를 가두고 일을 저지른다.

정부 고위직들이 고급 학문의 학위를 따려고 애쓰는 것도 정상이 아닌 듯하다. 소중한 경험이 권위로 인정되지 않는 것도 버려야 할 유산이다. 문명이란 원래 서양에서 자연을 지배하기 위해 학문을 수학, 물리, 화학, 생물 등 기능적으로 배우기 시작한 데서 비롯됐다. 지금의 사회과학은 대부분 윤리학에 속했다. 서양의 지식이란 자연법칙을 익히는 것 이상이 아니다. 그런 지식을 근거로 자신의 주장만 옳다고 강변하며 동일화시키려고 애쓴다. 실재가 뭔지를 제대로 알지 못하면서 허상을 근거로 주장을 펴는 지식인이 허다한 나라가 문명국 행세를 한다. 철학과 수학은 물론 과학철학, 과학사도 하지 않으면서 연구를 하는 미시 세계에 갇혀 있어서다. 그런 지식을 토대로 하니 공공정책이 한쪽으로 치우친다. 논리도 하이데거Martin Heidegger나 애벗Andrew Abbott, 장회익과 최종덕의 이야기를 듣지 않고 이분법적으로 내 것만 옳다고 믿는다.[159] 학문은 순수와 응용, 예체능 등 분야에 따라 기초가 서로 다른데 학위 타이틀만 강요하는 대학도 문제가 많기는 마찬가지다. 이율배반적 서양 사고에서 벗어나야 하는 것이 큰 숙제다.

손지식과 리듬으로 충분하다.

지식에는 칸트가 분류한 현상적 지식phenomenal knowledge과 본체적 지식numeral knowledge이 있다. 영적 세계를 알 수 없는 우리는 기껏해야 현상적 지식을 좇을 뿐이다. 인식론 중에서도 경험주의에만 매달리는 경향이 있다. 한국행정학회가 대표적이다. 지식 중에는 또 학교에서 배우는 종합 지식이 있고, 학교를 다니지 않아도 합리적인 판단과 행동이 가능한 '손지식'이 있다. 이는 아프리카 부시맨 같은 이들에게서 볼 수 있는 야생의 사고를 일컫는다.

굳이 학문을 하고 학위를 취득하고 싶으면 분석과 종합의 세계, 창조의 세계, 그리고 실천의 세계를 섭렵해야 지식이 몸에 배고 남이 존중한다. 여기서 간과하지 말아야 할 중요한 요소가 있다. 이들 세계 가운데에서 겹치는 교집합의 영역에 있는 리듬이 있다. 리듬 없이, 또는 리듬이 뭔지 모르고 세 가지 세계를 섭렵해봤자 지식은 무용지물이 된다. 모든 정책이 허구가 된다.

정부가 뭐든지 하려고 하는 것이 또 다른 문제를 낳는다. 교수 출신 장관이나 특보들은 교수로서의 논리를 정부에 그대로 적용하려 한다. 김상조 공정거래위원장은, 3~4세대 재벌 경영자들은 CEO형 리더십이 아니라 조직의 코디네이터 역할을 해야 한다고 했다. 문정인 대통령 특보는 주한미군과 사드 배치, 남북 관계 문제 등에 관해 정부의 입장보다 몇 걸음 앞서가는 발언을 했다. 학자가 정부 일을 맡으면 학자적 소신이나 논리보다 정부의 논리를 정당화하는 발언을 하는 것이 맞긴 하다. 학자는 편견이 심해서 현실과 동떨어진 주장을 하는 경우도 종종 있다. 더욱이 세상의 변화를 역행하는 발언은 전문성을 의심케 하기도 한다. 재벌 경영인의 리더십은 그 회사의 성격, 조직 구성원, 지향하는 목표에 따라 리더십의 양태가 다를 수밖에 없는데, 일률적으로 정부가 이래라저래라 하는 것은 시대에 동떨어진 행태다.

문명국과 거리가 먼 이유 중에는 정부의 책임이 반을 넘는다. 정부의 권위가 서지 않는 것이 요인이다. 허둥대다 보니 권위가 서지 않아서 국민은 정부를 믿기 어렵다. 정부를 불신하는 요인은 여러 가지다.[160] 그중 큰 이유는 정부가 능률적이지 못하고, 돈을 너무 많이 쓰며, 정책의 선후를 가리지 못하고, 잘못된 분야에 관심을 기울이기 때문이다. 이런 정부가 좋은 정부일 수는 없다.

경제협력개발기구OECD의 '한눈에 보는 정부 2015' 보고서에 따르면, 2014년 기준 한국 정부에 대한 국민의 신뢰도(자신감)는 34%로 조사 대상 41개국 가운데 중하위권인 26위였다. 한국 국민 10명 중 7명은 정부를 신뢰하지 않는다. 이 수치는 앞에서도 말했다. 이 자료에서 보면 스위스가 75%로 1위, 인도가 73%로 2위, 노르웨이가 70%로 3위, 영국이 42%로 20위, 일본이 39%로 23위, 그리고 미국이 35%로 25위를 차지했다. 우리보다 못한 나라는 멕시코, 헝가리, 이탈리아, 슬로바키아, 칠레, 프랑스, 폴란드, 포르투갈, 스페인, 그리스 등이다. 지수와 순위는 자주 바뀐다. 일본과 미국을 보면 국가가 부유하다고 국민이 정부를 신뢰하는 것은 아니라는 것을 알 수 있다.

글로벌 홍보기업 에델만의 '2015 에델만 신뢰 바로미터'에 따르면, 중앙 정부에 대한 한국 국민의 신뢰도는 39%로 조사 대상 27개국 가운데 17위다. 정부 기구별로 보면, 한국의 사법제도 신뢰도는 27%(2013년 기준)로 조사 대상 42개국 가운데 뒤에서 4번째였다. 부끄러운 수준이다. 사법부가 스스로 법의 권위를 실추시키고 있어서만이 아니라, 사법 제도는 돈 앞에서 종이호랑이이기 때문이라는 말[161]은 우리를 슬프게 한다.

행정부에 대한 신뢰, 국회에 대한 신뢰도 모두 높지 않으니 누가 우리 정부를 건강하고 좋은 정부라고 하겠는가. 정부의 신뢰가 높지 않은 이유는 '정부와 정치'를 하나로 묶어 보기 때문이기도 하다.

행정부 관료들이 일을 많이 하고 잘해도 정당정치와 국회가 제 몫을 하지 못하고 비난을 받으면 그 평가는 그대로 집권당으로 가고, 집권당은 정부(행정부)를 책임지고 있으니 자연히 평가가 낮아질 수밖에 없다.

국민이 정부 정책을 접하는 경로에 문제가 있으면 정부의 신뢰가 낮아진다. 국민은 주로 언론을 통해 정부를 만난다. 정부가 발의하는 정책을 국민은 언론매체를 통해 접하게 되는데, 여기에는 반드시 비판적 아니면 호의적 안목이 담겨 있어 옳고 그름의 구분보다 감정적 반응이 앞서게 된다. 언론의 역할이 그러하니 가려서 택해야겠지만 일반 국민은 그럴 겨를이 없다.

정부가 신뢰를 쌓기 어려운 것은 정부가 모든 것을 끌어안고 많은 것을 하려는 욕심 때문이기도 하지만, 정부를 불신하는 국민에게도 책임이 있다. 국민은 정부가 무엇인가 해주겠지 하는 의식에 사로잡혀 있다. 이것은 물론 정부가 그렇게 만들었다. '보모정부 nanny government'라는 인식 때문이다. 여기에 사회적 자본이 결여되어 있는 것도 한몫을 한다. 성숙은 협력에서 비롯되는데, 개인주의가 되어가는 시대에 책임은 남에게 전가하고, 자신이 먼저 손해를 보거나 희생되어야 한다는 생각은 좀처럼 하지 않는다. 그러면서 국민들 자신의 삶의 질이 먼저이기 때문에 권위에 대한 인식이 달라지면서 정부의 권위도 존중받지 못한다.

이런 정부의 불신을 모두 극복하는 길 중 하나가 리더십에 있다. 대통령에 따라 정부의 불신은 늘기도 하지만 줄기도 한다. 1980년대로널드 레이건 대통령 때 정부에 대한 미국 국민의 지지는 23%에서 44%로 치솟았다. 문재인 대통령의 지지도는 60~70%에 이른다. 국민의 지지와 여망을 떠안고 등장한 대통령이 어떤 정책을 어떻게 펴느냐에 따라 국민의 반응은 크게 엇갈린다. 물론 많은 것이 대통령에게 달려 있다는 것도 바람직하지는 않지만.

건강한 정부, 좋은 정부가 나라의 내일을 담보한다. 자질구레한 일들은 일단 제쳐놓고 내일을 준비하자. 문명국의 큰 걸음을 떼고 문자사회도 준비해야 비로소 21세기의 궤도에 오를 수 있다.

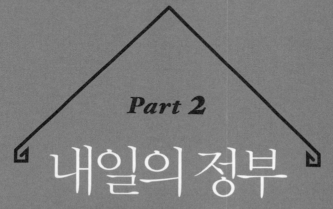

Part 2
내일의 정부

Fine Government

7

정부에 E-Wave
쓰나미가 밀려온다

Synopsis

■ 인간과 사회가 변하고 있다. 변화의 규모와 속도가 상상을 초
월한다. 초양자 파도E-Wave가 쓰나미처럼 밀려온다.

■ 문명사회가 문자사회로 전개된다는 하라리의 견해가 흥미롭
다. 두뇌에만 저장되었던 기록이 무한대로 저장이 가능해지
면서 세상은 기록과 데이터로 가득 차게 된다. 새로운 종교가
데이터이즘Dataism이란다. 어두운 종교의 시대가 가고 다디단
과학의 시대가 온다는 것이 정설이 되기는 어렵겠지만 새로
운 시대가 오는 것은 확실하다.

- 정부라는 신은 죽어가고 있다. 니체가 말하는 "신은 죽었다"의 은유다.[162] 니체는 서구적 전통에 저항하며 새로운 가치를 세우자고 역설했다. 세상에 진실은 없고, 도덕은 허구이며, 오로지 주관적 해석만이 있을 뿐이라고 했다. 모든 것은 무한한 시간 속에서 흘러갔다가 돌아온다고 믿은 니체가 "신이 죽었다"고 한 것은, 유토피아는 환상에 불과하다고 해서 초인을 소망하기 때문이다. 초인은 천국의 희망에 기대지 않고 땅에 우뚝 선다.

- 종교가 과학에 밀려가고 있다고 말한다. 유발 하라리와 댄 브라운이 하는 말이다. 데이터이즘이 새 종교가 되고, 2055년부터 사피엔스를 제치고 테크늄^{Technium}이라는 제7계의 새로운 종이 탄생한다. 양자물리학을 넘어 양자생물학의 세계에서 E-Wave가 미래를 예측한다. 어두운 종교가 밝은 과학의 힘으로 새롭게 꽃 피우는 날이 올까? 댄 브라운의 표현은 이렇다. "Sweet science will banish the dark religions······ so the enlightened religions can flourish." 20세기도 아니고 19세기에 머물러 있는 정부의 규제 일변도의 사고방식이나, 복음주의를 내세워 사악한 사익만 추구하는 종교사학 같은 데에도 꽃이 필 날이 올까?

- 관료주의를 종교라고 풀이한다. 지구가 멸망하면 마지막으로 남았다가 사멸하는 집단이 관료다. 봉준호 감독은 영화 〈설국열차〉에서 지구가 멸망해도 계급은 남는다고 했다. 그런 때가 올지는 모르지만, 관료주의라는 신이 어떻게 변신하느냐에 따라 우리의 미래는 밝을 수 있다.

- 관료주의에 찌든 정부라는 신은 죽어야 마땅하다. 그럼 어떻게 하면 살게 할 수 있을까? 데이터가 새로운 신이 되어 이를 관리하는 알고리즘이 모든 결정을 내려도 이 프로그램을 운영하는 사람과 그 방식이 엄존하기에 관료주의가 죽지 않는다. 더 나은 밝은 미래를 위해선 관료주의의 일대 혁신이 필요하다. 21세기는 금융 자본주의 시대가 아닌 '데이터 자본주의 시대'라는 것을 알면 이해하기 쉽다. 딥 러닝deep learning을 하는 로보 공무원과 함께 미래를 준비하면서 인간과 기계의 경계와 한계를 잘 그어놓으면 정부도 빛나고 국민도 산다.

미래의 인간과 사회

우리 인간은 목적도, 계획도 없고 광기와 소음으로 가득 찬 우주에서 한낱 작은 점에 불과한 어느 행성(칼 세이건이 지구를 이렇게 표현했다)[164]에 잠깐 머물다 가는 동안 "활개치고 안달하다 사라져버릴 존재"에 불과한가? 셰익스피어의 『맥베스』5막 5장에 나오는 말이다.[165] 인간이란 누구인가, 무엇인가라는 물음에 대한 답은 수없이 많다.

미미한 존재에 불과한 인간은 아무리 애쓰며 살아도 어떤 절대자가 우리를 고통에서 구원해주지도 않고, 인생엔 행복이나 슬픈 결말도 없으며, 그저 어떤 일이 차례로 일어날 뿐이다. 근대 이후의 세계는 목적보다 원인을 중시하며, 인간은 무의미한 존재일 뿐이라는 생각이 지배적이었다.[166] 그럼에도 인간은 무언가를 끊임없이 조사하고, 분석하고, 해석하고, 발명하고, 발견하며 힘을 추구한다.

현대기술과 의학의 혜택을 입는 사람이라면 누구나 이미 인공이 가미된 사이보그라는 것을 인정해야 한다. 우리는 자기 몸을 잘 간수하면 질병으로부터 보호받을 수 있을 거라는 망상에 젖어 있다. 그러나 우리 몸은 애초에 수많은 기생 생물을 담고 있는 '타자의 집합체'인 데다가 살갗은 침투성이 높은 불완전한 경계이므로 내몸이 다른 몸들과 이어져 있다는 사실을 모르고 산다.[167]

인간은 혼자서는 문제를 제대로 보지도 못하고 또 풀지도 못한다. 인간의 존재론적 한계는 앞에서 여러 번 지적했다. 인간이 지구에서 어떻게 영속할 것인가는 커다란 미지수이다. 관료주의라는 종교가 어떤 구실을 할지도 궁금하다. 어떤 결과가 나올 것인가는 인간이 과학을 어떻게 수용하고 활용하느냐에 달려 있다.

몸과 뇌를 설계하는 인간

20세기 마지막 열차가 역을 떠나고 있다. 호모 사피엔스가 타고 갈 마지막 열차는 봉준호 감독의 〈설국열차〉 같은 것일지도 모른다. 지구가 멸망해도 계급은 남는다고 했다. 데이터교라는 것도 관료주의가 승해 디지털 시대가 아무리 전개돼도 계급은 존재할지도 모른다. 새 열차를 타려면 승객은 21세기 기술부터 배워야 한다. 바로 생명공학과 컴퓨터 알고리즘이다. 이 기술은 증기와 전산기계의 힘보다 훨씬 강하고, 이들이 만들었던 식품, 섬유, 자동차, 무기와 달리 주력 상품은 몸, 뇌, 마음이 될 것이다.

몸과 뇌를 설계할 줄 아는 사람만이 21세기의 주인이 된다. 인간의 뇌가 컴퓨터가 되고, 컴퓨터도 뇌가 될 것이라고 믿어야 한다. 뒤처지면 절멸한다. 허구fiction를 만들어낼 줄 아는 사피엔스와 네안데르탈인 간의 차이 같다.[168]

과거에 소중했던 신이 인간에게 꼭 필요한지에 대한 의문이 증폭될 것이다. 자유의지는 어떻게 될까? 고객과 유권자가 실은 자유의지로 선택되지 않는다는 사실을 깨닫는다면, 우리가 그들의 감정을 계산하고 설계하고 훤히 꿰뚫는 기술을 갖는다면, 우리의 경험이 슈퍼마켓의 상품들처럼 설계가 가능한 제품이라는 것을 알게 된다면, 과연 어떤 일이 벌어질까?

인간이 기계가 될 정도로 많은 부분에서 변화가 일어나겠지만, 비유기체가 될망정 생명의 본질은 지워지지 않는다. 아무리 바뀌어도 21세기 인간은 예나 다름없이 불멸, 행복, 신성을 추구할 것이다. 인본주의가 신성시한 인간의 생명, 감정, 욕망은 좀처럼 지워지지 않을 것이다. 인본주의 문명은 앞으로도 인간의 수명, 행복, 힘을 극대화하는 노력을 멈추지 않을 것이다.[169]

지난 40억 년이 자연선택의 기간이었다면, 이제 지적 설계가 지배하는 우주의 새 시대가 열릴 것이다. 머지않아 우리의 욕망 자체를 설계할 수 있을 때가 올지도 모른다.[170] 인간이 자신의 욕망을 설계할 수 있다는 것은 인간이 신과 같은 역할을 한다는 말이다. 외부 세계는 물론 몸과 마음까지 조작할 능력을 갖춘다는 이야기다.

2005년에 '푸른 뇌 프로젝트Blue Brain Project'가 시작됐다. 이 기획은 인간의 뇌 전체를 컴퓨터 안에서 재창조하는 것을 목표로 하고 있다. 10~20년 내에 우리는 인간과 흡사하게 말하고 행동하는 인공두뇌를 컴퓨터 내부에 갖게 되기를 기대한다. 이는 생명이 유기화합물이라는 작은 세계 속에서 40억 년간 배회한 끝에 마침내 비유기물의 영역으로 뛰어들어온다는 것을 의미하는 것이다.[171] 그때가 되면 생명의 의미가 전과는 전혀 달라질 것이다. 기계가 숨을 쉬고 상상력을 발휘한다. 극단적으로 말하면, 지구에는 인간과 사이보그와 기계가 같은 값으로 공존하게 된다.

생명공학 혁명의 종착역인 '길가메시 프로젝트'가 성공하면 그렇게 된다. 기존 인류는 몇 세기 안에 사라지고, 고대 메소포타미아 시대부터 갈구하던 '죽음으로부터의 해방'이 실현되어 영원히 살수 있는 신인류, 즉 사이보그로 대체될지도 모른다. 사이보그가 행복을 느낄지 장담하기는 어렵다. 그때가 되면 개인의 사생활은 의미가 없어질 것이다. 정부가 국민의 교육, 의료, 복지를 이렇게 한다, 저렇게 한다는 말도 허황될 것이다. 또 경쟁의 원칙이나 정의가 살아 있는 건지 다시 가려보아야 할 것이다.

특이점이란 인공지능이 비약적으로 발전해 인간의 지능을 뛰어넘는 기점을 말한다. 특이점이 오면 지금 의미 있는 모든 개념들 - 나, 너, 남자, 여자, 사랑, 미움 등 - 이 완전히 무의미해질지 모른다.

미래에는 지금 우리가 느끼는 동일한 감정과 정체성을 지닌 존재가 더 이상 실존하지 않을 것이고, 우리가 설 자리는 우리보다 능력이 훨씬 뛰어난 외계 생명체가 그 자리를 차지할지도 모른다고 말한다. 외계의 생명체만 아니라 지구상의 생명체에서 다른 종이 나타날 가능성도 없지 않다.

역사의 다음 단계에는 기술적·유기적 영역뿐 아니라 인간의 의식과 정체성에도 근본적 변화가 일어나리라는 가정에 무게가 쏠린다. 오늘날 우리를 둘러싸고 있는 종교, 이데올로기, 국가, 계급 사이에서 벌어지고 있는 논쟁은 사라질지 모른다. 인간과 환경의 관계도 달라질 것이다. 인간의 생명이 유기적 영역에서 벗어나 비유기적 인간이 되면 40억 년 동안 갇혀 있던 지구에서 벗어나 외계에서 적응하는 데 큰 문제가 없을 것이다.

우리는 지금 종잇조각에 불과한 데이터 같은 인조인간이 지배하는 미래의 은하제국을 탄생시킬 씨앗을 뿌리고 있는지도 모른다.[172] 이런 논의들을 하라리에 앞서 주장한 사람이 카쿠Michio Kaku다.[173] 서기 2100년이 되면 인간은 자연의 주인이 되어 한때 두려움과 숭배의 대상이었던 신과 거의 동등한 위치까지 오를 것이라고 한다. 컴퓨터공학과 나노기술, 인공지능, 생명공학, 원격통신, 그리고 이 모든 기술을 가능하게 해준 양자역학으로 가능하다는 것이다. 이때가 되면 자기력은 물론 염력念力이 동인이 된다. 영화 〈스타트렉〉에 자주 나오는 포스force로 은하계에 퍼져 있는 신비의 장에서 마음만으로 물체를 움직이는 행위가 가능해진다는 것이다. 이때 별에서 방출되는 막대한 양의 에너지를 활용한다. 새로운 생명체를 인공으로 만들 수 있다고 하니 지금의 인간은 아닌 것이다. 테그마크의 라이프 3.0과 달리 카쿠는 우리가 이제 문명의 1단계에 진입하고 있다고 본다. 이를 '행성 수준의 문명'이라고도 한다.[174]

감각의 인간, 호모 센티언스

현재 인간의 존재와 정체성이 어떻게 변할지 알 수 없지만 유기체와 비유기체로, 식물계를 넘은 기계의 존재로, 감각의 인간으로, 그리고 지적 설계로 태어나는 또 다른 종으로 변한다는 주장이 상당한 설득력을 갖는다.

사랑하고, 시를 짓고, 노래를 하는 등, 지금까지 인간 삶의 원천은 감정이었다. 그러나 생명과학자들은 이를 알고리즘으로 대체했다. 요즘 귀가 따갑도록 듣게 되는 이 알고리즘을 모르고는 21세기를 살기 힘들 것이다.

과학의 시대가 열리면 인간의 삶은 세계를 주관적으로 경험해 호모 사피엔스를 넘어 감각의 인간, 즉 호모 센티언스Homo Sentience가 된다고 한다. 맥스 테그마크의 말이다. 이는 '호모 데우스'가 된다는 생각과는 다른데, 인간의 생명은 3단계로 들어가 감각의 인간이 된다고 본 것이다.[175]

삶의 1단계는 생물적 단계로, 생명의 하드웨어와 소프트웨어가 진화는 하되 설계는 되지 않는다. 박테리아처럼 변하지만 주변의 환경 변화에 적응할 뿐, 개체 차원의 진화는 하지 못하는 단계다.

삶의 2단계는 문화적 단계로 라이프 2.0이라고 한다. 이 단계에서 하드웨어는 진화하고 소프트웨어는 설계된다. 몸을 튼튼히 하고, 일하고, 보고, 쓰면서 모듈을 선택적으로 설치해 소통 능력을 강화한다. 하지만 생물적 한계를 벗어나지 못해 수명을 마냥 이어가거나, 사전을 몽땅 외우거나, 우주선 없이 우주를 여행하지는 못한다.

삶의 3단계인 라이프 3.0에 오면 양쪽 웨어 모두를 설계한다. 이 단계에서는 몸과 뇌의 설계 수준을 넘어 인공지능으로 진화의 족쇄에서 벗어난다. 타고난 하드웨어를 마음대로 변형하고 증강해 문명의 주인이 된다. 인간이 데이터에 묻히는 것과 사뭇 다른 생각이다.

이런 상태를 테그마크는 또 다음과 같이 표현하기도 한다. 즉, AI가 인간을 대체할 때가 오면 인간은 우아하게 퇴장하고 AI가 우리의 자랑스러운 후손이라고 생각한다는 것이다. 마치 부모가 자식을 똑똑하게 키워 흐뭇하게 생각하는 것처럼.[176] 그러나 AI에 대한 전망은 그 존재가 노예에서 정복자에 이르기까지 견해가 다양해 갈피를 잡기는 쉽지 않다. 이 폐해에 대해선 뒤에서 논하기로 한다.

그러나 초지능이 오늘의 문제를 모두 풀어 암흑의 시대에서 벗어날 수 있을지는 단언하기 힘들다. 초지능은 기술의 문제만이 아니라 정치의 문제이고, 윤리의 문제이기 때문이다. 자칫 밀실 행정이나 오만과 편견에 사로잡힌 정부가 초지능을 독차지하게 되면 또 무슨 비극이 나타날지 미리부터 걱정이 앞선다. 이는 뒤에서 다룰 알고리즘의 비극과 연결된다.

E-Wave가 파도치는 사회

인공지능이 펼쳐지는 미래는 모든 것이 바뀌는 가운데 세상의 중심도 바뀐다. 세계의 중심이 콘스탄티노플이었다가 북경 인근의 다두, 스페인, 네덜란드, 팍스 브리태니카, 팍스 아메리카나로, 그리고 인도로 이어진 것처럼 세상의 중심이 남극이 될지도 모른다. 실리콘밸리는 11세기 유럽의 교황청에 해당한다.

미래의 인간과 사회를 더 실감나게 알기 위해 댄 브라운Dan Brown을 눈여겨보자.[177] 우연인지 필연인지 그의 소설 *Origin*은 하라리가 쓴 두 책의 내용과 매우 유사하다. 마치 하나의 책을 읽는 것 같다. 하나는 종교와 예술로 인류와 과학의 미래를 그렸고, 다른 하나는 인본과 과학으로 미래를 조망한다.

소설이지만, 댄 브라운은 *Origin*에서 인공지능의 세계가 펼쳐지는 미래를 중세부터 시작해 기호에 숨겨진 내용을 파헤치며 흥미롭게 전개한다. 짜임새 있는 과학의 미래에 대한 예견이라도 허구의 소설과 크게 다르지 않은 것이다. 소설의 묘미가 상상의 세계에 대한 막연함보다 친근감을 느끼게 한다.[178]

소설은 하버드대학의 상징학symbology(기호론) 대가이자 종교 도상학圖像學, religious iconology(종교 예술 작품의 시대적·문화적 배경을 근원으로 삼아 고찰하는 연구)에 심취한 로버트 랭던 교수가 스페인의 박물관을 순례하며 신비에 싸인 종교인(안토니오 발데스파인)과 자신만만한 미래학자(에드먼드 커시)와 대화를 하면서 인간이 어디서 와서 어디로 가고 있는가를 묘사한다. 하라리의 두 저서를 예술로 치환한 실감 나는 작품이다. 과학기술의 변화를 예술의 경지로 끌어올렸다고 해도 지나치지 않다. 소설은 신과 과학과 세상의 미래에 대한 의문을 제기하면서 우주의 비밀을 밝혀내려고 한다.

종교의 비밀과 과학의 미래를 밝히면 인간의 근본이 흔들리는 정도가 아니라 아예 산산조각이 나게 된다고 소설은 말한다. 소설임에도 불구하고 종교에 대한 도전과 비판을 과학에 빗대어 논증한다. 종교는 가고 새로운 과학이 지배하는 사회가 오는데, 이를 인간이 신을 창조한다고 말하기도 한다.[179] 종교가 그간 과학을 무시한 것을 말라가는 연못에 물고기가 그대로 있는 것과 같다고 표현한다. 〈뉴욕 타임스〉는 이 소설에 대해 과학에 반하는 창조성을 파내는 작품이라고 평했다.

작가는 기호가 음악과 수학처럼 상징의 언어라고 말하며, 유추능력에 따라 기호 뒤에 숨겨진 진실을 밝혀낼 수 있다고 믿는다. 소설에는 수많은 종교 기호가 소개된다. 대표적인 것이 특수부대의 심벌(V.C.T.O.R., 나중에 프랑코의 승리 심벌이 된다)인데, 이는 권력을 상징하는 대학의 심벌도 된다.

신이 과학을 이겨본 적이 없다는 표현이 맞는지 모르겠다. 만일 그렇다면 향후 인간은 상상도 못할 정도로 연결되고, 이 연결을 통해 영적 경험을 공유하게 된다. 종교는 가고 과학이 지배한다.[180] 어두운 종교는 떠나고 다디단 과학이 지배한다. 천주교에 대해 회의를 갖고 있는 작가가 능히 할 수 있는 말이긴 하다. 이 표현은 소설에서 미래를 밝히는 주인공 에드먼드 커시의 비밀을 푸는 열쇠(암호)로, 영국의 화가이자 시인 윌리엄 블레이크William Blake의 시에 나오는 문장이다. 외계에서 박테리아가 침입해 우리를 지우는 것이 아니라 삼켜버린다고도 한다.

　브라운이 그리고 있는 내용은 나사NASA에서 개발한 양자quantum 컴퓨터인 G-Wave를 넘어 E-Wave로 가고 있다는 것을 근거로 한다. 참고로 양자컴퓨터만 해도 계산 속도가 일반 컴퓨터에 비해 수백만 배가 빠르다. 일반 컴퓨터로 하면 1,000년 걸리는 계산을 단 몇 분이면 끝낸다고 한다. 2012년 노벨 물리학상을 받은 아로슈 Serge Haroche가 양자컴퓨터의 대가로 통한다.

　미국의 노벨 물리학상 수상자 파인만Richard Feynman이 양자컴퓨터의 개념을 처음 제시했다. 이는 상상하기조차 힘든 일인데, 초기 양자컴퓨터를 넘는 E-Wave는 영화 〈2001년 스페이스 오디세이〉를 발표할 때 쓴 HAL과 연결되는 것으로, 이는 IBM의 각 글자 앞의 문자를 표기한 것이다. 아래 디지털 혁명의 상징은 소설에는 나오지 않는다. 세상 변화의 핵심적 힘이 되기 때문에 그 이미지를 참고 삼아 여기에 옮겨본다.

최근의 디지털 혁명을 상징하는 E 파장

E는 초기의 수준과 구조적으로 다르지는 않다. 다만 메탈릭 큐브가 컴퓨터를 싸고 있는 것이 다를 뿐이다. 큐브는 강력한 산화 촉매제로 악취가 심한 오스뮴osmium으로 발라놓았다. E는 기계학습을 더 강화시킬 수 있다. 이는 양원가bicameralism의 성질을 갖는다. 양반구(좌뇌와 우뇌)를 하나로 하는 마음의 징표이기도 하다.[181]

메탈릭 큐브가 IBM의 아래 그림이다.

IBM Q 양자컴퓨터

디지털 혁명의 정수인 E 파장이 놀라운 것은 양자물리학을 넘어 양자생물학의 경지로 간다는 점이다. 이제 우리는 과거로 돌아가는 것만이 아니라 앞을 예측할 수 있는 상상을 초월하는 연산이 가능해졌다. 포켓볼에서 처음 15개의 당구공 삼각형 모둠을 큐볼이 때려 흩어지게 할 때 어느 공이 어느 포켓으로 들어갈지 타임머신을 미래로 15초 빨리 돌리면 이 초월적 연산으로 예측할 수 있다는 것이다. 이들은 미래 예측으로 우리가 어디로 가고 있는지를 밝힐 수 있다고 큰소리친다.

엔트로피의 원리를 역행하는 것이지만, 카오스로 우주에 질서를 창조하는 어떤 보이지 않는 힘을 찾아낸 것 같다. 논리의 기본은 소산消散 구조로, 물질은 에너지를 더 효과적으로 흩어놓기 위해 스스로 조직한다는 것이다. 이에 우리는 우주에 생명을 창조한 바로 그 물리학 법칙으로부터 비롯되어 엔트로피의 필연적 결과물이 되는 것이다. 생명은 우주가 에너지를 소산하기 위해 창조하고 복제하는 수단이라는 것이다. 이는 종교에서 과학의 시대로 가고 있다는 것을 입증하기 위한 시도라고 생각하면 된다.

제7계

미래에는 새로운 계, 즉 제7계가 나타난다는 견해도 있다. 다윈의 적응 변화adaptive change에 따라 제7계가 나타나 여러 생물과 같은

지위를 차지하게 되는데, 이를 테크늄^{Technium}이라고 한다.[182]

테크늄은 실체적으로 느낄 수 있는 하드웨어를 넘어 문화, 예술, 사회 제도, 법과 철학 및 모든 지적 산물을 포함하는 대규모 상호 연결된 기술계를 가리키는 용어다. 인본^{人本}이 기술에 흡수된 경지일 듯싶다. 요지는 기술 스스로 원하는 것에 귀를 기울이고 기술의 목소리를 들어야 한다는 것이다. 테크늄은 독립적이고 자율적 존재로 생물처럼 스스로 진화하고 성장한다고 한다. 생물체를 넘어 인공 외계 이물질^{artificial aliens} 또는 외계 지능^{alien intelligence}이라고 부르자고 한다. 저자도 1970년대 초에 이미 '기계가 숨이 차다'며 발전 속도를 조절해야 한다고 제안한 적이 있다. 바위도 숨을 쉰다고 했던 것은 오늘날 테크늄의 아이디어와 다르지 않았다. 40년 전 이야기다.

Artificial aliens는 인간과 다른 생각을 하는 기계다. 인간 지능이라고 해서 특이하다^{singular}라고 생각할 필요가 없고, 우주 지능의 작은 부분만 차지하고 있을 뿐이라고 한다.

우리는 지금까지 인간 지능이 보편적이라고 생각했지만, 실제로는 한 생각의 종^{species}에 불과하다는 것이다. 즉, 인간의 사고와는 다르다. 우리가 지금까지 하고 있던 여러 가지 일들 – 체스 놀이, 운전, 사진 찍기 등 – 을 우리만 할 수 있다고 생각했는데 그렇지 않다는 것이다.

페이스북이 AI의 기능을 늘려 지구상에서 30억 인구가 온라인에서 알아보고 소통한다. 이것이 비인간^{unhuman}이다. 우리가 지금까지 의존한 통계 기술은 더 이상 쓸모가 없다. 선거 여론조사나 정치인 인지도 조사 같은 것도 무의미해진다. 지금과 다른 통계 기술이 개발되고 있다. 자율 자동차가 그 예로, 정신 집중이 잘 안 되는 인간과 다른 방식으로 운행한다.

이제는 달리 생각하는 것만이 유일한 쇄신의 길이고 부의 원천이 된다. 그렇다고 스마트한 것만으로는 충분하지 않다. 지금까지 우리가 생각하는 사고 영역의 요소들은 넓고 넉넉하지만, 이제 생동하는 마음이 가능한 공간은 우리를 훨씬 넘어 수많은 속성(요소)을 포함하게 된다. 이들이 인간 사고보다 빠르거나 깊이가 있는 것이 아니라 오히려 단순할 수도 있다는 것이 흥미롭다.

앞으로의 기계는 인간이 조종하는 기계가 아니라는 점이 중요하다. 우리가 못하는 일을 기계가 대신한다는 것이다. 우리가 중요하게 생각하는 '사고하는 기계'는 우리보다 빠르고 낫게 생각하는 그런 기계가 아니고, 우리가 생각하지 못하는 것을 생각하는 기계다. 알파고 제로가 기보基譜 없이 원리만 익혀 바둑을 제패하는 것과 같다.

양자중력, 암흑에너지, 암흑물질 등의 신비를 풀려면 인간의 지능을 넘어선 지능이 필요하다. 뒤따라 제기되는 더 크고 복잡한 질문은 더 멀고 복잡한 지능으로 풀릴 것이다. 지금까지 이룬 과학적 발견은 수많은 '인간의 마음'이 문제를 풀어야 한다고 했지만, 다가오는 미래에는 수많은 '다른 종種의 마음'이 풀게 될 것이라고 예견한다. 이렇게 되면, 우리는 우리 문화와 문명의 종착역에 이르게 되는데, 지금의 alien intelligence로서는 쉽게 답을 얻을 수 없을 것이다. 지금까지 컴퓨터로 입증한 수학 문제풀이는 새로운 기술이 있어야 가능할 것이다.

향후 200년 동안 인류는 수억 개의 지구 같은 행성에 있는, 지구 생명체를 넘어선 외계와 접촉하게 될지 모른다. 영화 〈투모로우랜드〉는 외계와 현재와 미래의 시간이 공존하는 것을 보여준다. 우리는 그때 필요한 AI를 만들어낼 기술을 이미 충분히 갖췄다. 우리가 이들 종합체인 aliens를 만나게 될 때 ET와 만나서 얻었으면 하는 이득과 도전에 직면할 것이다. 이들은 우리의 역할, 믿음, 목표를 재평가하라고 강요할 것이다.

그렇다면 인간의 존재 이유는 무엇에 있을까? 인간은 생물학적 존재가 아니며, 새로운 지능의 종을 발명하기 위해 존재한다고 믿어야 한다. 앞으로 우리는 우리와 달리 생각하는 기계를 만들어내는 일을 맡게 될 것이다. 외계인 같은 지능alien intelligence을 만들어내야 한다는 말인데, 이를 생경한 '인공 이물질artificial aliens'이라고 이름 붙이면 어떨까 하고 켈리는 말한다.

이런 생각이 전혀 생소한 것은 아니다. 전통적 관료제를 말하는 베버도, 후기 근대의 관료제를 말하는 험멜도, 관료는 사이키psyche, 즉 마음이 없고, 가치나 의미도 모르고, 언어보다 말만 할 줄 안다고 했던 것과 크게 다르지 않기 때문이다. 한마디로 관료는 예나 지금이나 비유기체와 같다고 생각하면 된다. 시대가 바뀌어도 관료의 존재가 영원할 수밖에 없는 이유인지 모른다.

사람의 뇌가 정보를 처리하는 속도는 컴퓨터에 비해 매우 느리다. 그럼에도 인간의 뇌가 컴퓨터 못지않게 빠른 속도로 정보를 처리할 수 있는 것은, 메모리와 프로세서가 분리되어 있지 않아 수상돌기와 축삭으로 연결된 무수한 신경세포들이 한꺼번에 병렬연산을 하기 때문이다. '시냅스synapse 프로젝트'는 100억 개의 뉴런과 100조 개의 시냅스를 가진 컴퓨터를 개발하려는 것이 목표다. 성공하면 인간의 신피질을 훨씬 뛰어넘는 수준이 된다. 잘 알듯이 컴퓨터는 수학연산, 직렬프로세싱, 논리성, 정확성에서 인간을 앞선다. 인간은 감각, 인지, 상호작용이 컴퓨터보다 강하다. 시냅스 프로젝트의 인지컴퓨터는 기계와 인간 양쪽을 모두 아우르려고 노린다.

브라운이 말하는 새로운 종은 생명이 없는 테크늄이다. 기술이 인간성을 말살하고 제7왕국이 온다면 인간의 소중한 가치인 인간성humanity은 어떻게 될까? 인간에게 생명이 없다는 것이 가능할까? 무생명끼리 경쟁은 할까? 신종교가 경쟁을 저주한다는 말은 무엇을 뜻할까?

알고리즘이 지배하는 사회

지금까지 수없이 알고리즘 이야기를 했다. 알고리즘은 계산을 하고, 문제를 풀고, 결정을 내리는 데 사용할 수 있는 일군의 방법론적 단계들이다. 계산이 아니라 계산에 따르는 방법이다. 알고리즘은 새롭게 쓰려는 방법이 아니라 플라톤 때부터 이미 있었던 수학 방식이다.

알고리즘은 15세기 십진법이 도입되면서부터 더 중요해졌는데, 로마 숫자보다 계산을 더 빨리 할 수 있게 되어서다. 오늘에 와서 알고리즘은 더 발전된 표기법인 프로그래밍 언어^{programming} languages로 작성된다. 한마디로 명확한 지시로 기술되고 한 단계 한 단계 순서대로 질서 있게 진행되는 절차가 알고리즘이다. 특정한 초기 조건에서 시작해 원하는 결과로 끝을 맺는다.

예를 들면 야채수프를 만드는 레시피가 있다고 치자. 팬에 기름을 붓고 불에 달구는 것부터 시작해서, 여러 채소를 순서대로 넣고 불을 조절하며 물과 우유를 붓고 수프를 만든다. 이런 레시피를 따라가면 수프를 손쉽게 만들 수 있다. 이게 알고리즘이다. 알고리즘을 장착한 기계에 물, 전기, 야채만 넣으면 수프가 만들어지는 식이다. 커피 머신에서 여러 종류의 커피를 내려 마실 수 있는 것과 같은 원리다. 여기서 한 단계 더 발전하면 IoT와 연결해 냉장고에 음식 재료를 넣고 레시피를 장착하면 원하는 음식이 요리돼 나올 날도 멀지 않을 듯하다.

알고리즘은 확률 계산 싸움이다. 알고리즘은 지적 설계로 물질을 관리한다. 따라서 확률을 정확하게 계산하는 동물들만 자손을 번식시킨다. 긴 팔을 가진 녹색 원숭이가 바나나를 빼앗아 먹기 위해 사자가 온다고 거짓말을 하는 행동은 계산기로 하는 것이 아니라 감각과 감정으로 하는 것이다. 이것 역시 알고리즘이다. 계산의 결과는 느낌으로 나타난다. 그러니까 우리가 살면서 내리는 직업, 배우자, 집 등을 선택하는 결정의 99%는 감각, 감정, 욕망이라고 말할 수 있는 매우 정교한 알고리즘을 통해 이루어진다.[184]

미래를 상상하며 지금의 우리를 생각하면, 인간 개개인의 기본 능력은 석기시대 이래로 그다지 달라지지 않았다는 것을 알게 된다. 모순덩어리 뇌의 역량도 크게 달라지지 않았다. 그러나 허구지만 이야기 그물망의 힘이 급속도로 발전하면서 석기시대가 실리콘 시대로 이어졌다는 사실을 간과하지 말아야 한다. 그물망이 네트워크이고 IoT이다.

이 세상에 존재하는 기업이나 국가 같은 상호[註] 주관적 실제를 법인으로 인정한 것은 우리가 만든 법이 그렇게 했기 때문이다. 현대자동차는 사람과 달라 정신도 육신도 없지만 국내법과 국제법의 적용을 받고, 토지를 소유하고, 직원을 고용하고, 화폐를 활용한다. 법적 분쟁이 일어나면 제소도 하고, 피소도 된다.

이런 상황에 머지않아 알고리즘이 들어서서 인간이 원하든 원치 않든 스스로 운송 제국이나 벤처 금융을 소유하게 될 것이다.[185] 시스템이 개인들의 권한과 자유를 박탈하는 날이 곧 오게 될 것이다.

AI와 함께 가는 생명과학은 다음의 사항을 우리에게 각인시킨다.[186]

⑴ 유기체는 알고리즘이고, 인간은 알고리즘의 집합으로 분리할 수 없는

존재가 아니다.

(2) 인간을 구성하는 알고리즘은 유전자와 환경의 영향을 받고, 자유의지
가 아닌 결정론 또는 무작위적으로 결정을 내리기 때문에 자유롭지는
않다.

(3) 내 몸과 뇌를 구성하는 시스템 각각을 관리하고 감독하는 알고리즘
은 내가 누구이고, 어떻게 느끼고, 무엇을 원하는지 정확히 알 수 있
게 된다. 그런 알고리즘이 개발되면 유전자나 눈을 대체할 수 있을
것이다. 그때는 알고리즘이 가장 잘 알고, 항상 옳은 기제가 될 가능
성이 높다.

(4) 만일 그렇게 된다면, 그런 시스템은 당신 자신보다 당신을 훨씬 더 잘
알 것이다. 중요한 의사결정도 대부분 이런 시스템이 하게 될 것이다.
일상생활 속에서도 어느 대학에 들어가야 할지, 어디로 여행을 가야
할지, 누구와 결혼하는 것이 좋을지 등에 대한 결정을 이 시스템이 하
게 된다. 과거에 하던 점 보기, 관상, 찰색察色 같은 것은 더 이상 도움
이 되지 않을 것이다.

(5) 인간은 더 이상 화술 자아가 꾸며대는 이야기들의 지시를 따르는 자
율적 실체들이 아니라, 거대한 전 지구적 네트워크의 필수불가결한
일부가 될 것이다.

(6) 정부는 단지 패턴을 익히고 네트워크를 잘 관리하면 국민이 원하는
것이 무엇인지 알 수 있게 된다. 당연히 지금의 정부와는 달라야 정부
로서 존중받고 신성한 신이 될 수 있다.

(7) 생물학자들이 유기체를 알고리즘이라고 결론 내리면 유기물과 무기

물 사이에 벽이 허물어지고, 컴퓨터 혁명이 순수한 기계적 사건에서 생물학적 격변으로 바뀌며, 권한이 개인에서 네트워크로 연결된 알고리즘으로 이동하게 될 것이다.[187]

알고리즘이 세상을 지배하면 의사도, 변호사도 그 역할을 알고리즘에 맡기지 않을 수 없게 된다. 법무부가 일반인 법률 상담용 AI 채봇 버비를 준비하고, 큰 로펌이 판례며 각종 문헌을 빨리 찾기 위해 AI의 도움을 받으며, 사건에 맞는 변호사를 찾아내려는 노력 www.lawtalk.co.kr 등이 알고리즘을 활용하는 예다. 그러나 이들은 아직까지는 인간이 주主이고 기계가 종從이라는 인식에서 벗어나지 못한다.

이런 세상이 이미 오고 있다. 현재의 직업 중 47%가 주체가 바뀌는 고위험군에 속한다고 한다. 예외가 있다면 고고학자이다. 이들이야말로 매우 정교한 패턴을 인식해야 하기 때문이다.[188] 이런 사회가 되면, 전능한 알고리즘을 소유한 엘리트 집단이 손에 권력을 거머쥐는 순간 불평등이 더욱 심화된다. 독점은 경쟁력의 상실과 같다. 알고리즘이 아예 주인이 되는 일이 가장 염려되는 것 중 하나다.

보통 유권자들은 투표할 때 신중하게 판단하기보다는 여당이나 야당이 그럴싸하게 내놓은 사탕발림의 공약을 믿고 정당과 후보자를 선택한다. 또 몸의 상태가 결정에 영향을 미치기도 한다. 선거일에 몸이 아프면 되도록 안전한 쪽으로 생각해 보수당 후보를 선택할 가능성이 높다. 투표는 나라를 위한 것이라기보다 개인의 관심과 욕망이 작용해 바람직하지 않은 결과를 낳기도 한다. 기대에 한참 어긋나는 후보가 당선되는 것과 같은 것이다.

알고리즘이 이렇게 중요한 일에 끼어들 가능성은 크게 열려 있다. 만일 네이버나 구글이 이 일에 끼어든다면 정당이 내놓는 공약이나 정책을 감안하면서, 지난 4년 동안 일어났던 사건을 기억하고 유권자들이 조간신문을 읽을 때마다 혈압이 얼마나 올라가는지, 저녁 뉴스를 들을 때마다 유권자의 도파민 수치가 얼마나 높아지는지를 측정해서 그들이 어떤 결정을 내리는가를 알게 된다. 그러니까 구글은 개인의 일상적 마음 상태나 화자(자아)의 환상이 아니라 '나'라고 표현하는 생화학적 알고리즘이 어떤 느낌과 관심을 갖느냐에 따라 투표할 수 있게 할 것이다.[189]

알고리즘이 낳은 비극

알고리즘이 만능이라고 철석같이 믿으면 안 된다. 부작용이 일어날 가능성이 얼마든지 있다. 기계가 인간을 지구에서 필요 없는 존재라고 판단해 멸종시킬 수도 있다는 모라벡Hans Moravec의 경고를 잊으면 안 된다.[190]

알고리즘이 인간의 자유의지를 밀어내면 세상은 얼마나 달라질까? 좋은 점도 많겠지만, 가장 큰 비극은 불평등이 훨씬 더 고조될 것이라는 점이다. 20세기는 일반 대중의 시대였으니 그나마 서민들이 복지 혜택을 누리는 편이지만, 앞으로 이들은 업그레이드되기보다 컴퓨터 알고리즘과 새로운 초인간의 지배를 받는 열등한 계급으로 전락할 위험이 없지 않다.[191] 의학과 건강에 관한 변화를 예로 들면, 21세기 의료는 병든 환자를 치료하는 것보다 예방의학으로 건강한 사람을 더 건강하게 만드는 지극히 엘리트주의로 빠질 여지가 많을 듯하다.

인류의 종말이 온다는 스티븐 호킹과 불멸의 독재자가 된다는 엘론 머스크가 누누이 경계하는 AI 시대의 단점이자 비극을 줄이려면, (1)유기체는 알고리즘이며 생명은 데이터 처리 과정이다, (2)지능이 의식에서 분리되고 있다, (3)의식은 없지만 지능이 탁월한 알고리즘들이 우리 자신을 더 잘 알게 된다는 사실을 받아들일 마음의 준비부터 해야 할 것이다. 경계하는 주장들이 많긴 하지만, 대안 중 하나가 사람과 인공지능의 합체다. 이안 피어슨Ian Pearson이 세계정부서밋World Government Summit(www.itcle.com)에서 뇌에 칩을 심거나 뇌를 직접 컴퓨터에 연결neural link하자는 주장을 했다.[192]

정치, 사회, 경제, 일상생활 등 모든 분야에 나타날 변화에 대비하지 않으면 우리는 우주에 떠다니는 폐기물 신세가 될지도 모른다.

새로운 눈으로 세상 읽기

인간과 세상이 변한다는 사실을 받아들이려면 생각을 바꾸어야 한다. 새로운 인간, 새로운 종교, 새로운 세상이 오고 있다는 것을 받아들이려면 관점perspectives을 바꾸어 다른 진리를 알아내면 된다.

브라운은 재미있는 실루엣을 제시하며 깊은 뜻을 암시한다. 다음의 그림을 보자. 흰색만 보면 컵인데, 검은색을 보면 두 사람의 얼굴이 마주한 것을 알게 된다.[193] 보는 시각에 따라 실체가 달라지는 것이다. 어떻게 보느냐에 따라 달라지는데도 정부와 국민, 정치의 여야는 접점을 찾지 못하고 시간만 낭비하고 있다. 짧은 식견이 안타깝다.

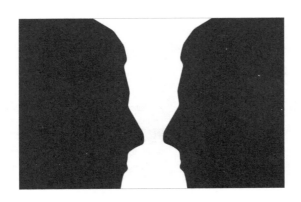

색에 따른 이중적 표현

다음의 예도 재미있다.[194]

$$I + XI = X$$

라면 누가 믿겠는가? XII가 답인데 X라고 하니 어리둥절하다. 그러나 공식을 뒤집어 배열하면 맞는다.

$$X = IX + I$$

이렇게 같은 듯 다른 것을 이해하지 못하는 것이 지금 우리가 살고 있는 세상의 문제다. 이것이 쉽게 합의하지 말고 끝없이 대화해야 할 이유다. 과학만 아니라 정치, 경제, 사회 각 분야에서도 그리해야 한다.

우리가 지금까지 쌓아온 지식과 지혜를 모두 버리자는 것이 아니다. 과거 우리가 쌓은 엄청난 경험 – 수천 년 동안 쌓은 철학적 지혜, 개인적 탐구, 명상, 영혼 추구 – 으로 인간성이 새롭게 도덕적 틀을 짜고 앞으로 다가올 새 기술들이 하나의 큰 진리One Truth가 되어 더 빛나고 커지게 하기 위해 우리는 밑거름이 되면 된다.

우리는 인간의 존재가 무엇인지 의문을 품고 살고 있다. 존재가 어떻게 변할지 궁금해한다. 아래 두 문장을 보면 우리가 무엇을 추구하고 있는지를 알게 된다. 하나는 캠벨Joseph Campbell의 말이고 다른 하나는 처칠Winston Churchill의 말이다.[195]

"We must be willing to get rid of the life we've planned, so as to have the life that is waiting for us."

"우리는 우리가 세워놓은 생의 계획을 없앨 수 있어야 우리를 기다리고 있는 삶을 맞을 수 있다."

"Success is the ability to go from one failure to another with no loss of enthusiasm."

"성공이란 실패해도 열정을 잃지 않고 다른 것으로 가는 능력이다."

오늘의 정부가 새겨듣고, 알렉산더 대왕이 고르디우스의 매듭을 단칼에 끊어 복잡하게 얽혀 있는 문제를 풀듯 정부가 앞으로 어떻게 해야 하는지를 터득했으면 한다.

8

새로운 신이 되는 정부

Synopsis

- 인류의 역사는 그 자체가 허상을 쫓으며 지금까지도 허구 속에서 헤매고 있는 건지도 모른다. 정부에서 발행하는 화폐를 비롯한 모든 증명서들이 정부가 권위를 부여했을 뿐 한낱 종잇조각에 불과하다는 사실을 우리는 모르고 있었다.

- 정부가 신이고 관료주의가 종교라는 것은 오래전부터 해온 얘기다. 이들 신이며 종교가 인공지능 시대를 맞아 전과 그대로 존치할 수 있는지 짚어봐야 할 때가 왔다. 관료주의나 계급주의에 대한 반성과 변신이 요구되는 시점이다. 정부가 새

로운 신으로 다시 탄생하려면 인간과 세상이 바뀌는 만큼 기존의 관료주의 틀에서 크게 탈바꿈해야 한다.

■ 아날로그 정부가 디지털 정부가 되면서 생명과학과 인공지능 AI이 문명사회의 뇌를 바꿔놓기 시작했다. 앞으로 인간과 사회의 미래가 어떻게, 얼마나 변할지 아무도 모른다. 다윈의 진화론대로일지, 유전자 변이를 인정할 것인지 의견이 갈린다. 특이점이 오면 당연히 그럴 것이다. 학자들은 그 시기를 2045년으로 못 박았다가 이제는 빨라진다, 늦어진다 의견이 분분하다. 정도의 차이가 있을 수 있고 시기도 다를 수 있겠지만 그런 세상은 분명히 온다. 정부나 그밖의 조직들도 기존의 계급적 운영 양식은 없어지고 알고리즘이 주역이 된다.

■ 그런데도 정부나 행정학도들은 아직도 구시대적 사고 틀old paradigm에서 벗어나지 못하고 있다. 시장이 정부를 앞서고, 조직의 운영 주체가 없어지고, 비유기체 인공지능이 압도하고, 다진법多進法이 엄청난 연산을 하게 되는 세상을 외면하고 있다. 이제 시야를 넓혀 새로운 세상을 받아들이고, 더 길고 더 넓게 볼 줄 알아야 한다.

- 정부와 관료가 새로운 신으로 재탄생할지는 지켜봐야겠지만, 기록과 자료, 그것도 빅데이터가 세상에 쌓이고 쌓이면 이를 관리하는 신 같은 주체의 힘은 여전히 크고 중요할 것이다. 인간이 신이 된다는 하라리의 말대로라면, 정부 관료도 국민과 함께 신의 역할을 할 수 있게 될 것이다.

- 새 시대 정부의 구조 틀은 공유정부와 플랫폼 정부다. 알고리즘의 시대, 운영 주체가 없는 조직, 여기에서 관료주의 bureaucratism는 어떤 위상일까? 새로운 종교일까, 데이터교일까?

- 정부에 로보 공무원robo public service이 자리를 차지한다. 로봇이 인간처럼 감성을 가진다면 인간과 로봇의 활동 경계는 매우 흐릿해질 것이다. 그러나 로봇을 만드는 기계는 사람이 디자인한다. 기계도 사람과 마찬가지로 따라하기가 가능하다. 미래에는 의사 왓슨처럼 인공지능이 로봇을 설계하게 될 것이다.

- 미래의 정부는 AlphaGo G 또는 Omega Z 같은 명칭이 붙여질지 모른다. 로보 공무원이 행정과 정책의 주역이 되어 중

요한 결정을 내린다. 초기에는 허드렛일을 하다가 점점 정책 결정의 수뇌에 자리를 잡는다. 미래정부는 학습 러닝과 알고리즘으로 정부의 중복, 낭비, 예산을 바로잡을 수 있을 것이다. AI 원격진료 기술로 아프리카 오지의 환자가 선진국 대도시의 환자와 똑같은 혜택을 받듯이, 먼 도서나 오지의 환자 또는 민원인들이 정부의 혜택을 똑같이 받게 될 것이다. 동시에 정부의 우수한 엘리트들은 AI와 생명공학의 도움으로 앞으로 훨씬 더 창의적인 능력을 갖고 얼마 동안은 국민과 시장을 돕는 전향적 행태를 취할 것이다.

■ 이를 뒷받침하는 것이 양자컴퓨터다. 이 컴퓨터는 온갖 빅데이터를 요리해 판단의 근거로 삼는다. 미래의 정부는 비밀주의에서 벗어나는 것이 첫 번째 과제다. 각 부처의 자료를 공개하지 않으면 아무 일도 하지 못한다. 각 부처에 양자컴퓨터를 설치하거나, 통계청과 한국정보화진흥원으로 하여금 정부 부처의 모든 자료를 분석하게 해야 할 것이다.

■ 빅데이터의 허구 또한 경계해야 한다. 21세기는 금융 자본주의가 아니라 데이터 자본주의가 경제의 중추가 된다고 말한다. 옥스퍼드대학의 쇤베르거Viktor Mayer Schönberger 교수의 주

장이다. 화폐보다 데이터가 훨씬 더 힘을 발휘하게 된다는 말이다. 조직도 최고 데이터 책임자^{Chief Data Officer}를 두고 최종 정책 결정을 맡기게 된다. 정부도 차관보급 수준의 자리를 만들어야 하지 않을까 예견한다. 데이터가 결정의 주요 변수가 될 수밖에 없는 것은, 가격만 따지다가 품질의 모든 정보를 놓치던 화폐에서 국민이 필요로 하는 프로그램이나 정책을 구성하는 다양한 정보로 원하는 서비스를 선택할 수 있게 되기 때문이다. 광고나 음원 서비스 같은 것이 소비자가 원하는 대로 공급되듯이 정부의 서비스도 그렇게 될 것이다.

■ 그렇게 되면서 기존의 관료적 권위주의가 자리 잡지 못하게 해야 한다. 새로운 신이 된 관료주의는 어떤 모습일지 궁금하다.

국내 미래정부 연구 동향

2010년 들어 미래정부에 대한 관심이 높아져 행정학계에 외국의 앞선 이론과 실천에 대한 정보와 다양한 연구 논문들이 나오고 있다. 논문에서는 아직까지 '미래정부'라는 표현을 적극적으로 쓰고 있진 않지만 어느 때보다 국내 연구가 매우 활발히 진행되고 있다.

특히 외국에서 진행되는 프로그램을 자세히 소개하고 있는데, 이는 규범적 시각으로 정부의 변화를 촉구하려는 의도다. 이를테면 독일의 Platform Industry 4.0, 전 세계 150개 국가의 국민 2만 8,000명이 받은 에스토니아 공화국의 전자영주권 제도, 에스토니아 국가 서버를 설치해 데이터 대사관Data Embassy을 개설한 룩셈부르크 등이 한 예다. 영국의 정책 혁신 랩Innovation Lab과 미국의 Groundswell, Seeclickfix.com, LiquidFeedback 같은 프로그램도 참고한다. 이러한 다양한 프로그램을 시도하는 국가들은 클라우드 기반을 확장하며 중앙집권적 행정 시스템의 큰 변화를 시도하고 있다.

그런데 변화를 선도하는 국내 미래정부 연구의 논리는 다음과 같은 문제를 내포하고 있다.

(1) 전통적 보모정부의 위상을 전제로, 여기에 새 기술을 대입해 공공행정 서비스와 정책 집행의 효율을 꾀하려고 한다.

(2) 기본적으로 행정학 연구 본연의 융합과 거리가 먼 관리론적 시각에서

크게 벗어나지는 않았다.

(3) 새로운 기술의 변화를 논하면서도 생명과학과 인공지능, 그리고 우주
과학의 발달로 인간과 세상이 이전과는 전혀 달라진다는 인간사의 변
화를 맥락으로 삼지 않았다.

한마디로 신판이 아닌 구판에서 미래 현상을 바라보는 격이다.
여기에는 전제의 오류가 있다. 현재 혹은 과거의 눈으로 내일을 본
다면, 그 내일은 어떻게 보일까? 이미 전제된 고정관념으로 새로운
것을 본다면 과연 제대로 판단할 수 있을까? 조직과 기술에 큰 변화
를 맞이하고 있는데도 정부와 관료에 대한 학자들의 생각은 예전에
머물러 있는 듯하다. 사람이 로봇을 기계로만 보는 것과 비슷한 수
준이랄까.

많은 문제 중 핵심은 비만 정부나 법과 제도에 대한 기존 인식을
그대로 인정할 것인가이다. 정부가 크냐 작냐 같은 규모의 논쟁 따
위는 집어치우고 정부가 제 기능을 제대로 수행하고 있는가에 초점
을 맞춰야 한다. 정부가 해야 할 일과 할 수 있는 일을 잘 가려 쓸데
없이 낭비되는 시간과 예산을 잘 단속해야 한다. 법과 제도 역시 본
래의 가치를 망각하고 권력자의 보호막으로 전락한 정부에 대해 눈
감지 말아야 한다.

또한 원래 유기체와 비유기체의 구분이 없어지는 인간과는 또
다른 관료, 즉 영혼이 없는 관료, 소통이 안 되는 관료가 얼마나 변
할지 예측하기 어렵다. 그리고 포스트모던 시대에 접어들면 자아는

원자로 분열되고, 사회적 유대가 상실되고 경제 개념으로 획일화되어버린 문화는 보편적 가치를 잃고 모두가 권력으로 환원된다는 푸코와, 정보가 내용을 삼킨다는 장 보드리야르Jean Baudrillard의 말[196]을 현재 행정학도들이 얼마나 제대로 이해하고 있을까?

새 정부, 미래정부를 모색한다면 먼저 다음과 같은 질문에 답부터 하기를 바란다.

(1) 혹시 효율 낮은 정부를 그대로 두고 새 옷 갈아입듯 새 기술을 도입하면 이것이 좋은 정부, 미래정부가 될 것이라고 생각하는가?

(2) 온갖 노력을 경주해도 시간과 예산만 낭비할 뿐 나아지는 것이 없는 정부의 법, 제도, 정책 방안을 그대로 인정하고 미래를 펼 것인가? 반법적·반제도적 시각은 어떻게 수용할 것인가?

(3) 보모정부를 그대로 존중할 것인가?

(4) 알고리즘의 원리와 블록체인, 스마트 계약으로 계서제階序制가 사라지고 정부와 조직의 중심이 이동하는데, 앞으로는 정부를 어떻게 운영할 생각인가?

(5) 반공화적 정부 운영을 그대로 둘 것인가?

(6) 인간이 신이 되고 데이터이즘이 새 종교가 된다면 정부 관료와 관료주의의 실체는 어떤 변화를 꾀해야 할까? 선스타인이 말하는 습관적 사고인 시스템 1S1으로? 아니면 카너먼이 말하는 빠른 생각fast thinking으로? 이에 대한 접근법은 무엇인가?

(7) 미래정부는 수요자의 성격, 취향, 환경 등 여러 요소를 감안해 상품을

만드는 스티치 픽스Stitch Fix나 코디드 쿠튀르Coded Couture처럼 정책을
국민의 다양한 욕구에 맞게 펼 것인가?

현재 진행되고 있는 논의들 - 정부의 한국행정전문학교 설립,
국회가 개설할 미래연구원, 연세대학교 미래연구원과 몇몇 의견
들 - 을 살펴보면 (1)미래에 대한 인식이 안일하고, (2)논의가 관리
적·실증주의적 수준에서 맴돌며, (3)패러다임의 전이는 거의 생각
하지 않고, (4)개념에만 몰두해 본질을 천착하지 못하며, (5)맥락적
고려는 전혀 하지 않는다.

미래정부에 관한 논의들

미래정부에 관한 논의는 전통이라는 그늘과 미래라는 양지 사
이에 놓여 있다고 말하는 것이 적절할 듯하다. 현실적으로 전통적
논의와 미래지향적 논의가 뒤섞여 있다. 이 논의들은 현재로선 매
우 초보적 단계다. 전통적으로 논의해오던 주제에서 크게 벗어나지
않기 때문이다. '전통적'이란 정부의 의미와 역할이 무엇인지를 밝
히고자 하는 노력을 말하는 것으로, 정부를 지탱하는 가치가 무엇
인지를 묻는다. 즉, 효율이 최고의 가치라고 생각하는 행정학적 접
근을 말한다. 미래정부라는 표현은 쓰지만, 21세기에 정부의 본질,
구성, 행위가 어떻게 바뀔지에 대한 논의는 아직 미숙하다.

그런대로 현재 일반적으로 거론되는 미래정부에 관한 논의를
네 부류로 나누어 소개하고자 한다.

(1) 신자유주의를 비판하는 촘스키의 입장
(2) 정부가 욕심을 버리고 인지능력에 초점을 맞추어야 한다는 카너먼과
　　선스타인의 입장
(3) 정부와 시장의 몫을 분명히 하자는 플랫폼 정부와 공유정부의 입장
(4) 넛지를 넘어 진정한 미래를 보는 입장

그리고 우리나라의 미래정부 연구가 초보 수준에도 이르지 못
한 점도 비판한다.

(1) 신자유주의를 비판하는 촘스키의 입장

정부의 이념적 성격을 규명하려는 당대의 석학 촘스키Noam
Chomsky는 『미래정부를 말하다』(2006)에서 정부의 신자유주의적 입
장을 신랄하게 비판한다. 자유주의적 사회주의를 표방하는 촘스키
는, 다국적 거대기업이 고전적 자유주의에서 말하는 자유와는 너무
동떨어져 자본과 밀착돼 있기 때문에 결국 인민을 억압하는 행위를
떡 먹듯 한다고 맹렬히 반박한다.

그것은 결국 타락과 탐욕으로 범벅이 되어 자본이라는 압력에
의해 움직이는 불쌍한 군상들, 즉 지배 권력에 세뇌되어 왜곡된 진

실을 믿으며 살아가는 사람들을 위해 지적 자기방어를 갖추어야 한다는 주장이다. 2016~17년에 특히 두드러진 우리나라의 보수 세력을 연상하면 쉽게 이해할 수 있다.

한마디로 세상을 보는 새로운 안목을 가져야 한다는 것으로, 정부를 보는 눈이 변해야 한다는 뜻이다. 다만 틀은 자본주의 시장 논리에서 벗어나지 않았다. 1990년대부터 논의하기 시작한 앨빈 토플러의 '권력의 이동' 같은 틀은 전혀 고려하지 않은 논의다.

촘스키는 정부의 명분과 동기의 이면에 감추어진 의도를 파악하고 정부를 고쳐야 한다고 강조하며 한 걸음 앞서간다. 그는 정부의 효율성 개념을 특히 비판한다. 그럼에도 이들 생각은 여전히 기계적 이데올로기에 빠져 상품과 이윤의 극대화가 인간다운 존재의 유일한 척도인 듯 사려하는 한계가 있다. 역량 강화에 몰두하는 정부도 같은 비판의 대상이 된다.

촘스키는 또 사적 권력에서 유입된 인사들이 정부를 장악해 정치적으로 통제하는 것에 분노하고, 제정 러시아의 혁명가 바쿠닌 Mikhail Aleksandrovich Bakunin의 말을 빌려 우리 세계의 가장 비열하고 위험한 거짓말쟁이들인 '붉은 관료제red bureaucracy'를 외면해야 한다고 말한다. 이는 미국의 예로 우리와 다른 듯 보인다. 그러나 정경유착 같은 것이 우리에게 엄존하는 한 귀담아들어야 할 경구다.

(2) 카너먼과 선스타인의 입장

미래정부를 말하고 있는 최신의 책은 *Simpler: The Future of Government*(Simon & Schuter, 2013)로, 행동경제학으로 노벨상을 받은 카너먼과, 탈러Richard Thaler와 함께 넛지Nudge로 정부 운영의 방식을 바꾸라는 암시를 주는 선스타인Cass Sunstein의 책이다.

선스타인의 논리는 인지 능력에 방점을 두자는 것이다. 정부가 욕심을 버리고 겸손해야 한다든가, 복잡한 것을 좀 더 간단하고 쉽게 만들어서 국민을 편하게 하자는 것이다. 논리의 요지는 다음과 같다.

사람은 인지적 오류가 심하다. 색깔도 빛의 방향에 따라 달라지지만 일일이 감지하지 못한다. 인지에는 시스템 1S1과 2S2가 작동한다. S1은 정서적이고 직관적이다. 창조적이지만 귀가 얇아 잘 속는다. S2는 깊이 생각하는 편이다. 사려가 깊다. 인지적 중압감이 심하다. S1이 행동가라면 S2는 기획가다.

S1은 정서적 경향이 강하고, 그로 인해 늘 위험과 기회가 따른다. 감정에 쉽게 좌우되고affect heuristic 보통 느낌으로 판단한다. 비오는 날보다 햇빛이 쨍쨍한 날에 성급하게 주식 투자를 할 가능성이 높다는 연구가 이를 입증한다. 날씨가 기분을 좌우하는 일이 흔하다. 취직 면접 시험에서 심사위원인 평가자들은 수험생이 좋다거나 나쁘다는 정도만 알지 깊이 있는 내용을 파악하지 못한다. 그러니 직관으로 판단하면 진실과 멀어질 수 있다.

그러나 이는 글래드웰Malcolm Gladwell이 자신의 책 *Blink*(Little, Brown and Company, 2005)에서 미술품의 진위를 판단하는 샌프란시스코 박물관의 사례를 들어 한눈에 위작인 것을 알아냈다는 것과 상반된다. 또한 농구 경기에서 감독이 선수가 3점 슛을 하기 직전에 직관으로 미리 성공 여부를 아는 것도 마찬가지다.

선스타인은 정부 일에서 비용−편익 분석을 하면 일을 바르게 처리하는 데 도움이 된다고 말한다. 마치 외국어로 말하게 하면 덜 틀린다는 것과 같다. 신중해지기 때문이다.[197]

정부 결정에서 인지 능력을 나누어 설명하는 것은 S1과 S2 중 어느 쪽이 더 좋은 결과를 가져오는지 보여주기 위해서다.

아무 일도 하지 않는 쪽이 덜 손해를 본다. 기득권에 집착하고, 부유하며, 지위가 높은 사람들은 필요한 결정을 남이 해주기 때문에 결과에 책임질 필요가 없어 아무것도 하지 않는 것과 같다.

대부분의 시민들은 국가가 만들어놓은 사회간접자본으로부터 얻는 혜택에 별 관심을 두지 않는다. 특히 세금을 내지 않는 사람들이 더하다. 이들은 일상에서 깨끗한 물, 미세먼지 없는 맑은 공기, 질서를 지켜주는 경찰력, 말쑥한 거리, 재산권 보호, 어겨서는 안 되는 계약 이행, 국가의 근본인 헌법 체계 등에 대해선 잘 의식하지 않는다. 세상은 나 혼자서 사는 것이 아니라 열심히 일하는 사람과 더불어 산다는 것을 의식하지 못하는 인간들이 많다.

그러나 두 시스템 S1과 S2는 서로 보완적이다. 자전거를 열심히 타면 건강해져서 S1이 S2로 가는 것과 같다.

탈러는 미래정부 이야기를 하면서, 사실에 바탕을 두지 않는 구호, 편지 쓰기, 청원 같은 것으로 규제가 풀리지 않는다며 S1을 비판한다. 그렇다고 S2가 더 좋은 것도 아니라고 말한다. 오히려 S2의 긴장을 풀어줘야 전문화되고 숙련될 수 있다고 말한다.

무엇보다 정부가 욕심을 버리는 것이 가장 중요하다고 선스타인은 주장한다. 정부의 미덕은 똑똑한 데 있는 게 아니라 편한 데 있다고도 말한다. 정부는 겸손해야 하고, 복잡한 것을 단순하게 만들어야 국민에게 더 다가갈 수 있다. 정부 관료가 국민보다 더 잘 안다고 생각하는 것 자체가 착각이라는 것이다. 성공한 사람일수록, 공직에서 윗자리에 올라간 사람일수록 지식이 허구라는 것을 깨닫지 못한다. 점수로 남보다 늘 앞섰던 것이 일생의 사고방식을 좌우한다. 세상의 모든 문제는 현장에 있고Be there principle, 현장을 잘 아는 것이 진정한 힘이다. 그런데 관료들은 현장의 최일선에서 국가를 떠받치고 있는 국민보다 자신들의 권리가 위에 있다고 착각한다.

정부 관료는 자신의 능력이 국민을 위해 쓰이는 것이 곧 영광이요, 국민들 소리에 좀 더 귀를 기울일 때 자신의 봉사가 빛을 발한다는 사실을 자주 잊어버린다. 좋은 규제는 국민 스스로가 자율적으로 지키게 하는 것이 최선이다. 규제를 하지 않는 쪽이 낫다는 디폴트default라는 표현을 쓴다. 선진 서양이나 후진국에서도 교통 신호등이 아닌 로터리(원형 교차로)로 차들이 불편하지 않게 잘 순환한다는 것이다. 서로 조심하고 양보하는 자율적인 행동이 신호등 같은 제도보다 규제 효과가 뛰어나다. 2018년 동계올림픽을 개최한 평창의 도로에는 로터리가 많다.

정부는 가능한 한 많은 정보를 국민에게 주어야 한다. 클린턴 대통령이 군사 목적으로 쓰던 GPS를 공개해 수많은 시민이 생활의 편익을 얻은 것이 대표적이다. 그러기 위해서는 피라미드가 아니라 층이 없는 플레이트plate, 접시여야 한다. 층층시하여서는 아무것도 할 수 없다.

(3) 플랫폼 정부와 공유정부의 입장

플랫폼 정부와 공유정부로 가는 길이 가파르다. 내리막이 아니라 오르막이다. 올라가려면 힘이 많이 든다. 아직은 길이 험난하기 때문에 더하다.

플랫폼 정부로 가는 길

정부는 생리적으로 패권 편에 서 있다. 자신의 몸에 패권이 배어 있는 것이다. 이들은 법과 제도와 정책이면 국가와 사회에 이로운 일을 모두 해낼 수 있다고 생각한다. 이 수단으로 나라를 발전시킬 수 있다고 생각하는데, 맞기도 하지만 틀리기도 하다. 적어도 지금은 아니다. 정부의 적극적 역할이 중요하던 시대가 따로 있다.

플랫폼 정부라고 하면 좀 생소하다. 플랫폼은 기차역이나 강단을 뜻한다. 내용이 있는 것이 아니라 판만 있다. 거기에 이용자가 내용을 담는다. 판은 독자적으로 프로그램을 엮어 새로운 가치와 필요를 창출한다. 오라일리^{Tim O'Reilly}는 2010년 발표한 〈플랫폼으로서의 정부〉라는 논문에서 정부는 자판기에 불과하다고 했다.[198] 자판기 안에는 공급자가 진열한 한정된 상품만 있다. 수요자는 선택의 여지가 없을 뿐만 아니라 값도 비싸다. 또 돈을 넣었는데 제품이 나오지 않는 일도 생긴다.

플랫폼 아이디어는 공공부문보다 기업이 훨씬 앞서가고 있다. 제품을 생산하는 공장보다 매개와 유통에 능한 기업이 시장을 독점한다. 아마존, 애플, 페이스북, 구글 등이 그렇다. 이들은 정부보다 국민에게 더 많은 기쁨과 편익을 준다. 아이디어와 프로그램, 연결의 힘만으로 국가처럼 신이 되어 국민이 믿고 따른다. 특히 6만 명 천재의 집단으로 알려진 구글은 신이자 지식의 보고로, 소비자가 무엇을 원하는지 모두 파악하고 서비스를 한다.[199] 구글에 들어가 'google.com/about'을 클릭하면 뭐든지 다 알고 있다.

사용자의 신상 정보가 연료인 페이스북에는 참신한 뇌, 강인한 체력, 맑은 피가 흐른다. 제2차 세계대전에 승리한 뒤 이를 영국의 뇌, 미국의 체력, 러시아의 피 덕이라고 말한 처칠의 말을 빗댄 표현이다.[200] 이들은 우리가 하는 것만 아니라 우리가 하고 싶어 하는 것이 무엇인지조차 알고 있다. 아날로그 시대의 신이었던 〈뉴욕 타임스〉가 디지털 시대의 구글에게 중심을 내준 이유다.[201] 이들이 100만분의 1초 만에 고객의 특성과 그들이 원하는 것에 대응하고 나아가 고객의 필요에 맞추어 미리 제품을 개선할 수 있는 것은 '수학적 최적화^{mathematical optimization}' 덕분이다.

정부라고 그렇게 하지 못할 이유가 없다. 정부가 플랫폼이 되어야 한다는 뜻은, 우선 정부는 기본적인 것(복지, 교육 등)과 핵심적인 것(국방, 외교, 안보 등)을 갖추고, 나머지는 이용자들이 다양한 애플리케이션을 만들어 연결하고 풀고 해결하도록 하는 것이다. 교육은 앞서가고 있다. 대학끼리 학점을 나누어 갖는 '공유대학 플랫폼'이 운영되고 있다. 이런 양태에 대해 멜레는 "작은 것들이 느슨히 연결된다"고 말한다.

오바마 행정부가 플랫폼 정부를 구상하며 제3의 길로 갔던 것도 의미가 크다. 공유정부의 수준까지는 아직 가지 않았지만, 기존 관료체제에 (1)시민의 공공 감시, (2)국민 참여, (3)실행 가능한 경우 협업을 도입해 효율적인 정부에 도달할 수 있다는 의견을 제시한 바 있다.[202] Data.gov 사이트를 만들어 정부 자료를 공개하기 시작했다. 172개의 정부기관이 여기에 참여했고, 50만 건의 자료를 공개했다. 그 결과 놀라운 일이 일어났다. 용역비가 250만 달러가 드는 사업을 공모한 결과 75만 달러로 낙찰됐다. 다만 공익의 우선순위 같은 가치를 가릴 때 앱에 익숙한 민간 자원봉사자들의 열의만으로 되지는 않기 때문에 더 신중을 기해야 한다.

국민 국가는 약 370년, 근대 의회는 약 310년, 삼권분립은 약 230년의 역사 속에 진행됐다. 세계정부, 세계헌법 등 국가 초월 시스템을 갖자고 하는 논의는 1950년부터 시작됐다. 정부에 관한 의견은 세월이 지나면서 여러 각도에서 개선안이 제시된다.

4차 산업혁명 시대를 맞아 정부 시스템의 변화도 예고된다. 그 중 하나가 플랫폼인데, 이와 연관되는 것이 블록체인 기술이다. 정부는 비트코인 때문에 홍역을 치르고 있지만, 블록체인이야말로 앞으로 시스템이 보완되는 큰 전기를 제공하는 기술이다.

블록체인은 한마디로 정부가 독점하고 있는 중앙집중형 서버를 네트워크 참여자에게 나누어주는 기술이라고 생각하면 된다. 이때 참여자에게 실시간으로 업데이트되는 정보가 각자의 장부에 기록된다. 국가의 기본 인프라도 이에 따라 바뀌어야 한다. 법률과 관리 등이 새 기술을 활용할 수 있도록 변해야 한다.

블록체인은 원래 비트코인 때문에 발전하기 시작한 시스템인데, 지금은 국가 관리 구조의 핵심 기술로 승격됐다. 블록체인이 정부 기능을 대체할 수 있는 것으로는 출생과 사망신고, 결혼, 공증, 토지 등기, 기업 등기 등이다. 국민 국가의 국민이 인터넷 국가의 국민으로 변신할 수 있는 예가 국제결혼이다. 앞으로는 국제결혼이 더 빈번해질 텐데 이를 꼭 국가가 관리할 이유는 없다. 국민소득이 2,500달러에 불과한 나라지만, 온두라스 정부는 부정부패와 탈세를 막기 위해 블록체인을 이용한 부동산 등기 시스템을 시범적으로 구축했다.

스마트 계약이라는 것은 블록체인 기술로 새 영역이 개척된 사례다. 컴퓨터 프로그램이 자동적으로 체결한다. 정부 공무원의 업무도 대체의 길이 열린다. 정부가 하는 법률 집행을 스마트 계약으로 분석하고, 저장하고, 행정 시스템과 연동하면 모든 것이 쉽고 원활하게 진행된다.

스마트 계약은 앞으로 변호사의 일을 대신할 것이다. 스마트 계약 법률 시스템이 자리를 잡으면 변호사의 도움 없이 모든 법률 행위가 시스템에 자동적으로 등록되어, 개인은 비용을 들이지 않고도 쉽게 법적 절차를 밟을 수 있게 된다. 변호사만 아니라 변리사, 회계사, 세무사, 건축사 등 수많은 전문가들이 개별 계약을 주선하고 관리하는 업무가 스마트 계약 팸플릿을 만드는 역할로 바뀔 것이다.

스마트 계약은 IOT 기술과 결합되어 승수 효과를 더욱 크게 내게 된다. IBM이 2016년 초 국제전자제품박람회에서 제시한 기술들, 이를테면 세탁기에 세제가 떨어지면 자동 주문하고 결제할 수 있게 되는 것 등이다. 블록체인이 우리의 일상생활에도 스며들고 있는 사례다.

그렇다고 블록체인이 만능은 아니다. 부작용은 이미 나타났다. 시스템을 개발한 원조자 헌Mike Hearn이 활동을 접고 떠난 것은 비트코인이 사적 화폐에서 주식이 되어 투자 대상으로 변질됐기 때문이다. 정부가 스스로 모든 것을 해야 한다는 욕망 때문에 일을 망치듯이, 개인도 부에 대한 탐욕을 잠재우기 힘들어 좋은 시스템을 활용하지 못한다. 비트코인이 도박이 되고 마약 거래상이나 무정부주의자의 활동 무대가 되어간다. 리눅스가 모범적인 운영으로 표본이 되긴 했지만, 중립 감시기구의 필요성을 제기한 것은 논쟁의 여지가 많다.

새 기술이 개발되고 활용되면서 민주행정 내지는 관료제

가 새로운 양태를 띠게 되는 것은 자연스런 현상이다. liquid democracy(사안에 따라 자신의 투표권을 더 잘 행사할 수 있는 전문가에게 위임하는 것), adhocracy(기능별로 분화된 조직. 기존 관료제에 대응되는 개념으로 능률성과 신축성을 높인다), loomio(토론과 투표를 위한 플랫폼), holacracy(관리자 없는 조직 체계) 같은 것이 그것이다.

국민이 자발적으로 정부 활동에 참여해 공동 플랫폼을 구성하는 형태도 진행되는데 이를 비트네이션Bitnation이라고 한다. 0과 1의 이진법 같은 최소 단위로 집약된다는 뜻이다. 집중보다는 분산이 생명이다. 집중 상태가 되면 해킹에 취약해진다. 분산돼 퍼즐로 나뉘어 보관되면 보안이 훨씬 쉽고 신뢰도 높아진다. 정보야말로 금과 같다. 모든 권력과 이익의 기초 자산이기에 정부가 독점하고 있는 정보 나눔이야말로 진정한 민주국가의 전범이 될 수 있다.

앞서 소개한 관료의식 조사에서 플랫폼 정부에 관해 응답한 내용을 소개한다. 현직 관료들이 어떤 생각을 가지고 있는지 참고할 수 있을 것이다.

질문은 "4차 산업혁명 시대에 플랫폼 정부와 같은 담론이 등장하고 있는데, '정부의 짐'을 덜기 위한 방안은 무엇인가?"였다.

- 21세기에 접어들면서 한국 사회는 글로벌 경제 위기의 반복, 저성장 기조의 고착화, 기후변화와 기상이변의 증가, 자원 부족 심화, 저출산·고령화 가속화, 과학기술의 융·복합적 발전 등 정책 환경이 급변

하고 있다.

‑ 이는 기존의 정부 형태나 조직, 사람(공무원)으로는 대응하기가 점점 더 어려워지고 있음을 의미한다. 미래의 여러 환경 변화 가운데 특히 주목해야 할 것이 사물인터넷, 드론, 로봇, 자율 주행차 등으로 대표되는 인공지능과 무인 기술이 가져올 새로운 '인공지능 혁명'이라고 할 것이다.

‑ 인공지능과 로봇 등 기술의 발전은 이미 '일자리 문제' 등과 같은 과제를 정부에게 던지고 있지만, 한편으로 새로운 기술의 발전은 미래의 정부 형태와 조직, 일하는 방식 등에 변화를 가져올 것이다. 정부는 빅데이터와 인공지능, 스마트 기계를 활용하여 기존 정부에서 상당한 부분을 차지하고 있던 행정 관리·유지 및 지원 업무(일반 행정, 법제 관리, 조달, 통계 등) 같은 정형적·집행적인 업무를 크게 대체할 수 있을 것이다. 또한 도로 등 시설·구조물 관리, 재난 안전, 공공질서 유지, 국방 등 전통적인 정부 기능을 수행하기 위해 투입되었던 인적·물적 자원역시 사물인터넷과 로봇의 조력을 받아 부담을 덜 수 있을 것이다. 또한 현대 대의민주주의 국가에서 의사결정 과정의 한계로 지적되어왔던 시민의 의견 반영 문제도 인공지능 프로그램을 이용하여 시민들의 정치적 의견을 실시간으로 수렴하고 활용할 수 있게 된다면 정책 결정의 민주적 정당성에 대한 부담도 해소할 수 있을 것이다.

– 다만 앞으로의 정부는 기술 발전으로 줄어들게 되는 전통적 기능을 대체하여 국민 개개인이 원하는 행정 서비스를 맞춤형on demand service 으로 제공하는 지능형 정부로의 개혁을 함께 도모해야 할 것이다. 국가의 지나친 개입처럼 인공지능이 민주주의를 붕괴시킬 수도 있음을 주의해야 할 것이다.

공유정부로 가는 길

정부는 아직도 P2P를 외면한다. 정부가 해야 할 일이 많아 일일이 주목을 하지 못하면 이를 민간에게 위양하는 것이 순리다. 의사와 환자가 '함께 치료co-therapy'해야 질병이 빨리 낫듯이, 정부 혼자의 힘으로 국가를 지탱하는 시대는 지났다. 자칫하면 문자만 떠다니는 공허한 사회가 될 뿐이다.

공유정부란 정부와 시장이라는 두 원을 연결하는 교집합이다. 1.5 동료집단이라고도 한다.

벤클러가 말하는 동료 생산은 1차 집단과 2차 집단 사이에 있는 1.5집단이다. 두 원이 교차하는 교집합에 해당하는 영역을 말한다. 이 집단이 1과 2 두 집단의 모순과 한계를 극복하여 법과 시장을 거치지 않고도 생산 활동과 분배를 적절히 한다는 것이다. 법과 시장에서 벗어나 제3지대를 형성하는 것이다. 시장은 이미 변하고 있다. 자본주의의 지배 구조에서 비롯되는 아집과 편견, 그리고 위상과 중심성 등 패권은 사라지지 않겠지만, 기존 조직 형태를 넘어 최고 경영자나 이사회 없이 인터넷상에서만 존재하고 알고리즘으로 운영하는 기업Distributed Autonomous Organization이 뉴욕에 탄생했다.

공유정부는 정부의 패러다임을 전적으로 바꾸는 것이기 때문에 결코 쉽지 않다. 현재의 시대 인식으로는 불가능하기 때문에 전략적 시도가 필요하다.

우선 '가상 정부'부터 꾸며보는 실험을 하면 어떨까. 가상 정부는 예를 들어 (1)정부 조직의 기능적 분류 대신 유사 업무를 묶고(안보, 국방, 외교 등을 하나로), (2)요즘 선도 기업이 하듯이 조직의 계급을 없애거나 줄여 홀라크라시로 만들고, (3)조직 내 자원 활용을 극대화하기 위해 계급 간, 조직 간의 연계를 활성화하고(빅데이터, IoT, 알고리즘 등을 활용해서), (4)현장과 하위 단위 위주의 관리(고위직들도 현장 업무를 하급직과 같이 하는 것)를 하고, (5)각 부처에서 민간에게 맡길 사업 하나씩을 떼어내는 것 등이다.

공존을 위해 집중은 분산의 길로 가고 있다. 서로 상대를 존중한다. 가운데로 몰리는 중앙집중이나 높낮이를 따지는 계급은 이미 옛날이야기가 되어가고 있다. 흩어진 상태에서 제각기 맡은 일을 해내는 것이 전체 효율을 극대화한다. 공유정부에서 권력은 지배가 아니라 협연協演이다. 협치라는 표현을 쓰지만, 치治 자는 다스린다는 의미이기 때문에 어울리지 않는다. 승자, 지배, 전유 같은 단어를 기억에서 지워야 한다. 지능적 네트워크가 부를 생산한다는 인식으로 바뀌어야 한다.

그동안 우리 정부는 공공데이터 개방이 OECD 국가 중 1위라는 것을 자랑스러워했다. 정부가 많은 노력을 기울여왔다는 것은 인정하지만, 21세기 사회 생산social production이자 사적 활동P2P 영역을 존중하는 '공유'가 무엇인지조차 제대로 인식하지 못하고 있다. 정부의 기본관리 체제 자체를 바꿀 때가 되었다.

정부는 공직자의 것이 아니다. 제레미 리프킨이 말하는 소유의 시대가 가고 사용과 접근의 시대가 이미 오고 있는데도 공직자들은 아직까지도 소유에 집착하고 있다. 국회의원이 선거구가 자신의 소유인 양 생각하듯이 정부 관리들도 자리가 자신의 소유인 양 착각하면 안 된다는 말이다. 소유는 자신을 옥죄는 족쇄일 뿐이다. 세상에서 가장 소중한 것을 소유하지 않은 채 누리면 진정한 자유를 경험한다.[203] '집권했으니 이제 내 맘대로'라고 의기양양해하는 세력에 대한 진지한 경구다.

IoT, Big Data 등 정보 교류의 양태가 지능적으로 바뀌면 정부의 중심과 역할도 조정되어야 한다. 국민과 대등한 위치에서 정부의 각 부처 간, 정부와 시민 간, 그리고 시민과 시민 간의 정보 공유는 이제 필수가 되었다. 지금까지 유지해왔던 각 계층 간의 대결 구도에서 탈피하지 않으면 정부 자체의 존재 이유가 반감되는 시대를 맞이했다. 공유정부는 정보만 공유하자는 것이 절대 아니다. 공유정부는 정부와 시장이 함께 협력하며, 정부의 권한과 기능을 더 유능한 민간에게 위임하는 형태를 말한다. 과거와 같은 패권적 통치 의식을 고집하면 그 집단은 멸망하게 되어 있다.

ICT, AI, BT의 시대, 4차 산업혁명 시대(복잡과 통섭,[204] 그리고 융합의 시대)가 열린 지 오래인데, 정부가 시대의 흐름을 따라가지 못하고 있다면(관료주의는 원래 폐쇄, 경직, 단순, 일률, 평면이니까) 이제 무거운 짐을 덜어 민간에게 도움을 청해야 한다. 보건복지부 공공의료과는 220개의 공공 의료기관을, 건강정책과는 1,500개의 보건소와 지소를 감독하고 있다. 이런 현실이 지속되면 정부에 어떠한 기대도 걸지 말아야 한다. 공개를 넘어, 협업을 넘어, 공유와 분업으로 협주協奏하지 않으면 철둥지 정부는 고철이 되고 만다.

그렇다면 '공공재 기반 동료 생산'으로 가능한 공유와 분업을 위해 정부는 무엇부터 준비해야 할까? 졸저『이승만 정부 그리고 공유정부로 가는 길』에서 밝힌 내용을 요약한다.

(1) 정부는 두 손에 움켜쥐고 있는 권력을 하나씩 내려놓아야 한다. 정부의 규모를 줄이고 역할을 한정시키는 데 동의해야 한다. 떼어내고 줄이고 하는 1차원의 규제 개혁을 넘어야 한다. 정부가 규모를 줄이기 시작한 것은 김영삼 정부 때 시행한 행정 개혁이 촉매제가 되었다. 당시 경제기획원과 재무부를 재정경제원으로, 건설부와 교통부를 건설교통부로 줄이고, 체신부를 정보통신부로 이름을 바꾸는 등의 개혁으로 관가를 뒤흔들어놓은 적이 있다(1994. 12. 3).[205] 개혁의 뜻이 그 뒤의 정권으로 이어지는 듯했지만 나아진 것은 거의 없다. 정부는 다시 커졌고, 그 규모가 국민을 압도한다.

(2) 공직자의 신분 보장을 없애야 한다. 공무원의 신분 보장은 정직과 정의의 화신이 되라고 준 선물이자 특권인데, 고위 공직자들의 상당수

가 규정 뒤에 숨은 채 규제 일변도에다 정의를 외면하는 일을 다반사로 하고 있다. "고위 공직자들은 저마다 아킬레스건이 있어서 상대의 불의를 알고도 결정적 한 방을 못 내민다." 공직자들의 변명은 중립적이어야 하기 때문이란다. 그러나 고위직 상당수는 승진 인사 때, 그리고 특히 선거 때가 되면 정치권에 줄을 대고 정당에 기웃거린다. 이들의 행동은 신분을 보장받을 가치가 없는 존재임을 스스로 자처하는 꼴이다. 과장급 중견 관리층까지만 신분을 보장하는 것이 바람직하다. 정부의 중심 역할을 이들이 하기 때문이다.

(3) 공직의 계급을 줄이는 것이 급선무다. 계급만 줄일 것이 아니다. 국局은, 다스린다는 의미의 관료제bureaucracy가 자율이 중심이 되는 홀라크라시holacracy로 바뀌어야 한다는 말은 앞에서도 누차 강조했다.

(4) 어느 기업에서 운영하는 '나무의 숲'처럼 리더가 아랫사람들로부터 수시로 평가받고 고쳐가는 일에 주력하지 않으면 안 된다. 공무원 노조가 할 일 중 하나다.

(5) 역량 강화를 내세우며 개념에 불과하고 실재와는 거리가 먼 내용을 주입하고 있으니, 이런 공직 훈련 과정이야말로 가장 전근대적이다.

(6) 공직은 권력이 아니라 봉사와 헌신과 희생이 본질이라는 것을 인정하고, 5급 공무원부터 퇴임 때까지 각자에게 들어가는 비용 30억 원을 반으로 줄이는 안을 내놓을 때가 되었다. 세금을 더 걷느니 마느니하며 복지 타령을 하기보다 공직의 예산을 크게 줄이면 된다. 아무리 머리 좋은 엘리트 집단이 진을 치고 있어도 국민에게 돌아오는 것은 감시와 규제뿐이다.

정부는 입장을 바꾸어 을이 되겠다는 심정과 각오로 민간에 도움을 청해야 한다. 보조금 찔끔 주고는 매사를 간섭하고, 농락하고, 억압하는 시대의 관행부터 거두어야 한다.

정부 한계의 보완 내지는 대안으로 제시되는 공유정부는 결코 생소한 개념이 아니다. 앞서 디지털 시대의 변화를 누누이 설명했다. 현재 진행 중인 공유정부에 근접한 사업들을 더욱 확대 개편해야 한다.

공유정부와 더불어 함께 가야 할 정부의 기본 정신은 플랫폼 정부다. 정부가 뭔가를 움켜쥐려고 하지 말고 새 판만 깔아주면 된다. 공유정부가 미래정부여야 한다는 생각에 대한 현재의 반응은 미미하다. 그러나 정부가 다이어트로 건강해지는 길은 공유정부밖에 없다는 믿음을 가져야 한다.

(4) 넛지를 넘어 진정한 미래를 보는 입장

미래정부는 과거의 정부와 모든 면에서 매우 크게 달라질 것이다. 멀지 않은 미래에 우리는 상상을 뛰어넘는 놀라운 변화를 목도할 것이다. 따라서 미래정부에 대한 배경과 상황을 제대로 이해해야 한다. 과학과 기술의 발달에 더해 인문·인지과학의 힘이 이를 가능하게 할 것이다.

미래의 인간은 앞에서 소개한 대로 인공지능이 장착된 사이보그 내지는 로봇일 것이라는 점은 이미 널리 알려진 사실이다. 오래

전, 미래의 인간은 날개가 달려 있을 거라고 주장한 학자가 있었다. 베네수엘라 출신의 학자이자 행동가이고 반체제로 낙인찍혔던 코르데이로Jose Cordeiro는 인간이 미래에 날개를 달게 될 것이라고 예언했다. 하늘을 나는 것이 인간의 가장 큰 욕망이기 때문이라는 것이다. 정말 날개를 단 인간이 탄생할지는 미지수지만, 가상세계가 현실이 되는 일들이 속속 이루어지는 시대이니 불가능하다고 속단할 수도 없다.

커즈와일이 『특이점이 온다』에서 물리와 화학의 시대로부터 시작해, 생물학의 시대를 거쳐, 기술의 시대와 뇌과학의 시대를 지나, 이들이 융합한 시대가 오면 인간의 지능이 지금의 100조 배가 넘는다고 했던 것도 다시 상기된다.

앞서 소개한 조사로 미루어 대부분의 현직들은 이런 시대를 맞이할 준비는 거의 하지 않는 듯하다. 아직까지도 머릿속엔 과거의 교과서적 인식으로 가득 차 있다.

다음은 "알고리즘이 지배하면 정부의 위상과 관료적 패권은 어떻게 될 것인가?"에 대해 응답한 내용이다.

- 막스 베버의 근대 관료제는 국가의 목표를 효율적·능률적으로 집행하는 관리 운영 체제로, 효율성을 극대화하기 위한 계층적 조직 체계를 갖추고 법률 등 문서화된 규정에 따라 업무와 권위를 부여받았다. 미래의 인공지능이 보편화된 사회에서는 이러한 근대 관료제는 해체되

고 인공지능이 관료제의 집행 기능을 대신할 것이다. 인공지능 관료제에서는 알고리즘이 문서화된 규정뿐만 아니라 문서화되지 않은 관행이나 문화에 대한 정보들을 종합적으로 분석하여 최적의 대안을 도출하면 인간(공무원)은 최종적인 의사결정만 하게 될 것이다.

- 여기서 간과하지 말아야 할 것은 알고리즘을 만들어내는 정책적 판단 등 가치 중심적 업무는 결국 인간인 공무원이 해야 한다는 것이다. 알고리즘 작성 과정은 사회적 문제를 정책적 문제로 이끌어내는 과정이고, 알고리즘을 어떤 계산식으로 만들어낼 것인지는 일종의 초기 정책 형성 과정으로 볼 수 있다. 따라서 여기에 중요한 가치 판단이 개입하기 때문에 인공지능화가 보편화될수록 알고리즘의 기획화 단계에서 정부의 위상은 커지게 된다. 또한 환경 변화에 따라 기존의 알고리즘으로 집행했던 정책에 예상치 못한 오류가 발생할 수 있다. 국민들의 수요와 첨단 기술의 발전을 수렴하고, 인공지능을 발전시키는 과정 등 정책 환류 과정에서도 정부의 역할이 필요하게 될 것이다.

- 이에 따라 상의하달의 지휘명령 계통을 가진 관료적 권위주의 체제는 직무 영역을 중심으로 하는 수평적 의사결정 체제로 재편되며, 집행 기능은 인공지능과 상당 부분을 공유·위임할 것이다. 정책 기획 및 평가로 환류 과정에서의 정부 위상이 높아질 것이고, 이에 따라 공무원은 인공지능이 가지지 못한 직관력과 창의력, 풍부한 감성을 바탕으로 창조적 역할을 수행하게 될 것이다.

응답들을 보면 현직들도 미래정부에 대한 사려 깊은 고민을 하고 있다는 것을 알게 된다. 이들이 변화를 시작하는 시점부터 새로운 체계로 변화를 수용할 토대를 만들기를 바란다.

10년 후 공직에 입문하는 세대들은 코딩coding에 익숙해 컴퓨터와 대화하는 것이 매우 자연스러울 것이다. 머릿속 새 아이디어를 즉시 창의적으로 표현할 수 있고, 문제를 체계적으로 해결하는 능력을 갖게 된다. 초기에는 여론조사를 해서 숫자로 옮기는 작업을 코딩이라고 했다. 지금은 차원이 전혀 다른 컴퓨터 프로그래밍 작업을 의미한다. 초기에 컴퓨터가 알아듣는 기계어가 진화해 지금은 컴파일compile 같은 다양한 언어를 써서 사람과 컴퓨터가 직접 대화를 할 수 있게 됐다. 이게 더 진화해 자바Java 같은 스크립트Script 언어로 사람이 화면을 보면서 직접 대화하기에 이른다. 그 방법도 단순화해서 마우스나 터치스크린으로 명령어를 끌어다 쓰게 되었다.

행정 관리의 형태부터 실질적 방법과 내용까지 큰 전환을 맞이할 것이고, 이에 대한 대비가 시급하다는 점을 재삼 강조한다.

미래정부를 이해하는 새 틀^{new paradigm}

미래정부를 연구하는 기본 인식을 새롭게 되새기며 시대의 큰 변화를 바르게 인식하기 위해 미래정부를 가늠해보는 인식 틀을 새롭게 꾸며보았다.

미래정부를 이해하는 신·구 기본 틀 비교

원초적 패턴^{initial pattern}은 바뀌지 않는다는 주장대로라면, 정부의 원형은 바뀌지 않을 것이다. 이승만 정부의 관료가 지금 환생한 듯한 느낌을 지울 수 없기 때문이다. 그럼에도 미래정부는 지금과 다른 틀로 탐구하는 것이 정도일 듯싶다. 과학기술이 놀라운 속도로 변화하는 시대에 정부를 어떻게 이해하는 것이 답인가를 찾기란 쉬운 일이 아니다. 그러나 적어도 여러 논자들의 주장과 주문을 감안할 때, 새 정부를 이해하는 틀을 구축해 정부 연구와 교육에서 참고할 가치는 충분히 있다고 본다.

지금까지 경험하지 못했던 새로운 세상을 맞으며 우리가 논의하고 있는 판^{paradigm}이 어떻게 바뀌고 있는지 정리해보자. 다음의 표는 세상(인간, 사회, 자연)을 이해하는 틀을 옛것과 새것으로 나누어 비교한 것이다. 이 글이 참고하고 있는 여러 논의를 토대로 기존의 틀과 새로운 틀을 분류하고 제의해보았다. 틀을 구성하는 17개 요소는 패러다임의 전환^{shift}을 논하는 여러 논자들의 주장을 집대성한 것으로 여기에서 가감이 가능하다. 미래를 준비하는 여러 기관

(국립행정전문학교, 국회미래연구원, 연세대학교 미래연구원, 한국행정학회 등)이 이를 진지하게 참고해줄 것을 제안한다. 프로그램을 만들거나 새로운 기관을 형성하는 방식이 전혀 새롭지 않아서이다.

이해의 틀 : 신·구 비교

차원	PPParadigm Past	PFParadigm Future
시간	물리적 시간	형이상학적 절대시간
공간	4차원(지구)	5차원 + (평행우주, 도플갱어)
존재	자아	비자아unself, 타자의 집합체(정치의 몸)
사고	단편적 사고 (정답 찾기, 유아론, 도구적 이성)	융합적·창조적 사고
지능	Intelligence	AI, alien Intelligence
인지심리	S1	S2
실재	공리, 개념, 정의	Imagined
영혼	없다	있다
인간	Sapiens	Deus, Sentiens, unhuman, 비유기체
신	God	Dataism
진법	0, 1(이진법)	0, 1, 1, 0(E-Wave)(다진법)
권력	집중(A. Smith)	분산, PSP, algorism
기제	법과 제도	불문법, 체성somatosensory 감각
질서	원추, hierarchy, bureaucracy	역원추, heterarchy, holacracy
권력 구도	정부 〉시장	정부 〈 시장
정부 형태	대통령제, 내각제	플랫폼, 공유정부
공공정책	단일적, 일방형	다양한 맞춤형

©Kim Kwang Woong, 2018.

내일의 정부가 어떤 정부인가를 가늠하기 위해서는 정부를 이해하는 기본 패러다임에 관한 논의가 선행되어야 한다. 사물이나 현상에 관한 이해에는 흔히 인식의 틀을 내세운다. 정부도 예외 없이 사회현상에 관한 인식이 그 토대가 된다. 기존의 인식 틀로 정부를 이해해도 좋은지, 아니면 다른 패러다임으로 이해해야 하는지에 대한 논의를 시작해보자.

논의의 차원을 (1)시간time, (2)공간space, (3)존재being, (4)사고episteme, (5)지능intelligence, (6)인지심리cognition, (7)실재reality, (8)영혼soul, (9)인간humankind, (10)신God, (11)진법system, (12)권력power, (13)기제institution, (14)질서 체계orderness, (15)권력 구도, (16)정부 형태, (17)공공정책 등으로 나눈다.

신·구 이해에 관한 틀을 과거와 현재는 PPParadigm Past, 미래는 PFParadigm Future로 표시했다. 참고로, 시간과 공간에 관한 논의는 편의상 구분한 것으로, 절대정지 상태를 감안하면 둘은 하나로 인식해야 할 것이다. 다만 3차원이나 4차원 따라 달리 인식되는 시·공 개념을 논하려면 유클리드 기하학을 넘어 우주론과 통일장이론으로 가야 하기에 이 글의 수준을 넘는다.

17개 요소를 하나하나 설명하기로 한다.

(1) 시간time

우리는 시간을 물리적 시간으로 인식하고 생활해왔다. 물리적 시간이어야 과거, 현대, 미래를 나누어 인식할 수 있다. 그러나 스티븐 호킹에 따르면, 우리의 시간은 형이상학적 절대시간이지 물리적 시간은 편의상 구분해놓은 것에 불과하다고 한다. 우리는 시간은 흐른다고 생각했다. 과거에서 현재를 지나 미래로 흐른다는 인식이다. '흐른다'는 것은 방향성을 암시한다. 그러나 편의상 그렇게 구분해놓은 것이라는 인식은, 사람이 북극을 향해 계속 가면 남극으로 가게 되고 다시 원점으로 돌아오는 것과 같은 이치다. 타임머신을 타고 과거로 돌아가면 이어서 미래로 연결되는 것과 같은 논리다.

그러나 이런 인식은 인간의 두뇌에 프로그래밍되어 있을 수 있다. 시간은 흐르지 않고 정지되어 있는데도 그렇게 생각하게 만든 것일 수도 있다. 시간이 흐른다는 명제는 아인슈타인의 특수상대성이론으로 반론에 직면해 있다. 미래정부를 연구한다는 것은 물론 물리적 시간에 토대한다. 그러나 우리는 과거 속의 미래를 염두에 두고 절대시간 관념으로 이해하자는 것이다. 이승만 정부의 관료상이 바뀔 가능성이 높지 않다는 인식을 토대로 하되 그래도 개선을 시도해보자는 것이다. 과거와 완전히 분리된 미래는 공허한 메아리가 될 여지가 있다.

(2) 공간 space

현상을 인식함에 있어서 공간을 논의하는 이유는, 우리가 공간을 제대로 인식하지 못하고 왜곡된 현상을 보게 된다는 점을 환기하기 위해서다. 이탈리아 몬차시에서 의회가 어느 날 금붕어 어항을 철거하자는 결의를 한다. 금붕어가 곡면 어항 속에서 바깥을 보면 제대로 볼 수 있겠냐는 이유에서다.[206]

이는 지구상의 4차원(전후, 좌우, 상하, 과거와 현재)에서 사는 우리가 5차원, 그리고 그 이상의 우주를 제대로 보고 있느냐는 의문으로 이어진다. "만일 홀로그래피 원리라는 이론이 옳다면, 우리와 우리의 4차원 세계는 더 큰 5차원 시공의 경계에 드리운 그림자일 수도 있다. 그렇다면 우주 안에서 우리의 지위는 곡면 어항 속 금붕어의 처지와 비슷할 것이다."[207]

땅을 밟고 사는 인간이 하늘을 나는 택시를 탈 날이 멀지 않았다고 하지만, 우주 공간에 정부를 세운다는 가정은 너무 먼 이야기가 될 것이다. 하지만 평행우주 같은 공간 인식을 갖지 못하더라도 정부와 시장은 분리된 개체라는 1차원적 공간 인식은 바꿔나가는 것이 좋을 듯하다.

(3) 존재being

정부와 인간으로서의 관료를 이해하기 위해서는 존재론적 논의가 필요하다. 나는 누구이며, 자아는 무엇인지, 내가 국민을 얼마나 도울 수 있는지를 알아야 한다. 그러나 정부 관료와 국민이 너무 많이 떨어져 있어 소통조차 잘 되지 않는 것이 현실이다. 인간은 타자의 집합체라는 율라 비스의 주장을 받아들인다면, 정부 관료와 국민은 사이가 벌어질 수 없는 존재들이다. 사회적 몸으로서의 인간은 늘 서로의 환경이고, 면역은 공유된 공간이며 우리가 함께 가꾸는 정원이라고 했다. 앞서도 말했지만, 비스는 내 몸의 세포 수를 따져보면 내 것보다 남의 세포가 더 많다는 것을 비자기^{unself}라는 용어로 표현했다.

외계인이 우주에서 우리를 보면 인간이란 미생물의 운송 수단에 지나지 않는다고 블랙번^{Elizabeth Blackburn}과 에펠^{Elissa Epel}이 말했다. 이들은 또한 인간에게는 타자의 미생물이 그득하다고도 했다.[208] 자크 라캉도 자아는 거울에 비치는 이미지이며, 타자의 욕망이 우선이라고 말했다.[209] 유감스럽게도 이런 말들을 알아듣는 정부 관료는 거의 없을 듯싶다. 정부와 국민은 하나라는 역설이 가능할지 모르지만, 집합체로서 시장의 욕망을 우선하는 것이 정부 관료의 본질이자 책무라는 것을 확인하고 싶다.

(4) 사고^{episteme}

정부는 정책 하나로 모든 것을 해결하려고 든다. 표준화만으로는 다양한 욕구를 일일이 충족할 수 없다. 획일적이고 단편적으로 정답만 찾으려고 하니 복잡하기 이를 데 없는 국민의 기대에 어긋나게 마련이다. 효율을 높여야 하는 관료로서는 도구적 합리성에 치우칠 수밖에 없겠지만, 칼 포퍼^{Karl Popper}의 비판적 합리성도 감안해야 한다. 로버트 란자^{Robert Lanza}의 유아론^{唯我論}은 좀 지나치지만,

교과서가 모두 틀렸을지도 모른다.

　모든 현상이 경계 없이 뒤섞여 있는데도 하나만 구분해서 분류와 분석ana+lysis에 몰두하니 전체도, 맥락도 놓치게 된다. 이제는 학문뿐만 아니라 일상에서도 깊게 또 넓게 생각하자는 융합적 사고의 전환이 필요하다.[210]

　생각을 바꾸면 같은 것도 달리 보이고 틀렸다는 것을 쉽게 알게 된다. 의료 정책의 개방화가 분배의 정의에 어긋나기도 하겠지만, 정의란 내가 가진 것을 남에게 주는 것이라는 생각도 가질 필요가 있다. 데레저위츠가 한 말을 앞에서도 인용했다. 성배를 보면 컵만 아니라 사람 둘이서 마주 보고 있는 이미지가 보이고, I + XI = X이라고 하면 틀린 공식이지만 한 바퀴 돌려보면 X= IX + I으로 맞게 된다는 사실을 인용했던 것을 다시 한 번 상기할 필요가 있다. 쪼개기만 하지 말고, 합치고 다른 각도에서 봐야 하는 것이 새로운 사고틀이다. 선거에서 후보자를 여러 각도에서 공정하게 저울질해 뽑는다 해도 편향으로 가득 찬 '마인드 버그'에서 벗어나기 쉽지 않다.[211] 그래도 편견에 치우친 사고를 지우고 또 지우면 더 좋은 미래정부를 만나지 않을까?

(5) 지능 intelligence

　인공지능의 개발이 더 진전되면 지능이 의식과 분리될 여지가 높다. 그렇게 된다면 인간으로서의 관료가 어떻게 변신할지 지금으로선 알 수가 없다. 앞으로 가장 많이 변할 여지는 인간의 지능에 있다. 켈리는 인공지능의 변화를 다른 각도에서 설명한다. 다윈의 적응 변화에 따라 새로운 계인 제7계가 나타나 여러 생물과 같은 지위를 차지하게 되는 것을 테크늄Technium이라고 했다.

테크늄은 하드웨어를 넘어 문화, 예술, 사회제도, 법과 철학 등 모든 지적 산물을 포함하는 대규모로 연결된 기술계를 뜻한다. 그의 저서 『기술의 충격』에서 제시한 개념의 요지는, 기술 스스로 원하는 것에 귀를 기울이고 기술의 목소리를 들어야 한다는 것이다.[212] 테크늄은 독립적이고 자율적인 존재로, 생물처럼 스스로 진화하고 성장한다. 생물체를 넘어 artificial alien 또는 alien intelligence라고 부르자고 한다. 다원화될 지능의 스펙트럼을 말하고 있어 우리의 미래가 정말 이렇게까지 변할지는 단정하기 어렵지만 가능성이 높다는 것은 인정한다.

(6) 인지심리cognition

정부와 관료들의 기본 인지는 단순, 명확, 빠름이다. 복잡하면 문제를 풀 수 없기 때문에 평균치, 표준치로 문제에 접근한다는 것은 모두가 인정하는 관료들의 실상이다. 정상 분포에서 양 끝은 무시되지만, 이로 인해 더 큰 의미를 상실한다는 점을 관료적 사고로는 이해하지 못한다.

변화를 촉구하는 입장 중에는 평균의 시대가 끝났다는 주장이 있다.[213] 예를 들면, 교육에서 세대별·지역별·수준별·주제별 정책의 다양성이 시도되고 있다. 기술 발전 속도에 대한 반사로 미래의 인지는 그보다는 복잡, 불명, 여유, 느림, 숙고 등이 필요할 것이라고 말한다. 선스타인과 카너먼의 주장이다.[214]

선스타인은 단순·직관적 사고를 S1, 사려 깊은 것을 S2라고 했다. 정부는 목표를 세워놓고 가급적 빠른 시간에 달성하려는 습성을 버리지 못해 많은 것을 간과한다. 그러다 보니 문제의 핵심과 더욱 멀어진다. 늦더라도, 느리게라도 여러 요인을 고려하고 문제의 본질에 다가가는 것이 옳다는 것이다. 이는 '느슨한 연결'과도 통한다. 공공행정 최고의 가치이자 목표인 능률에 대한 재고가 요구되는 이유다.

(7) 실재reality

정부와 정부 관료의 실재는 지금까지 주어진 당연한 존재이자 실체로 인식했다. 행정학과 정책학의 모든 지식은 이렇게 시작됐다. 그러나 우리가 인지하는 세상의 실재는 개념과 모델에서 비롯된다는 인식을 호킹이 환기했고, 이미 여러 번 지적한 바 있다. 그림이나 이론에 의존하지 않고서는 실재가 성립하지 않는다는 것이 호킹의 주장이다. '모델/개념 의존적 실재론'이다.

하라리도 실재는 상상이지 실체가 아니라고 했다. 그는 법, 화폐, 신, 국가 모두가 상상의 질서에 불과하다고 말한다. 거듭 말하지만, 소설가 김훈도 이들 생각을 뒷받침한다. 사전에 실린 개념들은 낯설고, 근본을 알 수 없으며, 웃자라서 속이 비어 있고, 말이 아니라 헛것을 보는 듯하다고 말한다. 분배나 정의 같은 모호한 개념들이 사회를 더 혼란에 빠뜨린다고 한다.

(8) 영혼soul

공직에서 고생하는 관료 정신에 대한 인식을 미래정부 연구에서 바꿀 수 있는가가 큰 숙제다. 보통 정부 관료들은 영혼이 없다는 비아냥을 듣는다. 어느 조사에 따르면, 영혼이 없기로는 정부 관료보다 기업인이 더할 것이라거나, 숨은 죽이고 있지만 소신은 굽히지 않는다거나, 정권이 바뀔 때마다 승진하는 사람은 영혼이라는 면에서 의문이 간다거나 하는 반응을 보인다. 반론을 펴기 어려운 공직은 명령에 복종해야 하고, 정치권의 이념 성향대로 움직일 수밖에 없다는 태도다. 이러한 사람들은 험멜이 말하는 기준은 전혀 생각지도 않는다.

관료가 도구적 이성에만 집착하고, 상상력과는 담을 쌓으며, 자유 대신 명령만 내린다면 영혼을 의심할 수밖에 없다. 이들이 국민과 소통이 될 리 없다. 소통은 생각과 느낌을 숨에 실어 언어와 비언어로 하는 것인데, 숨에 제대로 싣지도 못하고, 언어가 부적절하며 (특단의 조치, 역량 강화 등), 비언어 역시 체성 감각과 거리가 멀다 보니 소통이 힘들다. 서로 허공에 대고 공허하게 외치기만 할 뿐이다. 이 점에 관해서도 많은 논의가 필요하다.

포스트모던 시대의 관료상을 어떻게 받아들여야 할지 판단하기 어렵지만, 앞서 제기한 자아self는 원자로 분열되고 사회적 유대는 상실된다. 경제가 되어버린 문화는 보편적 가치를 잃고 상대적으로 변화되어 결국 권력으로 환원된다고 한 푸코, 마음과 정신이 분리되어 중심에서 떠난다는 라캉, 언어를 통제할 수 없게 된다는 데리다, 주체는 죽고 아는 자는 지식과 권력의 기능인으로 전락하며, 개인은 권력의 결과이고 집단적으로 기능할 뿐이라는 푸코를 다시 기억했으면 한다.

아리스토텔레스 때부터 프시케psyche라고 해서 영혼의 중요성을 거론해왔지만, 관직의 윤리와 도덕이라는 관점에서도 이해가 엇갈린다. 영혼은 육체에 깃들어 마음을 움직이고 생명을 불어넣어주는 비물질적 실체이고, 세계를 지배하는 창조적 원리가 되는 정신이라고 말한 사람은 하라리다. 반면에 피아제는 영혼에 기술성과 지향성이 있는데, 미래지향성이 없으면 인간은 멍청하고 나약해진다고 했다. 지금까지 베버의 '머리 없고headless' '영혼 없는soulless' 것이 관료에 대한 주된 인식이었지만, 창조력을 키우기 위해서는 영혼의 문제를 더 규명해야 할 것이다.

(9) 인간humankind

지금까지 인간은 의식이 있고, 이와 더불어 지능이 발달한 호모 사피엔스로 통했다. 네안데르탈인을 압도한 것도 언어와 소통 능력 때문이라고 한다. 인지 혁명으로 지능과 의식이 분리된다면 호모 데우스Homo Deus로서 인간이 신이 된다고 하라리는 예견한다. 라이프 3.0 시대엔 감각의 인간 호모 센티언스Homo Sentiens가 된다고 말한 사람은 맥스 테그마크다. 소프트웨어와 하드웨어를 마음대로 변형하고 증강해 문명의 주인이 된다는 것이다.

인간이 비자아가 된다는 것은 율라 비스가 한 말이고, 인간이 비유기체가 되어간다는 것은 많은 사람이 말했다. 과연 인간이 그렇게 될지는 의문이다. 이들의 주장이 옳다면, 인간으로서의 관료는 어떤 실체가 될 것인가를 밝혀 미래정부를 준비해야 한다.

(10) 신God

푸코의 말대로라면, 자아가 원자로 분열되고 사회적 유대가 상실되면 관직은 기계 그 자체가 된다. 과거의 인본주의자들은 "신은 인간 상상력의 산물"이라고 주장했다. 새 종교는 "신이 인간 상상력의 산물이었다면, 상상력은 생화학적 알고리즘의 산물"이라고 주장한다. 18세기 인본주의는 신 중심의 세계관에서 인간 중심의 세계관으로 이동함으로써 신을 밀어내기 시작했다. 21세기에 데이터교는 인간 중심의 세계관에서 데이터 중심의 세계관으로 옮겨가 인간을 밀어낼지도 모른다.

데이터교는 인간의 경험을 데이터 패턴으로 여겨 권위와 의미의 원천을 지워버린다고 한다. 데이터가 종교로 군림한다면 인간은 행복을 느끼는 주체가 되지 않을 수도 있다. 데이터를 관리하는 정부 관료가 기계에만 머물지 않고 더 큰 힘을 발휘하게 될지도 모른다는 점을 유의해야 한다. 이에 대한 대책은 현재 아무도 거론하지 않는다.

(11) 진법system

이진법의 논리가 다진법이 되어가고 있다. 0과 1이 0, 1, 1, 0으로 연산 속도가 비교도 되지 않을 만큼 빨라진다. 지금 우리가 쓰고 있는 일반 컴퓨터의 연산 단위는 비트bit로, 비트 하나당 정보 하나를 처리한다. 양자컴퓨터가 되면 큐비트qubit로 00·01·10·11을 동시에 가질 수 있게 된다. IBM이 최근 발표한 50큐비트 프로토타입은 한 번에 2의 50제곱, 즉 1,125조 8,999억 이상의 값(연산)이 나온다. 여기서 끝나지 않고 양자컴퓨터보다 한 단계 위의 큰 파고, E-Wave가 밀려온다고도 한다.

관료주의를 잘만 관리하면 반은 성공이다. 정부 조직이며 관료들의 자질과 위상은 지금과 전혀 달라져 어떻게 준비해야 할지 머리를 맞대야 한다.

(12) 권력power

세상이 바뀌면 정치권력의 변화만 아니라 권력의 본질이 어떻게 달라질 것인가가 큰 관심사다. 앞으로의 추세는 분산 쪽으로 P2P가 권력의 중심을 파고들 것이다. 정부와 시장이라는 두 원의 교집합에 이들이 자리를 잡는다. 중심이 아니라 변두리와 연결된 망이 힘을 쓰게 된다. 시장은 이미 공권력의 틀에서 벗어나 자율성을 높이기 위한 노력을 시작했다. 공권력에서 교육, 복지 등 서비스 지향적 프로그램은 시장으로 갈 수밖에 없다.

공유경제나 공유정부가 이 맥락이다. 여기에 알고리즘이 지배하는 조직은 중심보다 분산, 무 운영 주체의 인식을 고취한다. 권력은 어떤 형태로든 존재하지만 늘 이동하고 있고, 작아지는 추세다.

(13) 기제 institution

정부와 공권력의 기제는 어디까지나 법과 제도다. 법과 제도 없이 정부는 운영되지 않고 국가 또한 존립하지 않는다. 그러나 법과 제도가 아무리 잘 만들어져도 만능이 아니고, 얼마든지 운영상 차질이 생길 수 있다. 가장 큰 예로 대한민국이 민주공화국(헌법 제2조)인데도 민주만 그럭저럭 살고 공화는 외면당하고 있는 실정이다. 행정권의 운영은 대통령과 정부가 함께 지고 있는데도(헌법 제66조 4항) 모든 권력은 대통령이 행사한다고 권혁주가 이미 말했다.

법과 제도에 대한 전혀 다른 시각을 외면하면 안 된다. 푸코, 일리히, 하라리의 생각이 그렇다는 점을 앞에서 밝혔다. 가치를 모두 제도화해 학교 없는 사회가 되게 하는 것이 더 좋다는 생각에 귀를 기울일 때다.

(14) 질서 체계ᵒʳᵈᵉʳⁿᵉˢˢ

제도의 바탕은 철저한 계급 체계, 즉 위계hierarchy다. 계급이 없으면 안 된다. 위계질서의 장점 중 하나는 모르는 사람끼리 시간과 정력을 낭비하지 않고 서로 어떻게 대해야 하는지를 알려준다는 것이다. 우리가 묶여 있는 위계질서는 각기 다른 신체 부위나 색깔로 갈린 것이 아니다. 정부 조직은 그렇게 국bureau별로 구분했다. 국이 지배한다는 뷰로크라시bureaucracy다. 여기에 반기를 든 것이 계급이 없거나 다른 방식으로 순서를 매기는 것이다. 순서라기보다는 대등한 관계다. 요즘에는 한 걸음 더 나아가 홀라크라시라는 표현을 쓴다. 집중이 아니라 분산이고 자율관리다. 미래정부가 그렇게 진행되어야 할 텐데, 우리 정부가 9단계로 나눈 계급을 얼마나 줄일 수 있을지 궁금하다. 이는 운영의 중심이 없는 알고리즘과 맞닿아 있어 조직 체계가 완전히 전도顚倒될지도 모른다.

(15) 권력 구도

미래정부에서는 정부와 시장의 관계가 어떻게 설정될 것인지가 가장 큰 관심거리일 것이다. 이미 권력의 분산 형태에서 P2P라고 말했듯이 정부와 시장 두 원의 교집합은 이런 요소가 자리를 잡는다. 공유정부의 본질이 바로 이것이다. 교집합에서 정부와 시장이 함께 협연을 하자는 것이다. 시장이 잘하면 더 맡길 수도 있다. 반대로 시장이 비효율적이면 정부가 이를 거두어들일 수도 있다. 하지만 현재 정부는 정책 효과를 내지 못해도 다른 곳에 위임할 생각을 하지 않는다. 공권력은 아무나 행사할 수 없다는 신념이 관료제에 뿌리 깊게 잠재해 있다.

그러나 앞서 거론한 온갖 과학 기술이 새롭고 인지가 깨이면 정부의 몫은 줄어들 수밖에 없다. 국내 논문들이 소개하고 있는 Groundswell, Seeclickfix.com, LiquidFeedback 같은 것이 정부와 지역사회가 함께 궁리하고 개선하도록 촉구한다. 여기에 스마트 계약이 자리를 잡아 정부보다 민간의 역할이 늘어날 수밖에 없다. 스마트 계약은 블록체인 기술로 새 영역이 개척된 사례다. 1994년 시작된 스마트 계약은 컴퓨터 프로그램이 자동적으로 체결한다. 닉 자보Nick Szabo가 비트코인을 기반으로 해서 암호해독 이론으로 개발한 것이 근거다.

시중의 거래가 블록체인으로 조건이 맞으면 성사되도록 프로그래밍을 하게 된다. 이런 계약은 정부가 아니라 은행 같은 곳에서 대행한다. 정부에 세금 내는 것도 이와 같은 방식으로 이루어진다.

경제 거래만 아니라 선거와 투표 같은 정치 행위에서도 블록체인이 도입되고 있다. 호주는 블록체인에 기반한 모바일 투표 시스템을 활용해 직접민주주의를 도입하려는 정당이 있다(voteflux.org). 블록체인 기술은 숙의민주주의 실현에도 크게 도움이 된다. 스페인 정당은 불록체인 기술을 접목해 온라인 투표로 지도부를 선출하고 정책을 결정하려고 한다(podemos.info). 외국은 이렇게 앞서가는데 우리는 고작 토큰 이코노미로 정치 자금을 모으는 방안을 구상하는 수준이다. 게다가 블록체인 망에 정부가 끼어들려 하는 것이 가장 큰 걸림돌이다. 블록체인 기술의 활용은 중심이 변두리로 분산된다는 전제인데, 정부는 중앙에서 벗어나지 않으려는 생각만 하고 있다.

(16) 정부 형태

정부 형태는 대통령제나 내각책임제 같은 구도가 아니라 플랫폼이나 공유정부 같은 새 형태가 거론된다. 정부는 블록체인 기술이 뒷받침되어 그저 판을 깔고 기본적인 것(교육, 복지 등)과 핵심적인 것(외교, 국방, 안보)만 관리하고 나머지는 이용자들이 다양한 애플리케이션을 만들어 연결하고 풀고 해결하도록 하면 된다는 것이다. 이런 형태를 두고 멜레는 "작은 것들이 느슨하게 연결된다"고 앞에서 말했다.

(17) 공공정책

지금까지 정부의 공공정책은 일방적이고 단편적이었다. 평균치의 대중을 상대로 정책을 발표하면 국민은 아무 말 못하고 따르게 마련이었다. 공공정책이 실패를 거듭해 정부가 비판을 넘어 비난의 대상이 되어도 오불관언品不關焉이다. 이제는 맞춤형 정책policy on demand의 차원을 넘어 민간기업 스티치 픽스나 코디드 쿠튀르같이 개개인의 성격, 취향, 정서, 기호, 상황 등 모든 것을 빅데이터로 분석해 다층의 정책을 펴고 최종 선택은 국민이 하는 방향으로 바뀌어야 한다. 교육과 복지 분야에서부터 시범적·점진적으로 했으면 한다.

데이터교와 정부 권력

새로운 과학이 모태가 되어 새 종교가 탄생한다면 바로 데이터라 불리는 종교Dataism일 것이다. 새 종교의 교주는 AI이고, 알고리즘으로 운영될 것이다. 교회라는 하드웨어는 사라질 것이다. 관료와 관료주의가 교주가 될 수도 있다. 데이터이즘이라는 새 종교는 하라리가 적극적으로 포교한다. 이 책에서 줄곧 인용하고 있는 유발 하라리의 생각을 더 잘 이해하기 위해 그가 『사피엔스』와 『호모 데우스』 두 책에서 강조하는 내용을 간추려 도해로 정리해보았다.

미래의 인간과 사회를 말하는 하라리의 생각은 가설 수준의 이론이다. 『사피엔스』에서는 인간의 역사를 개관했고, 『호모 데우스』에서는 인간의 미래를 서술했다. 인지, 농업, 과학 혁명으로 지혜의 인간이 의식과 지능이 융합된 자유의지를 지니게 되었다. 오랜 세월이 지나 21세기는 과학기술의 변화로 생명공학과 인공지능AI,

21세기 신세계

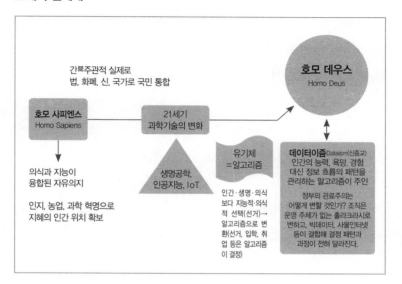

IoT가 주축이 된다. 지능적·의식적 선택이었던 선거뿐만 아니라 입학이나 취업까지 알고리즘이 정하는 시대가 도래한다. 호모 사피엔스가 신적 인간인 호모 데우스가 될 때쯤엔 데이터가 새로운 종교로 등장하니 따라야 한다는 것이 하라리의 생각이다.[215]

이때가 되면 유기체와 비유기체의 구분이 없어지고 자료(기록)만 쌓인다. 생명공학과 인공지능이 우리의 경제뿐만 아니라 몸과 마음까지 통제할 날이 멀지 않았는데도 아직까지 정치적 레이더망에는 좀처럼 포착되지 않는다. 기술 변화를 따라가지 못하는 정치인들은 1세기 때의 생각에 머물러 있는 듯하고, 정부 또한 나라를 이끌기보다 운영하기에 바쁜 행정부 수준에만 머물러 있다.[216]

데이터교는 사람의 말과 행동이 모두 거대한 데이터 흐름의 일부라 여기고, 알고리즘이 우리를 늘 지켜보며 행동과 느낌까지 감지한다.[217] 데이터교가 그렇다면 인간은 과연 인간일까? 이런 궁금증이 풀려야 새 종교의 길이 열릴 것이다. 더욱이 만일 정부가 데이터교를 지배한다면, 새롭게 신이 되는 정부에서 국민은 어떤 존재로 남을까? 데이터교에서 가장 신중해야 할 것은 정확성이다. 부실기록이 많아 자칫하면 엉뚱한 정책을 펼칠 우려가 있기 때문이다.

21세기의 데이터교는 생화학적 알고리즘이 뒷받침된 상상력으로 인간 중심의 세계관에서 데이터 중심의 세계관으로 이동해 인간을 밀어낼 것이라고 한다.[218] 또한 인간의 경험을 데이터 패턴으로 여겨 의식을 밀어내고 권위와 의미의 원천을 지워버린다고 한다.

인간은 자신들이 역사를 꾸민다고 생각하겠지만, 역사는 허구의 그물을 중심으로 돌아가다가 5,000년 전 수메르인들이 문자와 화폐를 쓰면서 달라졌다. 개개인의 기본 능력은 석기시대 이래로 별로 진화하지 않았지만, 이야기의 그물은 급속도로 힘을 키워 역사를 석기시대에서 실리콘밸리의 시대까지 이어놓았다.[219] 과학자 김대식은 우리의 뇌가 예나 지금이나 착각을 잘하기 때문에 수준과 능력은 크게 달라지지 않았다고 말한다.

인간 사회를 지배해온 과학적 지식은 서구의western 교육을 많이 받고educated, 산업화되고industrialized, 부유하며rich, 민주화된democratic 사회에 사는 사람들WEIRD이 주도적으로 이끌어왔다(첫 글자만 따면 공교롭게도 '기이하다weird'라는 단어가 된다). 이들 다섯 가지 특징을 요약한 단어가 기묘하고 섬뜩하다는 의미를 갖는다는 것이 흥미롭다. 정상이 아닌 듯한 함의가 있다. 이들 중 67%는 미국인으로, 이들은 기본적으로 인간이 동물보다 훨씬 우수하다는 생각, 즉 자기우월성, 자기 중심성이 철저한 사람들이었다.

새로 탄생하는 기술 기반의 종교는 인본주의의 탯줄을 끊고 인간의 욕망과 경험이 중심이 되지 않는 세계를 예견한다. 데이터교의 계명은 '알고리즘에 귀 기울여라'이다.[220] 데이터교도들은 인간의 지식과 지혜를 믿지 않고 오직 빅데이터와 알고리즘을 신뢰한다. 알고리즘이 곧 관료이고, 시스템의 손이며, 조직력이다.[221]

경제는 농부, 노동자, 소비자들로 구성된다고 믿었던 것이 이제는 경제란 욕망과 능력에 관한 데이터를 수집해서 그 데이터가 결정하는 대로 전환되는 메커니즘이 될 것이다. 선거 정치에서도 정당, 후보자, 유권자가 주역이 아니라, 이들 인간의 욕망과 능력에 관한 데이터가 더 쓸모가 있다고 믿는 세상이 될 것이다.

데이터를 효율적으로 처리하지 못했던 정당, 의회, 행정부는 이제 구시대의 유물이 된다. 이때가 되면 우리는 스스로를 '아기 독재자의 비참한 노예'로 볼 수도 있고, '사랑을 다해 새로운 생명을 키우고 있는 사람'으로 간주할 수도 있다. 데이터 처리 시스템이 중앙 집중식이 되면 공산주의적 생산 양식이 될 가능성도 없지 않다.

몸집만 키운 정부가 규제를 풀까 말까 고민하는 순간에도 인터넷 기술은 끊임없이 변신 중이라는 사실을 알아야 한다. 거북이 같은 정부는 토끼 같은 기술을 따라가지 못한다. 정치권력이 중심이 된 정부의 존재 이유와 가치에 제기되는 의문을 어떻게 풀어야 할지 고민이다.

사물인터넷으로 정보의 흐름이 더욱 활발해지면서 정부의 정책 결정 과정도 정부가 제품의 값을 정하고 연구개발 예산을 관리하는 등의 중앙집중적인 형태보다는 분산되어 효율을 높이는 방향으로 변화할 것이다. 단일 집중이 효율만큼 손실이 크다는 것을 이제야 알게 될 것이다.

인간이라는 종은 단순한 데이터 처리 시스템이었다. 개인이 시스템의 칩에 불과하게 된다면 우리는 이런 변화를 어떻게 받아들여야 할까? 민주주의와 자본주의라는 두 제도가 전 지구적 데이터 처리 시스템으로 탈바꿈하게 될까? 이념과 제도에 관한 상상은 가까운 미래가 아니라 먼 미래로 계속 이어질 것이다.

허구의 각축 속에서도 정치권력의 최정수인 왕국은 역사상 대대로 이어져 내려왔다. 관료들 덕이다. 관료들은 물자의 흐름을 파고들어 세금을 계산해 파피루스에 적어놓았고, 전쟁을 위해 병사를 모았다. 그들은 또한 창고에 곡식이 얼마나 있는지, 운하를 파는 데 얼마나 시간이 걸리는지, 파라오의 여인들이 배불리 먹으려면 오리와 돼지 몇 마리를 보내야 하는지도 계산했다. 그들은 끊임없이 파피루스에 기록하고, 세금을 걷고, 명령을 내리고, 파라오 기계가 잘 돌아가도록 톱니바퀴에 기름을 쳤다.[222]

왕국은 관료의 힘으로 지금까지 이어져 내려왔다. 역사는 허구로 가득 차 있지만, 그럼에도 새로운 것이 없고 같은 일만 반복되는 이유는 우리가 지난 일을 자꾸 잊어버리기 때문이다. 인간은 악의적인 짓을 수없이 되풀이하는데, 바보라서 그래왔다는 것이다.[223] 역사에 남긴 기록조차 얼마나 정확한지도 의심의 눈으로 보아야 하는 것이다.

종잇조각을 믿는 허구

문제는 허구라도 힘이 있고 영향력이 있다는 데 있다. 강력한 힘을 가진 여러 기제들 — 장대하고 폭군 같은 파라오의 이집트, 공산주의 중국·베트남·북한, 유럽의 왕국, 현대 교육제도 등 — 은 실제를 명료한 눈clear-sighted으로 볼 필요가 없다. 이들 기제들은 순종적 실제submissive reality에 대한 허구적 믿음fictional beliefs을 강요하는 힘이 생겼을 뿐이다. 화폐도 그렇다고 생각하면 이해하기 쉬울 것이다. 화폐는 막강한 힘을 가졌으면서도 실제는 가치 없는 종잇조각에 불과하다.

정부는 이런 종잇조각을 값지다고 선언하고 세금을 내게 한다. 돈이 걷히면 종잇조각은 힘을 쓰게 된다. 정부가 지폐 발행을 통제하면 할수록 정부의 힘은 더 커진다. 종이화폐가 가상화폐에 밀리자 정부는 서둘러 실명제와 상한선을 정하는 규제의 칼을 빼들었다.

종이가 힘을 발휘할 수 있는 것은 거기에 문자, 그림, 도장이 찍혀 있기 때문이다. 권위는 거기에서 비롯된다. 내용이 없으면 그야말로 종잇조각에 불과하다. 문자가 한몫을 톡톡히 했다. 두뇌의 용량에만 의존하던 인간이 문자 덕분에 추상적 상징의 매개로 실재를 경험하는 일이 익숙해지고, 곧 네트워크로 영역을 넓혀갔다. 거기서 더 나아가 개인은 한낱 거대한 알고리즘의 한 단계에 불과하고, 오로지 실제 결정은 알고리즘이 내리는 세상이 다가오고 있다. 이것이 바로 미래 관료의 본질이다.[224]

화폐만큼 힘을 쓰는 것이 종이에 쓴 합격통지서와 학위 증서다. 이런 종이가 일생을 좌우한다는 것은 누구나 알고 있다. 모든 증명서가 종이다. 종이가 전자가 되어가고 있지만, 전자재판이라는 것도 아직은 종이로도 통보된다. 법원에 제출하는 인감증명서 같은 문서도 스마트폰으로 찍으면 안 되고 주민센터에서 직접 발급한 종이 문서라야 한다.

사정은 성경이라고 다르지 않다. 성경의 역사적 인식은 기본적으로 오류인데도 전 세계로 퍼져나갔고, 지금도 수많은 사람들이 믿고 따른다. 성경이 일신론적 역사 이론을 널리, 그리고 집요하게 퍼뜨려 유일신이 세계를 지배한다고 믿게 했다. 이런 논의는 성경만이 아니라 애니미즘이나 다신교에서도 똑같다.

미국의 대통령은 취임식 때 성경에 손을 얹고 진실만을 말할 것을 선서한다. 허구, 신화, 그리고 오류가 넘쳐나는 책에 대고 진실을 말할 것을 맹세하는 것이야말로 거짓덩어리가 아니라고 할 수 없다.[225] 미국의 독립선언서나 평등을 구가하는 헌법까지도 허구라고 하니 기존 질서가 무너지지 않는 게 신기하다.

종이에 문자가, 그리고 문자와 알고리즘이 결합하면 종교 같은 새로운 힘이 된다. 알고리즘 체계에서는 정부 관료, 교수, 의사가 누구인지 중요하지 않다. 이들의 기분, 성격, 정치적 견해는 결과에 영향을 끼치지 않는다. 이들 모두가 규칙과 규정을 충실히 따르기만 하면 혜택받을 확률이 높아진다. 그러니까 당신의 운명은 시스템의 손에 달려 있지, 조직 내 누군가의 손에 달려 있는 것이 아니다. 리더십 같은 것으로 인간의 능력을 가리는 일이 허망해질 수도 있는 것이다.

종이에 적힌 문자로 실제를 바꿀 수 있다는 달콤한 유혹을 거부할 수 있는 관료나 통치자는 이제껏 한 명도 없었다. 설혹 행정이 실패한다 해도 더 많은 문서를 작성하고, 더 많은 법령, 칙령, 명령을 발해 수습하려고 애쓴다. 그러니 기록이 얼마나 정확한지 아무도 모른다. 문자언어는 쓰기에 편하라고 만들어진 것이지만, 점차 실제를 고치고 바꾸는 힘센 방식이 되어버렸다. 공식 보고서가 사실과 달라도 밀려나는 것은 오히려 객관적 실제다. 기록(데이터)하면 그게 전부다. 교육이나 세무 당국과 접촉해본 사람이라면 진실보다 서식에 적힌 내용이 더 중요하다는 것을 알게 된다.

정부의 미래: 미래정부^{AlphaGo}

미래정부는 어떤 모습일까?

미래정부는 어떤 모습을 띨까? 국민에게 더 가깝고 친밀하면 좋겠지만, 미래정부의 모습이 실제 어떻게 변할지는 아무도 모른다. 비유전자가 주인 반열에 오르면 메마르고 무미건조한 사회가 될 가능성이 높아질 것이 분명하다. 미래정부가 어떤 모습이든 국민에게 서비스를 얼마나 잘하느냐에 따라 좋은 정부의 위상이 갈릴 것이다.

정부의 역할이 지금과 같지 않을 것이라는 점은 분명하다. 가장 큰 관심은 정부가 예와 다름없이 시장을 간섭하고 규제할 것인지에 있을 것이다. 미래는 그런 시대가 아니라고 하지만 이는 규범적 기대일 뿐, 사실 어떤 위상일지는 쉽게 떠오르지 않는다. 정부가 규제해서 비트코인 거래를 막는 것과 도박이든 아니든 자기 책임으로 내버려두는 것, 어느 쪽이 옳을까? 비트코인이 등락을 거듭하는 것은 정부가 개입했기 때문이다. 개인이 각자 자신의 책임으로 일을 처리하게 하는 것이 자유국가다. 정부가 개입해서 나아지지 않는다면 헛고생하는 꼴이다. 정부가 국민이 당면하는 온갖 위험을 모두 막을 수도 없고, 또 그럴 필요도 없다.

우리는 어디로부터 와서 어디로 가고 있는가? 다윈의 진화론을 믿는 게 일반적이지만, 우리는 '끝도 없는 복도^{infinite corridor}'의 긴 회랑을 걸고 있을 뿐이다. 댄 브라운의 표현으로는, 복도를 따라 공이 하나 굴러오는데 누가 이 공을 굴러가게 한 건지, 복도의 구조이자 기울기 때문인 건지 아무도 모른다. 아니면 공 자체가 특이해서 저절로 굴러가고 있는 건지도 모른다. 다만 분명한 것은, 우리는 지금 일어나고 있는 현상을 관망하고 있을 뿐이라는 것이다.[226]

어디에서 시작해 어디까지 가고 있는지 모르지만, 과학의 발전을 갈구하는 인간의 상상력은 멈추지 않을 것이다. 좋은 정부에 대한 바람과 관심 또한 멈추지 않고 지속될 것이다.

계급이나 서열이 없어질까?

정부도, 관련 학자들도 미래정부가 어떻게 다가올지를 말하지 않는다. 현재 논의되고 있는 미래의 정부상은 관리적 차원에만 머물고 있다. 공공조직과 이에 필요한 인재상을 논하는 데 있어 행정을 관리 정도의 수준이라고 인식하고 있기 때문이다. 막스 베버에서부터 시작된 조직론이나 책임론의 영역을 아직까지도 벗어나지 못하고 있다.

여기에 로봇이 등장한다면 어떻게 될까? 처음엔 로보 공무원이 허드렛일이나 하는 것으로 생각했다. 머리를 짜내야 할 정책 결정 이슈는 창의적 사고를 필요로 하기 때문에 로봇이 대체할 수 없다고 생각했다. 감성지능, 상황 맥락 지능, 몸의 소리인 체성 감각은 로봇이 사람을 따라갈 수 없기 때문이다. 파지력把持力과 재생력 같은 기억에서는 로봇이 인간보다 앞서겠지만, 말하기에서부터 이해, 설명, 예측, 설득, 협상 등의 능력은 아직까지 로봇이 사람을 능가할 수 없다는 생각이 지배적이었다.

그러나 이진법을 넘는 E-Wave의 세계로 가면 이런 상대성이 어떻게 변할지 예측할 수 없다. 정부가 하는 가장 큰 정책이 기존의 안보, 경제, 복지에서 일상생활에까지 파고든 로봇 정책으로 넘어갈 것이다.

로보 공무원이 계급으로 서열이 구분되어서는 안 되겠지만 역할 따라 정책 결정을 하는 로보, 기록을 정리하는 로보, 일선 행정에서 민원을 처리하는 로보 등등 그 역할이 다양해질 것이다. 로보 공무원이 사람의 정책 결정 능력보다 더 앞설 가능성도 크다. 방대한 기록을 시차 구분 없이 패턴으로 파악하고 분석하여 판단하기 때문이다. 딥 러닝이 이를 뒷받침한다.

인공지능이 정부로 파고들면 종래의 계서제나 계급제는 큰 변화를 맞는다. 조직이 수평으로 변한다는 것은 알고리즘으로 운영 주체가 따로 없이 누구나 대등하게 결정권을 갖게 된다는 의미다. 장관과 차관 같은 자리가 존속할지도 알 수 없다. 그러나 여기까지 가는 과정은 순탄치 않을 것이다. 새로운 것을 거부하는 기존의 습관과 관행 때문이다.

빅데이터를 분석해 최적의 해법을 찾아내는 일을 로봇에 의존해서는 안 된다는 생각은 잘못된 것이다. 인간과 사회, 공조직과 사조직, 생산과 소비, 경쟁의 승리 같은 전통적 가치관으로는 이해하기 어렵지만, 이제는 변해야 한다는 인식의 문이 이미 조금씩 열리기 시작했다. 이 대열에서 낙오되면 독선적 국가와 정부의 틀에서 벗어나기 어렵다.

여건이 성숙되기 이전에 밀려오는 파고는 매우 높고 위험해 보인다. 흔히 로봇이 공무원의 일을 얼마나 맡을 수 있느냐를 궁금해 한다. 한국고용정보원이 전문가 21인의 의견을 분석한 것을 보면, 정부 행정 관리자가 하는 일의 57%를 맡을 수 있다고 한다. 정부와 공공행정 전문가는 65%의 일을 로봇에게 빼앗길 가능성이 있다고 본다. 의회 의원, 고위 공무원, 공공단체 임원들이 하는 일의 54%가 로봇으로 대체할 수 있다고 한다. 좀 막연한 결과다. 더 깊은 분석과 연구가 더해져야 할 것이다.

마침 앞에서 소개한 최근 연구-이 땅에서 일하는 공직자(관료의 식 조사) - 중 이렇게 응답한 내용이 있다. "소득세를 부과하거나 복지 혜택을 부여할 때의 자격 기준이 빅데이터에 기반한 알고리즘에 의해 훨씬 복잡해질 것이며, 이러한 알고리즘을 민주적 절차에 따라 설계하고 변경하는 일이 공무원의 주된 일이 될 것이다." 공직자의 역할 인지認知가 변하지 않을 것임을 암시하고 있다.

내일의 정부는 지금과 같지 않고, 이를 위해 준비해야 할 일도 한두 가지가 아니다. 공직자가 스스로 변신해 미래를 맞을 준비를 하려면 "감수성과 사색 능력을 겸비하고, 창조적 파괴를 감행할 수 있으며, 급변하는 환경에 적응력을 지닌 인재상을 수립해야" 국민에 대한 책임을 완수하고 기계가 해내기 어려운 윤리적 판단 능력

을 높일 수 있다고 말하기도 한다.[227] 전통적으로는 신독愼獨이라고
해서 신의 존재를 경외심을 갖고 의식하며 자기 자신을 제어해[228]
혼자 있어도 부끄럽지 않도록 처신해야 한다고 한다. 퇴계 이황도
이를 강조했다. 여기에 연민의 정까지 쌓으면 더할 나위가 없다.

미래정부는 인공지능이 중추 역할을 하는 작은 조직일 가능성
이 높다. 사무실은 최첨단 기기로 장식되어 있다. 벽에는 온갖 정보
가 실시간으로 방영되는 스크린이 장착되어 있고, 여기에서 국내뿐
만 아니라 국제 뉴스도 실시간으로 방송된다. 물자의 흐름이 자유
로워 국가의 경계가 없어지듯이, 정보의 흐름이 경계를 없앤다. 정
부 부처 간의 경계도 의미가 없어진다. 청사 회의실에도 스크린이
정보와 자료를 쏟아놓는다. 휴게실이나 화장실에 있는 센서들은 직
원들의 건강 상태를 수시로 체크한다. 공무원 각자는 자신이 쓴 인
터넷 안경이나 콘택트렌즈로 사적 정보까지 접근한다. 필요로 하는
모든 정보를 얻을 수 있다는 뜻이다.

주체는 로보 공무원들이고, 알고리즘의 도움으로 모든 중요한
역할을 해낸다. 전체 구도를 이름해보면 '알파고AlphaGo G'라고 해
도 좋을 것이다. 이 구도는 딥 러닝처럼 깊은 마음deep mind과 부단
한 실험으로 짜일 것이다.

로보 공무원의 하루

집안 청소 같은 가사일을 하는 로봇을 넘어 휴머노이드 로봇휴보

이 사회를 파고들 가능성이 높아졌다. 정부 일도 예외가 아니다. 날로 발전하고 있는 휴보의 최종 목표는 감성 로봇이다. 아직 완벽한 수준에 이르려면 멀었지만, 인간의 일상 행동과 생각을 함께 나눌 수 있는 정도는 되었다.

휴보는 오케스트라의 지휘봉을 잡을 수 있을 수준까지 발전했다. 이탈리아의 어느 극장(테아트로 베르디)에서 로봇 '유미'가 오른손으로는 지휘봉을 잡고 박자를, 왼손으로는 화려한 손동작을 하며 연주를 이끌었다. 빈필의 로린 마젤Lorin Maazel까지는 아니더라도 예술의 경지에 뛰어든 놀라운 침입자라 할 만하다.

한 걸음 더 나아간 로봇도 있다. 사람과 비슷한 표현이 가능한 '소피아'는 인간의 62가지 감정을 얼굴로 표현한다. 스스로 딥 러닝이 가능해 상대방의 유머에 웃고, 어려운 질문에는 난감해하며 얼굴을 찡그린다. 또 사람처럼 공중제비를 할 수 있을 정도로 운동신경이 발달했다. 학생들에게 수학과 과학을 가르치는 선생님 수준의 로봇이 '나오'라는 이름으로 프랑스에 등장하기도 했다.

이런 로봇의 발전은 자연 재난의 현장, 노인과 장애자, 환자의 재활 등 여러 분야에 도입될 수 있다는 예측이 가능하게 한다. 정부 또한 휴머노이드 로봇을 일반적인 행정 서비스에 활용할 가능성이 크고, 더 나아가 정책 결정까지도 로봇을 활용하는 날이 멀지 않았다.

정부 공무원 노조가 로보 공무원 제도 도입을 반대하고 있지만, 부처에 따라서는 고가의 컴퓨터를 구입해 빅데이터를 분석해야 하는 경우가 있을 때, 중요한 정책 결정에 감정까지 지니는 휴머노이드 로봇을 활용하지 않을 이유가 없다. 급변하는 사회에 발맞춰 정부 또한 로보 공무원 제도를 무조건 미루기만 할 수는 없을 것이다.

공무원 노조가 꼭 생각해봐야 할 것이 있다. 알고리즘이 지배하는 시대에는 계급이란 것이 큰 의미가 없기 때문에 상하 구분 없이 조직을 함께 이끌어가겠다는 생각의 전환이 우선해야 한다. 일의 능률을 위해 자잘한 업무를 처리할 로보 공무원의 활용을 막을 수 없음을 인정하자. 심지어 로봇이 최고 의사결정을 할 가능성도 있음을 인정하고 함께하겠다는 적극적이고 열린 마음을 가져야 한다.

정부에서 하는 모든 정책 결정은 알고리즘이 할 수 있다는 변화를 외면할 수 없다. 알고리즘이 지배하는 세상이 되면 다음과 같은 일이 벌어진다.

고객이 원하는 영화를 골라 보급하고 있는 넷플릭스가 사용자의 시청 기록을 분석하듯, 옷도 소비자가 원하는 스타일과 색깔을 골라 판매한다. 미국의 의류 쇼핑몰 스티치 픽스Stitch Fix나 코디드 쿠튀르Coded Couture는 소비자가 사는 곳, 기후, 강우량, 기호 등등 100여 가지의 정보를 토대로 의상을 추천한다. AI를 활용한 알고리즘으로 고객의 취향과 체형에 맞는 옷을 스타일링해주는 것이다. 맞춤형 정책policy on demand을 펼 수 있는 근거다.

구글이 개발한, 개인별 데이터를 토대로 맞춤 패션을 만드는 AI 디자인 프로젝트를 Coded Couture 혹은 Data dress라고 하는데, 600여 의류 브랜드와 연결해 배송까지 담당한다. 천체물리학, 신경과학을 활용해 정교한 알고리즘을 개발하고, 고객 취향과 행동에 맞는 데이터를 분석하는 과학자만 80명에 이른다.

개인의 일상에서부터 정부 행정과 정책 결정, 공무원시험, 대학 입학시험, 취직에 이르기까지 모든 결정 과정 곳곳에 알고리즘이 파고든다. 정부는 민원인이 무엇을 원하는지, 고위직에 임명해야 할 인물이 누구인지, 어떤 인물을 공직에 뽑아야 할지, 투자할 대상이 어디인지, 개발의 여지가 어디인지 등등 필요한 자료를 입력하면 알고리즘이 알아서 척척 답을 준다. 그에 앞서 다양한 모듈을 만들어놓는 일이 선행되어야 한다. 전문가도 아닌 몇몇 사람들이 구수회의를 열어 정책을 결정하는 시대는 지났다. 이제 정부는 국민이 무엇을 원하는지를 개인별, 집단별, 세대별로 진단하여 미리미리 제시해주어야 한다.

지금까지는 인간의 능력, 욕망, 경험을 존중했다면, 앞으로는 정보와 데이터가 의미와 권위의 근거가 될 것이다. 신이 인간 상상력의 산물이었다면, 이제는 상상력이 알고리즘의 산물이 될 거라고 앞에서도 말한 바 있다.

과거에는 투표나 입학, 취직 등 사람을 뽑는 중요한 결정에서 주로 단편적인 평가를 했다. 이런 평가는 사람의 한 단면만 보는 것에 불과하다. 공직자 채용 시험 제도부터 바꿔야 한다. 공직 훈련 프로그램 역시 구태의 너울을 벗어야 한다.

이제는 사람이 아니라 데이터가 중심에 자리 잡는다. 과거에는 신이 중심이 되어 세계 질서가 유지되었다면, 앞으로는 오로지 데이터와 알고리즘만이 이를 가능하게 할 것이다.

데이터도 빅데이터가 힘을 쓴다. 이들이 연결되면IoT 무한한 힘을 발휘한다. 조각조각 따로 떨어져 있는 정보나 지식은 쓸모가 없어진다. '빅'이 주도하는데, 그 '빅'이 오웰의 독재자 같은 무서운 형제Big Brother가 되어서는 안 된다.

정부의 모든 결정은 빅데이터를 분석하는 구조와 패턴을 근거로 알고리즘으로 무장한 로보 공무원이 내린다. 예를 들어보자.

공무원 시험으로 공직자를 뽑을 때 필기나 면접시험으로 지식을 테스트하고 스펙을 보는 것이 아니라, 새로 맡게 될 일의 성격이나 본질이 중요하므로 지금까지 어떤 인물이 담당했고, 조직 환경(리더십, 복지, 사기 등)은 어떠했는지를 가리고, 앞으로 이 업무가 어떻게 변해갈지를 가려서 대비할 수 있는 인물을 고르게 된다. 법학이나 경제학 실력으로 공직에 진출하는 시대는 지나고 천체물리학, 신경과학 등의 지식이 정부에 필요한 시대가 열리고 있다.

장관을 임명할 때도 마찬가지다. 특정 부서의 장관 후보는 주로 인적 사항을 토대로 뽑았지만 앞으로는 당해 부처가 직면할 정책 과제가 어떤 것인지를 판단해 이를 풀 수 있는 인물을 골라야 한다. 끊임없이 변화하는 시대에 대비할 수 있는 인물이어야 장으로서의 자격을 갖춘 적임자가 된다.

과거 10~30년간의 빅데이터를 분석하고, 이를 토대로 앞으로의 변화 패턴과 추이를 판단해 최적의 인물을 배치할 수 있게 된다. 지금까지는 어떤 사안을 규정하려고 데이터와 관련한 연구 용역을 했다면, 앞으로는 로보 공무원이 지금과 같은 일이 반복되지 않도록 빅데이터를 분석해 문제를 정리하고 해결하는 쪽으로 나아갈 것이다.

대학입학시험과 취업시험도 마찬가지다. 개인의 속성은 간과한 채 능력만 테스트해 판단하기보다 축적된 데이터를 분석해 어떤 인물이 이 분야에 적합한지, 조직 적응력은 어느 정도인지를 찾아내는 것이 훨씬 믿을 만한 결과를 가져온다. 내일의 분야별 모범이 될 모델을 찾아내는 일부터 해야 할 것이다.

미국의 존슨앤드존슨과 유럽의 유니레버는 직원을 선발할 때 AI를 활용한다. 지원자의 이력서부터 서류를 검토하고 학력과 경력이 실제로 업무에 얼마나 도움이 될지를 종합적으로 판단한다. 사람을 가리는 일이 훨씬 더 정확해질 뿐만 아니라 충원 과정에 드는 시간을 1/10로 줄일 수 있다. 입사만 아니라 근무에서도 AI로 60가지의 데이터를 분석해 업무의 몰입도며 상사와 동료와의 관계 등을 파악한다. 미국의 글로벌 HR 기업인 워크데이가 하고 있는 이런 일이 우리에게 소개되고 적용될 날이 멀지 않다.

정부가 규정한 모든 제도가 큰 변이를 맞을 것이다. 민주주의의 꽃인 선거만 해도 그렇다. 유권자들은 후보자를 뽑을 때 지금까지는 인물, 공약, 정당을 보고 판단했지만, 생명과학에서 규명했듯이 뇌에는 뉴런만 있을 뿐 판단은 느낌으로 한다는 것을 알게 되었다.

그러니 유권자 개인의 판단보다 역대 선거 관련 자료를 분석하고 국정 과제를 예측해 어떤 인물이 적합한지를 분석하게 된다면 앞으로는 투표 자체가 무의미해질 수도 있다. 선거 민주주의를 부정하는 일종의 저항이 나타날 수도 있다. 그렇게 되면 현재의 모든 제도가 무위로 돌아갈 수 있다. 깊은 연구와 대책이 요구된다.

끝으로 로보 공무원의 하루는 어떨지 상상해보자.

그들은 집에서 출퇴근할까? 휴가는 갈까? 휴식은 어떻게 취할까? 어디서 근무할까? 책상은 있을까? 승진 경쟁을 할까? 자기네끼리 회의는 어떻게 할까?

로보 공무원은 집에서 출퇴근하지 않을 것이다. 이들에게 집과 직장은 같은 곳이다. 잠은 자지 않겠지만 휴식은 취할 것이다. 조용히 명상하며 창조적 일을 구상할 것이다.

이들은 어떤 일을 맡게 될까? 이들이 맡을 일을 준비하는 것은 사람 몫이다. 초기엔 기존 관료들이 이 일을 담당할 것이다. 로보 공무원에게 맡길 일의 종류는 다양하다. 사람보다 더 나은 판단을 하게 된다면 임무의 중심은 이들에게 옮겨갈 것이다. 로보의 숫자를 어느 정도 유지할지, 부처끼리 어떤 관계를 유지하게 될지는 앞으로 설계해야 할 과제다.

정부는 반인간, 반기계와 함께 공존할 마음과 하드웨어를 준비해야 밝은 미래가 열린다는 것을 머리와 가슴에 깊이 새겼으면 한다.

Postlude

우리는 지금 어디로 가고 있는가?

과학의 언어는 수이다.[229] 원시 셈법에서 정수론까지 황홀한 문
명사가 이어졌다. 국가의 언어는 사랑이다. 보듬고 키우고 너그럽게
받아들이기이다. 사랑이 모자라면 국가는 흔들린다. 머리로 하는 것
과 가슴으로 하는 것의 차이다. 정부가 과학을 발전시키면 국민의
삶이 편해진다는 판단은 하나만 충족하는 단견이다.

과학의 언어(수)만으로는 상대방을 이해시키지 못한다. 뜻도 서
로 달라 소통이 불가능한 언어를 쓰고 있으니 모두가 귀를 닫은 셈
이다. 게다가 수는 틀리기 십상이다. 세상에 거짓말이 세 가지 있는
데, 첫째가 거짓말, 둘째가 새빨간 거짓말, 셋째가 통계라는 우스갯
소리도 있다.

정부가 아무리 국민을 설득하려 해도, 또 국민이 아무리 정부를
향해 그러지 말라고 해도 서로 다른 언어를 쓰니 소통은 애초에 불

가능한 착각일 뿐이다.

예를 들어보자. 정부는 국민을 행복하게 해주겠다고 정책을 세우고 예산을 조달하지만, 그 돈이 국민에게는 1/3밖에 전달되지 않는다. 그뿐 아니라 국민이 느끼는 행복과 정부의 생각에 큰 차이가 있다는 사실을 그들은 모른다. 아이슬란드 사람에게 행복에 대해 물으면 언어 때문에 행복하다고 말한다. 자국의 언어를 긍지로 생각하기 때문이다. 행복은 내가 보람되고 아름다움을 느끼는 바로 그 순간일 뿐이다.

정의라는 것도 그렇다. 정의는 내가 가진 것을 포기하고 남에게 주는 것이고, 능력만큼 노력만큼 필요만큼 갖게 하는 것인데, 권한을 쥔 사람은 내놓으려 하지 않고 내 생각만이 진리라고 착각한다.

정부는 법과 규정만 지키면 정의가 구현된다고 믿는다. 상상의 실재이자 허상에 불과한 법이 할 수 있는 것은 기득권을 지키는 일밖에 없다. 이런 정부 아래에서는 진정 원하는 것을 가질 수 없음에도 불구하고 우리는 스스로 최선을 다해 살았다는 것으로 위로하며 살고 있는 것이다.

정부가 아무리 정책적인 처방을 내려도 우리의 병은 낫지 않는다. 각자도생各自圖生─내 몸을 지키려면 스스로 기초 체력을 길러 면역 체계를 갖추는 길밖에 없다. 정부도 어설픈 처방전 대신 기초를 다지는 일에 매진했으면 한다. 그것은 위보다 아래, 하늘보다 땅에 주목하며 관료적 권위주의를 되도록 줄이는 것이다.

우리는 어디서 와서 어디로 가고 있는지 모른다. 세상이 바뀐다니 정부도 변해야겠지만 얼마나 변할까 궁금하다. 과학기술의 발달로 정부가 변한다면 그것이 국민에게 좋을까, 나쁠까? 과학의 발달이 지혜와 함께하지 않으면 진정한 문명화가 아니라는 러셀Bertrand Russell의 경고를 외면하기 어렵다.[230]

"사물이 변하는 것이 아니라 우리가 변한다Things do not change, we change"는 소로Henry David Thoreau의 말[231]을 정부 관료는 어떻게 받아들일까? 새 기술로 정부의 운영 양식이 변한다고 권위주의로 치장한 관료주의의 본질이 바뀔지는 단정하기 어렵다. 기록과 분류가 기본이고 시장 간섭과 규제가 당연한 정부 관료의 본질이 과연 얼마나 바뀔까?

그래도 인간의 지능과 의식이 분리되고, 비유기체가 되며, 지구에 외계 생명체가 등장하는 것은 물론 지구상의 생명체도 다른 종이 될 가능성이 있다면 정부도 바뀌지 않을 수 없을 것이다. 앞으로의 변화 속에서 정부와 관료의 원형은 그대로라 하더라도 국민과 소통이 더 잘되는 정부, 더 미더운 정부로 가는 길을 찾아야 하지 않을까?

권력은 미토콘드리아, 관료는 세포막

신神은 성聖의 표상이다. 성스러움이 인간을 감복하게 한다. 정부가 성스러운 신이길 기대하는 것은 현실적이지 않다. 그래도 신처럼 모시고 싶은 심정이 없지는 않다. 그러기 위해 정부를 좀 더 알고 싶었다. 그렇다고 현미경을 들여다보고 싶지는 않았다. 대강 스케치라도 해서 그 느낌이 어떨까 알고 싶었다.

정부 + 국민 = 1이라면 정부와 국민이 하나가 되는 가장 아름다운 국가일 것이다. 그러나 2라면 정부 따로, 국민 따로 움직이는 형상이다. 1이 된다는 것은 스마트 계약을 도입해 정부가 하는 일이 반으로 줄고 민간이 하는 일이 그만큼 늘어난다는 뜻이기도 하다. 즉, 1/3 + 2/3 = 1 같은 공식이다. 정부가 할 일을 3분의 1로 줄여 민간이 블록체인 기술로 정부의 짐을 더는 상태가 되는 것이다. 그런 변화를 거부하면 정부는 아무리 열심히 일해도 지금처럼 시간과 돈만 허비할 것이다. 지금 같아서는 이런 변화를 기대하기 어렵다. 현직 관료들의 의식 조사에서 밝혀진 것처럼, 알고리즘이 행정을 지배하게 될 때 자신들은 더 중요한 일을 하게 될 것이라고 반응하기 때문이다.

권력과 관료제가 지구상에서 사라지는 일은 없을 것이다. 권력은 미토콘드리아처럼 원소로서 인간 삶의 원동력이고, 관료제는 세포의 보호막이다. 지구가 없어져도 계급은 남는다는 말 또한 원소보다 더 기본이라는 뜻이다. 46억 년을 살아온 지구가 다시 수억만 년이 지난 후 동토가 되거나 지금 같은 행성이 아니라 해도 계급은 또 다른 생물의 숙주가 될지 모른다.

지구의 생멸 과정에서 헤아릴 수 없이 많은 변화가 진행된다. 우리가 당면하고 있는 4차 산업혁명은 그중 한 현상일 뿐이다. 학자들은 특이점이 큰 전기가 된다고 말하기도 하지만, 특이점의 신화에 대한 오해가 많고, 빠른 시일 안에 도래한다는 것에 회의적이다.[232] 엘론 머스크도 특이점을 전제로 상품화에 열을 올리면서도 한편으론 호킹처럼 염려하기도 한다.

지금 우리는 4차 산업혁명 시대를 맞고 있다. 2016년 1월 스위스 다보스포럼의 주제가 이것이었다는 것은 우리가 지금 어떤 시대를 맞고 있는가를 잘 말해준다. 유감스럽게도 언사들만 그럴듯하지 우리 정부는 이 흐름을 놓치고 있다. 아이에게 갓을 씌운다고 어른이 되는 것은 아니다.

세상이 변하고 시대가 바뀌고 있다는 내용을 단면으로 정리해본다.

(1) 인류 역사는 지본地本사회에서 자본資本사회로, 그리고 뇌본腦本사회로 변하고 있다. 뇌본도 인공뇌본이다. 그때그때 상황에 따라 땅이 소중할 때도 있고, 돈이 소중할 때도 있다. 그런 사정은 지금도 변함이 없다. 지금은 뇌가 모든 중심에 자리한다. 유형보다는 무형자산이 더 소중해졌다. 생물학적 유전자가 아니라 문화적 유전자 밈meme의 메커니즘이 중요해졌다.[233] 전문가들은 2045년이 되면 인간의 뇌와 인공지능이 융합하는 특이점에 도달할 것이라고 예측하고 있다. 그때가 되면 인간보다 뛰어난 고도 기계지능이 출현해 2049년에는 베스트셀러를 집필하고, 2053년에는 외과수술이 가능할 것이라고 내다보고 있다.

(2) 한계비용 제로zero 사회가 되어간다. 소유의 종말을 노래한 제레미 리프킨은 최신작에서 이제 과거의 이윤 추구 경제 시스템이 한계비용이 제로가 되는 변화를 맞고 있다고 주장한다.[234] 새로운 기술이 생산성을 높이고 가격을 낮추다 보면 새로운 상황이 전개될지 모른다는 생각을 고전 경제학자들이 이미 예견했다는 것이다. 그는 '협력적 공유사회Collaborative Commons'라는 새로운 경제 시스템이 등장한다고 했다. 프루동P. J. Proudhon도 개인 소유란 불가능하다고 했다.[235]

(3) 4차 산업혁명이 진행되고 있다. 세상은 스마트 공장, 인공지능 등이 압도하는 생산 활동이 대세를 이루고 있다. ICT, 바이오, 나노뿐만 아니라 빅데이터를 이용하고, 이들을 묶는 IoT가 변화의 새 흐름을 광범위하게 인지할 수 있게 되었다. 인하대학교의 박기찬 교수는 이를 ICBM이라고 명명했다(IoT, Cloud Computing, Big Data, Mobile). 디지털 혁명의 시대에는 모든 것이 완벽한 인공의, 가상simulacre의 세계가 펼쳐질지도 모른다. 아름다운 빛과 바람처럼 그대로였으면 하는 인간의 삶은 꾸미면 꾸밀수록 실재와 멀어진다는 진리가 외면된다.

(4) 신생물학적 문명의 비비시스템vivisystem(살아 있는 계)에서 신인류가 등장한다. 유발 하라리는 지혜의 인간Homo Sapiens이 신의 시대를 거쳐 생명공학, 인공지능, 우주과학의 도움으로 변하기 시작했다고 말했다. 수십억 년 동안 생명은 유기화합물로 자연법칙에 순응해왔다. 그러나 이제는 지적 설계로 생명의 본질이 비유기물로 바뀌기 시작했다는 것

이다. 언어 덕분에 인간이 서로 협동하며 화폐, 종교, 제국을 창조했다. 그러나 종교, 정치, 법과 제도, 교육, 교역 등은 지어낸 이야기로 모두 허구에 불과하다는 것을 인정해야 한다는 요구는 정부가 이런 본질을 깨달아 더 겸손하고 진중해져 국민을 우위에 세워야 한다는 뜻이다. '상상의 질서'는 '개념 의존적 실재'라는 스티븐 호킹의 명제와 통한다고 여러 번 설명했다.

(5) 호모 센티언스도 간과할 수 없는 명제다. 지능과 의식이 분리된다지만, 인간이라는 생명이 지속되는 한 감각질이나 체성을 무시할 수 없다. 바른 결정은 거기서 비롯될 것이라는 신념이 사그라지지 않는다. 인공지능이 위세를 떨칠수록 감각의 중요성을 환기해야 한다.

위와 같은 세상의 변화를 인정한다면 권력이나 관료제의 한계효용도 변해 존재 가치와 이유를 검토해야 한다는 것을 진지하게 받아들여야 한다. 한마디로 현재 정부의 권력과 위상은 변화의 기로에 섰다. 몸은 줄기세포로 건강을 지속시킬 수 있다. 텔로미어 telomere는 세포의 염색체 끝 매듭인데, 이 부분이 풀어지지 않도록 보호하는 핵산이 길수록 수명이 연장된다.[236]

인체의 생명을 늘릴 수 있다면, 정부의 생명이 더 활력을 찾는 길은 무엇일까? 자기 몸을 치유하는 생명소는 각자의 세포에 있듯이 정부 개혁은 정부에게 달려 있다. 모든 것이 공직자와 소관 부처에 달려 있다. 그런데도 정부는 스스로 처방전을 내지 않는다. 국민들도 정부에게 요청하는 것보다 자신의 생명과 재산을 스스로 보호하는 것이 훨씬 더 희망적이다. 정부가 자신의 세포를 건강하게 하려면 사피엔스를 센티언스로 바꿔 생각하며 실마리를 찾아보는 것도 한 방법이다. 감각질과 체성을 더 키우는 것이다. 보육이나 노인 정책은 로보 공무원보다 사람이 낫다는 말이다. 정부가 아무리 숫자를 들이대며 잘하고 있다고 홍보해도 국민을 감동시키는 것만 못하다. 국민의 가슴에 와닿지 않기 때문이다.

정부의 존재론적 딜레마

우리는 누구이고, 어디서 왔으며, 어디로 가고 있는가? 이에 대한 의문을 품고 신과 다윈의 대척점에서 고민하고, 미래 사회의 과학기술에 관심을 기울이다 보니 니체의 말대로 "신을 죽이기 위해 우리가 신이 되어야 한다"는 말이 조금은 이해가 된다.

우리는 태어나면서부터 체제에 묶여 산다. 체제에는 말라빠진 법과 제도가 주렁주렁 달려 있다. 체제의 성격은 이데올로기라는 이름으로 채색된다. 자유민주주의 체제에서 살기도 하고, 사회민주주의 체제에서 살기도 한다. 체제의 성격이 국민 삶의 양태와 행동에 절대적 영향을 미친다. 이를 거역하면 범법자나 반체제 인사가 된다.

그런데 우리의 고민은 체제가 과연 절체절명의 진리인가라는 것에 있다. 체제를 부정하는 극단의 표현이 있다. "체제는 모두가 감옥"이라는 이사야 벌린의 "항구를 찾아 항해를 계속해야 한다"[237]를 다시 새겨보지 않을 수 없다.

아롱Raymond Aron도 같은 생각을 한다.[238] 우리는 모두 회의주의에 경도되어 있다. 우리는 키가 없는 배를 타고 있는 것과 다름없지만 항해는 계속해야 한다는 생각을 갖고 있기도 하다.

정부의 존재와 기능에 회의를 품으면 한 끝은 무정부주의다. 아나키스트Anarchist로 통칭되는 이들의 주장은 정부가 제도화된 권력으로 국민의 자유를 억압하는 구조적 죄악을 저지른다는 것이다. 프루동이 아나키스트의 대표적 인물이다.[239] 마르크스를 맹렬히 비판한 바쿠닌Mikhail Bakunin도 마찬가지다.[240]

대부분의 무정부주의자들은 국가보다는 국가 권력을 부인한다. 버나드 쇼가 좌파적 성향의 무정부주의자였고, 부패한 국가 권력에 염증을 느낀 톨스토이도 무정부주의자라고 할 수 있다. 우리나라에서는 단재丹齋 신채호가 전형적인 아나키스트다. 그는 이승만을 배척하고 민중의 폭력 혁명으로 독립을 쟁취하자며 대동청년단을 창립했다.

더 좋은 정부를 위해

머리에만 기억을 저장할 수 있던 문명사회를 넘어 무한대 저장이 가능한 문자사회가 되어가는 세상에서 기록과 자료가 새로운 종교로 등장하고, 새로운 세상을 관리하는 새로운 관료가 탄생한다. 그러나 실제로는 지금의 관료가 미래에도 그 모습 그대로의 관료일 수도 있다고 생각하니 어깨가 축 늘어진다.

앞서도 말했지만, 우리는 켈리가 '인공 이물질artificial aliens'이라고 했던, 우리와 달리 생각하는 기계를 만들어내게 될 것이다.

이런 생각은 전혀 생소한 것이 아니다. 베버와 험멜이 관료는 영혼이 없고, 가치나 의미도 모르며, 언어보다 말만 할 줄 안다고 했던 것과 크게 다르지 않기 때문이다. 한마디로 관료는 예나 지금이나 외계인 지능의 소유자 같다. 시대가 바뀌어도 관료의 존재가 영원할 수밖에 없는 이유다.

정부는 존 로크의 시민정부로 시작해 허울 좋은 민주정부로 문제만 야기하다가 아무것도 하지 못하고 플랫폼 정부[241], 공유정부Sharing Government[242]로 가는 길을 막고 있다.

계급이 없어지지 않아도 좋은 정부가 가능할까? 계급이 곧 권력인데, 봉준호 감독의 〈설국열차〉에서 머리 칸에 타고 있거나 꼬리 칸에 있거나 권력과 반권력은 모두 권력놀음이다. 권력자는 생존을 위해 필요한 것은 질서와 균형이라고 말한다. 권력자들은 대부분 귀를 막고 산다. 쏟아지는 민원을 감당할 수 없고 그에 따른 비판을 감내하지 못하기 때문이다. 지배를 당하는 입장에서는 아니라고 저항하다가도 집권하면 똑같은 논리를 편다. 서로가 자기모순 속에 주장을 펴다가 눈 덮인 설원에 내던져진다. 권력에 누더기가 된 윤리의 옷을 입히거나 권위를 좀 더 세워도 허상에 불과한 정의만 외쳐봤자 계급 갈등은 줄어들지 않을 듯하다.

데이터가 종교가 되면 관료주의는 신이 된다. 신이라면 사람들이 의지하고 위로받고 희망을 품게 해줘야 하는데, 그런 면에서 관료주의는 댄 브라운의 표현대로 어두운 종교로 남을 가능성이 높다.

변화의 시작은 로보robo 공무원에서 비롯될 것이다. 이미 선진국에서는 로보 판사의 도입을 모색하고 있는 상황이다. 알고리즘이 조직 결정에 있어 중심 역할을 하면 계급이라는 게 의미가 없어질 것이다. 따라서 정부 관료는 거추장스러운 계급의 옷을 벗는 것이 변화하는 세상의 이치에 부응하는 것임을 명심해야 할 것이다.

로보 공무원이 새 시대의 주역으로 자신의 역할을 얼마나 잘 해낼지도 중요하다. 이 공무원의 운영조차 현재 관료들의 머리와 손에 달려 있으니 기대 반 우려 반의 마음이지만, '좋은 정부'를 열망하는 국민의 기대를 저버릴 수는 없기 때문에 관료는 권위주의의 탈을 벗고 스스로 변신해야 할 것이다.

새로운 변신을 향한 첫걸음은 정부가 다시 태어나는 것, 정부 관료가 철기시대의 사고방식에서 벗어나는 것, 새로운 물결에 배를 띄우는 항로를 여는 것이다. 그러면 높은 파고의 쓰나미가 몰려오더라도 우리 정부가 출구 없는 아포리아aporia 상태에 빠지는 일은 없을 것이라 확신한다. 우리는 그런 정부를 기다린다.

회고와 전망

이 책의 이야기 중 중요한 부분을 다시 반복한다.

관료제의 핵심에 알고리즘이 자리를 잡는다. 그래도 종이가 바탕이고 문자는 절대적이다. 문맹사회 사람들은 모든 계산과 결정을 머릿속에서 한다. 문자사회 사람들은 네트워크로 조직되어 있어서 각 개인은 거대한 알고리즘의 한 단계에 불과하고, 모든 중요한 결정은 알고리즘이 한다.

문자의 역사에는 불행한 사건들이 많았지만, 효율적인 행정으로 문제를 극복했다. 적어도 정부의 관점에서는 그렇다. 펜 한 번 눌러서 실재를 바꿀 수 있다는 달콤한 유혹을 뿌리칠 통치자는 거의 없다. 실패할 것 같으면 더 방대한 문서를 작성하고 더 많은 법령, 칙령, 명령을 발표해서 수습했다.

지금까지 우리 세계에서는 실재가 뭔지 모르는 사람들이 많은 결정을 했다. 19세기 말 아프리카 국가들의 국경을 정한 이들은 유럽 여러 나라의 관료였다. 이들은 아프리카 여러 나라 부족들의 다양한 언어, 종족, 역사, 종교를 무시하고 지도에 직선으로 국경선을 그렸다. 우리의 38선도 같은 운명이었다. 관료들이 실제를 바꿔버린 것이다.

교육에서도 입학시험이 가장 영향력이 큰 제도적 힘이 되면서 사람에 대한 평가가 편협해지기 시작했다. 점수가 이들의 평생 운명을 갈랐다. 절대적 가치로 추앙받는 성경조차 인간의 실제 본성에 대해 사람들을 오도할 때도 그 권위는 수천 년 동안 유지되었다. 일신론이라는 것이 결정적인 오류임에도 신도들은 그것이 나와 내 행동을 지배하는 유일한 근거라고 믿었다.

여기에 평행이론이 유용하다면, 그 이유는 역사는 반복되기 때문일 것이다. 우리는 이를 부인하지 못하고 지금까지 왔다. 시대를 달리하는 사람 간에 같은 패턴이 반복된다면 이는 우연일 가능성이 높다. 링컨과 케네디, 잔다르크와 유관순 같은 인물의 속성은 닮아도 많이 닮았다. 이는 도플갱어와 비슷한 존재다. 이 나라 정부는 고대 이집트나 로마의 어느 시대 정부와 같은 패턴을 반복하고 있을지 모른다. 가까이는 조선조의 그것과 같을지도 모르겠다. 지능이 고도로 개발되어가는 시대에 정부의 역할은 감시와 통제가 아니라 통찰로 관리해야 한다고 주장한 사람이 엘론 머스크다. 공무원이 더 지혜로워져 AI가 하지 못하는 부분을 보완해야 할 것이다.

기술이 발달하면 정부의 개입 없이도 귀한 제품과 서비스가 무료로 제공되는 일들이 발생한다. 070 유료 전화를 쓰던 사람이 카톡의 무료 전화로 대체한 것이 대표적이다. 전화, 사전, 지도, 우편 같은 서비스는 인터넷에 영역을 빼앗긴 지 오래다. 소셜 미디어, 공유, 온라인 강좌가 활성화되면서 대학 같은 기존 체제가 무너지고, 수많은 서비스를 누구나 원하는 만큼 누릴 수 있는 시대가 되었다. 이런 급격한 변화 속에서도 정부의 관련 부서들은 전과 변함없는 모습으로 건재하다는 것이 신기할 따름이다.

정부의 정책 결정이야말로 새 국면에 접어들 것이다. 이를테면 사회의 부를 어떻게 재분배할 것이냐 같은 중대한 이슈도 여론과 기존 정책 기조를 고수하기보다 모든 것을 열어놓고 의견을 수렴해서 결정해야 할 것이다. 빅데이터로 얼마든지 국민이 원하는 맞춤형 정책을 결정할 수 있다. 허울만 그럴듯한 공론화위원회 같은 끼리끼리 결정하는 행태는 더 이상 안 된다. 지금처럼 현실과 동떨어진 결정을 수없이 반복하게 될 것이기 때문이다.

소득 불평등을 줄이려면 AI의 도움이 절대적이다. 몇몇 엘리트에 의해 좌우되는 정부 정책은 그에 못지않은 우수한 두뇌와 로봇의 벽에 부딪힐 것이다. 꽁꽁 닫혀 있던 철옹성에서 나와 민주행정의 길을 활짝 열어놓아야 하는 세상이다.

정부는 앞으로 어떻게 될까? 초지능이 세계를 지배하는 시대가 와도 정부는 지금처럼 권력을 틀어쥐고 놓지 않을까? 아니면 권력을 분산시켜 개인 각자가 여유롭게 살 수 있도록 그 역할을 축소시킬까? 분명한 것은 초지능이 우리를 하나로 묶을 것이라는 점이다. 우주에는 세계정부가 탄생할 것이다. 이들이 중앙집중적 정부가 될지, 분권되어 각 나라의 정부가 자율적으로 운영될지 지금 가늠하기는 어렵다. 혹은 중국의 세기적 과학 소설가 류츠신劉慈欣이 SF 잡지 〈과환세계科幻世界〉에서 말한 것과 같이 400년 후 지구와 외계의 전쟁이 벌어져 지구의 존재마저 어떻게 될지 상상하기 힘들 수도 있다.[243]

가능성 있는 미래 시나리오를 말하면, 지구상의 모든 인간들의 언어, 문화, 가치, 생활수준이 같고, 단일 세계정부가 탄생해 각국은 연방정부의 주와 같은 역할을 하고, 군대는 필요하지 않으며, 법을 집행하는 경찰이 프로메테우스의 역할을 할지도 모른다는 것이 테그마크의 관점이다.[244]

가공할 만한 기술의 진보가 이를 가능하게 할 것이고, 각 개체 간에 협력이 가능해질 것이다. 여기에서 개체란 세포, 사람, 조직, 국가를 말한다. 이들 개체 간에 새로운 권력의 위계질서가 형성되고, 이른바 수학에서 말해오던 내시 균형Nash Equilibrium이 이루어질 것이다. 내시 균형이란 개인들 간의 상호 관계에서 안정을 추구하려는 본성 때문에 상대방의 대응에 따라 최선의 선택을 하는 과정을 반복하면 어떤 시점에서 균형이 형성돼 서로 자신의 선택을 바꾸지 않는다는 것이다.

인간의 존재에 있어 필요충분조건은 안정이다. 변화 속에서도 안정이 기본 전제다. 이는 AI에게도 통용되는 전제일 것이다.

뉴패러다임으로 생각을 전환시켜야

수많은 변화를 예측할 수는 있겠지만, 인간은 자신이 인지해서 행동하기 때문에 고정관념에 갇혀 다른 생각을 하지 못한다. 프레이밍 효과framing effect 때문이다. 의사전달을 어떤 틀 안에서 하느냐에 따라 전달받는 사람의 태도와 행동이 달라진다. 『생각에 관한 생각』에서 카너먼은 "정신적으로 전력을 다할 때 우리는 사실상 눈 뜬장님이 된다"고 했다.[245] 한순간 지나가는 화면의 고릴라를 보지 못하는 것과 같다. 음악의 알레그로와 안단테와 비교하면 된다. 군사 작전 같은 정부의 전력질주, 효용 극대화야말로 구시대의 유물로 치부해야 한다.

인간이 아직도 지구의 주인이라고 생각하는 고정관념에서 벗어나지 못하면 국가와 정부의 주인이 공직 관료라는 생각을 버리지 못할 것이다. 이들은 사피엔스가 신이 되어 데우스가 되고, 인간 관료가 인공지능과 어우러져 위상이 변한다는 것도 모르고 과거에 안주한 채 미래를 예측한다. 신판new paradigm은 생각하지 않고 구판old paradigm에서만 본다. 내일의 태양이 눈부셔 고개를 들지 않은 채 옛 것만 쳐다보고 있으니, 학문도 희망이 없기는 변화를 등진 정부와 다르지 않다. 새로운 신Dataism이 세상을 지배하게 되더라도, 새로운 신의 믿음직한 관료가 되기를 바라는 것이 이 책의 요지다.

한 정부에 대한 평가를 성급하게 내리면 안 된다. 두고두고 역사에 기록을 남겨야 한다. 좋든 나쁘든 여유를 가져야 한다. 빠른 생각이나 반응이 위트이고, 느린 생각이나 반응이 유머다. 정부를 맡은 높은 사람들이 반드시 위트와 유머감각을 키워야 할 이유다. 이제 공부만 파고들어 점수 잘 따는 것만으로는 안 된다. 관료가 여유로우면 국민은 저절로 따라온다. 그러면 국민의 삶은 편해진다. 앞으로는 위와 아래가 따로 존재하지 않는, 즉 하나와 다름없는 관계들이 형성될 것이다. 지금까지 교조적 과학주의에 묻혀 하나만 보고 달리던 습성에서 벗어나야 뉴패러다임으로 새롭게 열리는 내일을 희망의 눈으로 볼 수 있다.

　사랑도 피었다 지듯이 국가나 정부에도 애증이 엇갈릴 때가 있다. 좋은 정부라도 국민들이 느끼는 감정은 다양할 수 있다. 좋은 느낌이든 나쁜 느낌이든 애증은 깊은 관심의 표명이고, 누구나 본심은 기대와 함께 잘되기를 바란다. 미래를 향한 열린 마음으로 지금부터 작은 변화라도 실천했으면 좋겠다. 인공지능이 인류에게 주는 마지막 계몽의 기회라는 것[246]을 정부가 인식하고 억압, 지배, 편견 등으로부터 해방돼 인간과 AI가 서로 존중받을 수 있도록 거듭나야 할 것이다. 앞으로 어떤 종교가 지배하든 정부는 정직해야 한다. 조직은 계서제를 줄이고, 과학기술의 변화가 가져올 내일을 조심스레 조감할 줄 아는 인물로 채워져야 한다.

　법과 제도의 허울을 벗고, 기득권을 물리고, 더 좋은 정부로 예와 의를 갖추어 동방의 아름답고 자랑스러운 나라를 다시 세울 수 있기를 기대한다.

새로운 100년

시간이 흐른다 하염없이 흐른다
시간이 멈춘다 제논의 역설처럼
시간이 되돌아간다 아득한 그 옛날로
아련한 그리움 그리으-움
눈을 뜬다 눈부신 햇살 맞으며
절대시간의 열차에 실려온 곳
새 100년 후
이 나라 이 조국

페르소나 벗겨져
알고리즘 꽃이 잔뜩 피어 있네
옥토에 나무 무심히 자라고
열정의 열매도 맺혀 있네
스마트 끈으로 모두가 하나 돼 있네

내 것은 네 것이네
네 것도 네 것이네
사랑과 관용의 샘 솟네
옥시토신 샘솟아 모두가 하나 되어
큰 하나 되어 민초들 행복에 겹네
아름다운 나라 벅찬 어제 오늘 그리고 내일

아- 아- 아-
내 땅 내 조국 길이 빛나리.

감사의 말씀

아는 것을 책으로 내는 고통과 희열을 상계하면 아마도 제로섬일 듯싶습니다. 아무리 애써봤자 무위일 가능성이 높을 듯해서입니다. 세상 지식이 잘 쓰인다면 모든 문제가 쉽게 풀리겠지요. 배운다는 것이 허망하다는 생각은 시간이 갈수록 더한 것 같습니다. 피카소의 두 얼굴처럼 이성과 서정을 합칠 수 있다면 좋으련만, 두 대립이 학문의 병을 더 깊게 합니다. 제도로서의 학교나 교육 당국이 지식의 가치를 깎아내리기만 합니다. 틀에서만 벗어나면 대로를 달릴 수 있을 것 같은데, 생각이 자꾸 이반 일리히로 쏠립니다.

대학과 학술단체, 관련 정부 부처와의 관계는 삼각파고가 물결치는 죽음의 골짜기와 다르지 않습니다. 내가 아는 것이 전부라는 편견과 오만에서 벗어나지 못하기 때문입니다. 이런 행태를 싸잡아 관료적 권위주의관권의 병폐라고 말할 수 있습니다. 편견으로 얼룩진 눈금 없는 잣대로 오만한 판단을 일삼는 습성들 말입니다.

책이 세상의 빛을 보려면 저자 한 사람만의 힘으로 되지 않습니다. 여러 사람의 지적 탐구와 현실적 통찰이 보태져야 완성된다는 것을 여러 차례의 경험으로 통감합니다.

첫 퇴고 때 원고를 읽은 권혁주 교수에게 깊은 감사의 마음을 전합니다. 행정철학과 방법론 분야에서 새로운 패러다임 담론을 나눈 강신택, 강성남, 신희영, 김성준 교수에게도 감사를 전합니다. 학계도 수준이 들쭉날쭉합니다.

과학이 직관과 상상력의 산물인 줄 모르고, 오늘의 눈으로만 내일을 보려고 하기 때문에 큰 느낌ultra new paradigm으로 세상의 변화를 바라보며 미래정부를 준비할 줄 모릅니다. 요즈음 한국행정학회 학보나 일부 편집진의 저천한 수준을 뭐라고 말해야 할지 답답합니다.

책을 쓸 때마다 자료와 교정으로 실천 세계의 감각을 더해준 권영아, 박춘규, 문지은 전·현직들에게도 감사의 마음을 간직하고 있습니다. 이들을 통하여 무대 앞뿐만 아니라 무대 뒤가 더 소중함을 새삼 깨닫습니다.

그 외 대한민국 정부의 저력과 희망을 엿볼 수 있는 기회를 제공해준 공직자 여러분께도 진심으로 감사합니다. '관악골배우미'로 통칭되던 제자들 가운데 정부 부처에서 공직자로 근무하는 이들이 있습니다. 머리가 아닌 가슴으로 공직을 수행하고 있는 이들 덕분에 정부의 미래가 밝게 펼쳐질 것을 기대합니다.

애초에 정부학에 귀를 열고 눈을 뜨게 한 고故 김해동, 고 박동서, 그리고 활동이 여전하신 유훈 은사님들, 특히 1968년 한국미래학회를 창설하고 미래학 연구의 지평을 여신 고 이한빈 선생님의

은혜가 컸음을 평생 잊지 못합니다.

일찍이 세상을 떠나신 신과 같은 내 어머니朴和奎, 1907~1959의 홍은鴻恩과 가르침은 내 마음속에서 여전히 깊은 샘처럼 솟아나오고 있습니다. 어머니는 20세기 초반 원산여고와 4년제 이화여전을 졸업한 신여성이셨습니다. 언제나 새로운 문화를 접했고, 늘 자식이 세상을 바르게 살아가도록 채찍을 드셨습니다.

헤겔은, 지식이란 '우리에게 과일을 건네주는 아름다운 아가씨의 눈에서 스쳐 가는 자기 인식'과 같다고 했습니다. 모든 것은 사람의 기억으로만 남습니다. 교묘한 역설의 변증법과 과학적 유물론 사이에 갇히지 않도록 평생 애쓰며 삽니다. 우리는 대담한 생각, 입증되지 않아도 분출하는 기개, 그리고 관조적인 생각으로 자연을 해석하려는 우를 범하고 있는지 모릅니다. 포퍼가 늘 했던 말입니다. 연구에서 확실성만큼 큰 착각은 없습니다. 종교와 과학에서 말하는 확실성이야말로 고대인이 부르던 오만hubris 그 이상도 아닙니다.

금년에 노벨 생리의학상을 받은 일본의 혼조 다스쿠本庶佑는 〈네이처〉나 〈사이언스〉에 실린 논문의 90%는 거짓이라고 말합니다. 10년이 지나고 나면 10%만 남는다고 했습니다. 자기가 확실히 옳다고 말하는 자는 확실히 틀렸다는 것과 다르지 않습니다. 과학이란 신전의 문설주 위에 믿음을 가져야 한다는 말이 적혀 있음을 깨닫는 것 그 이상도 아님을 알아야 합니다. 과학으로 자연의 수수께

끼를 푼다면 우리 자신이 자연의 일부이고, 우리가 풀려고 애쓰는 신비의 일부이기 때문에 풀 길이 없다는 플랑크Max Planck의 말을 믿어야겠지요.

인간의 진정한 가치는 가정이든 실제든, 그가 소유한 진리로는 판단할 수 없다는 말을 얼마나 믿어야 할지 모르겠습니다. 그래도 그것을 결정하는 것은 진리 자체가 아니라, 그 진리 뒤에 무엇이 있는지 보려고 하는 진지한 노력이라는 레싱Gotthold Ephraim Lessing의 말을 믿고 여기까지 왔다고 자위합니다. 정재승 교수도 과학이 위대한 것은 그것이 진리에 도달했기 때문이 아니라, 그것이 불가능한 줄 알면서도 피 흘리고 도전하는 정신 때문이라고 했습니다. 지식의 불확실성을 비롯해 어떤 주장도 완벽하지 않지만, 타자의 욕망을 앞세운 진지한 노력만은 높이 사야겠지요.

누구나 시간의 수레에 얹혀 어디론가 가고 있습니다. 갈 때까지 더 좋은 정부를 쳐다보는 눈길을 감고 싶지 않습니다.

끄적거린 원고를 잘 마름질하고 치장을 마치니 풍성해진 느낌이 듭니다. 출판에 심혈을 기울인 21세기북스의 김영곤 사장, 박선영 대표, 이남경 팀장, 그리고 교정과 윤문에 힘써준 에디앤의 양은하 실장에게 큰 신세를 졌습니다. 이들의 도움이 없었으면 필자의 생각을 널리 나눌 기회가 없었을 것입니다. 고마운 마음이 가없습니다.

같이보기

1 프레데리크 살드만, 이세진 옮김, 『내 몸 치유력』(푸른숲, 2015).

2 Yuval Noah Harari, *Sapiens*(HarperCollins, 2015).

3 이 부분을 제대로 알려면 현상과 실재에 관한 오랜 논쟁부터 이해해야 한다. 플라톤주의
자들은 현상이 실재가 아닌 나쁜 복사판에 불과하다고 했고, 아리스토텔레스 주변의 사람
들은 현상 그 이상이 없으니 관찰만 잘하면 된다고 믿었다. 한편 개념들, 특히 정신에 관
한 개념들은 습득되는 것이 아니라 본래 있는 것이라고 말한 사람은 칸트이다. 유클리드
기하학에서 공리axiom는 주어진 것이니 따지지 말라는 것과 같다. 반면 비유클리드는 공
리가 자명한 진리가 아니라고 반박한다. 우리가 발을 딛고 보고 숨 쉬고 느끼는 모든 것의
실재는 논리나 느낌으로 풀 수 있는 실체가 아닐 수도 있다. 책은 이런 원초적 철학과 수
학의 명제들을 파헤치려는 것이 아니니 이 정도로만 쟁점을 소개한다.

4 Niall Ferguson, *Civilization: The West and the Rest*(Penguin Books, 2011).

5 Jacques Lacan, 1978. *The Four Fundamental concepts of Psychoanalysis*. Ed.
Jacques Alain Miller, tr. Alan Sheridan. New York: W. W. Norton.

6 최상묵을 비롯한 교수들의 산문선, 『우리는 신이 아니다』(서울대학교출판부, 1994).

7 데이비드 B. 아구스, 김영설 옮김, 『질병의 종말』(청림라이프, 2012).

8 스티븐 호킹, 레오나르드 믈로디노프 공저, 전대호 옮김, 『위대한 설계』(까치, 2010).

9 경향신문, 2017. 11. 14.

10 존 로크, 이극찬 옮김, 『시민정부론』(연세대학교출판부, 1970).

11 미셸 푸코, 오생근 역, 『감시와 처벌: 감옥의 역사』(나남, 2016).

12 유발 하라리, 『사피엔스』(김영사, 2015).

13 이상은·김광웅, 『이승만 정부 그리고 공유정부로 가는 길』(기파랑, 2017)에서 일부 옮긴 것이다.

14 이명진, "대법원보다 위에 있는 공무원의 규제 권력" 조선일보, 2015. 8. 25. A 31.

15 김광웅, 『통의동 일기』(생각의나무, 2009).

16 칼 세이건, 홍승수 옮김, 『코스모스』(사이언스북스, 2012).

17 이반 일리히, 데이비드 케일리 저, 권루시안 옮김, 『이반 일리히와 나눈 대화』(물레, 2010).

18 이반 일리히, 박홍규 옮김, 『학교 없는 사회』(생각의나무, 2009).

19 기 소르망, 강위석 옮김, 『20세기를 움직인 사상가들』(한국경제신문사, 2001).

20 유발 하라리, 조현욱 옮김, 『사피엔스』(김영사, 2015), 193.

21 동아일보, 2013. 8. 31.

22 로저 오스본, 최완규 옮김, 『처음 만나는 민주주의 역사』(시공사, 2012).

23 호르헤 루이스 보르헤스, 이경민·박병규·박정원·최슬기 옮김, 『영원성의 역사』(민음사, 2018).

24 이사야 벌린, 강주헌 옮김, 『고슴도치와 여우』(애플북스, 2010).

25 대니얼 카너먼, 이진원 옮김, 『생각에 대한 생각』(김영사, 2012).

26 김광웅, 『통의동 일기』(생각의나무, 2009)에서 이들의 생리를 낱낱이 파헤쳤다.

27 미셸 푸코, 오생근 옮김, 『감시와 처벌』(나남, 2016).

28 노스코트 파킨슨, 김광웅 옮김, 『파킨슨의 법칙』(21세기북스, 2010).

29 권정현, 『칼과 혀』(다산책방, 2017), 68.

30 김광웅, "개혁의 철학과 논리", 경제정의 20호 겨울호, 1994 신년특집호, 28–32.

31 토머스 길로비치는 이 분야의 책을 여러 권 펴냈다. 이경식 옮김, 『이 방에서 가장 지혜로운 사람』(한국경제신문사, 2018); 길로비치, 개리 벨스키, 미래경제연구소 옮김, 『행동경제학 교과서』(프로제, 2018); 이양원, 장근영 옮김, 『인간 그 속기 쉬운 동물』(모멘토, 2008).

32 율라 비스, 김명남 옮김, 『면역에 관하여』(열린책들, 2016), 81.

33 유발 하라리, 앞의 책, 238.

34 William Deresiewicz, *Excellent Sheep: The Miseducation of American Elite and*

The Way to a Meaning Life(Free Press, 2014). 이 책은 『공부의 배신』(김선희 옮김, 다른, 2015)이라는 제목으로 출판됐다.

35 이언 맥길크리스트, 김병화 옮김, 『주인과 심부름꾼』(뮤진트리, 2011).

36 조선일보, 2016. 10. 26. A34.

37 최민호, 『공무원, 우리는 아무 말도 하지 않았다』(박영률출판사, 2000).

38 유발 하라리, 김명주 옮김, 『호모 데우스』(김영사, 2017), 152.

39 Gilbert Ryle, The Concept Mind(Routledge, 2009).

40 이문열, 『성년의 오후』, 동아일보 연재, 1994

41 한국경제신문사, 『한국의 경제 관료』(한국경제신문사, 1994).

42 조지프 콘래드, 이석구 옮김, 『어둠의 심연』(을유문화사, 2008).

43 데이비드 B. 아구스, 김영설 옮김, 『질병의 종말』(청림라이프, 2012).

44 구영회, 『지리산이 나를 깨웠다』(프리이코노미라이프, 2014).

45 Ralph H. Hummel, Bureaucratic Experience(Saint Martins, 1994) & Bureaucratic Experience: The Post-Modern Challenge(Routledge, 2015).

46 목영만, 『신뢰의 발견』(알에이치코리아, 2015), 77.

47 조선일보, "바다에 빠뜨릴 건 규제가 아니라 관료다", 2016. 2. 29. A35.

48 小沢一朗, 日本改造計劃(講談社, 1994).

49 송희영, "정권이 무능한가, 관료가 더 무능한가", 조선일보, 2015. 6. 13, A26.

50 Ludwig Wittgenstein, Philosophical Investigations. 3 ed.(Macmillan, 1953).

51 John R. Searle, Speech Acts: An Essay in the Philosophy of Language(Cambridge University Press, 1969).

52 Jacques Derrida, Writing and Differences. Tr. Alan Bass(University of Chicago Press, 1978).

53 Pierre Bourdieu, The Logic of Practice. Tr. Richard Nice(Stanford University Press, 1990).

54 Martin Heidegger, Being and Time. Trs. John Macquarrie and Edward

Robinson(Harper & Row, 1962).

55 Edmund Husserl, *The Crisis of the European Sciences and Transcendental Phenomenology: An Introduction to Phenomenological Philosophy*, Tr. David Carr(Northwestern University Press, 1970).

56 Derrida, 앞의 책.

57 Foucaul, 앞의 책.

58 Lacan, 앞의 책.

59 Derrida, 앞의 책.

60 Foucault, 앞의 책.

61 Baudrillard, 앞의 책.

62 Jurgen Habermas, *Toward a National Society: Student Protests, Science and Politics*, Tr. Jeremy J. Shapiro(Beacon Press, 1971).

63 윌리엄 데레저위츠, 김선희 옮김, 『공부의 배신: 왜 하버드생은 바보가 되었나』(다른, 2015), 130, 342.

64 파울로 코엘료, 이상해 옮김, 『11분』(문학동네, 2004), 262.

65 소설의 주인공 마리아가 자기변명처럼 한 말이지만, 사랑할 때는 다르다는 것을 암시한다. 위의 책, 103.

66 김태일, 『국가는 내 돈을 어떻게 쓰는가』(웅진지식하우스, 2015).

67 제임스 뷰캐넌, 고든 털럭 공저, 황수연 옮김, 『국민합의의 분석』(지만지, 2012).

68 참고로 패턴과 코드의 차이를 적는다. 흔히 말하는 패턴은 뚜렷하게 조직된 연속성으로 짜임새를 말한다. 자연에는 어디든지 패턴이 있다. 나선 모양의 해바라기 씨앗spiraling sunflower이 스핀으로 정렬된 것, 벌집의 육방정체hexagonal, 물고기가 뛰어오를 때 연못에 번지는 동심원 같은 것이다. 이에 반해 암호인 코드는 정보를 지닌다. 이는 단순한 형태의 패턴과는 다르다. 코드는 데이터의 의미를 전달한다. 예를 들면, 문어체 언어written language, 음악 표기법musical notation, 수학 공식mathematical equation, 컴퓨터 언어computer language, 예수의 십자가상crucifix 같은 것이 그것이다. 코드는 이 세상에서 저절로 생기

지 않는다. 음악 기호가 나무에서 새순처럼 솟지 않는다는 이야기다. 상징은 모래에서 저절로 그려지지 않는다. 코드는 지적 의식을 의도적으로 만들어낸다Codes are the deliberate invention of intelligent consciousnesses. 코드는 유기적으로 만들어지는 것이 아니라 창조해야한다. DNA는 유전자 코드genetic code다. 정부가 코드 인사를 하려거든 창조적으로 해야 한다는 이야기다. Dan Brown, *Origin*(Doubleday, 2017), 435.

69   말콤 글래드웰, 선대인 옮김, 『다윗과 골리앗: 강자를 이기는 약자의 기술』(21세기북스, 2014).

70   토드 로즈, 정미나 옮김, 『평균의 종말』(21세기북스, 2018).

71   Ryan Avent, *The Wealth of Humans*(St. Martin's Press, 2016), 241.

72   송의달, "'세계 1위 상속세' 바꿔야 한국 경제 숨통 열린다", 조선일보, 2018. 5. 28, A35.

73   Friedrich. A. Hayek, *The Road to Selfdom: Text and Document*(The University Chicago Press, 2007).

74   오언 존스, 조은혜 옮김, 『기득권층』(북인더갭, 2017), 5장.

75   박종현, 『케인스 & 하이에크, 시장경제를 위한 진실 게임』(김영사, 2008).

76   박종현, 위의 책.

77   기 소르망, 강위석 옮김, 『20세기를 움직인 사상가들』, 한국경제신문사, 2001. 286; Ilya Prigogine, *The End of Certainty*(Free Press, 1996).

78   기 소르망, 위의 책, 289.

79   위의 책, 290.

80   밀턴 프리드먼, 신준보·변동열 옮김, 『밀턴 프리드먼 자본주의와 자유』(청어람미디어, 2007).

81   머리 로스버드, 전용덕 옮김, 『정부는 우리 화폐에 무슨 일을 해왔는가?』(지만지, 2013).

82   Ryan Avent, *The Wealth of Humans: Work, Power, and Status in the Twenty-first Century*(St. Martin's Press, 2016).

83   오언 존스, 앞의 책.

84   유발 하라리, 조현욱 옮김, 『사피엔스』(김영사, 2015), 170-7, 196.

85   미하엘 슈미트-살로몬, 19.

86 김대식, 『김대식의 빅퀘스천』(동아시아, 2014), 139.

87 대니얼 카너먼, 이진원 옮김, 『생각에 관한 생각』(김영사, 2012).

88 유발 하라리, 『호모 데우스』, 298.

89 위의 책, 273.

90 존 롤스, 황경식 옮김, 『정의론』(이학사, 2003).

91 로버트 노직, 장동익 옮김, 『무정부 국가 유토피아 큰글씨책』(커뮤니케이션북스, 2017).

92 마이클 샌델, 김명철 옮김, 『정의란 무엇인가』(와이즈베리, 2014).

93 도스토예프스키, 김연경 옮김, 『카라마조프의 형제들』(민음사, 2012).

94 폴커 키츠, 배영자 옮김, 『법은 얼마나 정의로운가』(한스미디어, 2017).

95 위의 책에서 재인용.

96 위의 책에서 재인용.

97 이반 일리히, 박홍규 옮김, 『학교 없는 사회』(생각의나무, 2009); 『병원이 병을 만든다』(미토, 2004).

98 Michel Foucault, *Madness and Civilization*, 1988.

99 스티븐 레비츠키, 대니얼 지블랫, 박세연 옮김, 『어떻게 민주주의는 무너지는가』(어크로스, 2018).

100 박은정, 『왜 법의 지배인가』(돌베개, 2010), 202–9.

101 맥스 테그마크, 백우진 옮김, 『맥스 테그마크의 라이프 3.0』(동아시아, 2017), 149.

102 위의 책, 148–9.

103 위의 책, 153.

104 리처드 뮬러, 장종훈 옮김, 『대통령을 위한 물리학』(살림, 2011).

105 미치오 카쿠, 박병철 옮김, 『초공간』(김영사, 2018).

106 콜린 고든 편, 홍성민 옮김, 『권력과 지식』(나남, 1991), 289.

107 위의 책, 293.

108 베른하르트 A. 그림, 박규호 옮김, 『권력과 책임』(청년정신, 2002), 108.

109 버트런드 러셀, 안정효 옮김, 『권력』(열린책들, 2000), 197, 206.

110 니콜로 마키아벨리, 김경희, 강정인 옮김, 『군주론』(까치, 2012).

111 그림, 48–9.

112 대커 컬트너 지음, 하윤숙 옮김, 『선의 탄생』(옥당, 2011); 대커 컬트너, 장석훈 옮김, 『선한 권력의 탄생』(프런티어, 2018).

113 위의 책, 113.

114 위의 책, 114.

115 그림, 앞의 책, 115.

116 데니스 F. 톰슨, 황경식·정원규 옮김, 『공직의 윤리』(철학과현실사, 1999), 113.

117 안경환, 『윌리엄 더글라스 평전』(라이프맵, 2016).

118 박은정, 앞의 책.

119 한국행정학회 산하 '행정사상과 방법론 연구회'가 번역했다. 조명문화사, 2018.

120 러셀, 위의 책(『권력』), 282.

121 조선일보, 2015. 9. 24.

122 권혁주, "민주적 공화주의 관점에서 정치·행정의 견제와 균형", 서울대학교 행정대학원 정부 수립 70주년 기념 세미나, 대한민국 발전을 위한 분야별 정책 과제; 대한민국 정부, 회고와 전망, 2018. 4. 19, 35–36.

123 Stephen Hawking, *A Brief History of Time*(Bantam Books, 1988) 참조.

124 이한수, "그래도 우리들의 이야기", 조선일보, 2018. 8. 18. A21.

125 Ritu Pant, "Visual Marketing: A Picture's Worth 60,000 Words", Business 2 Community. January 16, 2015.

126 이근면, 『대한민국에 인사는 없다』(한국경제신문, 2017), 020, 191.

127 니코 멜레, 이은경·우지연 옮김, 『거대 권력의 종말』(알에치케이코리아, 2013), 171–2, 201.

128 맥스 테그마크, 백우진 옮김, 『맥스 테그마크의 라이프 3.0』(동아시아, 2017).

129 조지프 S. 나이 편저, 임길진 감수, 박준원 옮김, 『국민은 왜 정부를 믿지 않는가』(굿인포메이션, 2001), 28.

130 김성택, 『신의 직장과 관료 독식 국가의 종말』(시민의의무, 2015), 210–241.

131 미하엘 슈미트-살로몬, 김현정 옮김, 『어리석은 자에게 권력을 주지 마라』(고즈윈, 2012).

132 Walter Isaacson, *Einstein: His Life and Universe*(Simon & Schuster, 2007).

133 조선일보, 2018. 3. 13, A8.

134 Victor Hugo, *Les Miserables*(1985년 초연된 뮤지컬).

135 율라 비스, 김명남 옮김, 『면역에 관하여』(열린책들, 2016), 201, 302.

136 엘리자베스 블랙번, 엘리사 에펠, 이한음 옮김, 『늙지 않는 비밀』(알에이치코리아, 2018), 397.

137 비스, 앞의 책, 188.

138 앞의 책, 189.

139 비스, 앞의 책, 49-53.

140 박성희, "공무원은 그냥 일자리가 아니다"(조선일보, 2017. 6. 19), A34.

141 "That edge is more like a cliff; beyond it lies danger." Meredith Broussard, Artificial Unintelligence: How Computers Misunderstand the World(MIT Press, 2011. 8).

142 미국의 월간지 〈Vanity Fair〉 8월호 인터뷰에서다. 그는 웹이 민주주의와 인본주의 확산에 기여하리라고 생각했지만, 반인권과 빈부 격차를 키워 눈앞에서 핵폭탄 그을음이 피어오르는 것처럼 엄청난 충격을 받았다고 고백한다. 해결책은 각자가 공유의 뜻에 어긋나게 별도의 플랫폼을 만들어 독점한 정보로 돈 벌려고 하지 말고, 인터넷 분권화를 지향해 블록체인 기술을 이용해 평등한 정보 공유 플랫폼을 마련하는 길이 활로라고 했다. 가상현실에 현혹되지 말고 현실에 충실하라는 메시지가 담겨 있다.

143 Edward Tenner, *The Efficiency Paradox: What Big Data Can't Do*(Alfred A. Knopf, 2018).

144 조사는 익명으로 현직 공무원 50명(30~50대, 각 분야별)을 대상으로 임동욱과 김광웅이 행했고, 2018. 4. 19에 서울대학교 행정대학원에서 행한 정부 수립 70주년 기념 학술대회에서 발표했다.

145 조지프 S. 나이, 앞의 책, 21.

146 위의 책, 29.

147 하라리, 『호모 데우스』, 243-8.

148 위의 책, 257-8.

149 슬라보예 지젝, 이수련 옮김, 『이데올로기라는 숭고한 대상』(인간사랑, 2002).

150 도스토예프스키, 『백치』(열린책들, 2009).

151 로널드 잉글하트, 크리스찬 웰젤, 지은주 옮김, 『민주주의는 어떻게 오는가』(김영사, 2011).

152 에릭 와이너, 김승욱 옮김, 『행복의 지도』(웅진지식하우스, 2008).

153 구상, 『한 촛불이라도 켜는 것이』(나무와숲, 2017).

154 정규화·박균 지음, 『이미륵 평전』(범우, 2010), 94.

155 손철성, 『허버트 마르쿠제: 마르크스와 프로이트를 결합시키다』(살림, 2005).

156 달라이 라마, 스테판 에셀, 임희근 옮김, 『정신의 진보를 위하여』(돌베개, 2012).

157 위의 책, 78.

158 피천득 옮김, 『셰익스피어 소네트 시집』(샘터, 2002), 116.

159 장회익·최종덕, 『이분법을 넘어서』(한길사, 2007).

160 조지프 나이 외 편저, 박원준 옮김, 『국민은 왜 정부를 믿지 않는가』(굿인포메이션, 2001).

161 스콧 갤러웨이, 이경식 옮김, 『플랫폼 제국의 미래』(비즈니스북스, 2018), 257.

162 프리드리히 W. 니체, M. 하이데거, 강윤철 옮김, 『니체의 신은 죽었다』(스타북스, 2013).

163 Dan Brown, *Origin*, 앞의 책, 456.

164 칼 세이건, 앞의 책.

165 윌리엄 셰익스피어, 『맥베스』(민음사, 2004).

166 위의 책, 279.

167 율라 비스, 김명남 옮김, 『면역에 관하여』(열린책들, 2016), 242; 엘리자베스 블랙번, 엘리사 에펠, 이한음 옮김, 『늙지 않는 비밀』(알에이치코리아, 2017).

168 위의 책, 378.

169 위의 책, 382-3.

170 위의 책, 586.

171 하라리, 『사피엔스』, 앞의 책, 578.

172 위의 책, 72.

173 미치오 카쿠, 박병철 옮김, 『미래의 물리학』(김영사, 2012), 25-26.

174 위의 책, 529. 행성 문명으로 가려면 저자는 마하트마 간디의 말을 인용해 이런 문제들을 해결해야 한다고 제안한다. 즉, 폭력만 부르는 근로 없는 부, 도덕심 없는 쾌락, 정직하지 않은 지식, 윤리 없는 상행위, 인간성이 결여된 과학, 희생 없는 명예, 원칙 없는 정치 등이다.

175 맥스 테그마크, 백우진 옮김, 『맥스 테그마크의 라이프 3.0』(동아시아, 2017).

176 위의 책, 224.

177 저서들은 (1) (2) (4) 레이 커즈와일의 『특이점이 온다』(김영사, 2007)와 『마음의 탄생』(크레센도, 2016), (5) 케빈 켈리의 『기술의 충격』(민음사, 2015), 그리고 (6) 등이다.

178 Dan Brown, *Origin*(Doubleday, 2017).

179 위의 책, 420.

180 브라운, 앞의 책, 324.

181 Brown, 위의 책, 372.

182 캐빈 켈리, 이한음 옮김, 『기술의 충격』(민음사, 2011).

183 위의 책.

184 대니얼 카너먼, 이진원 옮김, 『생각에 관한 생각』(김영사, 2012), 126.

185 하라리 『호모 데우스』, 앞의 책, 442.

186 위의 책, 75.

187 위의 책, 448-473.

188 하라리, 『호모 데우스』 앞의 책, 446.

189 위의 책, 465.

190 Hans Moravec, *Robot: Mere Machine to Transcendent Mind*(Oxford University Press, 1999).

191 위의 책, 474.

192 조현욱, "인간 같은 AI, 2047년 등장······ 뇌에 칩 심는 '합체'가 대책?", 중앙Sunday, 2018. 5. 19-20, 28.

193 Dan Brown, *Origin*(Doubleday, 2017), 15.

194 댄 브라운, 안종설 옮김, 『오리진』(문학수첩, 2017), 436.

195 Dan Brown, *Origin*(Doubleday, 2017), 87.

196 험멜의 앞의 책에서 재인용, 220-222, 43-49.

197 선스타인, 앞의 책, 108-9.

198 Tim O'Reilly, "Government as Platform," in Daniel Lathrop and Laurel Ruma, eds., *Open Government: Collaboration, Transparency, and Participation in Practice*(O' Reilly Media, 2010).

199 스콧 갤러웨이, 이경식 옮김, 『플랫폼 제국의 미래』(비즈니스북스, 2018).

200 위의 책, 170.

201 위의 책, 213.

202 위의 책, 184-6.

203 코엘료, 앞의 책, 122.

204 에드워드 윌슨, 최재천·장대익 옮김, 『통섭』(사이언스북스, 2005).

205 김광웅, "'작은 정부'를 위한 제언: 정부 조직 개편, 이제 시작일 뿐이다", 신동아, 1995. 1, 140-146.

206 스티븐 호킹, 레오나르드 믈로디노프, 전대호 옮김, 『위대한 설계』(까치, 2010), 46.

207 위의 책, 55.

208 블랙번, 에펠, 앞의 책.

209 핑크, 앞의 책.

210 김광웅 편, 『우리는 미래에 무엇을 공부할 것인가』(생각의나무, 2009); 김광웅 편, 『융합학문, 어디로 가고 있나?』(서울대학교 출판문화원, 2011).

211 앤서니 G. 그린월드, 마자린 R., 바나지, 박인균 옮김, 『마인드 버그』(추수밭, 2014).

212 켈리, 앞의 책.

213 로즈, 앞의 책.

214 선스타인, *Simpler: The Future of Government*(Simon & Schuter, 2013); 대니얼 카너먼,

이진원 옮김, 『생각에 관한 생각』(김영사, 2012).

215 Yuval Noah Harari, *Sapiens: A Brief History of Humankind*(HarperCollins, 2015); *Homo Deus*(Signal, 2015).

216 유발 하라리, 김명주 옮김, 『호모 데우스: 미래의 역사』(김영사, 2017), 515.

217 위의 책, 529, 533.

218 위의 책, 481–544.

219 위의 책, 218–9.

220 위의 책, 537.

221 위의 책, 225.

222 위의 책, 223.

223 해리 트루먼 미국 대통령이 한 말을 James Comey, *A Higher Loyalty: Truth, Lies, and Leadership*(Flatiron Books, 2018), 138에서 재인용.

224 위의 책, 225.

225 하라리, 앞의 책, 233.

226 *Origin*, 185–9.

227 이근면, 앞의 책, 204.

228 함재봉, 『한국 사람 만들기 I』(아산서원, 2017), 247.

229 토비아스 단치히, 심재관 옮김, 『과학의 언어, 수』(지식의숲, 2007).

230 I mean by wisdom a right conception of the ends of life. This is something which science in itself does not provide. Increase of science by itself, therefore, is not enough to guarantee any genuine progress. Bertrand Russell, *The Scientific Outlook*(The Norton Library, 1959).

231 Henry David Thoreau, *Walden; Or, Life in the Woods*(Dover Publications, 1995).

232 장 가브리엘 가나시아, 이두영 옮김, 『특이점의 신화』(글항아리사이언스, 2017).

233 Richard Dawkins, *The Selfish Gene*(Oxford University Press, 2016).

234 제레미 리프킨, 안진환 옮김, 『한계비용 제로 사회』(민음사, 2014).

235 P. J. Proudhon, *What is Property? An Inquiry into the Principle of Right and of Government*(AndesitePress, 2017).

236 엘리자베스 블랙번, 앞의 책.

237 기 소르망, 앞의 책, 409-19에서 재인용.

238 Raymond Aron, *The Opium of the Intellectuals*(Routledge, 2001).

239 프루동, 앞의 책.

240 Robert M. Cutler, *The Basic Bakunin*(Great Books in Philosophy), Kindle Edition.

241 Robert Laughlin, *Powering the Future: How We Will(Eventually) Solve the Energy Crisis and Fuel the Civilization of Tomorrow*(Basic Books, 2013).

242 김광웅, 『이승만 정부 그리고 공유정부로 가는 길』(기파랑, 2017).

243 류츠신, 이현아 옮김, 『삼체』(단숨, 2013).

244 맥스 테그마크, 앞의 책, 212.

245 대니얼 카너먼, 이진원 옮김, 『생각에 관한 생각』(김영사, 2012).

246 김대식, 앞의 책, 312.

문헌보기

| 국내문헌 |

경향신문, 2017. 11. 14

구상, 『한 촛불이라고 켜는 것이』(나무와숲, 2017).

구영회, 『지리산이 나를 깨웠다』(프리이코노미라이프, 2014).

권정현, 『칼과 혀』(다산책방, 2017).

권혁주, "민주적 공화주의의 관점에서 정치·행정의 견제와 균형", 대한민국 발전을 위한 분야
　별 정책과제: 대한민국 정부 회고와 전망, 서울대학교 행정대학원 정부수립 70주년 기념 세
　미나.

김광웅 외 4인, 『우리는 신이 아니다』 학문과 삶/교수 산문선6(서울대학교출판부, 1994).

김광웅, "'작은 정부'를 위한 제언: 정부 조직 개편, 이제 시작일 뿐이다", 신동아, 1995. 1,
　140–146.

김광웅, "개혁의 철학과 논리", 경제정의 20호 겨울호, 1994 신년 특집호, 28–32.

김광웅, 『통의동 일기』(생각의나무, 2009).

김광웅, 『이승만 정부 그리고 공유정부로 가는 길』(기파랑, 2017).

김광웅 옮김, 『파킨슨 법칙』(21세기북스, 2010).

김광웅 편, 『우리는 미래에 무엇을 공부할 것인가』(생각의나무, 2009).

김광웅 편, 『융합학문, 어디로 가고 있나?』(서울대학교 출판문화원, 2011).

김광웅, "더 좋은 정부를 위하여" 서울대학교 행정대학원 정부수립 70주년 기념 학술대회,
　2018. 4. 18.

김대식, 『김대식의 빅퀘스천』(동아시아, 2014).

김상환, 『철학과 인문적 상상력』(문학과지성사, 2012).

김성택, 『신의 직장과 관료독식국가의 종말』(시민의 의무, 2015).

김용화, 〈신과 함께〉(2017).

김태일, 『국가가 내 돈을 어떻게 쓰는가』(웅진지식하우스, 2015).

김훈, 『남한산성』(학고재, 2007).

동아일보, 2013. 8. 31.

목영만, 『신뢰의 발견』(알에이치코리아, 2015).

박성희, "공무원은 그냥 일자리가 아니다"(조선일보, 2017. 6. 19), A34.

박은정, 『왜 법의 지배인가』(돌베개, 2010).

박종현, 『케인스 & 하이에크, 시장경제를 위한 진실 게임』(김영사, 2008).

박홍규, 『형이상학 강의』(민음사, 2007).

손철성, 『허버트 마르쿠제: 마르크스와 프로이트를 결합시키다』(살림출판사, 2005).

송의달, "'세계 1위 상속세' 바꿔야 한국 경제 숨통 열린다"(조선일보, 2018. 5. 28), A35.

송희영, "정권이 무능한가, 관료가 더 무능한가"(조선일보, 2015. 6. 13), A26.

신현림 외, 『어머니, 내 안에 당신이 있습니다』(월간조선사, 2004).

안경환, 『윌리엄 더글라스 평전』(라이프맵, 2016).

이근면, 『대한민국에 인사는 없다』(한국경제신문, 2017).

이명진, "대법원보다 위에 있는 공무원의 규제 권력"(조선일보, 2015. 8. 25), A31.

이문열의 『성년의 오후』 동아일보 연재, 1994.

장회익, 최종덕, 『이분법을 넘어서』(한길사, 2007).

정규화·박균, 『이미륵 평전』(종합출판범우, 2010).

정재승 기획, 김정욱, 유명희, 이상엽 외 지음, 『우주와 인간 사이에 질문을 던지다』(해나무, 2007).

조선일보, 2015. 9. 24.

조선일보, 2016. 10. 26. A34.

조선일보, 2018. 1. 5(유현준 기사).

조선일보, 2016. 10. 26. A34.

조선일보, 2016. 2. 29.

조현욱, "인간 같은 AI, 2047년 등장… 뇌에 칩 심는 '합체'가 대책?"(중앙Sunday, 2018. 5), 19–
　　20, 28.

최상묵 외, 『우리는 신이 아니다』(서울대학교출판부, 1994).

최민호, 『공무원, 우리는 아무 말도 하지 않았다』(박영률출판사, 2000).

한국경제신문사, 『한국의 경제 관료』(1994).

함재봉, 『한국 사람 만들기 I』(아산서원, 2017).

| 번역문헌 |

기 소르망, 강위석 옮김, 『20세기를 움직인 사상가들』(한국경제신문사, 2001).

길로비치, 게리 밸스키, 미래경제연구소 옮김, 『행동경제학 교과서』(프로제, 2018).

노스코트 파킨슨, 김광웅 옮김, 『파킨슨의 법칙』(21세기북스, 2010).

노암 촘스키, 유강은 옮김, 『정부의 미리를 말하다』(모색, 2006).

니코 멜레, 이은경·우지연 옮김, 『거대 권력의 종말』(알에이치코리아, 2013).

달라이 라마, 스테판 에셀, 임희근 옮김, 『정신의 진보를 위하여』(돌베개, 2012).

대니얼 카너먼, 이진원 옮김, 『생각에 관한 생각』(김영사, 2012).

대커 컬트너, 하윤숙 옮김, 『선의 탄생』(옥당, 2011) .

대커 컬트너, 장석훈 옮김, 『선한 권력의 탄생』(프런티어, 2018).

댄 브라운, 안종설 옮김, 『오리진』(문학수첩, 2017).

데니스 F. 톰슨, 황경식·정원규 옮김, 『공직의 윤리』(철학과 현실사, 1999), 113.

데이비드 아구스, 김영설 옮김, 『질병의 종말』(청림라이프, 2012).

도스토예프스키, 『백치』(열린책들, 2009).

도스토예프스키, 김연경 옮김, 『카라마조프의 형제들』(미래엔아이세움, 2010).

동아일보, 2013. 8. 31.

로널드 잉글하트, 크리스찬 웰젤, 지은주 옮김, 『민주주의는 어떻게 오는가』(김영사, 2011).

로버트 노직, 장동익 역, 『무정부 국가 유토피아 큰글씨책』(커뮤니케이션북스, 2017).

로저 오스본, 최완규 옮김, 『처음 만나는 민주주의 역사』(시공사, 2012).

레이 커즈와일, 김명남, 장시형 옮김, 『특이점이 온다』(김영사, 2007).

—————, 윤영삼 옮김, 『마음의 탄생』(크레센도, 2016).

데니스 F. 톰슨, 황경식·정원규 옮김, 『공직의 윤리』(철학과현실사, 1999).

류츠신, 이현아 옮김, 『삼체』(단숨, 2013).

레이 커즈와일, 윤영삼 옮김, 『마음의 탄생』(크레센도, 2013).

로버트 노직, 장동익 역, 『무정부 국가 유토피아 큰글씨책』(커뮤니케이션북스, 2017).

로저 오스본, 최완규 옮김, 『처음 만나는 민주주의 역사』(시공사, 2012).

리차드 뮬러, 장종훈 역, 『대통령을 위한 물리학』(살림출판사, 2011).

마이클 샌델, 김영철 역, 『정의란 무엇인가』(와이즈베리, 2014).

마키아벨리, 김경희, 강정인 옮김, 『군주론』(까치, 2012).

맥스 테그마크, 백우진 옮김, 『맥스 테그마크의 라이프 3.0』(동아시아, 2017).

말콤 글래드웰, 노정태 역, 『아웃라이어』(김영사, 2009).

말콤 글래드웰, 선대인 역, 『다윗과 골리앗: 강자를 이기는 약자의 기술』(21세기북스, 2014).

머리 로스버드, 전용덕 역, 『정부는 우리 화폐에 무슨 일을 해왔는가?』(지만지, 2013).

모이제스 나임열 옮김, 『밀턴 프리드먼 자본주의와 자유』(청어람미디어, 2007).

미셸 푸코, 오생근 역, 『감시와 처벌』(나남, 2016).

미치오 카쿠, 박병철 옮김, 『미래의 물리학』(김영사, 2012).

미치오 카쿠, 박병철 옮김, 『초공간』(김영사, 2018).

미하엘 슈미트 – 살로몬, 김현정 옮김, 『어리석은 자에게 권력을 주지 마라』(고즈윈, 2012).

밀턴 프리드먼, 신준보, 변동열 옮김, 『밀턴 프리드먼 자본주의와 자유』(청어람미디어, 2007).

버트란드 레셀, 안효정 옮김, 『권력』(열린책들, 2003).

베른하르트 A. 그림, 박규호 옮김, 『권력과 책임』(청년정신, 2002), 108.

브루스 핑크, 맹정현 옮김, 『라캉과 정신의학』(민음사, 2002).

빅토어 마이어 쇤베르거, 토마스 람게, 홍경탁 옮김, 『데이터 자본주의』(21세기북스, 2018).

캐스 선스타인, 장경덕 옮김, 『심플러』(21세기북스, 2016).

스티븐 호킹, 레오나르드 믈로디노프, 전대호 옮김, 『위대한 설계』(까치, 2010).

스콧 갤러웨이, 이경식 옮김, 『플랫폼 제국의 미래』(비즈니스북스, 2018), 257.

슬라보예 지젝, 이수련 옮김, 『이데올로기라는 숭고한 대상』(인간사랑, 2002).

아툴 가완디, 김희정 옮김, 『어떻게 죽을 것인가』(부키, 2015).

앤서니 G. 그린월드, 마자린 R. 바나지, 박인균 옮김, 『마인드 버그』(추수밭, 2014).

에릭 와이너, 김승욱 옮김, 『행복의 지도』(웅진지식하우스, 2008).

오언 존스, 조은혜 옮김, 『기득권층』(북인더갭, 2017).

엘리자베스 블랙번, 엘리사 에펠, 이한음 옮김, 『늙지 않는 비밀』(알에이치코리아, 2017).

요하이 벤클러, 최은창 옮김, 『네트워크의 부』(커뮤니케이션북스, 2015).

윌리엄 데레저위츠, 김선희 옮김, 『공부의 배신』(다른, 2015)이라는 제목으로 출판됐다.

윌리엄 셰익스피어, 『맥베스』(민음사, 2004).

윌리엄 셰익스피어, 피천득 옮김, 『셰익스피어 소네트 시집』(샘터, 2002), 116.

유발 하라리, 조현욱 옮김, 『사피엔스』(김영사, 2015).

율라 비스, 김명남 옮김, 『면역에 관하여』(열린책들, 2016).

에드워드 윌슨, 최재천, 장대익 옮김, 『통섭』(사이언스북스, 2005).

에릭 와이너, 김승욱 옮김, 『행복의 지도』(웅진지식하우스, 2008).

이반 일리히, 데이비드 케일리, 권루시안 옮김, 『이반 일리히와 나눈 대화』(물레, 2010).

이반 일리히, 박홍규 옮김, 『학교 없는 사회』(생각의나무, 2009).

이언 맥길크리스트, 김병화 옮김, 『주인과 심부름꾼』(뮤진트리, 2011).

이사야 벌린, 강주헌 옮김, 『고슴도치와 여우』(애플북스, 2010).

장 가브리엘 가나시아, 이두영 옮김, 『특이점의 신화』(글항아리사이언스, 2017).

제레미 리프킨, 안진환 옮김, 『한계비용 제로 사회』(민음사, 2014).

제임스 뷰캐넌, 고든 털럭 공저, 황수연 옮김, 『국민합의의 분석』(지만지, 2012).

조지프 나이 외 편저, 박원준 옮김, 『국민은 왜 정부를 믿지 않는가』(굿인포메이션, 2001).

조셉 콘래드, 이석구 옮김, 『어둠의 심연』(을유문화사, 2008).

조지 오웰, 정희성 옮김, 『1984』(민음사, 2003).

존 로크, 이극찬 옮김, 『시민정부론』(연세대학교출판부, 1970).

존 롤스, 황경식 옮김, 『정의론』(이학사, 2003).

칼 세이건, 홍승수 옮김, 『코스모스』(사이언스북스, 2012).

케빈 켈리, 이한음 옮김, 『기술의 충격』(민음사, 2015).

콜린 고든 편, 홍성민 옮김, 『권력과 지식』(나남, 1991), 289.

토드 로즈, 정미나 옮김, 『평균의 종말』(21세기북스, 2018).

토머스 길로비치, 이경식 옮김, 『이 방에서 가장 지혜로운 사람』(한국경제신문사, 2018).

토비아스 단치히, 심재관 옮김, 『과학의 언어, 수』(지식의숲, 2007).

파울로 코엘료, 이상해 옮김, 『11분』(문학동네, 2004).

폴커 키츠, 배영자 옮김, 『법은 얼마나 정의로운가』(한스미디어, 2017).

프란츠 카프카, 『성』(창비, 2015).

프레데리크 살드만, 이세진 옮김, 『내 몸 치유력』(푸른숲, 2015).

프리드리히 니체, M. 하이데거, 강윤철 옮김, 『니체의 신은 죽었다』(스타북스, 2013).

호르헤 루이스 보르헤스, 송병선 옮김, 『말하는 보르헤스』(민음사, 2018).

호르헤 루이스 보르헤스, 이경민·박병규·박정원·최슬기 옮김, 『영원성의 역사』(민음사, 2018).

| 외국문헌 |

Aron, Raymond, *The Opium of the Intellectuals*(Routledge, 2001).

Avent, Ryan, *The Wealth of Humans: Work, Power, and Status in the Twenty-first Century*(St. Martin's Press, 2016).

Baudrillard, Jean, *Simulacra and Simulation*, Tr. Sheila Faria Glaser(University of Michigan, Ann Arbor, 1994).

Bourdieu, Pierre, *The Logic of Practice*, Tr. Richard Nice(Stanford University Press, 1990).

Bourdieu, Pierre and Richard Nice, *The Logic of Practice*(Stanford University Press, 1990).

Broussard, Meredith, *Artificial Unintelligence: How Computers Misunderstand the World*(MIT Press, 2018).

Brown, Dan, *Origin*(Doubleday, 2017).

Comey, James, *A Higher Loyality: Truth, Lies, and Leadership*(Flatiron Books, 2018).

Cutler, Robert M., *The Basic Bakunin*(Great Books in Philosophy) Kindle Edition.

Dawkins, Richard, *The Selfish Gene*(Oxford University Press, 2016).

Deresiewicz, William, *Excellent Sheep: The Miseducation of American Elite and The Way to a Meaning Life*(Free Press, 2014).

Derrida, Jacques, *Writing and Differences*, Tr. Alan Bass(University of Chicago Press, 1978).

Eagleman, David M., "Overlapping Solutions", john Brockman, *This Explains Everthing*(Harper, 2013), 91–93.

Ferguson, Niall, *Civilization: The West and the Rest*(Penguin Books, 2011).

Foucault, Michel, "Two Lecture," Tr. Colin Gordon et al., In Colin Gordon, ed., *Power/Knowledge: Selected Interviews and Other Writings*, 1972–1977(Pantheon 78–108).

Foucault, Michel, *Madness and Civilization*, 1988.

Friedrich, A. Hayek, *The Road to Serfdom: Text and Document*(The University Chicago Press, 2007).

Gladwell, Malcolm, *Blink: The Power of Thinking Without Thinking*(Little, Brown, and Co., 2005).

Habermas, Jurgen, *Toward a National Society: Student Protests, Science and Politics*, Tr. Jeremy J. Shapiro(Beacon Press, 1971).

Harari, Yuval Noah, *Sapiens: A Brief History of Humankind*(Harper, 2015).

————————, *Homo Deus: A Brief History of Tommorrow*(Signal, 2015).

Hawking, Stephen, *A Brief History of Time*(Bantam Books, 1988).

Heidegger, Martin, *Being and Time*. Trs. John Macquarrie and Edward Robinson(Harper & Row, 1962).

Hugo, Victor, *Les Miserables*(1985년 초연된 뮤지컬).

Hummel, Ralph H., *Bureaucratic Experience*(Saint Martins, 1994).

Hummel, Ralph, *Bureaucratic Experience: The Post-Modern Challenge*(Routledge, 2015).

Husserl, Edmund, *The Crisis of the European Sciences and Transcendental Phenomenology: An Introduction to Phenomenological Philosophy*. Tr. David Carr(Northwestern University Press, 1970).

Isaacson, Walter, *Einstein: His Life and Universe*(Simon & Schuster, 2007).

Lacan, Jacques, *The Four Fundamental Concepts of Psychoanalysis*. Ed. Jacques Alain Miller, tr. Alan Sheridan(New York: W. W. Norton, 1978).

Laughlin, Robert, *Powering the Future: How We Will(Eventually) Solve the Energy Crisis and Fuel the Civilization of Tomorrow*(Basic Books, 2013).

Moravec, Hans, *Robot: Mere Machine to Transcendent Mind*(Oxford University Press, 1999).

Nye, Joseph S. Jr., *Soft Power*(Public Affairs, 2005).

Pant, Ritu, "Visual Marketing: A Picture's Worth 60, 000 Words," *Business 2 Community*. January 16, 2015.

Popper, Karl, *Popper Selections*(Princeton University Press, 1985).

Prigogine Ilya, *The End of Certainty*(The Free Press, 1996).

Proudhon, P. J., *What is Property? An Inquiry into the Principle of Right and of Government*(2017).

Russell, Bertrand, *The Scientific Outlook*(The Norton Library, 1959).

Ryle, Gilbert, *The Concept Mind*(Routledge, 2009).

Searle, John R., *Speech Acts: An Essay in the Philosophy of Language*(Cambridge University Press, 1969).

Sunstein, Cass R., Simpler: *The Future of Government*(Simon & Schuter, 2013).

Thaler, Richard H., Cass R. Sunstein, *Nudege: Improving Deisions about Health, Wealth, and Happiness*(Penguin Books, 2009).

Thoreau, Henry David, *Walden: Or, Life in the Woods*(Dover Publications, 1995).

Wittgenstein, Ludwig, *Philosophical Investigations*. 3ed.(Macmillan, 1953).

찾아보기

사람

KI신서 7886

좋은 정부

철학과 과학으로 풀어 쓴 미래정부 이야기

1판 1쇄 인쇄 2018년 12월 1일
1판 1쇄 발행 2018년 12월 15일

지은이 김광웅
펴낸이 김영곤 박선영 **펴낸곳** (주)북이십일 21세기북스

콘텐츠개발1팀 이남경 김은찬 김선영
마케팅본부장 이은정
마케팅1팀 최성환 나은경 송치헌
마케팅2팀 배상현 신혜진 김윤희
마케팅3팀 한충희 김수현 최명열
마케팅4팀 왕인정
홍보팀장 이혜연 **제작팀장** 이영민
편집진행 에디앤 **디자인** 책은우주다

출판등록 2000년 5월 6일 제406-2003-061호
주소 (우 10881) 경기도 파주시 회동길 201(문발동)
대표전화 031-955-2100 **팩스** 031-955-2151 **이메일** book21@book21.co.kr

(주)북이십일 경계를 허무는 콘텐츠 리더

21세기북스 채널에서 도서 정보와 다양한 영상자료, 이벤트를 만나세요!
페이스북 facebook.com/21cbooks **블로그** b.book21.com
인스타그램 instagram.com/21cbooks **홈페이지** www.book21.com
서울대 가지 않아도 들을 수 있는 명강의! 〈서가명강〉
네이버 오디오클립, 팟빵, 팟캐스트에서 '서가명강'을 검색해보세요!